# 瀾滄江怒江伝

黄光成 ホアン・コアンチュン 著　大澤香織 訳　加藤千洋 解説

雪域の放牧

怒江支流
ユチュ川（玉曲）畔の遊牧民

ザチュ川とアンチュ川
という2本の支流がチャムドで
出会い現地の人は
瀾滄江と呼びはじめる

ザチュ川と
アンチュ川を抱える
チャムドの町

青蔵高原の
瀾滄江と怒江の間の
くねくねと曲がる山道

瀾滄江畔の
採石場

青蔵高原を
龍のように流れる
瀾滄江

チベット自治区
マルカム県唯色寺の外観

怒江のチベット
最大の支流—ユチュ川に
架かる橋

瀾滄江が流れる
チベット東の地域

「百転経塔」の下を行く巡礼者たち

瀾滄江にはためくタルチョ

雲南とチベットの境で
瀾滄江は
2つの湾を描く
──その1

雲南とチベットの境で
瀾滄江は
2つの湾を描く
──その2

怒江リス族自治州の
州府がある六庫を
流れる怒江

保山市芒寛の
怒江第一浜

怒江畔に咲き誇る
キワタノキ

思茅市孟連の
宣撫司衙署

保山市芒寛の
怒江第一浜

保山市龍陵県
松山の抗日戦の遺跡

建設中の小湾ダム

瀾滄江本流の
漫湾水力発電ダム

瀾滄江畔の
小型水力発電所

瀾滄江で
海苔を採る

水かけ祭りに興じる
怒江畔の人々

怒江リス族自治州
匹河郷ウフ（吴府）
崖画の洞窟

瀾滄江下流の
儸仏教会堂

チベット自治区
マルカム県
塩井郷瀾滄江畔の塩田

怒江畔の牛解体の儀式

保山市潞江の
怒江に架かる
曼海大橋

大理ペー族自治州
漾濞崖画の
狩猟採集の図

思茅市
瀾滄の
地震救災の
記念碑

# 瀾 滄 江 怒 江 伝
<small>らん そう こう ど こう</small>

黄光成
<small>ホアン・コアンチュン</small>
著

大澤香織 訳　加藤千洋 解説

めこん

瀾滄江怒江伝..........目次

# 自序　21

## 25　第1章　われわれの子守歌
1........彼らはどこに生まれたか　25
2........チュゴタシー湿原のあたり　33
3........ザチュ川を南へ　37
4........ナクチュを振り返って　41

## 49　第2章　空までもっとも近い場所
1........動きつづける高原　50
2........2本の支流はチャムドで出会う　55
3........南へ移動した人々　62
4........語り尽きせぬケサル王伝　69
5........古道は川沿いを悠々と　76

## 85　第3章　併流する三姉妹
1........高山の見送り　86
2........征服できないカワカルポ　98
3........転経の道　104
4........自然の民族回廊　113
5........峡谷に留まった少数民族　119
6........時が止まった峡谷　136
7........ロックの驚嘆の旅　146
8........溜索の上の人生　157
9........山と谷の誤解　163

169　第4章　**谷から出よう、天地は広い**
　　　1……怒江第一浜での痛み　　　　　171
　　　2……川風が書の香りを運ぶ　　　　178
　　　3……谷から出た大河の子　　　　　186
　　　4……山と大河を越えて　　　　　　192
　　　5……マルコポーロと徐霞客の足跡　199

213　第5章　**中流の歳月に埋葬されて**
　　　1……上古から通じる道　　　　　　213
　　　2……哀牢国の沈木　　　　　　　　222
　　　3……ある政権の影　　　　　　　　228
　　　4……自然の要害は頼みとなるか　　237
　　　5……行く者たちの泣き声　　　　　247

257　第6章　**人と川の血盟**
　　　1……血と水が混じって　　　　　　257
　　　2……恵通橋が落ちた時　　　　　　265
　　　3……激流の中の正気歌　　　　　　271
　　　4……血肉で建てた滇緬公路　　　　279
　　　5……生命をかけた飛行　　　　　　284
　　　6……怒江の怒り　　　　　　　　　290

297　第7章　**太陽の子の物思い**
　　　1……巨大な川のエネルギー　　　　298
　　　2……孤独なパイオニア　　　　　　306
　　　3……挫折の後の光　　　　　　　　311
　　　4……川と手を結んで　　　　　　　316

| 325 | 第8章 | 大河が抱く辺境の彩雲 |

- 1......熱帯雨林へ入る　　　325
- 2......青い生命の木　　　335
- 3......遥かな茶の香り　　　343
- 4......血染めの芸術　　　350
- 5......貝葉の風景　　　359
- 6......民族団結の誓碑　　　366
- 7......シーサンパンナの黎明城　　　374

| 381 | 第9章 | ふるさとを振り返って |

- 1......地下の宝が与えたもの　　　381
- 2......滋味あふれる流れ　　　391
- 3......石と銅のかがやき　　　400
- 4......王国に燃える火　　　411
- 5......招かれざる客のご愛顧　　　420
- 6......オアシスと砂漠の対話　　　431
- 7......瘴癘の恐怖は過去のものとなり　　　437
- 8......夕日にそびえる土司の威光　　　444
- 9......ケシの花咲く大地　　　453
- 10......水が奏でる生活の調べ　　　460
- 11......共に川を分ける人々　　　469

| 481 | 第10章 | 海への別れ |

- 1......メコン河と抱き合って　　　483
- 2......サルウィン川の手をとって　　　490

後記　　　495
解説　わが愛する「雲の南の地」
　　　──私の取材ノートから　加藤千洋　　　501
訳者あとがき　　　515
参考文献　　　518
著者訳者略歴　　　520

# 自序

　西高東低の中国の地勢は、西から東へ滔々と流れる長江、黄河を育んできた。中国内陸部を流れるこれらの大河はこれまでずっと中華民族のゆりかごであり、象徴であるとされてきた。「大江東へ去って 浪淘い尽くす 千古風流の人物を」[1]というように、東流する大河のみが傑出し、中華民族の歴史はすべて東流する大河の両岸で演じられてきたかのように見られてきた。

瀾滄江・怒江

　実は、中国の大河は東西に流れるばかりではない。中国の大地にはほかに幾筋もの南北に流れる大河があり、瀾滄江と怒江はその典型である。もちろん瀾滄江と怒江は、長江や黄河ほど有名でも傑出してもいない。しかし2本の大河を絶えることなく流れ続けた水は流域の土地を潤し、数多くの生命を養い、両岸の子供らを育て、かけがえのない歴史を築き、中華民族の多元一

註
[1]……宋時代の蘇軾(そしょく)の詩、『念奴嬌・赤壁懐古』の冒頭。

体の文化精神を集めてきた。また中国と東南アジアの国際協力のために黄金の水路をきりひらいてきた。

　北から南へ滔々と流れる2本の大河、瀾滄江と怒江は独特の性格と魅力を持つ。

　瀾滄江、怒江は空にもっとも近い高所から緯線をまたいで南進する。寒帯から熱帯までの各気候帯を通り、流域の壮麗な山河、険しい地勢、多様な地形は複雑で、どの山も麓から頂まで同時に春夏秋冬を揃えたかのような気候と景観を有する。これらの多様で立体的に交差、分布する気候と地形は、多様な地下資源と、地上の動植物の生命に必要な生育条件や環境を与えてきたのみならず、多民族が集合し、多元的な民族文化が花開く舞台を歴史の中に提供してきた。多様な自然は大河の豊かさと美を生み出し、多様な文化は大河に深みと神秘を与えてきた。

　交通が未発達の時代には、瀾滄江、怒江流域は外部との往来が限られた地域であった。だが同時にここはアジア大陸においてユニークな位置にあった。文化圏や文化の伝播という視点から見れば、黄河流域、長江流域を中心とする儒教、道教、仏教各文化が南下し、南アジア亜大陸の仏教文化とイスラム教文化が東来、東南アジア上座仏教文化が北上、西方キリスト教文化の地域を跨ぐ伝播が起こり、チベット高山地帯、東南沿海、巴蜀[2]などの地域文化の拡散が起きた。また、大河上下流各民族の伝統文化自体すべて大河両岸で往来、衝突、変化を経験した。山と大河がもたらした隔絶とつながりという特殊な地理環境の中、古代には蜀身毒道[3]、茶馬古道[4]が開拓され、終には「西南シルクロード」の多元立体的なネットワークが形成された。また各民族の流動や、南アジア、東南アジア民族との日常的な関係や長期的交流により、ここにはさまざまな文化的情景が生み出された。

註
2……現在の四川省一帯。
3……身毒とは古代インドのこと。四川省成都を発し、横断山脈を南下、雲南からビルマ、インドへと続く古代からの通商ルート。このルートを西南シルクロードと呼ぶこともある。
4……大理、麗江から瀾滄江沿いに北上するか、あるいは四川から西進して、チベットに入り、ラサからインド、セイロンに至る古くからの通商ルート。

自序

中華文化への影響力という面では、瀾滄江、怒江は黄河や長江と比べようもない。しかし、もし長く私たちに染みついた「中原中心」、「中華と野蛮の区別」、「一点四方」[5]といった類の伝統的見方を捨てて瀾滄江、怒江を見ると、2本の大河が独自の歴史と文化の輝きを持つことが分かる。彼らは「中心」に従うことなく気ままに流れ、野を駆け回り、しかし最後にはやはり中華文化の海に融合する。われわれはその中に中華民族文化の豊かさと多様さ、風変わりな美しさを見ることができる。

　さらに何といっても瀾滄江、怒江はともに国際河川の上半分であり、絶えざる川の流れによって多くの国を結びつけ、さらに多くの多様な民族、歴史と文化をつなぐ世界的にも大きな意義を持つ存在である。高山と峡谷の間を苦しみながら通り抜けた後、2本の大河は世界に向けてその胸をひらく。開放的な水路と山間部の河川という性格を持つ2本の大河流域は、閉鎖と開放、交流の促進と阻害、文化的な停滞と進歩、静謐と喧騒などが相互関連しながら並存する、ことさら神秘的で奇妙な地域である。

　20年以上、わたしはこの2本の大河に深く惹きつけられ、幾度となく流域に赴いた。わたしはまだ動けるうちにその山河、村々をすべて歩き回ろうと努めた。だが長大な2本の川を前にして、これは明らかに過分な望みだったと言わざるを得ない。今回、幸運にもこれら2本の川のため1冊の本を書くことになり、古い友人や恩師を再訪するようなつもりでいたのだが、突然、実はこれらの大河が世界に冠たる師だと気づき、目をこすってよく見ると、頓首し拝むような感覚になった。わたしは自分の筆の限りを尽くして川沿いに源流から最後まで、山河の自然に入り、社会歴史に入り、文明と人々の魂に入っていこうと考えた。そのためこの本の構成は、空間を経線、時間を緯線として、源流から始まり川の流れを追うと同時に、時間という長い大河のきらめくような水

註
5……3つともに中原こそが中心であり、その他の周辺地域を文化的に劣ったものとみなすなど、地理的概念を文化的概念として価値付ける中華思想。中原は中華文明の発祥地域で、現在の河南、山東、山西省の大部分と河北、陝西省の一部。

しぶきに分け入り、2本の大河の成長過程と心の歴程をたずね、記述している。しかし川の流れの最後に国境にたどりつき、再び「ふるさとを振り返って」みた時、わたしはまったくどれほどのことも書けず、ただその一部を記したにすぎないことに気がついた。2本の大河は豊かすぎる。どう筆墨を尽くしてみても彼らの激流の前には無力である。

　ある人が、わたしに尋ねたことがある。瀾滄江と怒江はそれぞれ別の川でそれぞれの歴史、性格がある。しかしなぜ一緒に書こうとするのか、と。その理由は簡単だ。2本の大河は並行して南下し、距離もたいへん近く、互いに寄り添い、時には水流を交わらせながら、ともに歴史の苦難を歩んできた。多くの共通点を持ち、これら2本を分けることなどとてもできないものもある。同時にまた多くの差異を持ち、自然、社会、歴史すべての面で強烈なコントラストを持つ。これらの違いやコントラストをともに比較すると、また各自の特徴が際立つのである。おそらく世界でもこのような2本の川を見つけるのは難しいだろう。瀾滄江と怒江はこれほど緊密に寄り添い、これほど似通り、またこれほどに違っている。こうした理由でわたしは、2本の大河を同時にこの本の主人公とすることにしたのである。

　さまざまな客観的条件とわたしの個人的能力の限界から、2本の大河の物語は国境を越える地点で止めざるを得ない。国境を越えた後、これらはともに名前を変えるため、瀾滄江、怒江という名前で呼ばれる地域をすべて歩きつくしたことになる。しかし、実際の川という意味で言えばまだそれぞれの半分しか見てきていない。このことは非常に残念だが、仕方がない。わたしの生きているうちにメコン河とサルウィン川について、さらに文章を書くことができるかどうかは分からない。しかし作者が誰であろうと、川の水が絶えない限り、わたしはいつか源流から海まで流れる川の全流域についての本を世に問うことができると信じている。

古人は濫觴（らんしょう）という言葉で川の源流を形容し、大河といえども
その源はやっと酒盃を浮かべられるくらいの浅く小さな流れにすぎない、と言った。
川は人にたとえられる。川の起源はあたかも人の幼年期であり、
オギャア、と泣きながら地に落ち、よちよちと歩みを覚えるまでは、
誰もが揺りかごの中で大人の庇護を必要とする。
川の源流を守る「大人」は空であり、地であり、山であり、氷河であった……

# 第1章 われわれの子守歌

## 1……1

## 彼らはどこに生まれたか

**源流の風景**………青海。世界の屋根に高々と座し、元来「中華の給水塔」の誉れを持つ。中華民族の揺籃の象徴である長江、黄河はすべて青海に源を発し、瀾滄江（らんそうこう）もまた、ここからその生命の歴程を始める。長江、黄河、瀾滄江は実は同じ高原から生まれる姉妹であり、幼年時代をともに過ごす。3本の大河を生みだした「源流域」はチベット高原に位置し、東経90度33分から98度23分、北緯32度26分から35度46分の地域を占める。東はゴリン（鄂陵）湖の東部にある黄河により区切られ、南の境はタングラ（唐古拉）山、西はザカニョラ（祖尔肯烏拉）山、ココシリ（可可西里）山に面し、北はクンルン（崑崙）山とブチン（布青）山

第1章 …… われわれの子守歌

までだ。ここでは雄大な山脈が父親のような威厳と豊かな情をそなえ、盆地と広い谷は母親のように温和で美しい。山に積もった氷雪は巨大な天然の「固体の貯水池」となり、子供たちの生命を支える母乳を与えている。

　中国人にとって、長江や黄河と比べるとやはり瀾滄江の名は見劣りがするだろう。長江、黄河は中国の中心を横切るために先天的な優位にあり、中華文明の悠久の歴史を受け継いで、長く「中華民族のゆりかご」の誉れを得てきた。古来、広大な東アジアの中心地帯で暮らしてきた人々は、中原[1]の視点から見ることに慣れてしまい、漢文化本位の「中華と野蛮を区別する」思考方式で四方の辺境を眺める。辺境はまるで天地の果てであるかのようだ。辺境は、ほとんど後進性の代名詞だ。辺境は往々にしてなおざりにされる。こうした思考方式の結果、西南辺境を流れ、東南アジアを通り抜ける瀾滄江（らんそうこう）―メコン河もまた、多かれ少なかれしばしばなおざりにされてきた。だが実は、水量から言えば瀾滄江は3本の大河の中で最小というわけではない。瀾滄江の中国国境から流れ出す水量は、黄河から海に流れ出る水量をはるかに超える。国境を越えた後のメコン河と合わせて考えれば、この川はアジアで最も多くの緯度をまたぐ国際河川である。南北に25度近くの緯度をまたぎ、6ヵ国を縦断する。川は北から南へ流れ、流域には砂礫を含んだ草原と砂漠以外、世界のほぼすべての自然景観と気候帯の類型が存在する。立体的な変化に富み、地質構造は特殊で、流域は多様な気候、豊富な鉱物、土地、生物多様性などの資源を備える。

　内陸河川、国境河川、国際河川が一体となった瀾滄江―メコン河の中国部分である瀾滄江は最新の統計によると長さ2130.1kmで、中国の外を流れるメコン河は長さ2750.2km、合計4880.3kmである。これは世界の川の中で長さは第6位、流域面積は第14位、年間流量は第4位である。国際河川としては、瀾滄江―メコン河は東南アジアの河川のなかで堂々1位の座にあり、ヨーロッパのドナウ川とアフリカのナイル川以外には、これほど長い国際河川はない。そのため人々は瀾滄江を「東方のドナウ」と呼ぶのである。

　早くも漢の時代には瀾滄江を表す呼称があり、『華陽国志』[2]と『水経』[3]の蘭蒼水または蒼津は瀾滄江の別名であった。『漢書』[4]

註
[1] 中華文明の発祥地域。現在の河南、山東、山西省の大部分と、河北、陝西省の一部。
[2] 晋代に書かれた現在の四川省の歴史書。
[3] 中国の地理書・水路誌。3世紀頃成立。中国各地の河川の水系を簡単に記した書。
[4] 中国後漢の章帝の時に編纂された前漢のことを記した歴史書。二十四史の1つ。

瀾滄江

中の労水は、雲南省永平県(ヨンピン)より上流の瀾滄江水系の統一呼称で、明や清の時代にはシーサンパンナ(西双版納)を流れる瀾滄江の一部が九龍江と呼ばれた。

　瀾滄江の名前の由来をきちんと考証するのは難しいが、どうやらこの名はタイ語から来たものらしい。タイ語では瀾滄江を「ナム・ラーンチャーン」と呼ぶ。「ナム」は川、「ラーン」は100万、「チャーン」は象を指し、「100万の象の川」という意味だ。かつて瀾滄江の両岸には森が生い茂り、土地は広く人は少なく、数えきれぬほどのアジア象が茫々たる林海に生息していた。両岸のタイ族の農民はみな、象を飼って田を耕す伝統を持っていた。ラーンチャーンとランツァンの語の発音が近いため、タイ語を知らない人がラーンチャーンを瀾滄(ランツァン)と読み、瀾滄江の名が伝わったという。

## 瀾滄江の源流(らんそうこう)

瀾滄江は青海省ユシュ・チベット族(玉樹蔵族)自治州のタングラ(唐古拉)山に源を発する。これは明白な事実だ。タングラ山の山体は幅150km以上で、水系が枝状に広がる。源流域には50本の1級支流があり、平均して本流が4km流れるごとに1本の支流が合流する。さらに100本以上の2級支流がある。瀾滄江の源流域での支流の多さは長江や黄河でさえ遠く及ばない。ではいったい雪峰氷河を通るどの支流が、本物の瀾滄江源流であろうか？　国内外の科学者による幾多の源流探索を経てもまだ諸説入り乱れ、1つにおさまらない。調べてみるとたいへん多くの説がある。

　1つめの説では、源流は青海省ユシュ・チベット自治州ザトゥ(雑多)県の西北、タングラ山北麓にあるチャチャリマ(査加日瑪)山の西4kmの高地であるという。

　2つめの説では、ザトゥ県のガアジ(格爾吉)山またはジャナリガン(扎那日干)山の東麓だという。

　3つめの説では、ザトゥ県北部にある分水嶺の西側、タングラ山の西南麓だという。

　4つめの説では、ザチュ(扎曲)川上流のジャナヨン(扎那涌)である。ジャナヨンはザナハハジュデ(扎那霍霍珠地)山にあるという。

5つめの説では、ザチュ川が瀾滄江―メコン河の正式な源流で、ラプセル・コンマ（拉賽貢瑪）山、またはセルラプ（寨拉）山に源を発するという。

　6つめの説では、1995年4月30日付けのイギリス『インディペンデント紙』が「フランス探検家ミッシェル・ピセル氏が瀾滄江の源流は正確には海抜4975mのルブサ（魯布薩）山口にある」と発見した、という。……

　注意深く集めてみれば、さらに多くの説が見つかるかもしれない。

　確かな答えがないことで、その魅力は増し、人は惹きつけられる。今も科学探検家たちの探索は続いている。

　近年の比較的大規模な瀾滄江源流の調査活動には、1999年6月の中国科学探検協会などによる「99中国徳祥瀾滄江源流科学探検調査」がある。調査隊には中国科学院自然資源総合考察委員会、蘭州氷河研究所、武漢生物研究所など

雪山の麓の渓流

瀾滄江源流

が参加し、中国電視台（CCTV）をはじめとする一部メディアも加わった。探検隊は19人から成った。

　1ヵ月余りにわたったこの調査は、同行した記者により中央電視台（CCTV）"ニュース30分"と天津の"今晩報"で1999年7月13日に報道された。瀾滄江の科学探検調査隊は源流域で源流だと伝えられていた数多くの川を事実ではないと否定した後、ザチュとザナチュの両河川が流出する合流地点、ガナソムド（尕納松多）を調査し、ザチュ川は幅62m、平均水深0.72m、平均流速毎秒2.63m、流量は毎秒117.4m³であり、ザナチュ川は幅1m余り、平均水深0.35m、平均流速毎秒1.81m、流量は毎秒32.3m³だという結果を得た。調査隊の研究者は2本の川で得たデータを比較、分析、研究した後、ザチュ川が瀾滄江―メコン河の源流だと認定したと発表した。ザチュ川は海抜5224mのゴンツァムジャ（貢則木扎）雪山の氷河が融ける地点から流れ出ている[5]。

　長年にわたり展開されてきた諸説はどれも瀾滄江の源流について異なる見解を示しており、これでさらにやや確からしい答えが増えたと言えるだろう。しかしこれは最終的な答えだろうか？　それは何とも言い難い。ただ、人々の探索の歩みは続いている。

　瀾滄江の源流とその神秘を探る旅は、われわれを育む大河のために人が作った、詩情に溢れる子守歌だ。

## 怒江の源流

怒江の源流もまた詩情に溢れている。

怒江はチベットのタングラ山脈の南側にある海抜6070mのジラガパ（吉熱格帕）山に源を発し、チベット北部に位置するナクチュ（那曲）地区東部を西から東へ貫く。怒江上流はチベット語で「ナクチュカ（那曲卡）」と呼ばれ、そのためチベット北部の広大な地域にはナクチュの名称がつけられた。怒江の水は透き通った漆黒であるため、中国最古の地理書『禹貢』ではこれを黒水川と呼ぶ。川は東へ流れ、タネンタウ（他念他翁）山とボシュラ（伯舒拉）嶺の間の峡谷を抜けて、貢山県チナヨン（斎那桶）から雲南省の怒江地区に流入する。現地のヌー（怒）族の人々はこの川を「アヌリメイ」と呼ぶ。「アヌ」はヌー族の人々の自称であり、「リメイ」の訳は川で、

註
5……1994年9月11日、東京農業大学探検部OB・学生と中国科学院の研究者たちで組織された「日本・中国合同メコン川源頭探検隊」のメンバーが初めて地理的に正確なメコンの最源流に達した。1999年の中国科学院の探検隊はそれを確認するものとなった。

「ヌー族の川」、という意味から、この怒江の名がついたという。別の説によると、山と峡谷の間を切り込みながら数百kmも縦断するこの川の河床は狭く、岩は多く、水流は激しく、水音は天をも震わす怒号であるため、この怒江の名がついたという。

　ジラガパ山の雪解け水が集まって渓流となり、渓流が集まって川となり、頼りなくサンチュ(桑曲)川を抜け出す。一般にはここが長さ3059.4km、流域面積32万4000km²で中国、ビルマ、タイをまたぐ怒江―サルウィン川の源流だとされている。歩み始めたばかりのサンチュ川は北東から南西にゆっくりと流れる。ここは緩やかな広い盆地で、川はそこを何の束縛もなく自在に流れ、まるで草原を走る馬のようだ。川は透き通り、浅く、河道は広々とわずかに湾曲しながら平原を流れる。平原はさほど広くなく、縁取る山も低い。山が遠くに退くと、平らな盆地……パンチュ(胖曲)、ツォナ(錯那)、ガタン(嘎登)、ラミンツォ(拉明錯)が現れる。中でもツォナは最大の盆地である。青々とした盆地にある2つの湖はキラキラと輝き、まるで2枚の鏡のようだ。1つは盆地と同じく、もう1つはカロン(喀隆)という。この2つの湖は、かつては通年、サンチュ川とつながっていたが、現在は季節的につながるだけだ。これは近年に起きた高原内の気候の乾燥化により氷河が退行し、水量が減ったためだ。専門家はもし乾燥化が続けば、湖はさらに縮み、いつかツォナは内陸湖に変わってしまうと心配する。その時には怒江源流はもはやジラガパ山ではなくなり、河道は165km短くなって流域面積もまた3370km²縮むだろう。もしいつか本当にこうした日が訪れれば、おそらく多くの地理学、生態学、気象学の専門家が慌てふためくだろう。われわれがともに暮らす地球が、生態系を重視するようシグナルを送っているのかもしれない。

　カロン湖に東北から流れ込む小さな川は、名をチンチュ(青曲)という。この川は最初、細々と山間を曲がりくねりながら流れるが、平原に入ると急に広がり、湖に注ぎ込む頃には幅数kmにもなる。まるで巨大な錐(きり)のようで、朝にはいつも靄が軽い糸のように湖を覆い、どこが水と陸の境か茫々として区別がつかない。カロン湖の南を出た怒江の本流は東進の目標を定めると、南よりに迂回し、2つ大きなカーブを描いて水草の茂る湖積平原に出る。ナクチュ鎮は、怒江とその支流、チマインチュ(才瑪榮曲)の沖積平野一帯に位置する。平野の周囲

河畔の羊の群れ

には高く寒冷な丘や低い山があり、その東、南面にはニェンチンタングラ（念青唐古拉）山の高々とした頂がある。ニェンチンタングラ山はチベット族の信仰の聖山で、財宝の守護神と呼ばれ、世の神の中でもっとも重要な神とされている。遠方から来る巡礼者は1歩ずつ拝みながら近づき、また1歩ごとに振り返り、名残惜しそうに離れていく。

　怒江とその支流のチマインチュは、合流後もゆっくりと平野を流れ、まず東南を向き、やがて東北へ曲がり、美しく大きな弧を描く。そして北から流れてくるボブチュ（波布曲）と交わり、さらに東へ曲がる。源から340km余り、怒江は一路順調に流れ、まるで人が何の悩みや迷いもないまま幼年期を過ごすようだ。しかしここから創造の神の顔色は変わり、怒江は困難な歴程に足を踏み入れる。いや、怒江の風格がまさにここから表れはじめる、と言うべきであろう。怒江が怒江であるために山も峡谷も激流もなければ、どうして怒江と呼べるだろう？　怒江は次第に高原の広い谷から、狭く切り立つ谷へと曲がりながら流れてゆく。当初、谷はそれほど深くなく500〜1000mの間だが、次第に両側の雪

山や氷河も高々と険しくそびえ始める。

牧歌的な子守歌は終わる。創造の手は怒江を高山峡谷へと押し出し、怒江に試練と激情を経験させ、生命の苦さと甘さを舐めさせる。

# 1⋯2 チュゴタシー湿原のあたり

**ザシカ草原**..........青海省ユシュ(玉樹)チベット自治州の州都、ジェクンド(結古)鎮から車で西へ225km行くと、ザチュ川畔のザトゥ(雑多)県の町に到着する。その後、馬に乗って川を遡り、5日ほど馬の背の上で過ごせば、「ザシカ(雑納榮)」という名の場所に到着する。

見渡すかぎり山と湿原の大草原が広がるザシカでは、鮮やかな緑の中に珍しい花が雨露に濡れて咲き乱れ、美しい山峰の弧がその背後に交錯して広がる。ここは塵や喧騒から遠く離れ、少しの汚れもない浄土である。気ままに地面に転がっても、身体が塵で汚れる心配はない。

青空には白い雲が浮かび、暖かな風が湿気をもたらす中、渓流は静かに流れる。広さ1000km²ほどの高原には30余りの湖が分布し、まるで大きな緑の絨毯にはめ込まれた宝石のようだ。海抜5200mのザシカ草原に立ち、遠くに周囲の山々を眺めれば、険しく奇怪な岩が突き出ているのが見える。海の波のように起伏する岩や、年中、氷と雪で頂を覆われ、銀色に輝く岩。平らで緩やかな山に険しさはなく、緑の草は絨毯のようだ。さまざまに溢れる光、影、形、色が目に飛び込み、とても常識ではこれらの山を捉えられない。目を見開いて眺めれば、山と現実は場所を間違えたかのように、遠くが大きく近くは小さく、遠くは高く近くは低い。

東から西へと眺めると、氷と雪に覆われた大きな山が目に映り、さらさらと絶え間ない渓流が山麓へ流れる。この渓流はかつてしばしば瀾滄江源流だと言われた。山はジャナリガン(扎納日干)山という。

ジャナリガン山の氷河の氷原は、賢者のようで、冷静な眼で世界を眺め、声色を変えることもない。氷が融け、徐々に集まる渓流の中にだけその内心の動きを感じられるようだ。ジャナリガン山から流れてくる渓流は、みずからの通

り道を探しながら小さな谷や溝をうがち、まるで銀の龍が遊ぶように、迂回し、曲がり、縦横に交わり、分流、合流し、ザシカ草原の西南部の湖沼地区、チュゴタシー湿原へと集まってゆく。

　ザチュ川上流には2本の重要な支流がある。1本はザナチュ（扎那曲）、もう1本はザアチュ（扎阿曲）という。ザナチュの水源は遠く、ザナハハジュデ（扎那霍霍珠地）山に発する。

　ザナハハジュデ山麓のイン（榮）郷チイン（祁榮）村とムクシュン（莫雲）郷バヤン（巴羊）村の境界には70㎡ほどの氷河があり、現地の人はこれが瀾滄江源流だと考えている。夏の雨期には山からの雨水が合流し、氷河の上にはさらに小川が伸びる。春、秋、冬の乾期にはこの小川は消え、ただ赤褐色の砂地から澄んだ水がこんこんと湧き出て、泉を形成する。泉の周囲の砂地はどれもまるで芸術家の作品のようで、輪になり、水に石を投げ入れた時にできる円い波紋のようだ。泉から湧き出た水と氷河から滲み出た雪解け水は次第に融合し、最後に小川となる。現地の人々はこの地方をジュデカレン（珠地卡仁）と呼ぶ。ここの空は子供の顔のようにくるくると変わる。真夏の7月でもダウン・ジャケットを準備しなければならない。夏にも大雪は止まらず、夏のさかりに冬の寒さを感じられる。

　ザナチュ川には橋が架かっている。まだ新しく、どっしりした3本のコンクリートの柱が橋面を支える。橋に飾り気がなく質素で、特筆すべき特徴もなく、両岸の山に溶け込んで見える。ここには川を横切る簡易な車道がある。この橋の意義は、これが瀾滄江上で最初の橋であることだ。橋は人にこう示しているようだ。このへんぴな野と荒山ばかりの大河源流にも人類の足跡が絶えたわけではなく、やはり人々の生活の期待に満ち、発展の歩みを続けているのだ、と。

　源流の氷河からわずか2000～3000mの場所で川越しにチベット遊牧民の黒いテントが2帳り張られていた。彼らはここで放牧をして生計を立て、子供を生み育てている。川辺で衣服を洗い、食事をつくり、また瀾滄江源流の川の水でバター茶を入れ、裸麦を炒ってひいた粉をこねて団子をつくる。チベット族は最初に川の水とのつながりを持つ人々だ。川の東岸に暮らすジャムペル・ティンレーさんは対岸に4人の家族を持つ男主人、遊牧民である。2人の娘は既に「家にいる」年齢を過ぎているが、学校には行かず、幼い頃から父母につい

て羊や牛の放牧をしている。源流はこれほどまでに静かで広々として、生活も単調だ。時には旱魃や雪害に遭遇するが、人々は粘り強く自然と闘い、楽観的に暮らしている。

## 「吉祥の水源」の河原..........

どれが「源流」か意見は分かれるが、やがてすべての水流がチュゴタシー（群果扎西）湿原に合流する。四方の山から空にかかる真珠の首飾りのように流れ、ぶつかりながら、草原中部のチュゴタシー湿原へと流れていく。チュゴタシーはチベット語で「吉祥の水源」の意味だ。そう言うからにはザチュ川の水源であることに間違いないだろう。この名を持つ、あるいは持たない流れが、チュゴタシー湿原の周囲を30本余り取り巻き、1000㎢ほどの湖が地勢にそって小さな谷や溝を形成している。

ここの地形は複雑で、野には沼や沢が広がり、気候は変わりやすく、空気は薄く、人はなかなか足を踏み入れない。しかし牧草地は肥沃で、さまざまな花が季節ごとに咲き、珍しい動物の集散地だ。野生の馬の群れが地を駆け、山間を走り、穏やかに湖畔で水を飲む。走る時はまるで浮雲のようで、姿は駿馬のようだ。おとなしい時はまるで家畜のようだ。群れた黄羊は白い尾を立てて嬉しそうにふざけあい、山頂や、麓で小川や小さな谷を飛び越え、まるで誰からも束縛されない精霊のようだ。凶暴なオオカミは声もたてず冷ややかな眼で世界を眺め、狡猾なキツネは大型獣が捕らえた獲物をじっと狙い、不器用なクマは自由に遊びながら、時々、瀬へ降りてきては餌を探し、水を飲む……さらに印象深いのは高貴で優雅な白鳥、しなやかで美しい黒首鶴、自在に飛びまわる斑頭雁だ。鳥たちは高らかに歌い、飛びまわり、飛びあがり、真っ青な天幕の下、束縛も悩みもなく、存分に羽を伸ばす。天を震わすように喉を鳴らし、誇らしげに頭を動かし、巣で雛を守る。春、鳥たちは南から飛んできて湖の島に巣をつくり、子供を生み育て後代につなぐ。敵の侵入を防ぎ、子供を守るため、鳥たちは四方が水に囲まれた湖の小島を棲家に選ぶ。湖の中心の小島には巣があり、さまざまな大きさや色の卵を拾うことができる。秋になると鳥たちは雛を連れて、川沿いに水を追い、一路歌いながら数万里を飛ぶ。雲貴高原を南下するか、あるいは江南の水郷で安らぎの巣を探す。こうして疲れを知らずに飛びまわることを繰り返す。誰も鳥たちがここで何代にわたって繁殖し、巣をつ

くってきたのか知らない。ここの鳥類は少なくとも20種、1万羽余りいるという。まさに鳥の世界である。

このへんぴな草原もあなどれない。ここは多くの水生生物の世界でもある。星のように数多く広がる湖は大きいものは1000km²余り、深さは測れず、船も通れる。小さな湖、浅い湖、深い湖、澄んだ湖、濁った湖すべてがある。浅い湖はどれほどの深さもなく、野牛1頭が飲み干せそうだ。深い湖は底も見えず、蛇か龍が潜んでいそうだ。澄んだ湖は湖底に魚の姿が見え、濁った湖は黄色い泥粥のようだ。浜には多くの池があり、家畜はその間を立ち止まりながら歩く。池には水があり、魚がいて、ドーリアチョウザメ、ライギョ、黄安鱇、レッドテールシャークミノー…さらに多くの名もない魚がいる。空気が薄く海抜のある高原でも青、赤、白の小さな金魚がいるのは驚きである。尾鰭は1つのものも、2つのものもいて、水中をのんびり泳ぐ。湖には大量の水草が生い茂り、まるで古い地質時代のチベット高原の様子を、身をもって表しているかのようだ。

## ザチュ川と最初の村

チュゴタシー湿原の水流は集まりザチュ川となる。ザチュはチベット語で「多くの水流」という意味だ。ザチュ川は山間の峡谷を折れ曲がり、起伏に富み、急流だ。川とともに下って疲れ果てた頃、眼をあげて一望すれば、その驚くべき情景に震えるだろう。緩やかな山の中腹には、500m²ほどの湖が大きな銀鏡のように空の光線を映し、靄が立ち込めている。水と空は一色で目もくらむばかりだ。そっと歩みよれば水面は地表高く張り出し、石を投げ入れれば溢れてきそうだ。湖の側には近寄りがたく、現地の牧民はこの湖を「神水」とあがめる。歴史の記載が始まって以来、夏に雪解け水がやってこようとも、風雨が激しかろうとも、山からの泉は絶えず湖へ注がれたのだが、この水は災害など人々に災禍をもたらしたことはない。大自然の神秘は、人をしばし呆然とさせる。

チュゴタシー湿原を出て、ザチュ川沿いを青海省ザトゥ県のムクシュン（莫雲）郷まで来ると瀾滄江の源流以来、最初の郷に到着する。郷政府はそれほど広くない平地にあり、低い家屋はどれも政府機関だ。ここの政府機関関係者は多くはないが、組織は小さくともすべてがそろっている。一級政府が持つべき制度、たとえば政府機関、購買販売組合、保健所、信用組合などあるべきものは

すべてある。郷政府の庭には目を見はるような衛星テレビ用パラボラ・アンテナが備えつけてある。これは国が無料で装着したものだ。しかし、ここはまだ完全には電気が通じておらず、多くのテレビはただ置いてあるだけだ。聞けばかつて何度かディーゼル発電機を駆動させ、テレビを放映したことがあるそうだ。郷の人々は祭りのように喜び、楽しんだという。またここには小学校が1つあり、もとは校舎もなかったのを上級政府の援助により校舎を建てた。しかし教師がいなかったため、10年以上も開校されなかった。こうした情景に直面すれば、「辺境」、「貧困」とは何であるかが分かるだろう。しかし、郷政府職員が国の一級政府を代表して努力し仕事に励み、心と力を尽くすうちにこの遅れた場所の様子も変化してきた。ここの空はとても青い。しかし気候は複雑で、朝には大雪が舞い、昼は太陽のように灼熱、午後には雷雨が混じり、夜には満天に紅霞がかかることも珍しくない。まるで「1日に四季がある」ようだ。だがこれが人々の生活のリズムを乱すことはない。人々の生活は毎日、郷政府の庭の前を静かに流れるザチュ川のように、速くも遅くもなく、驕りも焦りもせず、その未来を心から信じている。

　川沿いをさらに下れば、ザトゥ県ザチェン（扎青）郷の夏の牧場である。ここには2つの牧民委員会があり、1つは紅色、もう1つは戦闘という。この名を聞けば、すぐに過去の長い歳月の烙印が刻まれていると分かる。この山高く、皇帝から遠く、人口が稀少な世界の屋根でも、やはりかつては激情の歳月があり、熱い血をたぎらせたことがあったのだ。

# 1-3 ザチュ川を南へ

**ザチュ川**..........チュゴタシー湿原を離れ、多くの小川が合流する地点からザチュ(扎曲)川はその歩みを始める。実は「合流」という言葉はあまり正確ではない。この川はふつう思い浮かべるような河道のはっきりした川ではない。ザチュ川はくねくね曲がる糸の網のようで、合流したばかりの小川は暴れん坊のように、しばしば悪戯に川の本筋から逸れ、ひとりで流れる。まるで母についていく腕白な子供さながら、時には母の手を引いて、時には母の束縛から逃れ

ザチュ川

てみずから道を行き、そしてまた母に抱かれ、一体になる。川は山、谷、草原に白と緑の織り成す交響曲を奏でる。白は水流、緑は草地だ。海抜5000m前後の高原では茫々たる草原が見渡す限り広がり、花が競い咲き、愛でる人がいよういまいとひたすら岩の隙間から尽きせぬ美と生命力を誇っている。ザチュ川の仲間には牛や羊、テント、青空、白い雲があった。澄み切った空気、静かで素朴な草原、晴雨入り混じる天気、そして強い紫外線まで、ここを訪れる人は高原浄土の非日常的な情景に感嘆せざるをえない。

**ザトゥ県**..........ザチュ川が流れこむ最初の県は青海省ザトゥ(雑多)県である。ザトゥ、チベット語で「ザチュの上流」の意味だ。県は小さく、さほど高くもない岩山を背にしている。山に樹木はない。街中すべて土の道で、自動車が走れば砂埃が長く舞いあがり、やや憔悴し、乾いた様子だ。そのため県の近くを流れるザチュ川は、この場所に潤いと生気を与えている。広々とした草原からここへ来る牧民にとっては、大都市に足を踏み入れるのと同じだ。中国のどの県よりこの街は質素だ。しかし街に足を踏み入れた時に郷の人々が見せる興奮は、中国のどの大都市でもかなわない。

　ザトゥ県は国家級貧困県の1つで、大部分の人々が依然、貧困ライン以下の生活をしている。大自然はそんなことにはおかまいなく、容赦なく大雪を降らせる。国からの援助で多くの被災民の命が救われたが、しかし大自然の残虐さの前になすすべがない。ここを通るザチュ川はこれら一切を意に介することもなく、慌てず、さりとてゆっくりでもなく、県を横切り、自らの道をゆく。

**ナンチェン県**..........ザチュ川はザトゥ県を通り抜けた後、東南のナンチェン(囊謙)県に入る。ザチュ川沿いを南進し、いくつもの山と谷を越え、100〜200km進むとカンダ(坎達)峡谷にたどり着く。「1人が守れば、万人でも攻めあぐねる」[6]の詩はここの様子を描くのに最適だろう。峡谷を出るとザチュ川は突然広がり、広々とした川面はナンチェン県をはるかに望む。

　ナンチェンは、瀾滄江上流の水系に潤された悠久の歴史と文化を持つ県城[7]である。ザチュ川以外にも瀾滄江水系にはジェチュ(解曲)(チベットに入れば昂曲(アンチュ)と呼ばれる)、ズチュ(子曲)、ラチュ

註
6......それほど山が険しいことの形容。
7......県人民政府が置かれている街。

(熱曲)、バチュ(巴曲)の4本の河川が通るか、源を発する。歴史的には、ナンチェンはかつて青海ユシュ地区の政治、文化の中心であった。ナンチェン王はユシュ地区の大部分を600年余りにわたって統治し、1175年にようやく南宋に服した。現在のナンチェン県は人口6万余りだ。県城の街をそぞろ歩けば、街はそれほど大きくなく、人もまばらだ。商店が道沿いに並び、自由市場には緑鮮やかな野菜がところせましと並ぶ。これらの多くは地元の農民が育てて売っているものだ。ここには高層ビルも、大きな道もないが、熱気に溢れている。ここの製塩業には長い歴史があり、多くの人々が今も製塩で生計を立てている。ナンチェンはユシュには珍しい農牧業の総合県で、県内の水資源の恩恵を被っている。県の街の近くにはダムがあり、ザチュ川で最初の農田水利事業として水量を調節し、灌漑する機能を持つ。ダム近くの一帯は新たに開墾された野菜生産地があり、つやつやと緑に育った野菜が人を喜ばせる。

　川の水で育まれる緑はやはり充分とは言えない。ザチュ川がナンチェン県に近づく頃、川はもう淡い古銅色になっている。両岸にはわずかなチベット族の村があり、土壁と土屋根の家が川や泥土と同じ色調に統一されている。村の前の白い旗も塵をかぶり、元の色を失ってすべてが溶け合っている。ザチュ川は両岸の人畜が生命を維持するための唯一の水源で、混濁した川の水を地元の人は濾過した後に飲用にする。聞けば、この川は昔からこれほど混濁していたわけではないという。だが、現地の人々もいつ頃から現在のように変わったのかは分からない。現在、下流の人々は「私たちの清流を返せ」と環境保護を叫ぶが、川の源流で問題は以前からはっきりしていたということはほとんど考えられていないだろう。

　ナンチェン県の近くのガルーネドン(嘎日念欽)山の中腹にはチベット仏教の寺院──ガル寺がある。ガル寺は上寺と下寺に分かれる。ディクン・カギュー(貢噶挙)派の直属で、主寺はチベットにあるディクン寺だ。ガル寺内には何世代にもわたり伝えられた経論[8]があり、15名の僧が日夜勤め、名は広く知られている。寺の近くにはしばしば稀少動物であるバーラル(岩羊)が現れる。バーラルは群れて岩の上に立ち、灌木の茂みで餌を食み、川辺で水を飲む。僧たちは干渉せず、平和に過ごす。

　ザチュ川は日夜休まず、一路やや東よりに南流する。河道は

註
8……仏陀の説法を集成した経とそれを注釈した論。

ザチュ川

高い山から遠くに
瀾滄江を眺める

徐々に幅を増し、荒れた気質も次第に治まっていく。ここでザチュ川の西岸にはうっとりするほど青々とした緑地が現れる。それは江南[9]のあでやかな姿を感じさせ、高原の寒々しさを忘れさせる。ここは名高い青蔵高原のユシュ・チベット族自治州で20万の人口を有する原生林地域である。この地域はザチュ川の西岸に位置するため、古くは「江西林場」と呼ばれた。

ザチュ川は別れを惜しむように森林の北側に回り込むと、ゆっくり東の谷へ流れ去る。ここから川は深い山と峡谷に入り込み、再び静けさを失って、急流が水しぶきをたてる。ここは魚がおどろき尾を縮ませ頭をあげる有名な「魚愁澗(ユチョウチェン)」だ。ザチュ川は「魚愁澗」を抜け、南へ折れ「一線天」と「山崖泉」にやってくる。「一線天」では両岸の山が雲までそびえ、空は細い線のようだ。山頂の古い松の木は大きなものは青空を突き刺すほどの勢いで、ザチュ川の保護神のようだ。ここにある「山崖泉」はどのようなものか？ 高く険しい壁に茶碗の口ほどの泉がある。銀の首飾りのように、またハタ[10]のように山の中腹にまっすぐ掛かり、多数の小さな滝を成し、ザチュ川へと流れ落ちる。陽光の下、自由に飛び跳ねる水しぶきはまるで星のようで、虹を帯び、色鮮やかな輝きに目がくらむ。空から落ちるこの滝は、青海でザチュ川に流れ込む最後の清らかな山泉である。

ザチュ川は穏やかな瀬を通り、静かな谷へと流れてゆく。両岸の多くの生命を育み、日夜、奔流は休まず、チベット自治区のチャムド（昌都）へ向かう。チャムドの街の南でザチュ川はその仲間であるジュチュ川と合流し、さらに遠くをめざして流れる。

# 1----4
# ナクチュを振り返って

**黒い川「ナクチュ」**..........ナクチュ（那曲）。もとは怒江上流にある1本の支流を指した。しかしこれはまた怒江の最上流を指すチベット語でもある。同時に、チベット自治区北部の約45万km²の地区行政域を指す名称だ。ナクチュ地区はガンジス山系、ニェンチンタングラ山、タングラ山に抱かれ、チベット北部の高原の3分の2、チベット自治区全体

註
9......揚子江以南。
10......チベット族が人に送る白い絹の布。

ザチュ川・ナクチュ川

> 怒江の支流
> ユチュ川の澄んだ流れが
> 美しい家を潤す

の3分の1以上を占める。人口は1km²あたり平均1人に満たず、土地は広いが人はごく少ない。

　実は怒江流域はナクチュ地域の東部のさほど広くない場所を占めるにすぎない。では、なぜこの地域全体に「ナクチュ」の名がついたのだろうか？ 理由は簡単だ。怒江流域は、地区全体の政治、経済、文化の中心であり、流域以外はチベット北部の広大な無人地帯なのである。古代に遡れば、これはおそらく交通と関係していた。唐代からナクチュの怒江周辺はチベット北部の交通の要であった。西寧から吐蕃[11]の夏牙(シャヤ)(現在のメルドグンガル)の間には23の宿場があり、ナクチュは中でも重要な場所であった。現在でも中国内陸から青海を通ってラサ(拉薩)へ行く最短ルートは必ずここを通る。さらにナクチュ地区の怒江流域は要衝であり、歴代の軍事家が争う土地柄であった。

　ナクチュはチベット語で「黒い川」という意味だ。かつては「ハラニョス」と呼ばれ、これもモンゴル語で「黒い川」の意味だ。その後、東北にある別の同名の県市と区別するためナクチュを地名とした。そのためナクチュ地区、ナクチュ県、ナクチュ郷は大中小三位一体の名称を持ち、流域以外の広大な土地もすべて怒江の「黒い川」の美名を冠することになった。

註
11……6〜9世紀チベットを支配していた王朝。

実際には「黒い川」は少しも黒くはなく、神秘的に輝く。おそらくその輝きが墨玉のようであったため、みずみずしい緑の原野を背景に際立ち、高所から一望すると黒く重々しい感覚が沸きおこったのではなかろうか。墨玉のような深い碧色のくねくねとした川は空にもっとも近い原野を縦横にゆっくりと流れる。ナクチュの中西部は広い平坦な地形で、丘陵や盆地が多く、星のように湖が分布し、網の目のように川が張り巡らされている。東部は山と峡谷が多く、ここはチベット北部唯一の農作物の産地であり、わずかな森林資源、灌木の牧場もある。

## チャンタン草原

..........面積40数万km²余りのこの土地は古くは「チャンタン（羌塘）」と呼ばれた。チャンタンは「北の高原」という意味だ。チャンタン大草原はチベットの天然の牧場である。平均海抜4500m以上、亜寒帯気候のため寒く、酸素は欠乏し、乾燥しており、年間の相対湿度は50％までで、平均気温は-3℃、降水量は400mm以下だ。通年、霜が消えることはなく大風が吹きすさぶ。毎年、5月から9月は草原の黄金期だ。この季節は温暖で、風も吹かず、降雨量は年間の80％を占める。草原には万物が青々と茂り、人も家畜も生き生きとしている。現地の民謡は、「初めてチャンタンを訪れれば、寂しく寒くふさぎ込む。一度、チャンタンの胸に飛び込めば、草原は暖かな家になる」と歌う。確かに華やかな都市から来れば、ここは見渡す限り荒涼としている。しかしチャンタンの胸に飛び込めば、牛や羊が野を歩き回り、テントが目に入り、「天涯に芳草の生えない場所はない」といった類の詩情を感じる。遊牧民のテントに足を踏み入れ、両手で運ばれた湯気の立ったバター茶を前にすれば、「暖かな家」に陶酔する。

　チャンタン草原は特殊な牧場で、海抜の高さと寒い気候は緑を育てず、草地は棘のようだ。空は青々とし野は茫々と果てしがないが、牧歌的な詩情はない。草は高くは伸びず、牛や羊もモンゴル大草原の牛や羊とは違って小型だ。人々もしばしば大自然の悪戯に直面せねばならない。水害と火山の噴火以外、大自然はこの地に世に言う災害のほとんどすべて、風、雪、旱魃、虫、雹、地震、雷をもたらす。中でも雪と風は危険だ。ここの風の季節は長く、風は強い。芽吹いたばかりの草はしばしば根こそぎ空中に巻きあげられ、牧民は目を細めて風の弱まる朝や夕方に放牧する。時には突如としてやってくる強風に、目の前でな

*ナクチュ川*

すすべもなく牛や羊を連れ去られる。雪害が頻発し、鳥さえ逗留場所を探せないほどだ。100年でチベットの歴史に記録された雪害は50以上にのぼる。

　現地で生まれ育った遊牧民は代々こうした「大災害によるどん詰まり」には慣れてきたようだ。毎回、雪害の後には残った牛や羊を探し出し、むき出しの水草を食べさせる。だが同時にまた、彼らは草原を離れることなど考えたこともないようだ。たとえ外にもっと豊かな土地があると教え、移住を勧めても、おそらく首を縦には振らないだろう。遊牧民は永遠に静かに暮らす。雪害、風害への抵抗も生活という行進曲の1楽章に過ぎない。風、雪、牛、羊はみな人々の生活に欠かせぬ伴侶だ。1年のうち春に北方へ赴いて塩を運び、秋に農業地区で穀物と交換するための短期間、大草原を離れる以外、人々は常に草原で牛や羊とともにいる。牛と羊の身からは生活に必要なものの大半が得られる。牛皮のテントに住み、羊皮を着て、牛や羊の肉を食べ、牛や羊の乳を飲み、物をくくる紐さえ牛や羊の身から取った。おそらく牛と羊のおかげで、彼らは風雪をも気にしないでいられるのだ。牛と羊さえいれば、狂風暴雪や長い夜も何でもない！　さらにここ数十年、災害に遭う度に各級政府や多くの人々が関心を持ち、援助や救援の手を差し伸べてくれることも知っている。そのため、なおのこと恐れはしない。

## 草原の馬

牛や羊が牧民の物質的よりどころであり、生産のための仲間だとすれば、馬は精神的よりどころであり、生活の仲間であった。雪域の草原は地も空も広く、牧畜という生産手段は人々を分散して住まわせる。またしばしば牧畜のために移動するので、人々は馬を足として仲間との距離を縮めた。馬は欠くことのできない交通手段であった。今では交通手段が改善され、遠くへ行くには自動車があるので馬を足とする必要はなくなった。しかしチベット族はやはり馬を飼うのが好きだ。人々の馬への偏愛には宗教とトーテムの色彩がある。馬は道の神の象徴だ。ここ数年、ナクチュ（那曲）県の牧畜業に関する統計では、馬の増加が顕著で、牛や羊を超えるという。これには経済の専門家が首をかしげる。馬は肉を食べるでもなく、乳を飲むでもなく、皮を使うわけでもなく、経済的価値は最低で利益は少ない。

しかし草原の人々は馬を飼いたがり、牛や羊と牧草地を争わせる。おそらくまさにこの点に、高く寒冷な草原で暮らすチベット放牧民の性格が体現されているだろう。これは経済学という単一の視点からは簡単に理解できない点だ。事実、現在、都市の人々は明らかに移動の手段としての必要性があるわけでもないのにやはり金をためて自家用車を買う。これもやはり似た心理的需要なのだろう。

　ナクチュの人々の馬好きは競馬祭に表れる。毎年8月（チベット暦の6月）に開催される競馬祭はチベット北部の草原の盛大な集会で、雪域の夏のもっとも明るい風景である。この盛大な集会はチベット王ティソン・デツェンが始め、現代まで続いている。祭りの時には草原の牧民はテントを持って鮮やかな民族衣装を身にまとい、さまざまな精緻な装飾品が数百kmもの外地から競馬祭会場に集

河岸の牛の群れ

ナクチュ川

められ、競馬場の周囲は一時、テントの海になる。縁起の良い図柄が描かれたテントは臨時のものだが、人々の美しさを示す窓口となり、多くのテントの中には金銀で描かれた紅漆のチベット式テーブルが置かれ、精巧な木製の碗や銀杯が並べられる。珍しく貴重なタンガ[12]が中にかけられているテントもある。

　競馬祭はチベット遊牧民の集会であり、馬の力と速さを誇り、騎手の技能と風貌を示す絶好のチャンスであった。馬を自分の命のごとく愛するチベット族は夏だけ馬を大いに走らせる。夏は草が良く、馬がたくさん走った後も栄養を摂ることができるからだ。冬には馬主はけっしてこのように馬を走らせたりはしない。

　チベット北部の草原全土で行なわれる競馬祭は1年のうち数えきれないほどある。1950年代の民主改革以前は、一般的に村や宗教機関が開催し、現在では郷、県、専区[13]などが資金を集めて開催する。規模が最大で、内容が豊富なものは自ら専区の競馬祭である。ナクチュで開催される競馬祭はもっとも早くから知られ、期間も長く、時には10日間も続く。こうした大型の競馬祭に参加する選手や馬はたいてい小規模な競馬祭から選抜され、地区の競馬祭はその地区の優秀な人馬の決勝戦である。当然、自由に参加できるプログラムも多くある。

　雪域の高原の牧民が競馬祭に熱中するのは、高原の外の人々がサッカー・ワールドカップの決勝戦に熱中するにも引けをとらない。競馬祭の半月前、試合参加者は馬を馴らしはじめる。毎日、馬にフェルトをかぶせて2回走り、朝、昼、晩すべて馬を川で洗う。馬を川で泳がせることで筋肉をほぐし、それから岸にあげてゆっくりと歩かせる。このように訓練した馬はスタミナがつき、走らせてもバテないという。この頃にはナクチュ近くの怒江やその上流のあちらこちらで馬が水の中で遊ぶのが見られ、感動的だ。

　競馬はチベット族にとって神聖なものだ。毎回、競馬祭の開始前には宗教儀式を行なう。僧が経をとなえ、牧民は桑を焼き、経旗（タルチョ）を掛け、山でマニ石を積み、神山に旗をささげ供物を置き、神の精霊に吉祥平安、人畜振興、競馬勝利の加護を祈る。

　競馬祭のプログラムは多様で、長距離走、短距離走、ハタ拾い、騎馬弓術、鞭打ちなどの他にも各種の馬術があり、重量挙げ、レスリング、川渡りなどのプログラムもある。同時に大規模な物資

註
12… チベット仏画。
13… 以前中国の省や自治区が必要に応じて設けた行政区域で、若干の県・市を含む。

の取引も行なわれた。

　ナクチュの競馬祭における商品物資の取引は熱気に溢れ、内容も豊富である。おそらくこれは交通の要衝に位置することと関連している。チベット北部は広大で人口は少ないため、普段それほど交易のチャンスがないので、人々はこの機会を大切にし、商人もまれな商機を利用して稼ぐのだ。かつて部落の指導者はしばしば競馬祭を利用して税を集め、1年の諸事務を処理した。今では地元の県政府機関も競馬祭会場に事務所を設け、試合のプログラムを組織し、党の方針、政策の宣伝や、科学技術の知識の普及活動を行なう。

　夜の競馬場の情景はさらに感動的だ。草原にはキャンプファイヤーが燃え、星や月が雰囲気をもりあげる。牧民は夜通しキャンプファイヤーのまわりで歌い、踊る。若い男女もこの機会に意中の人を見つけ、一度、愛情の火花が爆発すれば、そそくさと退場して馬に乗り、離れた静かな場所でデートを楽しむ。この時、静かなナクチュ川の畔は、恋人たちにとってもっとも甘く暖かい場所となる。

　ナクチュ川の流れるナクチュ県は、チベット北部で人口がもっとも多い牧畜業県である。2000年末で全県の総人口は6万1137人、うち牧畜業人口は5万8306人、全県総人口の95.4％を占める。2000年、県内のヤク、メンヨウ、ヤギ、馬など各種の家畜は合計99万8876頭であった。これは平均1人当たり17頭で、牧畜生産は空前の発展を見せている。しかしエコロジーの警鐘も人々の頭上で鳴り響いている。現在、同県の牧草地の総面積は2080.73万畝（約139万ha）で、そのうち利用可能な牧草地は1872.67万畝（約125万ha）であり、退化、砂漠化、アルカリ化した土地はなんと1290万畝（約120万ha）に達する。現地の農牧業の専門家はその原因を分析し、以下のいくつかの要因があるとした。1つには自然環境と気候の条件から、植生が破壊された後に回復しづらいこと。2つめには歴史的に「頭数を重視、保護を軽視」してきたことで、草地の回復の負荷を超えてしまったこと。3つめには人が生産や建設のために植物の被覆を破壊し、無計画に砂石を採取したことで草地が急激に退化したこと。4つめにはネズミや虫が植生の破壊をもたらしたことである。

　どうやらこの広大で人口が稀少な世界の背骨、縦横に流れる川が潤すこの土地でも環境問題は無視できないようである。

ナクチュ川

怒江支流
ユチュ川（玉曲）畔の
遊牧民

中国の青海、雲南、チベットの3省／自治区はみな、
みずからこそ「アジアの給水塔」だと呼びたがる。考えてみるとそれも無理はない。
青海はアジアの雄である長江、黄河、瀾滄江を育む。
雲南には瀾滄江、怒江、イラワディ川、金沙江、珠江、紅河の6本の大河が流れ、
なかでも珠江、紅河は源流もここに発する。
チベットにはアジアの著名な大河の源流や流域がいくつもある。

# 第2章 空までもっとも近い場所

センゲツァンボ（獅泉）河はインダス川の源流で、
ランチェンツァンボ（象泉）河はインダス川の重要な支流サトレジ川の源流、
ヤルツァンポ（雅魯蔵布）江はブラマプトラ河の上流だ。
怒江はサルウィン川の上流、瀾滄江はメコン河の上流で、中国一の大河、
長江の上流である金沙江もまたチベットと四川の境を流れている。
自治区には流域面積が1万㎢以上の川が20本以上、
2000㎢以上のものは100本以上ある。チベット高原は縦横に張り巡らされた
大小1500余りの鏡のような湖を有し、湖の総面積である約2万4000㎢は、
中国にある湖の総面積の3分の1より広い。イメージから言えば、
チベット自治区こそ「アジアの給水塔」と呼ぶにふさわしいだろう。
想像してみたまえ、高大な山脈はすべて給水塔の支えのようにキラキラと透きとおる
湖を押しあげ、これがどうして給水塔でなかろうか。

空まであれほど近く、もし石を投げれば、飛び散ったしぶきは
天界の庭を湿らすだろう。
「給水塔」の川はどれもが「水道管」で、絶えず世界の屋根の甘露を四方八方へと運び、アジアの大地を潤す。

## 2――1 動き続ける高原

**青蔵高原**..........青蔵高原。この空までもっとも近い高原は平均海抜4000m以上、中国の8分の1の面積を占める。ここには縦横に巨大山系が聳え、ヒマラヤ、ガンジス、ニェンチンタングラ（念青唐古拉）、タングラ（唐古拉）、クンルン（崑崙）……と、どの山も雷のように耳を貫く名を持つ。世界に14存在する海抜8000m以上の高峰のうち、実に11座がこの巨大山系に存在する。ヒマラヤ山脈だけでも7000mを超える山峰が50座余りあり、世界最高のチョモランマ峰もここにある。山脈は鮮やかな緑を欠くが、雄大、古朴、重厚だ。青蔵高原には何本もの横線と縦線が描き出され、チベットの骨格を浮き立たせている。巨大山系はまるで龍のように連綿と続き、雪雲は蒼茫として、古今の氷河があちこちに分布し、山と平原に美しい景観を添える。氷河から溶けた水は、長江、黄河、瀾滄江、怒江、ヤルツァンポ（雅魯蔵布）江、インダス川など主な大河の源泉である。創造の手はこの地にアジアの給水塔を建て、高々と空から川を垂らした。

　実は、青蔵高原は現状に甘んじず常に動き続ける世界でもっとも若い高原の1つだ。地質学的には今から1億6000万年から1億4000万年前のジュラ紀、青蔵高原はまだ一面の海原だったことが明らかにされている。ここは古地中海（テチス海）の一部であった。今から約3000万年前の第3紀漸新世までチベット南部のインド・プレートと北部の古ヨーロッパ亜大陸は接し、衝突し、やがて古地中海を閉じ込め、1000万年余り前の上新世末期に陸となった。当時、青蔵高原の平均海抜はまだ1000m前後にすぎなかった。200万〜300万年前の第4紀更新世初期、インド・プレートとユーラシア・プレートのタリム盆地（新疆ウィグル自治区）の衝突により圧迫され、青蔵高原は広範囲にわたる大規模な隆起を始め、3500〜4000m上昇し、現在の「世界の屋根」となった。

青海省／チベット自治区

|‒‧‒‧‒| 国境
|‒‒‒| 省境
|······| 山脈

瀾滄江・怒江上流

チベット高原は世界でもっとも高大な若い高原だ。古代の地磁気の測量によれば、インド・プレートは今も毎年5〜6cmの速度で北へ移動し、ヒマラヤ山も毎年約10mmの速度で上昇し続けている。

## 高原の
## 隆起と伝説
……もし現代科学に基づく測定がなければ、誰が青蔵高原のこうした変遷を信じるだろうか？　ヒマラヤ山岳地方に暮らすチベット族の口承には、今でも似た伝説が記録されている。はるか昔、この地域一帯は一面の海原で、草が繁る海辺には松や柏、鉄杉、シュロ（棕櫚）が生え、縞シカ、レイヨウ、サイが徘徊し、ホトトギス、ガビチョウ、ヒバリが歌った。ある日、突然、海から巨大な5つの頭を持つ毒龍が現れ、波を起こし、岸辺の草木をなぎ倒した。ここに住む動物は災いの到来を察して東へ逃げたが、東の山林はなぎ倒されていた。西へ逃げてもそこは荒れ狂う大波だった。逃げ場を失った時、海の空から5色の彩雲が飛来し、5人の空を飛ぶ仙女になった。5人の仙女は神通力で毒龍を退治し、海は静けさを取り戻した。現地の人々は家に戻って仙女たちを拝み、この地に留まり太平をもたらしてくれるよう哀願した。仙女たちは人々の厚意に感謝し、海に退くよう命令した。そして東は豊かな森に変わり、西には広々とした肥沃な田が現れ、南は盛りの花畑、北は果てしない牧場へと変わった。仙女たちも5つの峰になった。中でもチョモランマ峰は首領の翠顔仙女の化身であり、現地の人々はこれを「神女峰」とあがめた。

　チベット語の古文書にはチベットの地形の変遷について記されており、現代科学の結論と合致する。『賢者喜宴』にはこうある。「……その時、上手のガリ（阿里）三域の地形はまるで池で、中央のウィツァン（衛蔵）四翼の地形は水路、下手のドカム（朶康）六高地は耕地のようで、そのすべてが海に沈んだ。その後、観世音菩薩が苦しい生活を送る人々のため祈り、熱海は冷えはじめ、静まり、消え去った……その後ようやくチベットの地形がはっきりと現れた。ガリ三域は鹿、野生のロバなどの動物区、ウィツァン四翼はトラ、ヒョウ等の猛獣区、下手のドカム六高地は猛禽地区である」と。『紅史』『青史』等のチベット古文書にも、やはり類似の記載がある。

海抜4300mの
邦達（バンダ）飛行場

現在、高く隆起したチベットの大部分は海抜4000m以上で、気候は寒冷、長い冬と短い春、秋があるのみで、夏と呼べるものはほとんどない。ここは同緯度の中国東部と比べて気温は20℃以上も低く、年間の温度差は小さい。しかし1日の変化は大きく、昼と夜ではまるで別世界で、多くの場所で昼夜の温度差が30℃以上になる。空気は薄く、酸素も少なく、気圧は低く、初めて高原に来た人はたいてい頭痛、胸焼け、呼吸困難などの高山反応が出る。また空気は薄いが清浄で、塵や水気も少なく、大気の透明度が高い。太陽の輻射エネルギーはほとんど失われず、日照時間は長く、十分な日照と巨大な光エネルギーがある。乾期と雨期の差が明確で、毎年4月から9月が雨期、10月から翌年3月までが乾期である。雨期は東南部の瀾滄江、怒江など河谷地帯から始まり徐々に西

瀾滄江・怒江上流

北へ広がる。年間降水量の90％以上が雨期に集中し、乾期には強風が高原を吹きすさぶ。風力もまた尽きない動力資源である。

# 古代
## チベット文化
..........一般的には「世界の屋根」のチベットは寒々しく、荒野が広がり、自然が嘲るがごとく生命の存在を許さない地域を生み出していると思われている。確かに現在でもまだチベット北部には広大な無人地帯が広がっている。だが、実ははるか昔、チベットの地理自然環境は現在とは大きく異なり、人類の起源と生存に適した環境があった。

　1976年、1人の科学者がチャムド（昌都）のタマラ山麓で恐龍の化石を発見し、恐龍の腰椎、歯、肋骨の化石を発掘した。測定によればこれらの恐龍はおよそ6000万～7000万年前のものだ。恐龍の生活条件と環境から推測するに、当時、海が退いて湖と川が残り、川と浜、丘と山は互いに支えあっていた。気候は熱く湿潤で、植物が繁茂し、豊富な食物があったと思われる。1978年、考古学者は瀾滄江源流のチャムドでカロ（卡若）遺跡を発掘し、多くの野生動物の骨の中からノロの骨を見つけた。ノロ[1]は主に中国東北部、華北と長江以北の山に生息し、海抜2000～2500ｍの湖北では農業神であった。今日、チャムドからノロの姿は消えているが、5000年前のノロの骨は、当時のチベット高原の気候が現在の華北に似ていたことを証明している。

　その後、科学者はチベット北部で亜熱帯気候に属する植物の遺物を古生代地層の中から発見した。これは当時、熱帯植物がチベットに分布し、温暖で湿潤な亜熱帯気候だったことを示す。古代の気候についての科学的な推定に基づけば、人類が誕生し、形成された地質時代、チベットの平均温度は10℃前後、年間降雨量は2000～5000㎜で、つまりは人類発祥の地の気候条件と近く、古人類の生存に適した環境だった。科学者は、こうした環境の中、青蔵高原とチベットは人類発祥地の1つだったと推測する。近年の大量の古人類考古資料もこの推測が事実だと証明している。はるか昔、人類はこの広大な高原で生存、繁栄していたのである。

　　　　　　第2次世界大戦中、2人のイタリア人の捕虜が収容所から脱走し、チベットに身を潜めた。この地をこよなく愛した2人は、1950年、ラサの東5kmにあるシンドウ山支脈の尾根で偶然にも

註
1......鹿の一種。小型で体長は1mほど。

16の墓を含む遺跡を発見した。遺跡からは玉石、石壁、石の暖炉、陶片のほか2体の不完全な人の骨も見つかった。最初の報告ではこれらは「史前時代」のものだとされたが、その後、旧石器と新石器時代の遺跡が頻繁に発見された。今から5万〜1万年前の旧石器時代の重要な遺跡には次のものがある。1956年から1958年にかけて怒江源流のアムド(安多)で発見された10数点の打製石器。1964年、チベット南部のティンリ(定日)県の東南にある蘇熱山の斜面で発見された40件の人工の打製石片や石片で作られた削り器や尖状物。1976年と1983年にチベット北部の4地点から発掘された打製石器200件余り。1990年、シシャバンマ(希夏邦瑪)峰北の斜面のキドン(吉隆)県で前後して発掘された2つの旧石器地点。新石器時代の遺跡はさらに豊富かつ完全な状態で、それぞれ特色を備えていた。歴史家は新石器時代、チベット高原には少なくとも3つの文化が存在したと認識している。1つめはチベット東部の瀾滄江の河谷地帯にあるカロ遺跡を代表とするカロ文化、2つめはヤルツァンポ(雅魯蔵布)江の流域にあるラサ市のチョーコン(曲貢)村とニンティ(林芝)県の古人類の骨、墓地の遺跡を代表とするチョーコン文化、3つめはチベット北部高原の小打製石器を特徴とする細石器文化。これらのさまざまな新石器文化遺跡は、高く掲げられた看板のように、早くも4000〜5000年前にはチベット高原にたいへん発達した古代文化が出現していたことを示している。

## 2-2 2本の支流はチャムドで出会う

**チャムド**..........チベット語で「チャムド(昌都)」は水の分岐点、という意味で、これはザチュ(扎曲)川とアンチュ(昂曲)川(青海省ではジュチュ)がここで合流することを指すのだろう。2本の川は合流後、正式に瀾滄江の名を得る。

怒江上流のナクチュ川はビル(比如)県を通った後、一気にチャムドに流れ込み、ここから正式に怒江と呼ばれる。

チャムドはチベット東部のユニークな土地だ。東は金沙江を境とする四川省で、瀾滄江、怒江の大河が自由に流れる。ここは、両大河に絢爛たる名を与え、またそのたぎる流れを世に示す場所でもある。瀾滄江が硬い岩層に沿って流れ

瀾滄江・怒江上流

る時は、険しい峡谷を形成し、硬い岩層が河床を横切っている場所は壮観な難所となる。怒江は深く谷に入り込み、両岸の山は谷底まで垂直なものもあるほど高峻だ。氷河や山から流れる水が多数の渓流となり、羽毛状に分布し、沿岸の高所から怒江へと注ぎ込み、扇状地を形成する。これらの扇状地は通常、渓谷の中でも条件の良い農地と居住地域となっている。

　瀾滄江と怒江は、チャムドの近くでもっとも分かちがたい。特に山を横断してから両大河はさらに接近し、分水嶺も狭まる。分水嶺であるタネンタウ（他念

ザチュとアンチュがチャムドで合流後、現地の人はこの流れを瀾滄江と呼ぶ

他翁）山は青蔵高原の怒江最大の支流——ユチュ（玉曲）の水源だ。ユチュ川は約480kmで、瀾滄江と怒江の間を両大河と平行に流れる。怒江とは終始10kmほどの距離を保ち、チベットのニンティ（林芝）地区のザユル（察隅）県ツァワロン（察瓦龍）付近で2つ大きな半円を描き、最後に怒江へと流れ込む。ユチュと瀾滄江の分水嶺はとても狭く、梅拉（メイラ）付近では両大河の支流水系が通じ、地質学者と水利専門家が頭をかきむしっても、両水系のどちらに属するのか明確に分けることはできない。つながっている水流を、どうして明確に分けることなどできるだろう？

　チャムドはチベットと四川、雲南の交通が接続する地点で、チベット東の

ゲートとして中国の内地と繋ぐ重要な交通ルートとなっている。怒江、瀾滄江、金沙江およびその分水嶺であるボシュラ（伯舒拉）嶺、タネンタウ山、タマラ山──マルカム（芒康）山などの山脈は接しながら南北に展開し、高い山と深い谷とが平行に並ぶ。山は北高南低で、北部の海抜は5200ｍ前後、山頂は穏やかだ。最高地点はニェンチンタングラ（念青唐古拉）山頂で、海抜は6980ｍに達する。南部の海抜は4000ｍ以下で、山勢は険しい。最低地点は芒康県の金沙江の谷で、海抜2296ｍにすぎない。3大河の川面は海抜2000ｍから3500ｍの間で頂

ザチュとアンチュが抱える
チャムドの町

上と谷の高度差は一般に2500ｍ前後である。こうした地理的構造は「1つの山に四季があり、10里違えば天気が異なる」という山岳地帯に特有の垂直気候を生む。谷底では通年、青い田が広がり、農作物は2年に3回収穫できる。山腹は天然の植物が覆い、豊かな森が多く、その上は山の牧場だ。さらに上は寒く、人の姿はまれで、通年、積雪のある銀峰が空までまっすぐそびえる。これら一切がチベット東部の山と峡谷の特殊な景観を構成する。

　峡谷間を南流する3本の大河は3つの暖かく湿った気流の通り道となっている。大河は南流し、暖かく湿った気流は北流する。南にインド洋が広がるチベット南部の峡谷は、チベット東南部の青蔵高原の中でも特に温暖で豊かな農牧業

瀾滄江・怒江上流

の盛んな地域だ。この地域の平均気温は10℃前後で、チベット北部高原の年平均-2℃とは対照的だ。毎年、青蔵高原の雨期は東南部に始まり、その後、少しずつ西北へ広がって3ヵ月ほどでチベット全土を覆う。

　大河が南流するという地理的構造はそれに対応する人の行き来をもたらした。チベット東部とその東部の平原丘陵地帯との大規模な文化交流とは比較しようもないが、南北に接する地域の原始文化との交流は比較的スムーズであった。特に交通が未発達の古代にこうした交流の形態は明確だった。カロ（卡若）遺跡から出土した文化形態は、北隣する黄河上流の甘粛省と青海省の馬家窯文化[2]、斉家文化や南部の瀾滄江、怒江中下流にあたる雲南省での多くの出土文物や、現在の一部民族の生活などにも見られる。

　怒江、瀾滄江、金沙江は手を取ってチャムドを飾ってきた。あるいはこの地域の特殊な地形と環境が、青蔵高原の歴史に人を魅了する輝きを与えてきたのだと言えるだろう。チャムドの歴史を遡ればかなり古く、中原よりも遅れていたということはない。1977年と1980年、チャムドで2つの新石器時代の遺跡が発見された——カロ遺跡と小恩達（シャオンダ）遺跡だ。これらの遺跡は早くも5000年前にはチャムドに人類が生存し、初歩的な村を形成していたことを示す。チャムドは古くは「カム」（康、または客木）と呼ばれ、ダクヤプ（察雅）一帯はチベット族の叙事詩『ケサル』の中の「檠巴人（ジャンバレン）」に記されるケサル王と「烔巴人（ジョンバレン）」が塩をめぐって戦った場所だ。実地調査では多くの烔巴人が残したという石壁、石段などの建築遺跡が発見された。

## 東女国と蘇毘王国

唐以前、チャムドには有名な東女国と蘇毘王国があった。『旧唐書』の第197巻、『南蛮西南伝』には「東女国、西羌の別称、西海中に女国あり。かつて東女焉と呼ばれ、女を王とする風習あり。東は茂州、党項、東南は雅州と接し、境を隔て羅女蛮と百狼夷がある。境界を東西へ9日、南北へ22日行くと大小80余りの街あり。その王の住む処、康延川という。中には弱水が南流し、牛皮を船として渡る」とある。東女国は6、7世紀に出現した村落連合または地方政権で、女性崇拝社会であり、「女性を重んじ、男性を軽んじる風習があった」という。考証によれば「弱水」とは瀾滄江のことで、現在のチャム

註
2……紀元前3300年〜2050年。黄河上流域の新石器時代晩期文化で、日本では甘粛彩陶文化と呼ばれる。印紋陶の類型の地方分支したもので、斉家文化に至る過渡的文化。

ド一帯は東女国の政治、経済、文化の中心であった。現在でもチャムドでは吐蕃、東女国、蘇毘王国の遺跡を見ることができる。吐蕃が興った後(7〜9世紀)、雅礱河谷の各部落を征服、ニェンチュピ(年楚皮)流域の蘇毘部落も併呑し、チャムド一帯を占領した。

## 元、明、清の支配

..........13世紀、元はチベットを支配した後、チャムドと四川省のガンズにドガンス宣慰司都元帥府を設けた。明政府はここにドガン都指揮使司を設置し、各地の村落の酋長、頭首、寺院の大ラマ[3]に管理を委任した。明末のモンゴルとホショト部のグシハン土司[4]の後、チャムドはモンゴル族の村落統治の要地となった。清は数人の高位の活仏と土司にこの地域の支配を任せ、駐チベット大臣とダライラマの管理を置いた。またチャムドに糧站[5]を設立し、糧台、遊撃などの文武官員に委任し、チャムドに駐在させて守らせた。さらに四川、雲南から派兵してチャムドに駐在させ、皇帝からの命令や上奏文の伝達、チャムドの寺の大活仏と糧站の保護にあたらせた。清末に川滇(四川と雲南)辺務大臣の趙尔豊(ジャオアルフォン)はチャムドの一部で「改土帰流[6]」を実行し、チャムドは川辺と改称した。民国初年、チャムドは西康省の一部となった。1918年、チベット地方政府がチャムドをドメー・チキャプ(朶麦地)と改称し、25の宗(ゾン)に分けた。1950年10月、チャムド地区人民開放委員会が成立し、3つの管轄区を設けた。つまりチャムド開放委員会が13宗を直轄、39の民族地区第一事務所が10宗を所轄、ボミ(波密)地区第2事務所が3宗とツァカロ(塩井)、ダクヤプ(察隅)の合計28宗を所轄し、中央人民政府院直属の管轄となった。1955年、チャムドは新たに成立したチベット自治区資金調達委員会の管轄となった。1960年、チャムド都に初の行署が設けられ、現在は24鎮、118郷、1622の自然村を含む11県を管轄する。地区行署はチャムドのチャムド(昌都)鎮にある。

チャムド鎮でザチュ川(扎曲)はアンチュ川(昻曲)と合流する。ここでは加惹壩(ギャラ)、四川壩、雲南壩(マツァオ)、馬草壩など4つの台地の壩子(はし)[7]が県城を分割している。馬草壩の東北斜面に登り、町を鳥瞰すると、古い街並みはまるで宝つぼで、ザチュ川、アンチュ川は雄鷹が両翼を広げたかのようだ。チャムド鎮は大河に面し、山を背に

註
3......ラマはチベット仏教の高僧。
4......土司は少数民族の間接統治のため中央政府が任命した非漢族の役人。
5......食糧を調達管理する機構。
6......清朝による西南夷の中国化政策。少数民族の領主が世襲で統治する諸候領を廃止して中国の直轄領に組み込み、科挙官僚の「流官」を派遣して統治する地域に改めた制度。
7......農耕に適した山間盆地、河谷盆地。

して地形は険しく、ラサの東、成都の西、北は青海、南下すれば現在の雲南省とビルマで、四川省、雲南省、チベット一帯の交通の要所にあった。地理的に重要で、歴代の軍事家が争った戦略の要地であった。

**カムパ文化**.........現在、チャムドは人口60万ほどだ。チベット族が90％以上を占め、主に瀾滄江とその支流沿いに居住する。峡谷の自然も人々が代々営んできた農牧業という経済形態を決定してきた。自給自足が可能な環境や、チベット族と他民族の交流の回廊地帯にあること、また遠くのラマ教の中心である前後蔵地区[8]として歴史的にモンゴル王、漢人、チベット政府に分割統治されてきたため、ここには多民族の村落が長期的に共存し、多様な文化が融合し、地域色豊かなカムパ(康巴)チベット文化が形成された。

色とりどりのカムパ・チベット文化の中でも多元的な宗教文化はもっとも傑出している。チャムドはチベット仏教の信者が集中してきた地方で、多くのチベット仏教文化の要素が残る。チベット伝来仏教の中のニンマ(寧瑪)派、カギュー(噶挙)派、サキャ(薩迦)派、ゲルク(格魯)派などさまざまな教派が寺院を建て、教義を重んじ、共存してきた。またイスラム教とカトリック教もチャムドと塩井(ツァカロ)に拠点を建てた。記録によれば民主改革[9]の以前、チャムドにはチベット伝来仏教の寺院は合計703で、そのうちゲルク派は322、ニンマ派は212、カギュー派は117、サキャ派は52あった。これらの寺院の数と割合だけを見ても、各教派の勢力がうかがい知れる。

林立する寺院の中でも、カギュー派の黒帽系の高僧がもっとも早く活仏の転生により寺院の継承の問題を解決することを始め、活仏転生の道を開いた。リウォチェ(類烏斉)にあるツァジェマ(査傑瑪)大殿は現存する数少ないタクルンカギュー派の寺院だ。チャムドでの歴史が最長で、規模も最大の古寺である。この寺は1285年に高僧、サンギェー・ウォンが建てたもので、雄大かつ壮観でたいへん著名である。

もっとも著名なチャムパリン(強巴林)寺はゲルク派チベット東部で最大の寺院で、ツォンカパの弟子、シェ・ラプ・サンポにより1444年に創建された。僧の数は最多時に5000人、周囲の小寺は70以上で、清朝の康熙帝の頃に始まった。この寺の主要な活仏は

註
8......チベットのラサ、シガ、ツェ、ロカ地区の40県にまたがる地域。
9......1951年以降、封建農奴制からの解放を掲げて中国共産党によって進められたチベットでのいわゆる民主改革を指す。

チベット東最大の仏教寺院
——チャムパリン寺

歴代皇帝の冊封[10]を受け、寺には現在も康熙帝が授けた銅印、乾隆帝が送った書の扁額などが保存されている。チャムパリン寺の巫女が神がかりで踊る「古慶(グチン)」舞は、無地で獰猛な顔つきの面具、整った典雅な動作の型、雪域の高原の広大な情景などが特徴であり、この寺独特の宗教舞踏の様式にのっとったチャムド・チベット劇はチベット全土でも一大派閥を成している。チャムパリン寺はカム地区で最大の寺院であっただけでなく、文化芸術の宝庫であった。

　ティンチェン(丁青)県チャンゴン郷内のツェドゥク寺はカム地区に現存するものの中で規模は最大、教徒も最多だ。チベット仏教の儀礼をもっともよく保存している寺院であり、起源は2000〜3000年前に遡ることができる[11]。寺では体系的にチベット仏教の経典が教えられ、チベット密教の無常ヨガの修習方法や、裸体神舞などの古いチベット仏教文化の伝統を過去から絶やすことなく伝えている。

註
10…冊をもって爵位を与えること。冊は爵位や封禄をさずける時の皇帝などの正式のおことば。

瀾滄江・怒江上流

もし、あなたに雪域の高原でチャムドの祭りの歌や舞踊を見る機会があれば、きっとチャムドの人々の豪快で荒々しい性格こそがカムパ文化の源であると感じるだろう。チャムドの人は歌も踊りもうまく、歌や踊りは話すことや歩くことと同じくらい当たり前のことである。これは少しも誇張ではない。人々の舞は盛大で、人の心を動かす力を持つ。歌声は波のように沸き立ち、力に満ちている。「康定情歌」は現地でもっとも流行している民謡で、「鍋庄(ゴーヤ)」の舞はもっとも好まれる踊りだ。

　鍋庄の舞には地域ごと、つまり農業地区と牧畜地区の違いがある。踊れば着物の袖が風を生み、熱情奔放に地面を巻き上げる。男性はたっぷりとしたズボンを身につけ、まるで雄鷹が羽を広げたようだ。女性は外套の右袖に腕を通さずにはおり、颯爽としてお洒落である。服につけられた珍しい飾り――瑪瑙(めのう)、珊瑚石、琥珀、真珠、トルコ石、象牙、金、銀等は、流れ星のようにきらめく。

　よく耳にするカムパ服飾は、チベット族の服飾技術の変種である。装飾品を重んじ、色彩のコントラストが強く、華麗かつ雅やかである。カム人のまっすぐ、精悍、豪快、純朴な性格の特徴がはっきりと体現されている。

# 2―3 南へ移動した人々

**カロ文化**..........チャムド(昌都)の人々について語れば、約5000年前に遡ることができる。

　チベットのチャムド鎮の東南約12km、瀾滄江の西では小さな川が瀾滄江に合流する。川は狭く、渓流と呼ぶほうが正確で、ふつうの地図には載っていない。現地の人はこの川をカロ(卡若)水と呼ぶ。カロ水と瀾滄江が合流する場所には多くの台地が形成されている。これらの狭い台地にはチベット族の小さな村があり、カロ村と呼ばれる。チベット語でカロは「城の砦」という意味だ。言い伝えによれば、元の頃、現地のチベット族の人々は築城して元の軍隊に対抗した。その後、敗れて城は壊され、その名は付近の村の名として残されたという。

　1977年、カロ村の東に近い台地で、あるセメント工場の労働

註
11...一説ではティンチェンのツェドゥク寺は仏教ではなくボン教の寺院である。

者が作業中に地中から石器と陶片を発見した。すぐにしかるべき部門に報告され、それから重大な考古学的な発見が始まった。チベット自治区文物管理委員会連合、中国社会科学院考古研究所、雲南、四川の考古専門家隊が2度にわたる大規模な発掘を行ない、合計1800㎡の遺跡が明らかになった。家屋の遺跡28ヵ所、道路2本、石壁3段などの他、出土した各種の石器は7968点、骨器366点、陶器2万枚以上、装飾物50件余り。この他、トウモロコシ、動物の骨格などが発掘された。専門家は発掘場所をカロ遺跡と名づけた。1979年8月、遺跡はチベット自治区重点文物保護の対象となった。

ここは新石器時代の人々が居住した原始村落跡だと見られている。遺跡中の家屋の基礎部分は複雑に折り重なっていた。研究の結果、建築遺跡は早期と晩期の両時期に分けられる。早期は今から4955±100年前～4280±100年前のもので、主に半地穴式の草を混ぜた泥壁建築であり、中には大量の磨製石器、陶器が残っていた。陶器は画紋が刻まれ、黒い絵柄や取ってなどを特徴とする。晩期の遺跡は現在から3930±100年前のもので、主に石壁建築の家屋、半地穴楼屋であり、中でも打製石器、細石器は早期と比べて明らかに増加していた。

遺跡からはさらに大量の農具と農作物が発掘され、古代、カロ人の経済生活に農業生産が重要な地位を占めていたことを示している。瀾滄江源流の肥沃なこの土地には、早くも4000～5000年前に先住民が定住生活を始めていた。彼らは家を建てて暮らすことを学び、各種の精緻な石製工具を作り、粗雑な紡績品と縫製品を持ち、色のついた陶器や装飾品も作った。彼らが作った生活用品は、実用を満たすだけではなく、多くの芸術的、美的な要素を持つものだった。中でも貝殻と玉器は、彼らが完全に孤立した生活を送っていたわけではなく、遠く外界とも交流があったことを証明している。

カロ人はどのようにして高い山と大河による外界との交流の隔絶を打ち破ったのだろう？　彼らはどこから来たのだろう？　彼らはいかに多くの困難を克服し、自らの生存に適する文化を創造したのだろう？　これらは考古学者と人類学者がつきとめたいと願う問いだ。

## カロ文化の遺跡

..........科学者は考古学的資料を踏まえ、歴史の知識でもってカロ遺跡が代表する文化の内容を探求し、この遺跡における先住民の生活状況や方式を想

瀾滄江上流

像、復元し、考古学の通例に倣いこれを「カロ（卡若）文化」と呼んだ。

　カロ文化を理解するには、まずカロ人村落に入らねばならない。カロ人は川の両岸の台地に住宅を建てることを選び、すでに初歩的な村落を形成していた。村落は水源に近く、地勢は平坦で、土地は肥沃、海抜は相対的に低かった。残念なことに、これらの舌形台地は狭く、人々が住居を建てられる空間は限られ、家屋の面積は一般に小さかった。カロ遺跡の総面積は約1万㎡で、黄河平原の仰韶（ぎょうしょう）文化遺跡の数10万㎡と比較するとやや小型だ。カロ遺跡のうち既に発掘された1800㎡の範囲で出土した家屋は29軒余りだ。家屋を除くと他にかまど、道路、石壁など多くの建築物があった。建築物は密集し、入り組み、左右に接し、上下に折り重なり、当時の建築技術が既に一定の水準にあったことを

カロ遺跡は
カロ水が瀾滄江に流れ込む
前の土地にある

明らかにしている。

早期にはカロ人は半地穴平底と半地穴円底の家屋に暮らし、やや遅れて地面に建てられた家屋や2部屋ある家屋が出現した。晩期になると彼らは石壁の家屋を建造し、さらに半地穴2階の家屋もあった。こうした家屋では上に人が住み、下に家畜を飼った。カロ人穴居、半穴居式の居住建築はチベット地区原始文化の建築営造技術とその後の発展に重大な影響を与えたと考える研究者もいる。カロ人の地面建築は底層空間が狭く、石レンガで囲まれた構造を持ち、明らかに石造家屋の特徴があり、チベット民族の伝統的な石造家屋[12]の前身であった。

カロ人の家屋は一般に10～30㎡で、4～5人が暮らすことができた。これはちょうど一般的な対偶制家庭の人数であることから、当時は対偶制家庭の段階にあったのかもしれない。対偶制家庭とは、かつて全世界の多くの地域に存在した「夫が妻に従い住む」形式の家庭である。彼らは族外婚を行ない、本氏族内部の者同士は絶対に結婚してはならなかった。妻子は自らの氏族の家に住み、夫はその他の氏族の妻に「嫁いで」家に来た。男女双方の婚姻関係は不安定で、結婚している時間は長いものも短いものさまざまで、いつでも離婚ができた。いったん離婚すると、夫は離れ、妻は子供を連れて家に留まり、新たな夫がこの家庭の中に加わるのを待つ。そのため一般的に子供は母が誰かは知ってはいたが、自分の父が誰かは知らなかった。

遺跡には70㎡近い2つの大部屋があり、中には4ヵ所の暖炉、2ヵ所の炭化した粟の山、古いごみかまどが発見され、さらに首飾り、貝殻装飾品、磨製の精美な

アンチュ川ほとりの新石器時代の遺跡
——小恩達遺跡

註
12…ふつうの家屋に比べて背が低い。

瀾滄江上流

玉斧などが出土した。この家は女の家長で、老人が未成年の子供や孫を連れて住んだ場所だったのかもしれない。また、氏族のメンバーが集会を行なった公共の場所だったのかもしれない。当時は母系氏族共同体で、女性長老たちが地方の議事をとりしきったに違いない。

　最初、カロ氏族は、他の氏族と同じく氏族内での対偶制家庭が単独の生産単位になることはできず、すべての氏族の構成員が共同で働き分配する原始共産主義の分配制度を採っていた。その後、氏族が一定規模に発展すると分裂し胞族となり、いくつかの胞族が集まって部落となった。大部屋から出土した玉斧は、精美で、製作は難しく、使用した痕跡もなかった。どうやら実用工具ではなく部落の酋長が権力の象徴にした物のようだ。

## カロ文化の生産形態

　他の母系氏族社会と同じく、カロ人は生産活動において男女の分業が存在していた。女性の地位は男性よりも高く、責任も重かった。男性は通常、外を移動しながら行なう狩猟に従事した。女性は農業生産に従事し、同時に料理や家事を行ない、陶器を製作し、紡績や縫い物をし、季節によっては外で採集をした。またさらに重要な子供を生み育てる仕事も負った。当時、人々は多くの女の子を欲しがった。家系をつなぐためには女性に頼る必要があったからである。

　女性が従事した農業では主に粟が植えられた。現在、カロ遺跡の中で発見された農作物は粟のみだが、出土数はたいへん多い。どうやらカロ人は粟を主食としていたようだ。粟は乾燥と寒さに強く、当時の瀾滄江源流一帯は粟の栽培に適していた。

　人々は農業においておそらく多くの木製の道具を使ったと思われる。しかし木製の道具は保存されにくいので、現在、発見されるのは主に石と骨の道具なのであろう。中でも、石の道具はもっとも多く、穴を掘るための石のシャベル、石鋤等や収穫用の石刀、穀物を轢くための石臼、石杵等がある。特に石刀の出土数はもっとも多く、種類も豊富であった。これらの石刀を女性は収穫用に使い、使用時には縄で石刀を手にくくりつけたのだろう。これは中国北方のある地区の農村が稲を収穫する時に使用する「摘み取り刀」と似ている。男性は主に狩猟の道具として石刀を用いて獲物を捕り、皮を剥ぎ、肉を切り、動物の骨

を打ち砕いたのだろう。遺跡からはさらに骨製の刀の柄が出土している。柄には溝があり、石片をはめ込んで、刀の刃とすることができた。

他に遺跡からは大量の石鏃、石矛、石球などの武器と狩猟の道具が発見された。石鏃とは矢じりのことで、当時、既に弓矢の使用が発明されていたことを明らかにする。石矢の頭は鋭利で硬く、獲物の骨を貫くことができた。石矛は円錐形で棒状の柄があり、投てき武器で、木柄があり、現在の槍投げのように獲物を追いながら投げた。石球は円形と四角の2種類あり、さらに穴があるものもあり、長い皮帯を通して流星[13]のように使うことができた。振り回して投げられた石球は空中を旋回し、当たった後は獲物の足を縛ることもできた。

発掘中、さらに豚類の家畜の骨が出土した。猪を飼い慣らすことまでやっていたわけで、当時の農業が既にかなりの程度まで発達していたことを示している。農業の出現により、カロ人は定住を始め、一定の食糧を保存できるようになった。そこで、捕えた小さな猪をすぐには食べず、飼って大きくなってから食用にしようとしたのだろう。そして、長い間に猪の野性は消え、繁殖が可能となり、家畜の豚となった。

十分な獲物と家畜があったため、カロ人は寒さから身を守る毛皮についても問題はなかった。しかし彼らが身につけていたものはすべてが動物の皮や毛だったわけではなさそうである。遺跡からは多くの骨でできた錐や針などの紡績の道具が出土しており、中には相当精緻な物もあった。最小の物は長さが2.4cm、直径0.1cmで今日の針と同じである。当然、当時の織物はもはや見ることはできないが、出土した陶器の底に残る布紋の痕を見ることはできる。1cm²あたりの経線と緯線は8本ずつだ。これらの織物は今日から見ると多少粗雑だが、きっとカロ人は毛皮よりもこうした織物を貴重だとしたのだろう。

製陶は新石器時代の人々の重要ないとなみであり、カロ人も例外ではなかった。しかし出土した陶片から見ると、陶器を焼く温度はそれほど高くなく、温度調節も悪く、焼きあがった陶器の陶質はスカスカで、色も均一ではない。焼成の技術の他、高原の酸素の薄さも関係していたのだろう。カロ人の製陶のレベルは低く、形も簡素であった。とはいえ、文様の図案は豊富であった。これらの文様にはいくつかの形があり、抽象的でその内容は豊富である。これらの文様はカロ人自身の生活や彼らをとり

註
13... 古代の武器の一種で鎖の両端に鉄槌をつけたもの。

瀾滄江上流

まく環境を象徴しているという説も根拠がないわけではない。たとえば、三角の折れ線紋はおそらく起伏する山脈を表し、波紋は水の渦から来たのだろう。

　つまり、当時の人々は審美面でも一定の水準に達していた。遺跡から出土した多くの装飾品、半円の玉、環、珠、首飾り、腕輪、貝飾りなどもカロ人が既に意識して美を追求し享受していたことを証明している。彼らは食べたり子孫を残すことを知っていたのみならず、みずからの精神世界も持っていたのだ。

## 文化の伝播

　これまで述べてきたように、カロ人は同時代の他の人類集団と比較しても遅れておらず、当時、比較的先進的であった黄河流域の民と比較しても見劣らなかった。さらに両者の文化には多くの驚くべき類似点がある。たとえばカロ遺跡から出土した半地穴の土の家と、黄河流域の仰韶(ぎょうしょう)文化はたいへん似ている。カロ遺跡から出土した陶器は、形といい、紋飾といい、すべて黄河上流の馬家窯(まかよう)文化と瓜ふたつだ。カロ遺跡から出土した磨製石斧、石製手斧、石刀、半円の玉などは黄河流域にも同じものがある。カロ人が食した粟と家畜の源は、どうやら黄河流域の古代文明に関係している。粟は、黄河流域で8000年の人工栽培の歴史がある。漢文の古書『周書』[14]には以下のように記載されている。「神農[15]の時代、雨が降れば粟ができ、神農がこれを耕した」。カロ人の初期の粟栽培は、おそらく黄河流域から来たのだろう。豚も黄河流域がもっとも早い、普遍的な人工家畜の1つで、馴化の歴史も8000年近く、カロ人もきっとその影響を受けたに違いない。

　文化とはあたかも川の流れであり、交流と融合の中から壮大な発展を見せる。瀾滄江のカロと黄河流域は遠く山と大河に阻まれていた。しかし双方の文化は黄河のようにやはり地を貫き続いていた。ここから学者はカロ文化の源が黄河流域の新石器時代の原始文化にあり、カロ人もまた黄河流域から来たのだと推測している。

　もしこの説が成り立てば、ある問題が出てくる。瀾滄江上流のカロ遺跡はどうして瀾滄江の中下流や金沙江流域の多くの新石器文化遺跡と共通点を持つのだろうか？　雲南の雲県芒懐、滄源丁来、元謀大墩子、賓川白羊村、四川西昌礼州、漢源獅子山、丹巴罕格依などの遺跡の中で出土した穴のある石刀、長い石製手斧(斧、鑿)、細

註
14…二十四史の1つ。北周の史書。
15…古い伝説の中の帝王。人身牛首、民に耕作を教えたという。

石器、平底縄文陶器、骨器、石を主とする建築遺跡などは、すべてカロ遺跡と同様の類型か、カロ文化の影響が見られる。

　どうやらカロ人は北と南の文化の伝播において一定の役割を担ったようだ。人々は西北黄河上流地区の新石器文化の淵藪(えんそう)から「源流の水」を汲みとり、発展する中で金沙江、瀾滄江中下流とその支流地区に伝えたのだ。情報伝達の手段が発達していなかったはるか昔、文化の伝播は、人の歩みと移動、相互接触に頼っていた。

　カロ人は地に足をつけて生活し、愉快に働くのを好んだことは想像に難くない。しかし、1つの場所にこだわる集団ではなく、人々は常に理想の家を探し求めていた。最初の居住場所が狭くなったと思えば、一部の人々は弓矢を持って馴化(くんか)した家畜を追い、川に沿って北上、あるいは南下（多くの人々は川に沿って南下することを好んだ）した。水と牧草を追って歩き、どこへ行くにせよ意図することもなく文化をたずさえ、新たな人々に出会い、力を比べたり協調したりしながら、互いに学び、長所を採って短所を補い、文化もまたこうして次第に伝わったのだろう。そのため大河の上下流では、どこもかしこもカロ文化の影を見ることができるのだ。

## 2……4　語り尽きせぬケサル王伝

**ケサル王伝**………

　　　わたしを知らない者がおるか
　　　わたしは天神、歴神、龍神であった
　　　神界で転生を繰り返し
　　　多くの神々が可愛がった

　　　広大な神通力は天上の神に授かったから
　　　優れた武芸は地上の神々が支持するから
　　　豊かな財宝は水中の龍神に賜ったから
　　　強い威力は戦の神の子であるから

瀾滄江上流

幼名はチョル
黒魔の鎮圧が命じられた天職
生まれてすぐに悪魔と戦い
つぎつぎに悪魔を倒した

15歳でひとり北の地へ赴き
人を食う魔王、ルシェンを倒す
ヤルカンの暗黒の魔地は、正法の地となり
魔地の人々は正法を求める信徒となった

攻めてきたクルカルを倒し
バイジャン王（馬の神）の首に鞍を掛け
ホルの外道の地は、正法の地に変わり
ホルシェルに紅教、黄教[16]の教義を起した

ジャン国とモン国を征服し
タジク、モンゴルは、すべて我に降伏した
正法を信じぬ数々の小国が征服され
征服した小国はリンカルの属地となった

戦の後、わたしはリンカルに帰り
安楽のうち神官に座る
タモ・リン国の首領となり
このときよりドカム・リンの地は栄えた

50歳余りの時、
天母ナムメン・ギャルモが示した、
　東方のギャの地（漢土）へ行くようにと、
　人々を助ける大業を完成せよ、と。
……

註
16…紅教はチベット仏教ニンマ派、黄教は同ゲルグ派の俗称。

これは世界最長かつ、もっとも広く伝えられ、歌った芸人や聴衆も最多の叙事詩中で、英雄である主人公が自己紹介する部分の歌詞だ。叙事詩の名は『ケサル』（あるいは『ケサル王伝』）だ。詩中の英雄である主人公が、ケサルである。

　西方の智者、ヘーゲルは言う。「おおもとの総体として叙事詩はその民族の「伝奇物語」、「書」、「経典」である。すべての偉大な民族は皆こうした原始書物を持ち、民族全体の原始の精神を表す」。しかし彼は残念そうに断言する。中国に叙事詩は存在しない、と。そう、人類の幼年期をあまりに早く過ごした漢族は、多くの漢文典籍に厳格な意味での叙事詩を残さなかった。しかし、中原中心の観念を捨て、周囲の「四夷八方（少数民族の居住する地域）」を見渡せば、多数の叙事詩の高峰が眼前に現れる。チベット族の『ケサル』、モンゴル族の『ジャンガル』、キルギス族の『マナス』、イ族の『メイガ』、『アシダシェンジ』、タイ族の『パタマガバンシャロ』、『ランガシヘ』、ナシ族の『創世記』、『黒白戦争』、ハニ族の『ハニアペイツォンボボ』……あたかも高さを競い合う山峰の中のチョモランマ峰のように高々と聳えるのが『ケサル』である。

　『ケサル』の構成は壮大で、巻数はおびただしい。この叙事詩がいったいどれほどの長さなのか、現在でもまだ統一した見解はない。一部のケサル研究専門家の推測によれば、おそらく全部で200部、200万行余り、2000万字余りで、少なくともホメロスの叙事詩『イリアス』の50倍、久しく「世界最長の叙事詩」と言われてきたインドの『マハーバータラ』も、そのわずか4分の1にすぎない。現在『ケサル』はまだ発掘中であり、発掘すればするほど豊富で、とどまるところを知らない。

　『ケサル』はおよそ11世紀から13世紀に生み出され、チベット族が分散した遊牧集団から村落連盟をつくり、民族が融合してゆく過程で起きた主要な歴史的事件を映し、その民族精神を表すものだ。『ケサル』はチベット族の社会歴史、宗教信仰、風俗習慣から言語まで、各方面での貴重な文献であり、チベット古代の社会に関する百科事典である。

　『ケサル』のおおよそのストーリーは以下の通りだ。天神が悪魔を退治し、世界を救うため、幼子を醜い赤子としてリン国の地に生んだ。赤子はチョルといい、伯父などから迫害されつつ成長する。神々の庇護の下、競馬で勝利し、リン国の王となり、ケサルと呼ばれるようになる。やがて彼は「十八大ゾン（城）」征

『ケサル』に出てくるジャン・リン大戦で奪い合った塩田。今日でもチベット族とナシ族の生活の糧となっている

服戦争と「四方四魔の降伏」の事業を成し遂げる。北で魔国の王、ルツェンを倒し、ホル人地区へ行ってその国王を殺し、自分の王妃を奪回した。さらに塩海に攻め入ったジャン国の王、サダムと9年にわたる戦争を行ない、最後に全面勝利を収める。その後、ケサルは南のモン国、西のタジク・宝の国、カチェ・トルコ石の国、シャンシュン・真珠の国、モンゴル・馬の国、トゥグ・兵器の国、スムパ国、チェル・珊瑚の国、雪山・水晶の国、デンマ・ハダカムギの国、ネパール・米の国、ガリー(西チベット)・金の国、ミヌプ・緞子の国、アタク・猫目石の国、西寧・馬の国などの地域を征服した。その後、ギャの地の姫に招かれ、ギャの地の焚毀皇帝妃子の妖怪に立ち向かい、現地の人々のため災いを消し去り、ギャの地の君臣や人々と厚い情誼を結んだ。

この叙事詩の影響は大きく、中国のチベット、雲南、四川、青海、甘粛、内モンゴル、新疆などの省の民族グループに広く伝わった。国外ではブータン、シッキム[17]、モンゴル、独立国家共同体（CIS）のブリヤート地方[18]にも伝わった。フランスの著名なチベット文学研究の権威はこの叙事詩を「アジア各民族の民間芸術の宝庫」と呼んだ。

　R.A.スタン氏はその大半生を『ケサル』研究に費やし、叙事詩の起源や物語に出てくる嶺国の具体的な地点をチベット東部の黄河、長江、瀾滄江、怒江の源流とその上流地区だと確定した。スタン氏はこの地域は古代吐蕃文明の重要な発祥地で、文化伝播と経済交流の回廊であり、中原の漢文化とその文明が与えた影響はインドやその他の文明をはるかに超えると考える。スタン氏は大著『チベット叙事詩と歌芸人の研究』の中で、大量の古跡実証資料から、ケサルとチベット東部の関係を証明している。彼はある老ラマ僧の話を深く信じている。

　「ケサルはキー・ニマ・ゴンに生まれた。そこはリン国の1地方で、上部カム地区に位置し、行政上付属のダガ（徳格）の西に位置する。3本の川が合流し（ザチュ川、瑪曲（マチュ）、布壘楚川（ポレイチュ）が同時に流れる）、多くの小さな湖があり、木が1本だけ生え、さらに父母がいるテントの山崖があった。これがキー・ニマ・ゴンである」

## 『ケサル』の歌芸人

..........あなたはザチュ（扎曲）川とはチャムド（昌都）より上流の瀾滄江の源流のことだと覚えているだろうか。もし、この清涼な川と周囲の濃厚なチベット文化の雰囲気に触れる機会があれば、あなたは歴史の事実がどうであれ、神話の英雄を育み、長編叙事詩を作りだすことは確かに可能だったと信じるだろう。現地のチベット族の人々は皆、ここが『ケサル』の叙事詩の故郷だと思っている。チベット族のこうした伝統の歌や芸術は色彩豊かで独特だ。話し、唱え、朗読、歌などを組み合わせ、散文と韻文を交えながら、賦、比、興など各種の手法[19]を自在に活用し、生き生きと演じられる『ケサル』はチベットの人々を魅了した。流れるように語られる『ケサル』は100回聞いても聞き飽きることはない。人々はことごとく『ケサル』や神々

註
17...現在はインド領。
18...バイカル湖東部。
19...「賦」は心情をすなおに表現し、「比」は詠おうとする対象の類似のものを取り上げて喩え、「興」は恋愛や風刺の内容を引き出す導入部として自然物などを詠う手法。

瀾滄江上流

の敬虔な信徒で、叙事詩を歌うことが英雄や神々を喜ばせ、彼らを実体化することさえできると考えている。歌芸人がより陶酔するのは当然だろう。彼らは神の魂も叙事詩の物語を聞いていると考える。もし芸人が間違えずにケサルの物語を歌うことができれば、天の神は彼に白馬を贈るという。

　ホメロスが現代にまで伝わったのは、主に書物による。一方『ケサル』が世の変遷とともに衰えず代々伝わったのは、すべて歌芸人による。これらの非凡な芸術の才能を持つ芸人は、ヨーロッパ中世の吟遊詩人のようにあちこちを流浪し、歌による物乞いさえして生計を立てる。優秀な芸人は数十部、さらには100部にのぼる叙事詩を歌うことができ、数週間から数ヵ月歌い続けて同じものを繰り返すことがない。

　さらに不思議なのは、傑出したケサル歌芸人の幾人かは非識字者であることだ。チベット文字も漢字も一切、知らない。しかし歌芸人は滔々と数十部を途切れることなく、さまざまな声音を使って1部、また1部と話すのだ。歌芸人の話術は、教授や司会者、演説家が聞いても感服せざるをえない。

　これらの芸人を調べてみると、その力は大多数が代々受け継ぎ、刻苦勉学したものだが、たまに「神授」により受け継いだケースもあり、まったく驚かされる。チベットでは『ケサル』の歌芸人は一般に3種類に分かれる。1つめは「トードゥン」と呼ばれ、学んだ芸術という意味だ。2つめは「チュレイ」、仏が伝授した者という意味で、寺から学んだ人を指した。3つめは「バプドゥン」と呼ばれ、神が伝授した者という意味で、神通芸人とも呼ばれた。3つめの類の人は、誰も納得できるような理由をはっきりとは言えない。作家の秦文玉とケサル研究専門家による共著のノンフィクション文学『神歌』は、ある国宝級の不思議な「バプドゥン」について詳細に記している。

　彼はタクパ・ガクン・ギャムツオという名で、1905年にチベット東のチャムドのパンバル(辺壩)県アラチャンコン(阿拉嘉貢)郷に生まれた。タクパは貧しい家の牧人だった。9歳のある日、彼はいつもと同じように古い鞭で羊を追っていた。羊は緑のつややかな山の斜面で草を食べていた。その時、1羽の青い鳥がサーッと草叢から飛び上がったかと思うと、タクパの足もとではばたき、彼を密集した青楓の林に追い込んだ。追われて、タクパは足をとられ、松の柔らかな枯葉の上に倒れこんだ。タクパは手足を伸ばし、目を閉じ、神に祈った。

朦朧としながら、タクパは花が一面に咲き乱れる大きな壩子(はし)にやってきた。壩子の上には彩雲が輝き、高いテントがかけられ、壩子の中央には一面に獅子旗が高々と風に吹かれていた。周囲には色とりどりの大きな旗が風にはためき、旗の下には旗色ごとに人馬が大勢立っていた。突然、青い馬に乗った青い人がタクパに向かって走ってきた。顔には冷たい薄笑いが浮かんでいる。彼はタクパを摑んで空中に放り投げ、地面にたたきつけた。地面にぶつかった時、タクパは気を失った。目を覚ますと、タクパは徐々に腹がすき、また何かで満たされていくのを感じた。そして、ふわりと不思議な白檀(びゃくだん)の香りが漂ってきた。その青い人は身をかがめてタクパに言った。「わたしが分かるかい？ おチビさん！　わたしはケサル大王の手下の大英雄、ギャツァだ。先ほどわたしは君の腹の中をすべてきれいに洗い、代わりに天の書物を入れた。君はこれから下界でもっとも神の道に通じた歌い手の1人となるのだ。これ以後、君は下界のあちこちでケサル大王の勲(いさおし)を歌わなくてはならない」

　タクパがいなくなったため、タクパの家の人々は慌てふためき、3日3晩、山をあちこち探しまわった。4日目に探したはずの青楓の林の中から、顔中泥だらけになり、身体に人が踏みつけた跡のあるタクパが見つかった。家に帰ると、タクパは突然、手足をくねらせて踊りだし、歌い、跳びはね始めた。人々はそれを聞いても意味が分からず、驚き慌てた。タクパが邪悪な気にとり憑かれたのだろうと、近くのパンバル寺へ行き活仏にお祓いを頼んだ。活仏がタクパのためにお祓いをすると、タクパは喉の痒さを感じ、声を張り上げて、『ケサル』の第1部『ラプン・カプツェ・グユル』を歌い始めた。これ以後、雪峰の秘境は、タクパに尽きぬ芸術的啓示を与え、荒れ狂う大河は絶えず彼に前世の神秘な「過去」を思い出させた。『ケサル』のほとんどすべてがタクパの口から出てきて、歌った詩は、彼自身でさえ信じられないほどだった。

　この夢伝神授の『ケサル』物語はあまりに幻想じみていないだろうか？ しかしこの青蔵高原の空までもっとも近い神秘の土地では、タクパの語りと似た話には枚挙にいとまがない。かつて存在しただけでなく、現在も多くの人が生きている。たとえば1959年に怒江の浜索県で生まれた娘、ユメン（玉梅）は16歳の時に不思議な出来事にあって以後、70部もの『ケサル』を歌うことができる。タクパにしても、ユメンにしても、バプドゥンと深い情宜を結んだ者は信じぬ

瀾滄江上流

わけにはいかなかった。これらを迷信と呼ぶのはたやすいが、おそらく人類自身、生命の謎と特異な能力についての了解はあまりにも欠けており、これらはすぐには解決しないであろう。

　タクパは1986年まで生きたが辛酸をなめたこともあった。農奴主の圧迫の下、九死に一生を得て開放された後、しがない道路補修工事の労働者になったが、「文革」中に『ケサル』を歌ったため「化け物」とされ、少なからぬ批判を受けた。彼は学校で学んだことがなく、100より大きな数字はうまく数えられなかった。しかしタクパが世を去るまでの7年余りの間に、チベット師院とチベット大学のケサル研究室は共同で24部半の『ケサル』叙事詩を録音し（その半分は彼1人が歌った『バカラ・トゥルキ・ギェルボ』であった）、770本のテープ、600万字近くになった。

　タクパがあまりに早く亡くなったのは残念だ。生きていれば、もっと多くの『ケサル』を残すことができただろう。専門家らやチベット族の人々はたいへん残念に思っている。

　誰が人の生死を決めるのか知らないが、『ケサル』を語り終えた人はいない。おそらく『ケサル』に語り終わる日はないのだろう。川の流れと同じように、尽きせぬ源泉がある。この叙事詩は川の流れのごとく日夜休まず、文学界の海を満たし続ける。

　1776年にロシア語版で『ケサル王伝』が紹介されてから今日まで200年余り、『ケサル』は徐々に青蔵高原を出て、世界的に著名な学派となり、ユネスコは2002年を「世界ケサル年」に定めた。

　ヘーゲルもまた早くに亡くなったのは残念だ。そうでなければ、彼は『ケサル』を知って恥ずかしそうに顔を赤らめ、「中国には叙事詩がない」と断言したのを撤回しただろう。

# 2—5 古道は川沿いを悠々と

**茶馬古道**………瀾滄江、怒江、金沙江の峡谷に足を踏み入れると、なぜ世界最長の叙事詩がほかならぬこの高原で生まれたのかが分かるだろう。この山河

が英雄を生まない方が不思議である。この山河を前に芸術的な想像力を発揮しなければ、あまりにもったいない。

チベットの先住民族は、1000年前の古い書籍にこう記す。

「天は中心、地は中央、国は心臓。氷河と地は妊婦のようで、すべての川はそこから生まれる生命である。山は高く、大地は清い。ここでは人は生まれながら聖者、賢者で、風俗は純朴、馬もまた飛ぶように走る」

チベット東部の三江（瀾滄江、怒江、金沙江の源流）地区では、横断山脈[20]が集まり、ボシュラ嶺、タネンタウ山、マルカム山などの多くの山脈が、南下する中で受けた圧力により、波打ち、高く深く変化し、劇的なまでに多い雪山と峡谷を生み出した。雪山は高く、氷河は峡谷の中をくねくねと曲がる。どの雪山、氷河も天然の巨大な貯水池で、瀾滄江、怒江、金沙江はこの峡谷の中で山から年中流れ出す雪解け水を受け取り、ごうごうと壮大に奔走しながら南流する。高所に登って眺めれば、まるでチベット族が好む純白のハタのようである。

山は細やかな心で大河を守り、大河は山の胸の中で甘えている。大河と山の愛情は果てしない交響曲のようだ。交響曲の旋律は山のように起伏し、川の流れのように奔走する。交響曲の旋律には色彩があり、色は白と緑だ。白は雪山、氷河、湖、流水、そして青空を流れる雲。緑は森林、草原、田んぼ、そして飛ぶ鳥が閃かせる羽毛……。

この白と緑が交わる山と峡谷の間では、轟々と鳴る河流とともに古くから馬のひづめの快い響きが絶えることはなかった。これぞ、山を横断し、チベットに出入りする「茶馬古道」である。

茶馬古道は、青海の唐蕃を貫く「麝香シルクロード」と同じくらいの歴史的価値のある高原ルートだ。茶馬古道には2本の基本ルートがあった。1つは雲南からチベットに入るルートで、普洱（プーアル）から出発し、大理、麗江、中甸、徳欽を経て瀾滄江沿いにチベットに入り、マルカムまで、あるいは梅里雪山を通った後、甲郎から怒江支流のユチュ川（玉曲）沿いに北上し、ポムダまで到達した。梅里雪山を越え、怒江を通り、ザユル、ボミ、ニンティを通ってラサ、シガツェ、ギャンツェなどに到達するルートもあった。もう一方は四川からチベットに入るルートで、雅安を出発し、康定、理塘、巴塘などを経て金沙江をまたいでチベットに入り、その後、マル

註
20…1つの山脈の名称ではなく、四川省、チベット自治区、雲南省の省境が交差する一帯の山地を言う。

瀾滄江・怒江・金沙江

カムを経てダクヤプ、チャムド、ナクチュに至り、そこからさらに遠くに向かうか、ポムダからラサに至った。実際、上述の2本のルートをいくつもの場所でつながっている。雲南の徳欽から瀾滄江沿いに北上すると、マルカムに着く。ユチュ川のポムダ高原から西南に向かえば、ラウォとボミの道につながる。[21]

　長い歴史の歳月の間に、道はすべて人々の手により開拓されたものであり、隊商、ヤク、人の足が1歩1歩、踏みしめてできた。その後、建設された「川蔵公路」と「滇蔵公路」はたいてい古代の隊商古道に従っている。実は、こうした自然地理環境の中、先進的な測量器械と原始的な歩みには共通点があった。それは、両者とも河川が切り開いた道に頼らねばならないことだった。公道と言う必要もない。道沿いの多くの集落も大多数は隊商が足を止める宿場町から発展したのである。

## 抗日戦争期の古道

　「茶馬古道」は大河の上下流の経済と文化を結びつける綱であり、青蔵高原と中国西南の他の省を一体にした。また重要な国際ルートとしてチベット南部の多くの山の回廊がネパール、インド、シッキム、ブータン、ビルマ、バングラデシュなどと通じた。抗日戦争期、日本軍が怒江以西を占領し、「滇緬公路（ビルマ・ルート）」を封鎖、中国の各港がすべて封鎖された時、「茶馬古道」だけが唯一、国際的な中国への援助物資の通る陸上運輸ルートだった。インドのコロンボ、カルカッタから運ばれた物品が、まずラサに集められ、その後、馬の背を経て川の流れのように山脈の古道を横断した。往復に4、5ヵ月かかったが、それでも利益を求めて一時、商人と隊商には「ラサ熱」が巻き起こった。当時、麗江の国際援華組織で働いていたロシア人が、『忘れられた王国』の中で以下のように記している。

> 戦争中に中国に入るルートが遮断された時、この「隊商輸送」は8000頭の騾馬・馬と2万頭のヤクを使ったと推計されている。ほぼ、毎週のように長距離隊商が麗江（リジャン）に到着した。商売はたいへん繁盛した。雨期にも冒険心のある商人を止めることはできなかった。このような大冒険は、彼らが貪欲だったからこそ可能であった。チベットの雨期は危険で、辺境における隊商と巡礼の人々の往来、交通はしばし

註
21 ... 第9章の地図（364ページ）も参照。

ば止まった。山道は泥沼になり、川は膨張し、山は雲霧に覆われ、氷河が崩落して坂を転落するのも珍しくなかった。多くの旅行者が永遠に数十トンの岩の下敷きになるか、急流に飲み込まれた。

インドと中国の間に急速に発展したこの隊商道が輸送した物資の多さは、史上前例がない。しかしその重要性を知る人は少ない。これは唯一無二の壮観な情景であり、完全に描くことすらできない。しかしこれが人類に対して成し遂げた偉大な冒険は、永遠にわたしの心に残る。また、現代の交通運輸手段が原爆かなにかで破壊され尽くしたとしても、この哀れな馬、人類の古い友人は、いつでも散り散りとなった人々と国家の間に新たな結びつきを形成できるということを十分信じさせるものでもあった。

今では公道と民間の航空路ができ、この隊商古道は既に荒れ果てている。川沿いの古道にも草木がはびこるが、石坂にはまだ深い馬蹄跡が見られる。道端の石壁には当時、馬を追った人が残した絵が描いてあり、雲のように消え去った歴史の歳月を訴えているようだ。

## 古道の歴史

「茶馬古道」の起源がいつまで遡れるかは定かでない。わたしは4000〜5000年前のカロ文化が瀾滄江下流でもその影が見られるのは、この古道の発生と無関係ではなかったと思う。早期、大量の氐羌族[22]が西北から西南の赤い土地に移住してきたのも、古道と無関係だったとは考えにくい。原始人が山を飛び越え、横断する力を持っていたわけはないのだから、やはり1歩1歩、大河沿いを歩いたのだろう。当然、文献の記載からは「茶馬古道」は少なくとも1000年、時を遡ることができる。唐代、吐蕃王朝が青蔵高原に生まれ、やがて洱海地区[23]へ拡大した。「神川鉄橋」(歴史的には「吐蕃鉄橋」と呼ばれた現在の雲南麗江県の塔城)を通り、ここを中心とする「滇蔵馬道」ができた。宋代になると滇蔵の「茶馬交換市」は日増しに栄え、茶馬古道の需要性も高まった。元代には雲南、四川、チベットの道が通じ、民族間の交流が深まった。明、清代にはチベット高原は雲南、四川の茶馬貿易により発展を見せ、古道には鈴の声が鳴り響き、流れは絶えなかった。歴

註
22....氐、羌ともにチベット系の遊牧民族。
23....雲南省大理を中心とする地域。

史の記録では、順治18年（1661年）、チベットに商売のため運ばれた雲南の茶は3万トンに達したという。ラバが運搬できる正常な値から計算すると1年のうちに荷馬が運んだ茶葉だけで7万匹近くがこの古道を通ったことになる。

## 険しい民の道

この道と他の道が異なるのは、この古道は完全に民の道として民により開かれ、運営され、政府は建築、管理のために1銭も費やしたことがない点だ。第2次世界大戦期、連合軍のために大量のブランデーとチョコレートが古道で運ばれたが、それも民間の隊商が担った。この地域の交通貿易の特徴は、機械は通れず、人馬は通れること。官府は通れず、民は通れること。漢人は通れず、少数民族は通れること、だと概括した人もいる。

　勿論、漢人の隊商が古道を通ったことがないと言うのではない。しかしやはりチベット族、ナシ族、ペー族が経営する隊商の通行が多かった。この道では各民族の隊商は他の場所と異なり、馬に鞍も台もつけず、ただ馬の背に

古道は山をいくつも越えて続く

長方形のフェルトをかぶせただけのもので、馬絆、もしくは軟駄と呼ばれた。一般に山を横断する前に貨物を包み直し、馬を替えて前進を続けた。当時の麗江、中甸は重要な中継地点だった。瀾滄江下流から運搬された茶葉の毎回の運搬重量は1頭あたり60～70kgだが、中継地点で40～50kgに小分けされる。道はあまりに長く、山はあまりに高く、危険に満ち、良いラバ・馬でも担いきれなかった。雲南のラバや馬はおそらく世界でもっとも重い物資を遠くまで運ぶことができ、苦労をいとわぬ交通手段だ。第2次世界大戦期、アメリカがジープを開発していた頃、ルーズベルト副大統領はこう言ったそうだ。ジープは、中国の雲南山地の荷馬と同じくらい強くなければならない、と。

　馬とラバ以外にも古道にはさらに特殊な輸送手段、ヤクがあった。ヤクの持久力はラバや馬ほどではなく、一般的には短距離のみで使える輸送手段であった。しかし不思議なことに、四川の康定から四川に入る道では人力は余り、家畜の力は不足した。また雲南の大理、麗江のような山道に適した背の低いラバや馬は不足した。昔から人がこうした凸凹道で荷物を背負って運んだ。彼らは1人1回100kgの重さの物を背負うことができ、さらに自分の食糧袋を加えると、2頭の荷馬が運ぶ量を超えていた。もし青空に目があれば、絶え間ないこうした荷物運びの人の頭上まで達する貨物、1歩1歩、青蔵高原へと向かう様子に、人類の忍耐強さと偉大さを見て感嘆するだろう。

　雲南からチベットに入り、南に向かってラサに到達するためには、金沙江、瀾滄江、怒江とラサ河を渡らなければならない。もしインドに行くならば、さらにヤルツァンポ江を越える必要がある。

　昔はこれらの川に古道と繋がる橋はなく、渡し舟とロープに頼っていた。こ

れらの道を通ったことのある年配の隊商関係者は、溜筒江で瀾滄江を渡った話になれば誰もが舌を出して、怖かった、と言う。溜筒江はチベットと雲南の茶馬古道の重要な検門で、「溜筒のかなめ」とも言われた[24]。渡し場は川面が比較的狭い場所が選ばれたが、そこでは両岸に巨崖が迫り、周囲には巨石がごろごろしている。太いロープで両岸の2本の木や巨石を結ぶ。そして、ロープに油を塗り、硬い木で作った「溜筒」を下に垂らし、人馬や荷物を固く結んで、高所から一気に渡るのである。力を入れすぎれば対岸の山の岩にぶつかり、弱すぎれば川の真ん中で止まってしまい、対岸に渡るのにたいへん苦労せねばならなかった。

　昔、溜筒江の渡し場には人を渡らせることを生業とした多くの村人がいた。彼らは毎年、太いロープで、商人、旅人、隊商や、青海、甘粛、チベットから太子雪山を拝みに来た人々を渡らせた。聞けば、かつて雲貴総督の蒋陳錫(ジャンチェンシン)が徳欽県の瀾滄江近くにやってきた時、溜筒江のロープを渡ってショックを受けたのが原因で病にかかり、青蔵高原で亡くなったという。

　1946年、隊商出身の大商人、頼耀彩(ライヤオツァイ)はその危険さに感じるところがあって金を出し、鉄ロープの吊橋を建設した。この橋は「普渡橋」と名づけられた。普渡は多くの人が往来したため、現在では新しい橋に変わったが、人々はまだこの橋について話すことがある。

　古道が怒江を渡るには2、3の渡し場がある。しかし1つとして簡単なものはない。川は深く、流れは急で、飼いならすことのできない怒江はいつでも、その名の通りだ。近代以来、雲南からチベットに入る隊商は、ユチュ川（玉曲）沿いに上流を目指し、大草原を突っ切ってロロンの嘉玉橋で怒江を渡るのを好んだ。嘉玉橋はチベット式の木の橋で、丸太を使って橋脚とし、上にも丸太をかけて橋とした。橋は低く、大水になるとすぐに水中に落ち、見えなくなってしまう。この時は牛皮の舟で渡らねばならない。牛皮の舟は牛皮を用いて四角い木の枠にくくりつけたもので、小さく運びやすい。人、馬、貨物は牛皮の舟に乗り、荒れ狂う川で全員がしっかりとロープを握るとじりじりと対岸に近づき、川の真ん中から対岸に引っ張りあげられた。手は一時も離せず、誰も船を揺らしてはならず、さもなければ結果は想像に難くない。また運も良くなければならず、いったん馬やロバが暴れだせば終わ

註
24 _第3章の地図(87ページ)参照。

りだった。

　「茶馬古道」はたいてい川沿いを通る。谷は耐え難い灼熱だが、やはり比較的、歩きやすい。しかしこれほどの長い道ではいつも川沿いを行くわけにいかず、切り立った崖や大きな支流にぶつかれば、山や峰を越えなければならない。山を越えれば気候が変わる。しばしば1日のうちに何度も春夏秋冬を味わうのだった。

　横断山脈を登るのは容易ではなく、しばしば足を滑らせ崖から落ちる危険があった。清代の官員、杜昌丁(トゥチャンティン)は左遷された雲貴総督の蒋陳錫についてチベットに入り、「茶馬古道」での見聞について『蔵行紀程』を著した。この中で彼は山をよろよろと登った経験について記している。

　「山は不規則で、歩みは1歩も容易でなく、蔓につかまって登る。馬も4本足を同時に地につけることはなく、周囲には死者の腐臭が漂い、近づけないほどだ。草も人もなく、水音が夜も絶えず、まるで雷のように続く。木々はどれも高く、古い。50里進み少し平らな土地にテントをいくつか立て、宿営した。28日、また40里を行き、山頂の平地で宿営した。これほどの険しさは他の中国では中原でも辺境でも、見かけたことはない」

　隊商が危険な山の崖を通る時、大将は一般的にしんがりとして後ろを守り、木の枝でラバたちを鞭打ち、口の中で「オム・マニ・パメ・フーム（唵嘛呢叭咪吽）」の真言を念じ、平安と加護とラバの安全な通行を祈った。チベット族の隊商はこのようであったが、他民族の隊商の多くもまた同様であった。

　もし冒険心、我慢強い意志、卓越した英知と緊密な協力がなければ、古道を行くのは難しかった。崖から足を滑らすかも知れず、山からは落石や土石流が来るかも知れず、さらには盗賊に出会うかも知れず……古道を行くことは、わが身の命を抵当にするようなもので、少しも気を抜けなかった。突然の事故で重傷を負い、命を失うこともあった。昔から今まで、どれほど多くの人と馬がここで目的を達せなかったか知れない。現在でもしばしば崖下の森では白骨が見られる。

　抗日戦争の頃、騰衝の大商人「茂垣(マオヘン)」が麗江から500匹余りのラバ・馬をひいてチベットに入ったが、戻る時には100匹余りに減っていた。鶴慶の大商人「恒盛公」の200匹余りのラバと馬は、抗日戦争で勝利し

註
25... 第4章第4節(195ページ)参照。

茶馬古道の重要な宿場
──瀾滄江畔のマルカムの町

た頃にはたった30匹しか残っていなかった[25]。馬を追う人は祈りをささげ、びくびくしながらこの神秘の古道を通り、損失もまた避けられないものだった。

　よく観察すると、チベットから来たチベット族の隊商は、外から来た隊商とはやや異なっている。「世界の屋根」から来たチベット人は、敬虔な信徒でいつも首に吉祥の護身符をかけ、腰には長刀をさし、集団で馬を追っている。雪域高原の珍しい特産の山貨や薬材をひいて、あるいは何も持たず、霧を踏みしめながら1歩1歩、川沿いに下ってくる。チベット族の隊商の歩みは軽やかで、あたかも空からゆっくりと人間界に降りてきたかのようだ。

　運搬や商売はチベット族が雪域から下る目的の1つにすぎない。彼らは道に沿って山を見上げ、仏を拝むのを好むのだ。ちょうどこの道には彼らが祈ることのできる多くの聖地がある。徳欽のカワカルポ神山(梅里雪山)、奔子欄の東竹林寺、中甸の松賛林寺、麗江の文峰寺、大理の鶏足山……。彼らは聖なる山へ向かいながら、狩猟をする。朝は経典を読み、昼に商売をする。そして精神面、物質面ともに豊かな収穫を得る。チベット族は「茶馬古道」でチベット・漢両地域のそれぞれの民族文化を黙々と吸収し、伝播し、両者の川をつないでいる。

　大河は滔々と流れ、休むことはない。大河畔の「茶馬古道」にも馬のひづめの音が絶えることはなく、文化の流れもまた休むことはない。

3本の大河（金沙江、瀾滄江、怒江）はその上流、チベット自治区と雲南省の省境付近で
互いに接するように流れる。そこにとても不思議な物語が生まれた。
父母である雪山は3人の娘を育てた。
3人はそろってこの世でまれに見る器量よしの娘たちであったが、
性格はそれぞれ違っていた。
長女の金沙江は勤勉で温順、次女の瀾滄江はおおらかでさっぱり、

# 第3章 併流する三姉妹

三女の怒江は気性が激しく、わが道を行くタイプであった。
美しく成長した三姉妹は、しきたりに従いお嫁に行くことになる。
父母は豊かな東の男に嫁がせたいと思う。
「両親のおっしゃる通りにいたします。お二人のお考えはわたしの考えです」。
長女が言い終わらないうちに、三女の怒江は大声をあげた。
「いやよ。わたしはどうあっても南に行くわ」
「南は山が高く、険しい。人々は貧しく、土地も痩せている。
娘よ。感情に流されてはいけない」
「お父様とお母様はわたしたちに良かれとしてくださっているのよ。もっとよく考えたら」
3日3晩のあの手この手の忠告や戒めにも、三女から返って来たのは怒気を含む、
きっぱりとしたひと言だった。
「わたしの考えはもう決まっているの。もう何も話しても無駄よ」

2人の間に立って次女は気持ちが揺れる。従順な姉とともに
東に行こうという気持ちも強かった。裕福な暮らしが嫌いな人なんていない。
でも聞き分けのない妹への心配が消えず、3日3晩考えて心を決めた。
妹に付き添って南に嫁ぐことにしよう。南の白馬の王子は幸せだ。
南の山々の木々は笑顔。三姉妹の嫁入りの行列は数千km続いた。
鳥はさえずり、獣は舞う。森の小道は花で埋まり、7色の虹が行く手を示す。
三女は白馬の王子をひたすら思い、振り返ることなくまっすぐ南へ。
次女はそれをしっかりと護るように寄り添う。
長女は妹2人が心配で、南にずいぶんと下ってから、名残惜しげに
ようやく東に向きを変える。長く続く嫁入りの道は歳月を経て、長女は金沙江に、
次女は瀾滄江、三女は怒江になったという。
人生の意義はその来し方にあり、川の生命はその流れの中にある。
結果がいかに光り輝こうと、それに至る過程の美しさやすばらしさには及ばない。
理想の美とは一生懸命追い求めることの中にある。
ゲーテが『ファウスト』で書いたように、理想を追い求めることに人生の輝きはあり、
いったん満足してしまえば身も滅ぶのである。
これらの大河だけが天帝や魔物の試練に耐えることができる。
彼女らはこれからも世代を継いで長い歳月、地は老い天が荒れ果てるまで流れ続ける。

# 3—1 高山の見送り

**高山と峡谷**..........「2つの山の間には必ず川が、2つの川の間には必ず山がある」。これは中国西南地方の山間部の地形をうまく言い当てた描写だ。山こそはここの地形の特色で、水こそは山の神の魂が宿る場所である。山峰は波のように連綿と続き、谷は山の起伏のように湧き上がる。チベット自治区のボシュラ (舒伯拉) 嶺、タネンタウ (他念他翁) 山、マルカム (芒康) 山の3大山脈は雲南省に入り、高黎貢山、怒山、雲嶺と名前を変える。3つの山は幅約150kmの間を平行に走り、その間にさらに怒江、瀾滄江、金沙江が流れる。山と川が1000km以上互いに挟むようにして進み、地球上でも非常に珍しい景観、「三江併流」をつ

チベット自治区／雲南省北西部

チベット自治区

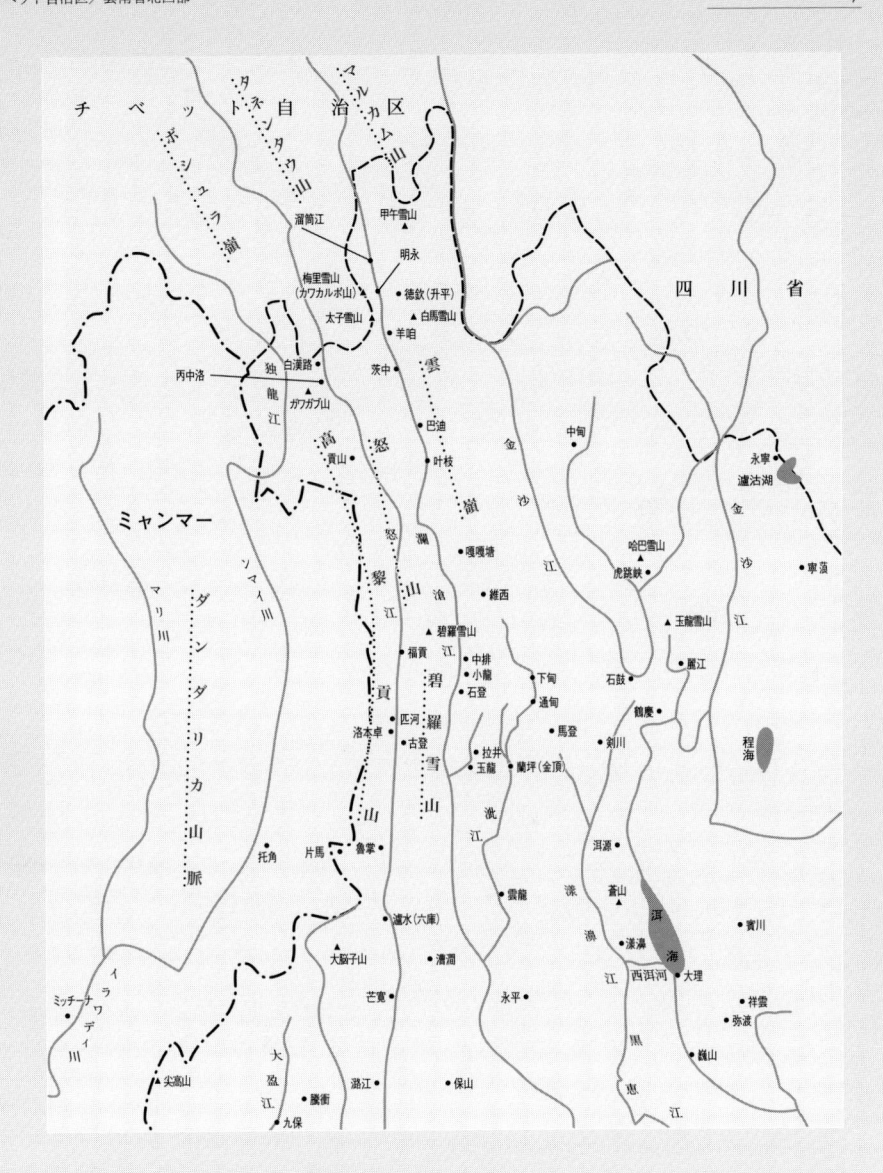

ボシュラ嶺
タニタク山
マルム山
溜筒江
甲午雪山
明永
梅里雪山
（カワカルポ山）
徳欽(升平)
白馬雪山
太子雪山
羊咀
白漢路
茨中
独龍江
丙中洛
カワガブ山
巴迪
叶枝
貢山
嘎嘎塘
維西
怒江
瀾滄江
碧羅雪山
福貢
中排
小龍
石登
匹河
洛本卓
古登
玉龍
拉井
蘭坪(金頂)
沘江
魯掌
片馬
托角
瀘水(六庫)
雲龍
大脳子山
清洒
芒寛
永平
黒恵江
尖高山
大盈江
潞江
保山
騰衝
九保

ミャンマー
マリ川
ソマイ川
ダンダリカ山脈
イラワディ川
ミッチーナ

四川省

金沙江
中旬
永寧
瀘沽湖
哈巴雪山
虎跳峡
寧蒗
玉龍雪山
石鼓
麗江
通旬
鶴慶
馬登
剣川
程海
洱源
蒼山
漾濞
濞
洱海
西洱河
大理
賓川
祥雲
弥渡
巍山

　—・—・— 国境
　——————— 省境
　………… 山脈

瀾滄江・怒江・金沙江

> 雪山から瀾滄江に流れ込む渓流

くりだしている。特に北緯27度30分付近では3本の川は直線距離で76kmも離れていない。怒江と瀾滄江の間はたったの22kmだ。3つの川はつかず離れず流れるが、それぞれ川面の海抜差はかなりある。東から西に階段状に低くなり、金沙江は瀾滄江より300m高く、瀾滄江は怒江より300m高い。

　川の流れる峡谷は典型的なV字型をなし、上流部の山はそそり立ち、分水嶺は細く狭い。地形が川の落差を広げ、数多くの滝をつくり、急な流れは危険な早瀬を随所につくりだす。下流に至れば山々は徐々に低く、流れもゆるやかになり、川幅も広くなる。流れが静まるにつれ、地形は扇状ないし箒状となり、通航も可能になる。大河の上・中流は水量が豊富だが、船の通航には向かない。山脈の南部では峰は低くなり川も広々とし、比較的広い谷間の平地や山間の盆地ができる。海抜1000m前後まで下れば、雲南西南部の熱帯、亜熱帯地域となる。

　山は万年雪を冠し、雲霧に被われ、両岸は神秘に包まれている。峡谷を流れる川は滔々と、深い山と峡谷の景観を形づくる。山は深く切れ込んだ谷ゆえに、巍々たる高い嶺となる。

　山と峡谷の流れは切っても切れない関係にあり、彼らの永遠の別離は感動的だ。

霧がかかる
高黎貢山

　美しく高貴な美女、瀾滄江は世界の尾根を下っても、皇室を離れた皇女のように一目で大衆との違いが分かる。雲南省迪慶チベット族自治州まで来ると彼女は東に雲嶺、西に怒山という2つの山を従える。怒山も左右を護られ、西側には怒江が流れる。怒江は気性が激しい腕白っ子さながら、チベットを出ると勢いよく流れ、あたかも定期市に急ぐ山の娘のように一路、山を下り、雲南省怒江リス族自治州に入る。怒江のすぐ西には高黎貢山が恭しく仕えるかのように迫る。雲嶺、瀾滄江、怒山、怒江、そして高黎貢山の三山二江は、まるで地球の経線に沿うかのように、まっすぐ並び南に向かう。
　これぞ横断山脈の景観だ。山と水、その美しさに魅せられ身が震える。振り返って大河が流れる姿を遠く眺めると、すっかり心を奪われる。
　大河を追って南下する前に、やはりまずは3つの山脈に目を向け、全景を細かく描いてみよう。

瀾滄江・怒江・金沙江

西から東に、まずは高黎貢山である。

**高黎貢山**..........高黎貢山はいちばん西にある山地で、ニェンチンタングラ（念青唐古拉）山が南に延びたところにある。チベットではボシュラ嶺と呼ばれるこの山脈は西北から東南に走り、貢山県の西北で雲南省に入って、高黎貢山と名を変え、次第に南北に向きを変える。

　高黎貢山は侵食山地で、古生代の変成岩からなり、怒江とイラワディ川の分水嶺だ。西はゆるやかだが東は傾斜が厳しく、怒江に険しく切り込む。谷のもっとも低いところは海抜700mほどで、谷から山頂までの高低差は2000～2500mだ。高黎貢山がなければ怒江峡谷はない、と言っても過言でない。怒江と高黎貢山から怒山に至る地形は米国コロラドのグランドキャニオンの倍近い規模だ。怒江側から高黎貢山へ登ると、中国南の海南島から中国東北部までの気候帯と生態系を体験できると言われている。

　もっとも怒山と雲嶺と比べれば、高黎貢山は高さも幅も、弟分にすぎない。実際、横断山脈でもっとも幅が狭く、低い山地なのである。北から南へ低くなり、南部と北部は幅が広く、中部が狭い。平均海抜は3500m、その最高峰ガワガブ山も5128mにすぎない。南部は瀘水県と騰衝県の境界あたりで2つに分かれる。東は依然として高黎貢山だが、さらに南に行けば、騰衝県、龍陵県、潞西市東部を経て徐々に低くなり、最後はビルマ（ミャンマー）に入る。最高峰の大脳子は海抜3780mだ。西側は東北から西南に進み、ビルマ国境沿いを走って姉妹山と尖高山と名を変える。尖高山は西南へ延びる過程で、檳榔山など南北と東北から西南に走る山地を形成する。これが雲南省の徳宏州とビルマの境をなす基本的な地形だ。南部はなだらかで、箒のように広がり、丘や台地が散在し、亜熱帯の河谷地形が広範囲にみられる。

　高黎貢山はそれほど高くも幅もないが、知名度では群を抜く。古くは秦漢の時代に、西南シルクロードの旅商人に歌われ、唐・宋の時代に南詔国[1]の統治者は中原の皇帝に倣い、高黎貢山を華山と名づけた。後世の人がそれを「僭越な行為」とあざけったが、都長安に近い華山とともに論じられ、いにしえの人々からも疎かにできない地位を得ていた。後に、徐霞客とマルコポーロという東西の旅行家たちが、彼らの著名な旅行記の中でこの山について描いている。

註
1......7世紀から10世紀にかけて大理を中心に栄えた王国。第4章第3節（186ページ）を参照。

近代に至り西洋列強の艦船と大砲が中国の堅く閉じた門戸をこじあけて後、高黎貢山は次々と西洋の探検家の標的となった。1868年、英国人アンダーセンの率いる探検隊が初めて高黎貢山に入り、大量の動植物を採集した。これらの植物標本は西洋人の見聞を大いに広げ、この山への関心を高めた。20世紀初め、英エジンバラ王立植物園の植物学者ジョージ・フルストは28年間で7回山に入り、大規模な採集活動を行なって、10数万種の標本を本国に送り返した。彼は珍しい大型ツツジを発見し、中でも最大の木をサンプルとしてイギリスに送り、西欧の植物学界に衝撃を与えた。フルストの採集は「ヨーロッパの庭園を最大限に豊かに」し、高黎貢山は彼の名声を高めたが、もちろん彼もまた、高黎貢山の魅力を西欧社会に示したわけである。

　1992年、この国家級自然保護区はWWF(世界自然基金)前身の「世界野生生物基金」のA級自然保護区に名を連ねた。2000年11月、ユネスコと生物圏計画国際協調理事会の事務局会議で、この組織のネットワークのメンバーに選ばれ、19の重要自然保護区の1つに認定される栄誉に浴した。2001年12月、高黎貢山と他の4ヵ所が世界生物圏により、新たに中国の保護区となった。

　人々はなぜこれほどまでにこの山にほれこむのか。巨大な地質断面や山体が急激に隆起していることからか、それとも立体的な気候、植生の特異性、豊かな種資源のためか、または歴史と民族文化の宝庫だからか。答えはこれらすべてであろう。

　高黎貢山は誉められて当然だが、少し冷静になる必要もある。現地の村民が「山の木々はもはや昔とは違う。以前はよく見かけたトラやヒョウなど大型獣類は見られなくなった」と言うように、国際的な保護組織の一員として認められ、重点保護区に指定されたのは、名誉なことにすぎないのだろうか。叱咤激励か、警告と捉えたほうがいいのではないか。残念ながら高黎貢山周辺の人々の多くはまだその「栄誉」に酔いしれているだけだ。

　ここで怒江を東に渡って、怒山を見てみよう。

**怒山**..........怒山はタングラ山脈から南に延びた部分にあたり、北部はチベットのチャムド(昌都)地区にあり、タネンタウ山という。チベットの東南部でアドンガニ山と名が変わり、雲南省徳欽県に入ってから怒山または碧羅雪山と

チベットを出てすぐに
瀾滄江は美しい湾曲を描く

なる。雲南省西部を北から南に横たわり、3つに分かれる。最北を四蟒大雪山といい、梅里雪山、太子雪山から成るが、人々はこれらを合わせて梅里太子山と呼ぶ。海抜は平均5000m以上、6000m級の峰が10余峰を数え、雪をかぶった山峰は氷河が広がり、主峰のカワカルポ山は雲南省の要害である。中部は狭義では碧羅雪山で、やや高度は下がるが、なお平均3000m以上あり、最高峰のチャブドガ峰は4820mだ。南部は保山の南まで連なる。これが狭義の怒山であり、峰々の平均海抜は3000mほどである。臨滄、思茅地区の西部、すなわち広義の怒山の続きでは老別山と邦馬山などが主な山である。

怒山は古生代の堆積岩と変成岩からなる断層山地だ。北部は険しく、南部は

ゆったりとして低い。その後、怒山山脈は北東─南西に向きを変える。山は断層が隆起する中で、怒江と瀾滄江によって侵食され、形成された。西側斜面の怒江の侵食活動が激しく、谷は深くえぐられ、高低差は3000～4000ｍ以上になる。東斜面の瀾滄江の侵食は弱く、谷はなだらかで高低差はあっても2000ｍだ。東斜面に残った高原と谷の合間には、沖積平野と盆地──六庫上流の潞江壩、保山壩などがある。怒江の西の斜面は風を受けやすく、インド洋の暖かく湿った気流を受ける影響で、降水量が多く、動植物が豊富だ。

怒山は怒江や高黎貢山に比べればその名声は劣るものの、山系の山々の名声はけっして見劣りはしない。梅里太子雪山、永徳大雪山、鎮康雪竹林大山、風慶雪山など、著名な名山である。梅里太子雪山は怒山の最高峰で、南方をにらみ、2本の大河の流れに遠く目をやる。美しく神秘的な雪山は、チベット仏教を深く信じるチベット人の心の聖山である。毎年、冬に多くのチベット人が山を巡り、香をたき、五体投地により山を登る様子（一般に「転経」と言う）に思わず見とれる。「メイリ」（梅里）はチベット語で「薬の山」という意味で、漢方薬の原料となる貝母（ばいも）が山中に群生するのでこの名がついたという。雪峰が林立するこの山は、凡人の眼では永遠に見ることはできない。世界の屋根の民族に倣い、それは敬虔な精神で感得しなければならない（後に詳述する）。

永徳大雪山、鎮康雪竹林大山、風慶雪山、すべてを老別山とも呼ぶ。老別山は主に臨滄地区の南定河北岸にあり、南汀河、勐統河、永康河など怒江の支流の分水嶺にあたる。[2] この山では立体的な気候分布がはっきりしており、亜熱帯、温帯、寒温帯気候が1つの山の異なる等高線上に分布する。北回帰線に近く、海抜は高く、太平洋とインド洋の温かく湿った気流が風に乗って吹きつける。雨季には霧のような雨が、冬から春には雨が雪になり、積雪は半年にもおよぶ。山の植物は多様であり、雲南省西南部の動植物博物館と称される。その中には国家級の保護動物や植物も多い。

怒山は左右に大河を擁する。怒山の雪山は瀾滄江と怒江の涸

註
2……第5章の地図（214ページ）を参照。

れることのない源泉となる。山と水は自然物だが、同時に文化的なものでもあり、それが形成した多層な文化を語り尽くすことはできない。

いろいろ考えたが、「雪」は連なる山々の白く光る様を読者に呈示し、その眞髄を伝え、感動を与えるのにもっとも適している。輝く連峰に向かい「今も昔もなく、夜明けも夕暮れもない白雪」の光の中では感動がこみあげてくる。

雪山は美しいだけでなく、凶悪な顔も持つ。雪山を越えるには、タイミングを見計らう必要がある。さもないと風雪の中で雪だるまになってしまう。怒江で長年仕事をしている現地政府の役人がわたしに言ったことがある。家族が彼に会いに大理から碧江に来るのに山頂を越える時、運悪く猛吹雪にあい、もう少しで凍死するところだった、と。

瀾滄江を東に渡ると、目の前に雲嶺がそそり立つ。

# 雲嶺

雲嶺は横断山脈の中でもっとも幅が広い山系である。北は狭く南は広く、古生代、中生代の変成岩と中生代の地層から成る。北は四川省とチベット自治区の境界内にあり、2列の山地とゆるやかな高原から成り、西側を大雪山またはニェンチェン山と呼ぶ。東側はサルリ山という。雲嶺の北部は5000m級の山々が連なる。海抜5183mのナムナカ山、5429mの白馬(芒)雪山、5404mの甲午雪山、5534mのチャリ雪山、5396mのハバ雪山、5596mの玉龍雪山などが有名な山々だ。

南部の山々は次第に低くなり、海抜は4500m以下である。老君山(4500m)、点蒼山(4122m)、雪邦山(4295m)などが有名である。

雲南省徳欽県の南東部あたりで雲嶺山系は2つか3つに分かれる。西側の山系は南北に延びる。西側は瀾滄江に沿い、東側はパジロ川、ロプ川の谷、通甸、馬登のやや広い谷、槽澗と漾濃谷を境界とする。

中央の山並みは麗江の西部と大理ペー族自治州の中西部の山地である。

東側の山系は雲南中部の紅色高原に接する。金沙江はN字形に彎曲し、山を切り開く。北部は広く、川は周囲を流れ、深く侵食し、山峰の起伏はゆるやかで高い。

雲嶺山地の西部と中部は巍山まで延び、弥渡より南は徐々になだらかになって、すべて海抜3000mほどであり雲嶺余脈という。雲嶺余脈は、東は哀牢山、

西は無量山から成り、民族文化と生物の宝庫である。
　ゆったりと広がる雲嶺、そこに壩子³や湖が点在する。雲龍壩、蘭坪壩、維西壩、石鼓壩、洱源壩、剣川壩、中甸壩、寧蒗壩、永寧壩などには人が集まり、経済、文化の中心地となった。洱海、濾沽湖、碧塔海、拉市海などの湖は山の目のように輝く。山と壩子、湖と川は分かちがたいネットワークを成す。自然のネットワークであると同時に、人や社会をも結ぶ。
　雲嶺は瀾滄江と金沙江の分水嶺で、両河とその支流が激しく侵食し、高度差は大きく、北部では1500～2500ｍ、南部では1000～2000ｍ、一部では4000ｍ以上のところもある。瀾滄江の梅里大峡谷では水面と山頂の高度差は5000ｍに近い。これは人工建築物が永遠に到達しない高さだろう。梅里大峡谷は流れが急なことでも有名だ。15㎞流れる間、落差は504ｍ、傾斜度3.4％にもなる。川面を水が岸にぶつかり、雷のような音をたて狂ったように流れる様は壮観である。皺のように険しく刻まれた谷の地形、これほどの奇観はめったに見られない。

## 垂直気候と植生

　山が大河を守り、大河は流れながら成長する。勢いよく南流し、冬は澄み、夏は水量を増して濁る。両岸の渓谷より流れ込む支流を拒むことはない。怒江、瀾滄江の両岸には、高い山々から慌しく集まる渓流が信心深い転経者（巡礼）に贈られる純白のハタのように、美しい景観を描く。蘭坪（ランピン）県内のわずか130㎞の流れに、両岸の雲嶺と怒山から37本もの支流が流れ込む。さして目立たぬ渓流はどれも川として認められておらず、数えられていない。
　怒江、瀾滄江、金沙江……大河はたおやかな乙女であり、雲嶺、怒山、高黎貢山……山脈は勇壮な男たちだ。川のたおやかさと山の勇壮さが多様な自然環境を築きあげ、さまざまな資源を育み、生命を護り育ててきた。
　雲南は、川が南へ緯度8度分流れる間に中国大陸の黒龍江省北部から海南島までの気候分布を有する。川面から山頂までの間に、数種類の気候類型がある。よく人々は「1つの山に四季あり、10里違えば天気が異なる」と言うが、それはけっして誇張ではない。
　そそり立つ山の土壌と生物分布は気候条件に対応している。北から南へ寒帯、温帯、熱帯の土壌・植物類型を持つと同時に、

註
3……雲南省に多く見られる山間盆地・河谷盆地。農耕に適したため人が集まった。

山から下りて
松茸を売りに来た女性

垂直方向にも明らかな違いがある。専門家が「垂直帯譜」と呼ぶところの気候の垂直変化である。帯譜は、山々の地理的な位置と高度が違うために差が生じてできるものだ。一般には北部の山頂が温帯、寒帯気候だと谷は中亜熱帯気候に、南部の山頂が亜熱帯雨林や亜熱帯常緑広葉樹林気候だと北部の谷は熱帯季節風気候、雨林気候になる。南北の生物気候帯が山稜や谷に沿って南北に広がる。入り組んで影響し合うことからその複雑さがわかる。

現地の人々は舌の回らない専門用語を使いたがらないが、道理については分かっている。徳欽県のある役場の宣伝(広報)部門にいる担当職員は、わたしを連れて瀾滄江から明永氷河(ミンヨン)を登っている時、地表の状態や宿物の群生状態の違いに注意するよう促がした。歩きながら次々に沙石峡谷→温帯果物→松林→寒帯杉→混交林→針葉樹林→高山灌木群→草原→流石灘→雪線→雪山、と示してくれた。

多様な生態条件は各種の動物にとって生息、生存条件を作りだす。怒江と瀾滄江沿いを南下する山並みには、耐寒、耐湿、耐乾性の動物群が生態地理的に適した場所にそれぞれの生息地を形成している。ゾウ、トラ、ヒョウといった大きなものから、昆虫、蝶、魚やエビといった小さなものまでが、この環境に頼って生命を代々維持している。

ここを「自然植物園」「自然動物園」と呼ぶ人もいる。まったくそのとおりで、ここは木本植物だけでも5000種を超え、森林を成すものは2000種以上、薬用植物も2000種を超え、中には望天樹、大木のツツジなど世界的にもたいへん珍しい植物もある。野生動物では既に知ら

れている昆虫類が1万2000種以上、脊椎動物は2000種近く、蜂猿、雲南金糸猿などの希少動物が含まれる。ここはまた民族の「回廊」、文化の「テーマパーク」だ。確かにチベット族、ナシ族……多くの民族が家を造り、繁栄してきた。
　高い山々は大河を見送りつつ、別れがたく、長い愛情で結ばれている。
　流域の生き物はすべて山河の愛情の受益者であり、山や川に感謝している。
　2001年夏、われわれは高黎貢山から東へ歩いた。怒山、雲嶺を抜ける道のあちらこちらで採集する人たちに出会った。三山は貝母、冬虫夏草、ヤマブシタケ、松茸など珍品の宝庫だ。特に松茸は三江併流地域のちょっとした産業となっており、山岳民族の唯一の経済的な収入源だ。多くは日本へ輸出される。価格は高い時で1kg1000〜2000元で売れた。最近は値が下がったが、それでも200〜300元の値が付く。幸運な人は山に1回登れば、大型カラーテレビが手

遠くの霧の中に
カワカルポを眺める

瀾滄江・怒江・金沙江

に入る。松茸は谷と山に住む人たちの生活を大きく変えたようだ。川畔で松茸を探すのはむずかしいため、川の人たちは山の人たちの豊かさには及ばない。山の村では家々が衛星テレビを設置し、パラボラ・アンテナの輝く様子が山の景色の一部となっている。

満面に笑みを浮かべ、松茸を担いで家に戻る山の人たちは、雪山の力を見せつけているようで、感動してしまう。

そう、人々がこの山と川から受ける恵みは実に大きいのだ。

# 3―2 征服できないカワカルポ

**未踏峰カワカルポ**..........南流する川を挟んで高さや特色を競いあう山々の中で、やはりカワカルポの魅力、風格には独特のものがある。

カワカルポは瀾滄江と怒江の間の梅里雪山（メイリシュエシャン）にある雲南の最高峰である。海抜は6740mで、海抜1800mの瀾滄江水面からの高度差は4900m以上だ。水面から山頂までの斜面距離は12kmであり、1kmごとに397m登ることになり、文字通り千尋の崖だ。瀾滄江の東岸に立つと川の向こうにカワカルポ峰が望める。光り輝く山頂の雪は緑滴る原生林が囲み、原生林の下は垂直な瀾滄江峡谷である。峡谷には水が滔々と流れ、くねくねと山を廻る様を目にした時、いくら知恵を絞っても、目の前の光景を形容するにふさわしい言葉を見つけるのは困難だ。言葉はすべて白々しく思え、体感するのみである。

早朝、ミンヨン（明永）氷河の側の太子峰に登り、われわれ一行はカワカルポと沈黙の対面をした。靄と雲が立ちこめた山頂、雲の間から差す太陽の光が山頂を照らす。カワカルポ峰の胸部の氷河は上下に起伏し、あたかも山が呼吸しているかのようだ。カワカルポは普通の山とは違う、高く聳え立つ巨人だと感じられるだろう。

6740mのカワカルポは8848mのチョモランマほど高くないが、何度も人の登頂を許したチョモランマと違って未踏峰であり、その頂はまだ人の足跡で汚されていない。

人が「征服」を考えなかったわけでないが、俗世間の塵をずっと拒んできた。

カワカルポの麓に住む老人は、昔、青い目の外国人が徳欽にやってきて一休みした後、道案内人を探し、瀾滄江を渡り、カワカルポの山頂を目指した時のことを覚えていた。彼らがカワカルポの頂上近くに至ると幻影が現れ、それにつられ大勢がクレバスに落ち、行方がわからなくなったという。

　1948年、外国の飛行機がカワカルポの雪山に入り、2度と帰らなかった。後にカワカルポ山中での墜落が確認された。

　チョモランマの登頂成功が何度か繰り返された後、雄大にそびえるカワカルポ登攀は世界の登山家の目標となった。

　1987年6月から10月にかけ、日本の山岳登山隊がカワカルポの北側からの登頂ルートを探していた。だがミンヨン寺近くの4500m付近で力尽き、引き返さざるを得なかった。

　1988年6月、アメリカの登山隊が北側からの登頂を目指したが、失敗。4200mまでしか行けなかった。

　1989年10月、中日合同登山隊が北側から登攀を開始、5200mまでどうにか登り、記録を更新したが、やはり思惑通りに事は運ばずあきらめざるをえなかった。

　1980年代のカレンダーを繰ると、カワカルポは今日と変わらず、チョモランマ登頂を成し遂げた人たちの目標であった。中国と日本は共同で登山隊を組み、周到な計画のもと、今度こそカワカルポを征服するという態勢を整えた。1990年12月8日、登山隊は海抜4600mに第1キャンプを設置。1歩ずつ進み、猛吹雪の中、18日間かけて高さ十数mある垂直に近い氷壁を越えた。頂上征服への一大障壁を克服し、カワカルポ主峰の右肩、海抜5900mに第4キャンプをつくる。このとき空は晴れわたり、風も穏やかだった。登山隊員たちはキラキラ輝く山頂を間近にして歓声をあげ、成功が近いことを確信した。12月29日、登山隊は山頂に向けて突撃を開始した。

　徳欽の僧侶も民衆も皆がカワカルポをはるかに臨む瀾滄江東岸の飛来寺と、西岸のミンヨン氷河付近に集まり、祈りをささげ、山の神にかしずいた。香をたき桑の葉を蒸し焼きにした煙が霧の如く空に広がった。銃声が鳴り、騒がしい声が大地に響き渡る。午後1時50分、空に黒雲が立ち込め、突如、暴風が吹き始め、一瞬のうちに山頂付近は雲に隠れてしまった。狂ったような風と雪が舞

> カワカルポの足下の
> 白塔とタルチョ

う。このとき登山隊は既に6470ｍの高度におり、頂上とはわずか270ｍしか離れていなかったが、視界がほとんどきかなかったので、第3キャンプまでの撤退を余儀なくされた。登頂の望みはあと少しのところで絶たれた。

　1991年1月2日から梅里太子山は連日の大雪で、暴風が続き、カワカルポは雲に遮られていた。登頂隊は5100ｍの第3キャンプで命令を待たざるをえなかった。1月3日夜、第3キャンプの隊員は、キャンプの積雪は1.2ｍ、テントは3分の2が雪に埋まり、1時間おきに外に出て雪をかかなければならない、とベースキャンプに報告した。

　その後、連絡が途絶え、一夜のうちに中日の登頂隊員17名が行方不明となった。それから数日間、麓の人たちは声をあげ涙を流したが、登頂隊員からの返

答はない。中国登山協会の主席は昆明まで飛び、雲南省体育運動委員会の幹部は夜を撤して徳欽まで駆けつけ、救援隊を組織、空軍は飛行機を飛ばし、梅里雪山の上を旋回したが、隊員たちの影も形もなく、変わり果てた入山ルートが見えるだけだった。中央電視台（CCTV）が関連ニュースを伝え、カワカルポは一時、世の関心の的となった。

　後に山麓にあるミンヨン村のチベット族の村人が告げた。登頂隊員が行方不明になった夜、ミンヨン氷河上流のあたりから爆発したような大きな音が聞こえた。おそらく雪崩が起き、第3キャンプの17名は全員遭難したのだろう、と。この登山で失ったものは大きいが、登頂成功があと一歩に迫ったのである。

　事故から7年が過ぎた1998年7月、カワカルポの氷河で突如、遭難した隊員たちの遺骨や遺物が発見された。事故のあった地点からではなく、カワカルポの背後から突如、皆の前に現れたのだ。隊員たちの匙はまだ碗の中にあった。中国登山協会と雲南省体育運動委員会が調査隊を組織し、十数体の遺体と数百kgの遺品を氷河から背負ってくると、氷河の上空に美しい虹がかかり、隠れていたカワカルポが姿を現した。あたかも神秘的に微笑むかのように。この日の晴天は皆に不思議な気持ちを抱かせた。

　度重なる敗北にも、勇気ある中日登山隊員は退却を考えたりはしなかった。彼らは体験を総括し、意気を鼓舞し、再度の挑戦を決意した。

　1996年11月から12月にかけて、中国、日本、ネパール3国は合同登山隊を結成し、登攀を計画した。3国合同登山隊は12人からなり、各国4人ずつ、隊員は皆ベテランぞろいで世界的に著名な登山家も含まれ、7000m以上の登攀経験済みの証明書を持つ者が多数を占めた。

　彼らは11月11日に登攀を開始し、半月余りかけて6250mにまで達した時、カワカルポ雪山は怒り出したかのように、風が吹き荒れたかと思うと、激しい雷鳴が天にとどろき、雪が降りしきり、雪の上を土石流が流れた。登山隊は登攀を続けるすべなく、やむなく来た道をまた戻るしかなかった。

　登攀は毎回、失敗し、山は昔と変わらぬままだった。奇妙なのは登山隊が山頂への突撃を開始すると、山頂には霧が湧き、雪が舞い、アイスバーンは崩れ

るのだった。諦めてキャンプ地を離れると、山頂の霧は晴れ、太陽が照る。度重なる登山隊の失敗は、解き難い謎を残した。

## チベット族の聖山

チベット族の人々の目にはカワカルポは神聖な山で、人が少しでも傷つけるようなことをすれば、予期せぬ災いを被ると考える。

言い伝えによれば、はるか昔、瀾滄江の渓谷一帯で大洪水があったという。山々が水に浸かり、一面水浸しになった。長い時間がたって水は引き始め、山が姿を現した。天の神は人間社会を安定させるためにカワカルポ雪山を遣わし、徳欽に鎮座させた。だが、カワカルポ聖地の周囲には五行を修めた8つの山、チベット語で「ゾン（宗）」、合わせて八宗山の妖怪がいた。妖怪たちは恨みを抱き、糾合してカワカルポに戦いを挑もうと思っていた。カワカルポの山間の水路を塞ぎ、水を宮殿に引き、沈める策略を巡らせた。妖怪たちは水路を断った。すぐに山の中腹まで大量の水が押し寄せた。

するとカワカルポは飛ぶ馬にまたがり、空中を跳び、前脚で風に属するジャンタンダムの頭を踏み、後ろ足で土に属するダンシャムディタム宗の頂を踏み、2つが動けないようにした。その馬の蹄の跡は今もはっきり残り、馬蹄溝と呼ばれる。カワカルポが鞭をふるうと、鞭をふったところから炎が生じ、雷が鳴り、その他の六宗は火の鞭で打たれ、泣き叫ぶ声が山や谷に響き渡り、消えることのない長く真っ赤な鞭の跡を残した。

カワカルポからお灸をすえられた八大宗は、おとなしくなり、足元に跪き、ひれ伏し、声を合わせて赦しを乞うた。そして忠誠を約束し、永遠にみずから聖地で神を護り、聖山転経者の平安を護ることを誓ったのだった。

チベット語の経典で、カワカルポは「ロンサン・カワカルポ」と言われている。「渓谷地帯の険しく雄々しい白雪の最高峰」という意味だ。いわゆるカワカルポはチベット語で最高峰を指すだけではなく、そびえ立つ複数の峰を指しており、「太子13峰」という呼び名もある。

正確に13の雪の峰があるわけでなく、多くの山の総称である。「13」はチベット語では縁起の良い数なのだ。

「太子13峰」はそれぞれ特色があり、緊密に相連なっている。この山々には5000m以上の峰が27座、6000m以上の峰が6座ある。カワカルポ以外に有名

な峰には、メツモ峰、ジャワリンガ峰、ブチョソムジェウシェ峰、マービンザラワンチ峰、ツグイカ峰、ソラツアングメンブ峰などである。その中でカワカルポ峰の南側に位置する、稜線の美しいメツモ峰は海の女神という意味で、カワカルポのういういしい妻と伝えられる。

　主峰カワカルポはチベット族の信仰に高い地位を占め、チベット地区の八大神山のトップにある。八大神山の中で、これだけが雄岳とされる。だからカワカルポ神を雪山太子と呼び、家の神棚では釈迦如来像の左側に奉る。白馬に跨り、手に長い鉾を持ち、美しい髪をなびかせた凛々しい武将だ。毎年旧暦3月15日、徳欽県城付近のチベット族の人々は、山の向かいにあるゴンカ湖畔でコノテガシワやヤマナシの枝を燃やし、その煙でカワカルポ神を招来する。伝説では、神は燃え尽きた灰に馬のひづめの痕跡を残すとされている。チベット人はそれにより、今年と来年の吉凶を占う。

　チベット仏教の信者はずっとここを転経（巡礼）の対象としてきた。雲南、チベット、四川、青海省のチベット族には、生前にカワカルポを拝まないと死後の落ち着き場所がなくなるという考え方がある。だから山に向かって転経する者が絶えることなく続く。転経路で1寸ごとに身体を地面にこすり付ける五体投地を行なっている光景に出会えば、信仰の力に信服させられ、生命の強さに感嘆せずにはいられないだろう。

　カワカルポには命があり、孤独でもない。それはチベット族の信仰の中にしっかりと根をはっている。カワカルポの喜怒哀楽は多くの人の心を揺り動かし、山の盛衰は民族の尊厳を護りつなぐ。この山はただの山ではない。雪も普通の雪ではなく、雲も普通の雲ではない。もしかしたらこれが今まで誰も踏破していない理由なのかもしれない。

　カワカルポは、瀾滄江や怒江の衛兵であるかのように、日夜、離れず毅然と両江の間に立つ。カワカルポがあって2つの大河に安心感が生まれる。神の化身、「戦に負けることのない」大自然のシンボルだ。

　信仰の薄い人は、腹ばいになって叩頭する五体投地の姿に一瞥だにせず、あざ笑うかもしれない。それでもいい。何人を軽視しようと構わない。それでもカワカルポを見くびることはできない。カワカルポ軽視は、すなわち自然を軽視することだからだ。人間は宗教を信じなくてもいいが、自然を敬わないこと

は許されない。自然への畏敬の念を欠くことは、愚かである。それが正しいことは今までも証明されているし、これからも同様であろう。

## 3—3 転経の道

**転経の路**..........カワカルポ山麓で代々生活してきたチベット族やチベット自治区、青海、四川省のチベット族の人々は、この山を征服することなど考えもしなかった。彼らにとってカワカルポは征服してはならないものであり、恭しく敬意をもって拝むべきものだった。

カワカルポを拝むことを彼らは転経（巡礼）と呼ぶ。転経には内と外の2つがある。外転経はカワカルポを中心にして、時計回りに神の霊山を1周する。その道はまさに瀾滄江と怒江を一体に連ねるものだ。まず瀾滄江に沿って歩き、西側に着くと今度は怒江に沿ってうねうねと曲がり、両河の両岸にある聖地で峰を拝む。内転経はカワカルポの西側で、瀾滄江を中心に両岸の神々に転経する。まず、東岸の百転経堂で神の山の宮殿に入る「鍵」を取り、それからユパン神の滝へ至り、幸運をもたらし、災いと病を取り除く聖水で沐浴する。さらにミンヨン氷河の側の太子寺、蓮花寺などへ行き、カワカルポとその他の崇拝対象へ香をたき、額を地につけてお参りする。敬虔な信者は内転経をした後、外転経も行なう。

仏心がある人はみな、転経をすれば願いごとがかない、今世と来世に加護を得ると信じる。チベットで読まれる『指南経』では、転経の沿道のすべての風物について仏の教えに従って説き、その風物を仏の印の残るものとしている。教えは転経者を次第に仏の境地に導く。「カワカルポの形は仏壇のようで、壇では千仏が集まって読経しているようであり……」

もし敬虔な信仰心がなく、前進する精神力に欠けていたら、長い外転経路を歩き通すことはできない。外転経路に比べ、内転経路はそれほど長くないが、それでも歩き通すには4、5日はかかる。この道を歩けば、さまざまな転経者や旅行者に出会う。主な景勝地は旅行者にも転経者にも魅力的だ。遠路はるばるやってきた観光客の一団は、肩にカメラを掛け、ラバの背にまたがり、現地の

人に引き連れられて回る。その景観に心を奪われ見とれている。転経者はラバの力を借りず、自力で歩く。みずからの足を使うことで信心深さを証明しなくてはならないのだ。彼らは落ち着いて霊地を目指して歩き、目の前の景色にいちいち驚いたりすることはない。

　転経者ということが分かる目印は、手にする長い竹の杖である。これは杖だが、幸せの霊気を吸着する道具でもある。転経者は竹の杖をつきながら、長い道のりを歩き、幾千幾百の神々に出会う。それぞれの場所でついた泥土は杖の底や節にこびりつき、各地の霊気を吸収していると考える。だからこの土と竹の杖は縁起のよいものとされ、我が家に戻ってから、家の梁か屋根の風雨を避けたところに掛けられ、代々伝えられ、保存されるのだ。

　さらに敬虔な信者は、自分の足ではなく、自分の体で転経の道を歩く。彼らは頭と全身を地に投げるようにして拝んで進む。2、3歩毎に地面にひれ伏し、立ち上がるごとに両肘を伸ばし、額、首、胸に順に両手を合わる五体投地により進む。額を地につけて拝むことで、心の聖地との距離を急がず、あせらず、少しずつ狭める。時や金の概念はほとんど失われ、肉体と精神に霊がみなぎるのである。

　波が渦巻くように流れる瀾滄江のほとりの山道で、このような転経者に出会えば、人間の生命が大河と同じような忍耐力を持ち、信仰により形作られた峰々は自然の雪山と同様に崇高だと感じるであろう。

　瀾滄江を中心とする内転経のルートは、徳欽県城の升平鎮に始まる。ここは海抜3400ｍで、雲南省でもっとも高い県の役場の所在地と言われ、山に囲まれた峡谷にある。山を背にチベット族の民家が並んでいる。町中が山霧に包まれ、家の中にも薄い霧が広がり、人々は「天の香りが部屋に満ちる」と言い、まさに仙境のようだ。

　町の旧道は両手を伸ばせば両側の店に触れてしまうほどだ。かつての「茶馬古道」の重要な町としての歴史を思い起こさないではいられない。

　この町は唐代の中国語の文献に聿賚城（ジンライチェン）と記されている。歴史上はるか昔までさかのぼることができる重要な町だ。宋代には茶と馬を取り扱う市としてここは広く知られていた。明代には麗江の豪族木氏が占領し、アダチゥ（阿得酋）と名付けた。当時のこんな話が残っている。木氏の軍隊がチベット方面から金の

仏像を盗み、今の徳欽県内で土の台に持ち上げようとすると、仏像は突然、ずしりと重くなり、2度と持ち上げることができなくなった。そのため仕方なくそこに寺を建て、地名は土墩台となった。「アダチュ」はナシ語で「土を積み上げた台地」という意味である。清代にナシ語から漢語へ変え、阿墩子(アトゥンツ)になった。清光緒3年(1877年)に太平盛世を願い、升平鎮と改名した。これは平和と民族の団結の願いを込めており、その名は今も使われている。歌にあわせて舞い太平を祝うという意味の「歌舞升平」からとったものだ。

　升平鎮から南へ8kmのところに飛来寺がある。寺は一面のハダカムギ畑にあり、梅里雪山と向かい合う。1体の釈迦像がインドからチベットを経て、ここに飛んできたので寺を建てたと言われており、そのため飛来寺という名前になった。飛来寺の本殿に釈迦像、蓮花生像、カワカルポの神像が奉られている。壁画は有名なもので、文化大革命中、幸いにも生産隊[4]の倉庫として使われていたため、破壊を免れ、現在も残っている。

　飛来寺の南側に廟があり、水晶でできた神の石が奉られている。チベット語でチョルテン・ツェーカルという。「チョルテン」は仏塔、「ツェーカル」はガラスあるいは水晶のことだ。この水晶でできた仏塔は升平鎮宗頂村にあったが、その昔に内地からチベットに行脚、布教に来た僧侶が、水晶でできた仏教の宝物を持ってこの地に来たと伝えられる。その宝物がここに残された。人々は水晶を納める白塔とこの宝物を奉る廟を建てた。廟に奉ったのは、つまりカワカルポの神像とチベット仏教の大師の像だ。この廟は「百転経廟」とも呼ばれる。ここで山を拝む人は必ず100回以上回らなければならないからだ。それは神山の宮殿に入る鍵を取ってくることを意味する。

## ユパンの滝とミンヨン氷河

神山には拝むべき場所は多いが、中でもユパン(雨崩)とミンヨン(明永)の2ヵ所は必ず足をのばさねばならない。

　ユパンに神の滝があり、転経者は1000mの上から流れ落ちる滝の下で沐浴、洗礼を受けなければならない。ユパンの滝はカワカルポ神が天帝の宮殿から取ってきた聖水だとされている。この聖水を浴びると罪が消え転経者の吉凶を占うことができるとされ、神聖なものである。

註
4……1958年にできた農村人民公社を構成するもっとも基本的な集団経済組織。

転経者は言うに及ばず、われわれのような普通の人間でも神の滝で沐浴すると格別な神秘を感じることができる。2001年8月のある日、雨は降っていなかったが、太陽も姿を隠していた。われわれはチベット族の転経者たちと滝に足を踏み入れ、崖から落ちてくる細かい甘露のような水を浴びながら時計回りに回っていた。すると足元に虹の輪が現れ、歩みとともに変幻自在に移動した。まるでダンスホールにきらめく虹色の光のようだった。たとえ宗教の神秘には敬服しなくても、大自然の不思議さに感嘆せずにはいられなかった。友人の研究者は長年痛風を患っていたが、神の滝で沐浴する機会に恵まれた。そのとき足の傷口をヒルにかまれた。ヒルを見つけて払い取ったが、血が止まらず、不安になった。すると傍らのチベット族の友人が言った。「大丈夫だよ。悪い血が流れ出ればよくなる」。果たしてまもなく血は止まり、以後、再び痛風の発作に見舞われることはなかったという。

　ユパンの名は神の滝の前にある村から来きている。チベット語で「経典がうず高く積まれている」という意味で、村にある大きな石のことを指す。この石はこの世の外から来たもので、かつては大量の経典がそこに納められていたと伝えられた。そのため転経者はこの石を聖なる物としている。人々は真っ白な石膏を1層ずつ流し、宝塔のように尖った形にしている。

　ユパン村は梅里雪山でもっとも高い場所にある村落で、カワカルポ、メツモなどの麓にあり、他の村から離れている。昔、瀾滄江一帯の人々はユパン村の存在を知らなかった。村民が塩を借りに偶然に下りてきて、もの珍しさからその足跡をたどって登っていった者が、上に美しい村があるのを見つけた。瀾滄江の谷間からユパン村に行き着くには、多くの気候帯の原生林を抜け、峰を越えなければならない。鬱蒼とした森や水踊る滝の様は清廉かつ幽玄で、絵のような景色だ。なるほど「ユパン」がチベット語で「緑の玉が堆積する」という意味もあるわけだ。もし世の中に本当にユートピアがあるとしたら、ここもその1つのはずだ。村民と接するとその思いが強まる。

　村には集落が2つあり、27世帯が住む。今は半数近くの家族が兄弟で妻を共有する伝統的な習俗を残している。とはいえ2軒の家には衛星電話があるが、生活のすべてのサイクルはやはり伝統のやり方にのっとっている。

　ユパン村から滝までの道に、根や茎は同じなのに咲く花が異なるという珍しい

五樹同根の植物がある。ユパン寺遺跡と蓮花生大師が修業した洞穴を見ることができる。この美しい転経路は大自然と人間の精神文化が共に彫り刻んだのだ。

ユパンを出て、混交林帯を越え、亜寒帯の杉、松林を抜け、瀾滄江の砂の峡谷を少しさかのぼると、かの有名なミンヨン（明永）氷河に着く。

カワカルポ峰の下に氷河、氷堆石

ハダカムギ畑の中の飛来寺

梅里雪山のもっとも高い村　ユパン村

が至るところに見られるが、中でももっとも壮観で、有名なのがミンヨン氷河で、付近の村の名から命名された。「ミンヨン」は「火鉢村」の意だ。村が熱河谷地帯にあり、気候が温暖なことからその名がついた。1000年溶けない氷河の下に火の名を持つ暖かな村があり、村は青々とした緑に囲まれ、四季を通じて果物が熟す光景を想像して欲しい。これぞ大自然の傑作、大自然は弁証法を分かっているのだろうか。

また別の解釈がある。「ミンヨン」は「鏡」の意味で、ミンヨン氷河は、仏を守るカワカルポ将軍のよろいの胸当てだというのだが、氷河を遠望すると、まさにイメージがぴったりだ。

ミンヨン氷河は6740mのカワカルポ峰の山頂から2660mの森林地帯まで12km続いている。幅は平均500m、総流域面積は約6km²、年間の溶け出す水量は

2.3億㎥。氷河は、冬に長く延び、夏は短くなり、幅も長さも大きく変わる。その変わり様は速い。地球上で海抜が最も低く、緯度が最も低い季節風海洋性気候下にある氷河だとされる。氷河を登ると、不思議な光景が広がる。空中にかかる氷の柱。青緑色をした氷の洞穴、さらには大小の氷の柱、時には氷塊が滝のように崩れ落ちる奇景にも出会える。きらびやかな氷の世界、キラキラ光る様は玉のようで、その幽玄のきらめきを見る人は必ずや美しさに我を忘れ、帰るのも忘れ、自然の奇観にうっとりする。

　雪山と永久氷土の下は森林だが、雪山と森林の構図は、生き生きとした一幅の絵画のようである。氷河の両岸に広がる緑の植生、高山植物の草花や群生する灌木の中に、高山ツツジなどの花が四季を問わず咲く。緑の植生の下の黒ずんだ地帯は、原始雲杉林や亜寒帯杉林だ。北斜面は硬い葉のくぬぎ林で、やや濃い緑色だ。視線をさらに下に向ければ、青々した木は雲南松と高山松だ。その下には濃い緑の広葉樹が茂る。そして緑の林の帯の下、瀾滄江畔には、剥き

ユバン村にある
神の滝の下では巡礼者は
時計回りに滝を回る

瀾滄江

出しの岩石と赤土が広がる。いかにも乾燥した熱い風景だが、これは乾燥河谷といわれる地形だ。ここは立体的気候、立体的地形の典型なのである。

**太子廟**..........氷河を下りきり、森林地帯に登ると、緑の木々の中に屋根の庇が何層にもなったお堂が現れる。太子廟だ。チベット語でネーナンといい、ネーは聖地、ナンは腹の意で、あわせて「聖地の山腹にある廟」という意味になる。太子廟は蓮花生大師がカワカルポを説き伏せたのを記念して建てたと伝えられる。最初、カワカルポは9つの頭、18本の腕を持ち、善も悪もなす不吉な神だったが、後に蓮花生大師が降参させ、仏教に帰依させ、善行のみを行なうようになった。

　太子廟内にカワカルポの神像が真ん中に置かれている。全身純白で、雪山のような形をしている。廟の周囲には、柳、桃、クルミの木があり、実もたわわになっている。色とりどりの幟と旗が風に揺れ、さほど遠くない氷河に照り映えている。旗の下には神の宿る場所があり、これぞ、転経者が五体投地の礼をしてお参りする場所なのである。

　廟の西側にはマニ石が積まれ、石の表面には真言（オン・マニ・パメ・フーム）が刻まれている。いちばん上の石にはっきりとした足跡があり、蓮花生大師が残したものと伝えられている。廟の裏手に黒い石が高く突き出るように立っているが、大師が念じてカワカルポを説得した鎮山の宝が中に納められていると伝えられる。

　廟の前から東に数十mの崖に穴がある。3尺4方ほどで、壁には青苔がびっしりとつき、背後に剝き出しになった石がある。大師が念仏を唱えたところだとチベット人は言う。もう少し行くと巨石の上にひと筋の清水が流れ落ちる。転経者は、ユパンの神の滝と似た神の水で病や災害を除くと言って必ず水を汲んで持ち帰る。

　太子廟は宋代に建てられたと記されており、1000年の歴史があることになる。惜しいことに現在の寺廟は文化大革命後に再建されたものだ。この廟はチベット語で「グンメイ」といい、下方の寺のことだ。この寺廟の上に「グントイ」すなわち、上の寺廟、蓮花寺がある。蓮花生大師がカワカルポに悟りを開かせたから、その寺は当然太子廟の上になる。転経者は太子廟に参った後、さらに

蓮花寺に行く。この寺の内外の聖なる遺跡群についてはとてもすべては言い尽くせない。

よそ者の観光客にすぎないわたしも、氷河峡谷には大いに魅せられ、杖を持ち五体投地を繰り返す転経者の姿も、文化的意味のある神秘的な光景と感じられた。

氷河から流れ出るミンヨン川の流れは急で、勢いよく瀾滄江に流れ込む。各地から来た転経者の歩みは速くも遅くもなく、ゆっくりとカワカルポの懐に入っていく。彼らは往々にして氷河の下の森に石を積み上げ、小さな塚を築く。これは自分の霊魂のために安息の地をつくっているのだ。

氷河下流のミンヨン村のチベット族住民は、来る日も来る日も先祖伝来の生活や労働のやり方を繰り返してきた。ミンヨン村はチベット族の典型的な村落である。1999年以前は外界と通じる車道すらなかった。外部の文化の襲来にさらされることも少なく、基本的にチベット族の文化伝統を完全に保っていた。村民は心からチベット仏教を信じ、宗教儀式を守り、祭り、人生儀式はしきたり通り厳格に行なってきた。

1年の中で村の最大の祝日は旧暦の正月とチベット暦の正月である。ミンヨンの人々は旧暦正月を迎え、15日間ぶっ続けで多彩な民俗行事を行なう。村人は全員民族服を身に着けて美しく着飾り、馬もきれいに装い、白塔の前に集って酒を飲み、踊り、楽しみ、三弦などの舞いを順番に踊る。午後、帰る時分になると、皆馬に乗り、若者は年配者を助ける。人と馬の隊列は年長者から順に村に帰っていく。村に近づくと、即興の歌が始まる。橋に会えば橋を歌い、村に会えば村を歌う。歌の問答は尽きない。村に着いても老人は馬から降りず、若者が歌で老人に降りるよう求め、うまく歌えるとやっと老人は降りる。うまく歌えないと老人はそのまま馬から降りようとしない。若者は懸命に歌ってお願いする。老若相楽しむの図である。

祭の日にはミンヨン川畔の太子廟に皆で行って、線香を焚き、男たちは山に上り、女たちはそれを迎える。最後は村人全員が集まり、カワカルポと村の神山に祈りを捧げ、新しい年の村の吉祥平安を祈願するならわしだ。

村民の日常生活にもチベット族の習慣が反映している。チベット族の自然観では山、石、木、水のすべてに霊があると考える。霊には3種類ある。まずは人々

ミンヨン氷河の周囲は
緑の植物に満ち、
タルチョも見られる

に豊作や平安と繁栄をもたらす善の霊。第2は悪の霊で、もしもそれを敬わず、疎かにすれば、災いが降ってくる。もう1つは中間的な霊だ。時に怒り、時に喜び、時に善、時に悪なので、必ずや丁寧に敬う必要がある。

　一般に5と10の日は神を祭るのに良い日で、村民は線香を焚き、ヒノキの小枝を燃やす。厳粛な山の神を祭る儀式は宗教活動であると同時に文化的活動でもあり、チベット族の天と人とが一体だという観念をよく示している。彼らは世界中の生命の加護を祈る。彼らが山林に畏敬の念を持っていることが、周囲の自然生態系を有効に保護することにつながった。

　近年、転経者以外にも、ミンヨン氷河を訪れる旅行者がますます多くなり、村人は観光業でもうけることができると知った。村の家々は馬かラバを買い、通し番号をつけ、順番に氷河ツアーに連れていく。1往復で60元は稼げる。これは農作業による収入の半月分にあたる。

　彼らはカワカルポに心から感謝し、神聖なる天地の創造に感謝するのである。

河岸の道につらなる
人と物の流れ

## 3‥‥4
## 自然の民族回廊

**民族回廊**‥‥‥‥山を拝む転経者の道を離れ、タイムトンネルに入って時空を越え、瀾滄江と怒江を眺めてみよう。

　上流から下流、下流から上流、いにしえから今日まで大河の両岸にどれだけの民族集団が行き交ったのだろうか。ヒマラヤ山脈から来た者もあれば、黄河や長江、東南沿海から来た者もいて、最後に瀾滄江と怒江の河岸たどりつき、生活の基盤、理想の住まいを探しまわった。

　人類学者は「民族回廊」という概念を提起している。これは多くの民族、民族群が歴史上、頻繁に移り動いた道を指す。地域的には中国の中央部と周辺地域の民族回廊はおよそ甘粛、青海、四川西部、チベット東部から雲南、ビルマ北部、インド東北部に延びた細長い地帯である。中国の55の少数民族はこの回廊上

瀾滄江

の民族の約半数を占めている。山と川が続く地域では山河が自然に「民族回廊」の通路を決めている。川が浸食してできた緩やかな傾斜地や平地は民族融合のゆりかごとなった。北方に起源を発するチベット・ビルマ語系の各族、南方から来た濮越(ブーユエ)各族はこの自然の道を行き、各民族の文化はここでぶつかり、交流し、融合し変化してきた。

　瀾滄江、怒江、金沙江中上流地帯、すなわち雲南、四川、チベット一帯は「氐羌(ていきょう)系民族の回廊」の中心と言い慣わされている。昔からこの地域は氐羌系民族とその先住民族の活動の舞台であった。彼らの言語は漢・チベット語族系のチベット・ビルマ語系に属する。今日、雲南に住む25の少数民族のうち、13民族がこの民族系に属する。たとえば、イ、チベット、ペー、ヌー、ナシ、ハニ、リス、ラフ、ジンポー、アチャン、プミ、ドゥロン、チーヌオなどだ。氐羌系民族は早くは中国西北部の甘粛、青海一帯に住み、その後、戦乱の影響や生活のためなどの理由で、徐々に南に移ってきた。多くは、四川西部とチベット東南部の岷江、大渡河、雅礱江を越え、横断山脈地区に入った。ここでは金沙江、雲嶺、瀾滄江、怒山、怒江、高黎貢山、ンマイ川、ダンダリカ山が縦に平行に並ぶ。東西に並ぶ山と大河が天然の障壁になり、その間を流れる川と谷が南北に天然の幹線道路となる。このため古代より民族移動の回廊は大河の両岸の谷に沿って作られたのだ。

　水は低きに流れ、人もまた低きに向かって歩く。これは氐羌系民族の移動の歴史を映し出している。氐羌系民族はもともと遊牧民族だったため、水と牧草を追って居を定めるのが常だった。大河の流れと共に南下し、肥えた水と牧草を探した。雲南、四川、チベットが境界を接する地区の高山の谷あいには、谷の中の平地や小さな山間盆地が分布し、そこには豊かな水や牧草があり、木々が青々と茂り、古代民族の部族が移動する途中にしばし住む場所になった。採集、放牧、あるいは焼畑農業をして、すみかの水や牧草、木々などの天然資源を獲り尽くしてしまうと、新たに移動を開始し、新しい場所を求めた。

　チベット・ビルマ語系民族の一部は歴史的に、川に沿って山を南に移動してきたことから、今日彼らの言葉で、南北の方向を表す言葉は川の流れと密接な関係がある。たとえば、イ語で「北」は「水源、川の源流」を、「南」は「水の流れ行く先」を意味する。ナシ語とその下流の徳宏州一帯のリス族たちは、北の怒

江州リス族の人々を「川の源流の人」を意味する「ロウパ」と呼ぶ。怒江州のリス族は徳宏州のリス族のことを「シャシャパ」と呼ぶが、これは「川の流れる先の人」、あるいは「楽しい人」という意味だ。川がこうした民族の言語、思考と深く関わっているのが見てとれる。

　これらの移住集団は、おそらくふるさとを出る時、そこに留まる友人たちと永遠の別れになるとは思ってもみなかっただろう。実際は、一歩踏み出すと帰路なき道を行くことになった。山と大河は古代遊牧民にしてみると決定的な意味を持った。それらは「水と牧草を追って暮らす土地」と道を提供してくれる一方、生活空間を制限、阻害し、外部との交流から隔絶した。山と峡谷ばかりのこの地域では、「壩子」と呼ばれる狭い平地から隣の平地まで、あるいは谷から隣の谷まで移動するのは現代人でもむずかしく、古代人にとっては言わずもがな困難であった。時間が経ち、移動の回数は増えた。新天地に着くたびに、環境に適応するため生活方法を調整し、変えていった。月日がたち、移住者と元の土地にいる同じ民族や部族との共通点は減り、言語、文化、風俗習慣の違いが拡大し、別の民族になっていった。おそらくこれが、西南地域になぜこれほど多くの民族が住んでいるかの答えだろう。

## 濮越系民族

..........水は低きに流れ、人は高きに移る。この言葉はまさに濮越系（プーユエ）民族の移動を示している。濮人（プー）と越人（ユエ）は古代中国における南方の2大民族だった。それが枝分かれして「百濮（バイプー）」「百越（バイユエ）」と呼ばれるようになった。古く、百越は江蘇、浙江から広東、広西地区、さらに雲南南部にかけて分布した。雲南の新石器時代の遺跡から、紀元前2000年に雲南の谷や水辺の小さな平地に越人の祖先が住んでいたことが分かる。

　後に、広東・広西の越人が次々と入ってくる。戦国時代から前漢時代にかけて、中央王朝が長江以南への軍事的圧力を強めたため、嶺南の越人がまた続々と雲南に入ってきた。彼らの一部は、まず瀾滄江中下流域へやってきて、その後、怒江やその周辺へ広がり、今日のタイ族を形成した。今日の川の名である「瀾滄」の2字はタイ語から取られているのだ。『水経注[5]』に言う。「瀾滄江は金砂を産出する、越人はこれを黄金にした」と。越人は氐羌民族のように「水と牧草を求めて、居を構

註
5......中国古代の地理書、40巻からなる北魏の『水経』に注を加えた書。

川も山道も
くねくねと続く

える」のではなく、水稲を植えて育てることを早くから知っていたので、肥えた土ときれいな水がある小さな平地にあこがれ、おのずから川の近くに収穫の多い良田を求めた。今も、瀾滄江と怒江の中流地帯に多くのタイ族が暮らす事実は、こうした事情を証明している。

　濮人は主に越人地域の西部に分布しており、両民族は混在して住んだため、文化と習俗の一部は類似している。紀元前8世紀に楚の武王が濮人地区に勢力を拡大し、「初めて濮人の地を開拓」した。紀元前7世紀にも楚の荘王が引き続き濮人地区に進攻し、濮人を追い払い庸国を建てた。江漢地区の濮人は現在の湖南省西部に移住せざるをえなかった。楚の平王の時、楚によって沅江流域の

> 怒江畔に珍しい平地は
> 人々が集まって
> 楽しむ場所となる

　濮人は再び移住を迫られ、その結果、大量の人々が西、すなわち貴州、四川、雲南に向かい、西南方面の濮人、越人地域に流れ込んだ。濮人とその文化の中心はこうして西南地区へ移ったのである。

　前8世紀から前6世紀の頃、西部の濮人の一部は瀾滄江、および古代は濮水と呼ばれていた元江とその上流の礼社江に沿って北上し、今の大姚、永仁まで達し、金沙江の峡谷や安寧河の下流地域へ入った。『華陽国志・蜀志』に、「金沙江を渡り（堂）狼県を得た。ゆえに濮人は邑[6]の人である。今も濮人の子孫がいて、彼らは昔の習俗を隠したりはしない」と記載がある。考古学者はこの記述に基づき、川沿いの「大石墓」を調べ、濮人の遺物であると考えた。また雲南のモン・クメール語系のワ、ブラン、ダーアンなどの民族と同じ文化的淵源を持つと考えている。

　大河が民族の縦走回廊を切り開くと同時に、両岸の山は、民族が生きるための食糧を絶えず提供した。通常、民族集団が移動する際、明確な目的地はないものである。往々にして歩いては止まり、食べ物が見つかればしばらく留まり、住み心地に満足すればそこを家とする。

　山の地形による環境の違いにより、移住者の目には、怒江西岸の高黎貢山と東岸の怒山、雲嶺は大きく異なって見えた。高黎貢

註
6......四川省のあたり。

瀾滄江・怒江・金沙江

山は険しく、断崖が切り立ち、人が生きるための環境は他よりも悪い。歴史上、民族集団の多くが訪れ、ここを旅籠と見なし、しばらく住んだが、新しい「旅人」の来客があれば、彼らは平和的にその土地を離れ、また新しい土地を探しに出た。たとえば、怒江中上流の高黎貢山には、早くはジンポー族[7]とタイ族が居住していたが、その後リス族が大勢移ってきたために、ジンポー族は高い山を越え、さらに西へと歩いた。タイ族は川沿いに下り下流で肥沃な土地を探した。激しい争いにならず、大きな戦争にもならず、西北から移ってきたリス族が次第に怒江西岸の高黎貢山に広がった。

　怒江の東の怒山と雲嶺は人々の目にすばらしい居住空間だと映った。山は広く、人が住むのにふさわしい緩やかな傾斜地や平地が多く、動植物資源も豊富で、風光明媚な楽園に思われた。ここに根を下ろし、花を咲かせ、実を結びたいと思った。もともと誰も住んでいない場所だったらいいものの、もし先人がいたら面倒なことになる。誰が自分の家から簡単に出ていくだろうか。談判がうまく行かなければ矛を交え、どちらかが生きるか死ぬかの話になる。昔から瀾滄江の両岸でどれほどの戦いの烽火があがり、どれほどの悲劇が怒山と雲嶺を舞台に繰り広げられただろうか。歴史学者にも分からない。永遠にはじき出せない数字だ。

　山の形の違いが、異なる民族の性格を生み出した。険しい山地の環境は人々に懐の深い寛容さを与えたが、相対的にすぐれた自然条件では人々を計算高い人間にした。この違いがどのような弁証法により生じたのかは、おそらく歴史家、社会学者、心理学者が力を合わせて取り組む価値のある課題だ。

　昔は怒山、雲嶺、高黎貢山の自然生態系は似かよっていたと言われている。どちらも天然の動植物王国だったが、居住者はそれらに対し、「旅籠」を造るか「家」を造るかという違った対応をとったので、山の生態環境は違う結果となった。

　高黎貢山が今も「多様な生物宝庫」の称号を保つことができるのは、人から距離を置いたためと言ってよかろう。常に人に近しかった怒山と雲嶺は後悔し、天を仰ぎ嘆息せざるをえないかもしれない。人々に親切にすれば良い報いがあるとは限らないのだ。こうなると分かっていれば、親切にはしなかったのに！

註
7……ビルマのカチン族と同じ民族。

# 3―5 峡谷に留まった少数民族

**峡谷の少数民族**‥‥‥‥南北に流れる2本の大河は果てしなく長い空間を占めるが、同時に果てしなく長い歴史の道を切り拓いてきた。

　木の葉を身につけた人々が、老人を助け、子供を連れ、河畔にたどり着く。波が逆巻く川の水をすくって顔を洗い、2口飲んで大きく息をつく。それから川に沿って南か北へ行くしかなく、食料を求めて歩き続ける……。木の枝や鞭で牛や羊の群れを追う一群は、山をいくつも越えて河畔にたどりつき、あえぐ家畜に水を飲ませる。と、波が子羊をさらう。羊を追ってきた人はあわてて牛や羊を河畔から離す。そして水と豊かに茂った草を探しにまた去っていく……。戦いに敗れた将兵らが、ボロボロの身なりで、軍旗を倒し、鉾を置き、倒れこむように河畔に至る。風の音や鶴の声を敵の声と間違えては怯える。波立つ激流を見て、兵を率いてきた指導者が剣を抜き、自らの命を断たんとしようとすると、兵たちは思い止まるよう説得し、どこかに友軍がいるとなぐさめ、再び上流か下流に向けて新たな拠点を見つけに行く……。続いてまた別の一群がやってくる。さまざまな人々が来ては去り、未開の時代、野蛮な時代を通り抜け、今日のわれわれの時代に至った。

　今日、瀾滄江、怒江の峡谷に住み着いた人々は、大多数がかつて土地を求めて移住してきた人の後裔であり、彼らの先人たちがあちこち回ったあげくに、ついに峡谷や狭い河岸を選び、傾斜が急な斜面に家を建て、代を重ね、家族を増やしていったのである。

　両峡谷に主としてどのような民族が暮らしているのかをスケッチしてみよう。

**ヌー族**‥‥‥‥まずは著名な東方の大峡谷、怒江峡谷から始めよう。怒江両岸の人々は怒江の名はもともとヌー(怒)族に源を発すると思っている。ヌー語で、怒江は「アヌリメイ」といい、「ヌー族の川」の意味である。怒江は唐代以前の文献中に早くも記載がある。雲南省貢山ドゥロン(独龍)族・ヌー族自治県のドゥロン族と自称「アロン」のヌー族は怒山を自分たちの発祥の地としているばかりでなく、彼らは皆「ガワガブ」からやってきたと言う。「ガワガブ」は高黎貢山

の高峰で、海抜約5000m、年中真っ白な雪をかぶっている。貢山県城の北60kmにあり、怒江と独龍江の分水嶺だ。山頂に大きな洞穴があり、中にいろり跡が9つあるという。勇敢な人で上まで登れれば今でも見られる。いろりは先人の遺跡だ。この遺跡については、両民族に美しい神話が今日まで伝わっている。

　昔、怒江畔に兄と妹が助け合って生活していた。ほかの村人たちと同じように毎日、山に登っては薪を集め、家で麻糸で布を織り、日が昇れば働き、日が落ちれば休んだ。ある日、兄妹そろって山に入ったが、おかしなことに、この日、彼らの背負ったカゴはまるで底がないようにいくら薪を拾ってもいっぱいにならない。一緒に山に入った村人たちはとっくにいっぱいになり帰っていった。兄妹だけが1歩また1歩と山に登っていった。頂上に来るとようやくカゴがいっぱいになった。そこで2人が山を下ろうとすると、にわかに大風が吹き出し、雷鳴がとどろき、大雨が9晩9日もの間、降り続き、荒れ狂う洪水が大地を覆い隠した。雨が止むと地上の人々はすべて魚の腹に飲み込まれ、兄妹だけが幸運にも生き残った。洪水が引くと、物寂しい荒涼とした世界が広がっていた。2人は山を下り、別々に生存者を探しに出かけた。出発前、妹は身につけていた櫛を手で割って、半分を兄に渡し、残り半分を自分の身につけた。兄は川の源の方へ、妹は川下へと探しに出かけた。

　何日歩いたか、どれほどの距離を歩いたのかもわからないが、1人として生存者を見つけられない。そして彼らは山頂に戻ってきた。別れた時の小さな樹木が、太くなって空高くそびえていた。2人は既に老年にならんとしていた。兄妹は別れた時に半分に割った櫛を出し、頭を抱えてひとしきり泣き、天を仰いで嘆いた。まさか天が本当に人類を滅亡させたのではあるまいか、と。

　彼らは大きな山の洞穴に住み着いた。夜、兄と妹は寝る場所の間に石の壁を作った。だが空が明るくなって目が覚めた時、2人は同じ寝台の上にいた。石は少しも動いていない。2日目の夜、彼らは薪で壁を作って、その両側に分かれて寝たが、日が昇ると、不思議なことに一緒に寝ていた。壁はそのままである。怒る妹に、自分に変な意図はないと兄は誓った。

　3日目、兄妹は水を満たした竹筒で壁を作り、別々の側に寝た。夜が明けて目覚めると、竹筒は1本たりとも倒れておらず、水もこぼれていないのに2人はやはり一緒の寝床にいた。兄も妹も腹を立て、竹筒を一緒に押し倒した。この水

がたちまち集まり、そして9つの方向に流れ出し、あっという間に9本の大河となった。この突然の出来事に2人は我を失い、呆然とするばかりだった。だが妹は賢かった。「兄さん、これはきっと天の神様（貢山のヌー語とドゥロン語はともに天の神を「ガマン」と言う）の思し召しよ。この世にわたしたち2人の兄妹だけが残った。もしわたしたちが結婚しなければ、世の中に人がいなくなってしまう」。2人は天に向かって言った。「もし本当に天の神のご意志なら、わたしたちに9男9女をお授けください。そして9本の川に沿って人口を増やしてください。そうすれば天下の人間は永遠に滅びることはありません」。彼らは祖先からのやり方にのっとり、天の神の意志をはかった。

2人はそれぞれの箕を山の下に向けて投げ、河畔まで転がり落とすと、なんと2つが合わさった。1人が糸を持ち、もう1人が針を空中にほうり投げると、空中で糸は針の穴に通った……天の神の意志は明らかだ。2人は結婚した。その後、本当に9男9女が生まれた。1組の男児と女児が生まれるたび洞穴にいろりを作り、9組の男女に全部で9つのいろりを作った。言い伝えによると、この9つのいろりはガワガブに残っているのである。

**ドゥロン族**..........このような洪水神話は南の少数民族の多くに共通するテーマだ。似たような神話や伝説は他の民族にも見られる。ただし2つの民族に同じ神話が伝わり、同じ洞穴を話題にし、同じ山を崇拝しているという例はあまりない。怒江上流の峡谷に住むヌー族とドゥロン族が同じ起源であるというのは非現実的な話ではない。両民族の言語、習俗文化には共通点が多いことが明らかになっている。貢山県のヌー語とドゥロン語は互いにほとんど通じ合い、文法も基本的には同じで、発音、語彙の60％ほどが同じである。

彼らは鬼のことを「ブラン」、祈禱師を「ナムサ」と言う。両民族とも祈禱師の指示で祭を祝い、鬼追いを行なう。両民族には鬼と神を概念上はっきり分けていない。したがって「鬼」には悪い面と良い面がある。彼らは牛を生けにえにして天に祭る習俗があったが、今日「太古の民」と呼ばれるドゥロン族はこの儀式を完全に残している。

2001年5月、わたしは怒江の川岸でドゥロン族の一団がその儀式を行なっているのに出会った。ドゥロン族の人出が足りず、ヌー族の人に応援を頼んでい

たが、以心伝心でヌー族の人たちは積極的に協力していた。着ているものの違いもほとんどなく、皆、竹籠を持ち、五色のまだらのしま模様の毛布を身にまとっていた。

　ヌー族もドゥロン族も自分で織って使っている毛布を「ヤオ」と呼ぶ。両民族ともこの毛布をたいへん好み、昼間は身にまとい、夜は下に敷いたり、体に掛けたりする。外部の人はヌー族が身に付けているのを見て、「ヌータン（怒毯）」と言い、ドゥロン族の場合は「ドゥロンタン（独龍毯）」と言う。両者はもともとはほとんど同じだったが、近年ほんの少し違ってきた。ドゥロンタンは麻糸を使って織られ、植物の汁で染め、つくりが荒いが丈夫で持ちがいい。ヌータンの方は木綿糸を多く使い、化学染料で染め、色めは鮮やかでなめらか。つまり山奥の独龍江に住んでいるドゥロン族はずっと怒江のほとりに住んでいるヌー族にくらべ、外の文化の影響を受けにくいということだ。

　かつて、女性の顔にほどこす独特の入れ墨が、両民族が同じ起源を持つことの重要な証拠で、文化の重要なシンボルと思われていた。清朝の人の記録によると、当時の貢山のヌー族の女性は顔に文様をつけたという。中華民国初年にはまだ習慣が残っていたが、20世紀中頃以後、ようやくこの習俗を捨てた。中年以上のドゥロン族の女性には顔に青黒い文様痕を残している人もいる。さま

祭日には
ヌー族の人々は歌って踊る

ざまな文様を描いた顔は美しく、年を取ってるように見えない。彼女たちもそれで若さを保てると思っているのだ。顔の文様の起源はいろいろと言われているが、美学的な解釈以外に、外部の土司[8]や奴隷主に連れ去られるのを防ぐための消極的な手段だったと考える人もいる。顔の文様は顔を傷つけ婦人の容姿を損なうので、彼らは連れ去らないだろう、もし連れ去られても家族が見わけやすいというのである。

　その昔、ドゥロン族とヌー族はどちらも怒江峡谷に暮らしたが、その後、ドゥロン族は怒江を西に向かって渡り、高黎貢山を越え、独龍江地区に入った。ヌー族はそのまま怒江両岸に留まった。ドゥロン族はなぜ川を渡って西に向かったのか。歴史の真実は専門的な探求の結果を待つしかない。

　ここで彼らの間に伝わる怒江に関する物語を話しておこう。

　昔むかし、怒江東岸の洞穴に兄弟が助け合って住んでいた。ある日、2人は川の西岸に猟と薪拾いに行こうと川を渡るための縄を持って出かけた。川岸に着いて兄は弟のために縄をしっかり縛って、弟を先に対岸に渡らせた。今度は兄が越えようとした時、突然盆をひっくりかえしたような大雨が降り、激しい雷鳴とともに縄が切れてしまった。そして川の水が一気に高まり、たちまち足の下まで来た。兄と弟は互いを見ることはできるが、会うことはできなくなり、川を隔てて涙を流すだけで、別れ別れとなった。兄は怒江にとどまり、いばらを切り拓いて怒江を開拓し、ヌー族の子孫を増やした。弟は独龍江に向かい、その子孫がすなわち今日のドゥロン族なのである。

　大河が相助け合う兄弟を隔て、各々が1人の力で生きていかなくてはならない現実に直面させ、生存する意志と能力を鍛え、こうして新しい民族集団が生まれたのである。

　1本の大河は民族を2つに分けることもあるが、違う民族を大河がまとめることもある。前に述べた自称「アロン」は、ヌー族の一派で、そのほかに「アヌ」、「ヌス」、「ロロ」の3系統がある。「ロロ」が瀾滄江峡谷に住む他は、いずれも怒江峡谷の住人だ。ただし学者は彼らの祖先はまったく同じではないという。もともと住んでいた人たちと、「ヌス」のように、瀾滄江から移住してきて住みついた人たちがいる。この4つに分かれた部族は言葉が通じず、習俗や発展段階も異なる。彼らはそれぞ

註
8……少数民族の間接統治のため中央政府が任命した軍事に関する非漢族の役人。

怒江

牛の解体の儀式後、
ドゥロン族の人々は
同心酒（2人が顔を
くっつけて1つの碗の酒を飲む）
を飲み干す。

　れの族譜を持ち、伝えられる伝説や神話も同じではない。拝む神霊もまた違う。
　ヌー族の族譜にトーテムの痕跡を見出せる。このような話が語り継がれている。むかし、空から蜂の一群が飛んできて、「ラジャディ」と言われるところで休んだ。その後、蜂と大蛇が交わり、ヌスの女始祖・マジチョンを産んだ。マジチョンが成人し、トラ、蜂、蛇、キョン（小型の鹿）、アカ鹿などとそれぞれ交わり、それぞれの子供が生まれ、子孫が後に虎、蜂、蛇、キョン、アカ鹿などの氏族になった。
　ヌー族は本来氏羌系の民族に属するから、いにしえより父子によって代々つながる伝統がある。ある怒江のほとりに住むヌー族の老人を訪ねた時、彼は指を折りながら、1代1代と先祖をたどった。福貢県匹河郷のヌー族の老人は、蜂氏族の66代の系譜をすらすらと暗誦し、21代目の時に今の蘭坪県梅洛衣のあたりから怒江峡谷に移ってきたのだと言った。このあたりに来てから既に45

歌って踊る
リス族の人々

代。45代は少なくとも1000年以上の歳月であり、1000年以上の川の流れだ。1000年以上をかけて異なる氏族を同化させ、1つの民族集団になったのだ。

　怒江はヌー族からその名前ができたわけだが、今日、中国国内のヌー族の人口はわずか3万人前後である。怒江峡谷の主要な民族とは言えない。怒江峡谷の中心はリス族だ。雲南西北部の怒江峡谷を中心とする行政区は、怒江リス族自治州という。

**リス族**‥‥‥‥リス族は古代氏羌族に属する。彼らが語り継ぐ話の中では自分たちが「マンロンワンチン」の出身と伝えられている。この地名はリス語で「けっして水没しない高い山」の意味だ。確かに山ひとつだけ水没から免れるとするならば、それは「マンロンワンチン」だろう。なにせ、高くそびえる青蔵高原のことなのだから。そこは瀾滄江、黄河、長江などの大河が源を発する地でもあ

る。氐羌族の先祖たちは狩猟や採集生活を営んでいたが、後に家畜を飼いならし、放牧ができるようになった。十分な獲物を得るため、豊かな水や牧草を求め、彼らは世界の屋根といわれる高原を移動した。流浪し、さまよいながら絶えず新しい住処を探した。彼らは早くから自分たちの足で歩き、自らの民族の歴史を記録するようになった。歩きに歩き、歩きながら分かれ、違う部族になった。分化してできたリス族の先祖は、弓矢を携え、大河に沿って家畜の群れを追いかけながら、牧草を求めて南下し、四川省の雅礱江、安寧川と、四川と雲南省境付近の金沙江両岸の広大な地区に入った。

　西暦862年、樊綽（ファンジュオ）という人が、安南経略使[9]の蔡襲（ツァイチ）とともに、唐の都の長安から四川を経て、南詔国の領土に入った。彼は志をもって努力を怠らず、道中の社会や風俗を詳しく観察した。リス族の人々とも接し、彼の著した『蛮書』は「リス」の名が初めて登場した漢語の書物である。

　物資の豊かな四川盆地と谷沿いは肥沃で、人も家畜も満ち足りた生活ができた。だが残念ながら戦乱が続いた時期、唐、吐蕃、南詔という3大強国の狭間にはさまれたリス族の祖先の「施蛮」「順蛮」部族は、戦争の苦しみに耐えられなかった。それに加え、絶えず移動するという心理傾向があったので、彼らの一部は西に向かい、瀾滄江の峡谷と山に入っていった。

　明代以降、戦乱によりリス族はさらに山奥に入った。麗江のナシ族領主とチベットの封建領主は、瀾滄江と金沙江上流の地域の統治権を争い、80年余りにわたって戦争を続けた。一帯に散らばって住んでいたリス族の一部は戦争の無益な犠牲となり、一部は奴隷にされた。

　リス族にとって、戦争は情け容赦ない鞭のようなもの、兵役や労役の苦しみは檻のようなものだったが、自由の魂を檻には閉じ込められないように、リス族の蕎氏族は首領のクアムピに率いられて、また新たに大規模な移動を開始した。明の嘉靖27年から28年（1548〜1549年）のことだ。彼らはチベットの軍隊に追われ、瀾滄江に沿って南下し、蘭坪県内の営盤で川を泳いで渡った。瀾滄江西岸にたどり着いた時、追っ手は東岸まで来ていた。部族の人々も兵士たちも既に疲労困憊しており、戦うのは無理だった。首領のクアムピにとっさに良い知恵が浮かんだ。兵士たちに枯れ枝、草を集めさせ、束にした草を山中に置いた。それから付近の村民から数百匹

註
9……唐代に辺境を管理するために置かれた軍事職の官位の名。

の羊を借り、たいまつを羊の角に結び付け、夜がふけ人々が寝静まるのを待ち、たいまつと草に火をつけた。兵士もたいまつを持ち、太鼓を打ち鳴らし、大声を挙げて走り回り、羊の群れを河畔に追って、反撃するかに見せかけた。東岸の兵隊たちは寝ぼけ眼に、山全体に火が燃え広がり、自分たちに迫ってくるのを見て、軍心を大いに乱し、川を渡ってまでして追撃する気にはならず、岸辺から退却した。西に渡ったリス族たちは、大河によって戦禍から隔てられ、ゆっくりと碧羅雪山を越え、怒江峡谷に入っていった。

　19世紀になり、リス族は再び東から西に向かって大移動した。1回は1803年のリス族・ハンジャパンの反乱の後の大移動だ。もう1回は1821年の永北リス族・タングィの反乱後、さらにもう1度は1894年永北リス族のティンホングィ、グラオスの反乱の後の大移動である。もっとも早く怒江に入った蕎氏族に続いて、リス族の虎、熊、竹、蜂、鼠、魚など18の氏族が、相次いで怒江に至り、怒江に住みついた諸民族の中で最大の人口を占める民族となった。何度かの移動で、相当数のリス族が金沙江や瀾滄江沿いに雲南中部に暮らすことになった。

　長期にわたる不安定な生活から、リス族のせわしなく動き回るという性格が形作られた。ある人が言うには、リス族はジプシーに似ていて、いつもあちこちと動き回っている。リス族の歌にも「ここは長く住むところではない。ここは久しく留まる谷ではない。進んで新天地を探そう。前方に新たな場所を求めよう」と歌われている。おそらくこれこそが、西南・東南アジアのいろいろなところでリス族の姿を見る由縁だろう。個人のレベルで見ると、リス族の人があちこち気ままに移動するパターンは今も終わっていない。だが明代以来400年以上が経ち、リス族の主なグループは瀾滄江と怒江峡谷に定着したのである。

　瀾滄江、怒江の上流の山と峡谷には、平らで肥沃な土地はない。小さなトウモロコシ畑に苗を植えるために、人々は常に崖を登るというような危険を冒さなければならない。牛や羊が山の尾根で足を踏み外し、谷底に落ちてしまうこともしばしばだった。ある時は、わたしは外国からの友人につきそって怒江を登っていた。切り立った絶壁の中腹に突然現れたトウモロコシ畑に皆の目は奪われた。驚嘆する一方、皆は頭をかしげた。畑の主がどうやってあそこに登り、耕し、植えたのか、誰も分からなかったからだ。

　一般に、峡谷を行く人は皆、不思議に思う。山と水にはいったいどんな魔力

があって、移動が当然の民族を落ち着かせ、平らでもなく肥えてもいない土地と永遠の縁を結ばせるのだと。

　おそらく、答えは山や川にあるのではなく、リス族の魂にあるのだろう。

　「リス」という名はリス語の「リチス」が変化してできたものと言われている。「リチス」は「山林または山に住む人」という意味だ。青蔵高原から四川省西部まで、さらに瀾滄江、怒江峡谷まで数千年間の移動の間、人々は高い山から離れたことはなかった。山と川が民族を育んだ。こうした民族は山と川に深い思いを寄せている。リス族のトーテムには、熊氏、虎氏、鳥氏、魚氏のように、山や川のものから取ったものがあり、これらは漁業、狩猟に関係している。蜂氏、竹氏、茶氏、麻氏、蕎氏など、山地での採集、栽培生活と関係がある。リス族が山で生きる力は普通の人の想像を超える。仮に1人であっても、刀1本、酒1瓶（当然、鉄砲1丁あるいは弓矢があればさらにいい）がありさえすれば、トラやヒョウが出没する原始林でも十分に対処し、生きていけるのだ。

　山と峡谷がリス族に強さと剛毅さを注ぎ込んだのだから、リス族が山と峡谷を慕わずにいられようか。およそ中国の少数民族のことを知っている人なら、リス族の「上刀杆」や「下火海」を知らない人はいない。はだしで尖った刀のはしごを1歩1歩登っていく様、あるいは真っ赤に燃える薪を踏んで歩く様、そして激しく燃える火の中で思いのままに踊り回る様を見れば、瀾滄江と怒江の両岸にそそり立つ高い山、峡谷でなぜあれほどたくさんのリス族の人が生きていられるのか理解できる。

## ペー族:
**ナマ人とラモ人**..........瀾滄江、怒江の大峡谷に沿ってリス族と雑居しつつ集まって住み、大きな人口を持つのはペー（白）族の2支族——ナマ（那馬）人とラモ（勒墨）人だ。彼らはもともと同じ民族である大理地区のペー族だが、落ち着き先の川岸が違ったため違う名がついた。瀾滄江峡谷の両岸に住むペー族は「ミンジャ」「ラマ」「ペーズ」などと自称している。怒江両岸に住むペー族は自らを「ペーニ」といい、他の人は彼らのことを「ラモ」と呼んでいる。彼らには洱海とその西側にそびえる蒼山の間の地域から2つの大河の河岸に移ってきた話が伝わっている。

　昔、彼らの祖先は、大理の蒼山と洱海の間の村に住んでいた。父母が早く死

ペー族の銅工芸の技術は相当高い

に、残された兄弟3人は互いに助け合って暮らしていた。彼らは「悪霊につかれた」という汚名を着せられ、故郷を離れることを余儀なくされ、漂泊の途についた。ある年の中秋の節句に3兄弟は父母の霊を思い、夜陰に乗じて村に戻って、村長の粟をこっそり刈り取り、蒸して祖先の霊に捧げた。だが村長に見つかり牢に閉じ込められてしまった。夜になって1羽のカラスが飛んできて長兄の肩に止まって言った。「心配しなさんな。慌てなさんな。今晩、洱海が怒り、洪水となって押し寄せ、牢の錠は持ちこたえられないだろう。この隙に逃げなさい」と。言葉が終わるや否や、空には雷がとどろき、盆をひっくり返したような大雨が降り出し、見る間に水かさが増した。牢の門は押し寄せる大水で破られ、兄弟は牢から逃げ出した。後ろ髪をひかれる思いで故郷の村を離れたが、それぞれが雄鶏を抱えて、その雄鶏が示す道を行き、鳴いたところに居を定めることにした。彼らは西へ向かい、末の弟は瀾滄江の東、蘭坪県拉井(ランピン ラジン)に、長兄

瀾滄江・怒江

は瀾滄江西岸の古登〈グタン〉、次兄はカラスが成り代わった竹いかだに乗って怒江を渡り、洛本卓〈ルオベンジュオ〉まで来た。その時ふところに抱いていた雄鶏が首を伸ばして鳴いたので、そこに安住の地を見つけた。兄弟3人はこれよりそれぞれの地に代々住み、家族を増やし、本当に「河畔に住む一団」となった。

　もっとも、民族移動を引き起こした歴史的な要因はこうした伝説よりずっと複雑であり、深刻なはずだ。総じて、戦乱、戦闘、圧迫、飢餓などと関係した。ナマ人とラモ人はいつ瀾滄江や怒江峡谷に入ったのだろうか。瀾滄江付近の高原や平地をナマ人ではなくナシ族が占拠している情況から見て、ナマ人は明代かそれよりやや早い時期に瀾滄江流域に入ってきたのだろう。ナシ族は15世紀に、麗江の木氏がチベット地区に勢力を拡張する時、それに伴って瀾滄江流域に入ってきたからだ。軍事的な移民集団であるナシ族が来る前に、ナマ人はこのあたりを既に占拠していたようである。その後、一部はさらに西に向かって川を渡り、山を越え、怒江の岸辺にたどり着いた。

　瀾滄江畔のナマ人はナシ族、リス族、および周辺民族の文化的な影響を深く受けている。他方、怒江畔のラモ人は近くに住むリス族とますます近づいた。彼らは他のペー族と同様に適応力に優れ、他民族の文化を自分のものとして融合することができた。辛亥革命以前、怒江地区では奴隷所有が盛んに行なわれ、ラモ人の奴隷主の割合がもっとも高かった。地元の人に言わせると、彼らは容赦なくしぼりとることに長けていたという。リス族が用いる貸借関連の語彙はペー族のそれから来ている。ここでわれわれは奴隷や搾取制度のことを称賛しようとしているのではないし、また階級闘争の単一的な視点に拘泥する必要もない。人類文明の発展過程を理解するためには往々にして情緒的な見方を捨てなければならない。当時、武力において劣勢にあったラモ人だが、経済的には優勢に立った。これだけで彼らが並外れた存在で、頭が良いと言えるわけではない。彼らが秘密兵器を持っていたため経済的な競争において勝利をおさめることができたわけでもあるまい。それでは彼らに有利な立場をもたらした民族文化とは何であったのだろう？

　ナマ人、ラモ人は瀾滄江と怒江畔で生き、繁栄した。世代交代のうちに子孫たちは目下住んでいる土地を自分たちの故郷とするようになるが、彼らの心の底には祖先への想いがあり、祖先の故郷のことに想いを馳せる時もある。怒江

のラマ人はリス語で話すことが多いが、霊や先祖を祭る時はペー語で経を唱える。なぜなら洱海と蒼山の間の平地にいた祖先が分かるのはペー語だけだからだ。ふつう老人が世を去ると、魂を故郷に送る歌──『指路歌（道を指し示す歌）』が必要になる。

  大きな門の敷居から外へ
  小さな門の敷居から外へ
  大きな坂を越えて
  金満村からいずる
  大きな岩をまわり
  炭を焼く場所を通り過ぎる
  葦の地にいたり
  稲穂の地にいたる
  キバノロ[10]を捕らえる場所にいたり
  休息の地にいたり
  麻栗林[11]にいたる
  怒江畔にいたり
  木舟をこいで川を行く
  その後、「飛雁各」[12]にいたり
  麻栗林のある山に行き
  チガヤの地にいたる
  考栗樹の傍らにつき
  流砂の坂を過ぎ
  「倒岩阿」[13]にいたり
  ツツジの林にいたり
  山頂の分水嶺にいたる
  ……

彼らは碧羅雪山に立ち、東を望む。太陽が昇る場所は彼らが最も行きたいと願うふるさとだ。人が老いて亡くなり、霊魂はあちこ

註
[10] シカ科の哺乳類。
[11] 麻栗、考栗はチーク。
[12] 瀾滄江東の瀾坪のある場所を指す。
[13] 洞窟の傍らの意。

瀾滄江・怒江

ちさまようが、長恨歌に導かれ、ついに先祖と一緒になることができる。これは死者にとっても、生きている者にとっても最大の慰めだ。怒江、瀾滄江の流水は、異郷に住んでいるというペー族の意識を洗い流すことができても、心の奥底にある、ルーツを捜す気持ちまでを消し去ることはできないのだ。

　ペー族の友人はわたしに、ペー族は新しい事物を受け入れることが上手だと言い、常に不屈の意志を持ち、ゼロから新天地を拓く準備をしていると言う。南紹国、大理国の歴史や、瀾滄江、怒江峡谷のナマ人とラモ人の精神情況を思えば、この話にもうなずける。

**プミ族**..........瀾滄江峡谷でペー族と混在して住むのは、かつて「パンム（盤木）」、あるいは「シファン（西番）」と呼ばれ、今日では「プミ（普米）」に統一された民族だ。考証によると、プミ族はその昔、祁連（チーリエン）山脈一帯に住んでいた羌（きょう）人に源があるという。後に四川、雲南の省境一帯に移り住み、宋代末にフビライの南征に押されて、瀾滄江の峡谷に来た。そして、雲南の維西（ウェイシ）から蘭坪（ランピン）の間に集まって住んだ。

　かつてプミ族は氏族ごとに同居し、「父母が健在のうちは、兄弟は分家しない」という伝統を守っていた。4〜5世代が同じ家に住むことを誇りとし、大家族の固い絆を保ってきた。そして、峡谷に住む多くの民族のように、プミ族も自分たちの言葉はあっても、文字は持たなかった。だが、彼らはみずからの言語以外に、漢語、ペー語、リス語を操り、近隣の民族と仲良く交わる。このことからもプミ族は学習能力に長け、開放的な性格だということが分かる。

　彼らは勤勉で、向上心があり、早くから商品意識に目覚め、解放前から大小の家畜や薬剤の売買に長けていることで有名だった。かつて山間部に住んでいたプミ族は、壩区（山間部の平地）に住むペー族や漢族とプミ語で「ダラオカン」、すなわち親密な友達付き合いになることを喜んだ。男は男友達と、女は女友達と交わる。皆、心から尊敬し合い、互いに贈り物を送り、持たない物を交換し合う。プミ族には壩区のように米や豆腐がないため、山の特産品を持って壩区を訪ね、必需品と交換してくる。壩区の人たちも困るとすぐに、同じようにして山を訪ねる。プミ族と付き合ってきた漢族、ペー族の老人は、今でもよく「プミ族の人々は友達がいがある」と言う。

プミ族は緑の山中に住む。これまでずっと緑の山と共存し、木々を愛し保護する伝統・習俗を育て、むやみに林や草地を開墾したり、乱伐したりしたことはなかった。以前は氏族ごとに林と草刈り場を分けていた。また氏族の構成員が山を共同管理し、その山の付近は氏族所有の林と各戸の林に区分した。そこの木を使うには長老の許可がいり、必要なだけ伐採すると、お互いに侵犯することはなかった。近年は自発的に近隣の林を、水源林、山の神林、風水林、墳墓林、肥源林、松毛林、風景林などと名付け、山での伐採や放牧を禁じて樹林を保護している。規約を作り、何人もそれを犯して乱伐することを許さない。まさに樹木の茂る山と共存しているのだ。

**ナシ族**..........瀾滄江上流の雲南とチベットの境界付近の谷には、チベット族と混住むするナシ族がいる。ナシ族は長い歴史と確立された文化を持つ。トンパ(東巴)文字と呼ばれる象形文字は広く世界に知られ、近年は雲南西北部の観光開発の成功に伴い、麗江ナシ族のトンパ文化は世界の注目を浴びている。しかし瀾滄江の奥深くに住むナシ族(見かけはチベット族に似ている)への外界の関心は高くない。それはナシ族が主流から離れ、独自性を尊ぶ集団だからである。

　特にチベット自治区芒康県イェンジン[14](塩井)のナシ族の居住地一帯には特異な文化的状況がある。ここのチベット族の多数はカトリックを信仰し、逆にナシ族は敬虔なチベット仏教の信者である。ナシ族は服も住まいもチベット風でチベット語を話す。民族内でナシ語を使う場合もチベット語の語彙が大量に混じる。が、同時にトンパ教の伝統文化の特徴も多く残している。彼らは麗江のナシ族のように、「ナパ」(那帕)と呼ばれる祭を毎年行なう。ナパ祭はナシ族の先祖と天の神女であるミクオダとの結婚が起源だと言われている。儀式は教主であるトンパにより執り行なわれ、神が福をもたらし、天候の加護で、五穀豊穣、息災、厄払い、人畜の繁栄を祈禱する。儀式の中でトンパは祀られた豚の骨や内臓の模様からその年の作柄を予測する。

　「ナシ」はナシ語で「大人」という意味であり、ナシ族とは即ち「偉大な民族」の意だ。ナシ族は、その昔の中国西北部の甘粛、青海の河川地帯の古羌人を祖先とし、現在のチベット族、イ族、ペー族などの起源とも関係がある。トンパ教の名著『崇般統』に、ナシ族とチベ

註
14...第2章の地図(51ページ)参照。

澜滄江畔のチベット族とナシ族の人々

ト族、ペー族は母を同じくする3兄弟だという伝説の記載がある。南に向かったナシ族の祖先はまず岷江上流に着き、そこで再び西南に向きを変え、大渡河と雅礱江流域に至った。それから再び南に向かい、雲南、四川、チベットの境界の横断山脈付近に居を構えた。中でも金沙江上流の麗江地区が最大の集住地だった。言い伝えでは、澜滄江峡谷のナシ族は元、明時代に軍隊に追われてきて、次第にこの地に住み着いたという。当時のナシ族はかなりの力を持ち、中原王朝から「西北藩籬」（西北の垣根）と見なされていた。特に明代に至ると、朝廷は麗江軍民府を置き、ナシ族の族長に「木」姓を賜り、「誠心報国」の金の帯と「輯寧辺境」の額を贈った。その他にも何度も褒美を与えた。ナシ族の長、木氏は朝廷の支持のもと、雲南、四川、チベットの境界地区に何度も兵を送り、土地を占領し、兵を駐留させて辺境を守った。澜滄江峡谷にあるナシ族の村は、当時駐屯した兵や家族の住まいが発展したものかもしれない。今でも澜滄江沿岸に、当時の土の砦や石のやぐらなどの数多くの遺跡を見ることができる。

　その他にも当地のナシ族は、言い伝えによると、はるか昔に彼らの祖先が塩田をめぐってケサル王と何度も戦争したとされる。かの有名な「ジャン・リン大

戦[15]」も瀾滄江沿いの塩田と関係があるようだ。もしこれが本当だとすると、ナシ族が瀾滄江峡谷に入ったのはさらに古いことになる。

　瀾滄江峡谷でナシ族の人たちに会うことがあれば、労苦をいとわず、他人の忠告を喜んで聞き入れ、進取の精神に富む彼らの資質に強い印象を受けるだろう。これは、麗江のナシ族から受ける印象と同じである。峡谷は狭く、外界から隔絶しているように見えるが、ここのナシ族は教育を重視している。チベット自治区芒康(マルカム)県イェンジン（塩井）郷の統計によると、郷で教育を受けている人の割合も、外に出て働いている人の割合も、他民族と比べてナシ族が飛びぬけて高い。

　塩井郷を流れる瀾滄江には両岸の歴史を刻む塩田の奇観が映り、美しさに心動かされる。ナシ族の人たちは左岸、チベット族は右岸の山の斜面沿いに木の骨組みで塩田を架ける。塩田を土と泥でつき固めてから、塩水を泉から運び、天日にさらして塩を作る。塩水を運ぶ仕事の労働量は相当なものだが、両岸のどちらでもほとんど女性が受け持つ。ただ違うのは、チベット族は普通てんびんで塩水を入れた桶をかつぐが、ナシ族は背中に桶を担ぐという点だ。というのも左岸の塩田は川面から離れており、道も急で歩きにくいからだ。ずっしりと重い塩水を背に、歯をくいしばり、ハアハア言いながら、1歩ずつ斜面を登るナシ族の女性を見ていると、ナシ族の女性の粘り強さがあの美しい「星と月」の図案を構築したのだと思う。これぞ麗江ナシ族の女性の着る服装の背中についている、労働を象徴する「七星五彩」の模様だ。右岸で塩田を営むチベット人は、河岸の塩田はナシ族が始めたものと言い、言葉の端々から、対岸のナシ族同業者への賞讃と羨望が読み取れる。

**チベット族**..........さて、チベット族だが、彼らは瀾滄江と怒江両大峡谷上流の主要な住人であり、絶対に省くことはできない。怒江でいうと雲南省貢山県丙中洛(ビンジョンルオ)より上流、瀾滄江でいえば雲南省維西県巴迪(パディ)より上流がチベット族の主要な居住地域である。チベット族は空までもっとも近い場所に住み、神との対話には好都合だ。山の下の住民は仰ぎ見るようにして彼らを見てきた。もし運良く川岸までたどり着き、転経者たちについてさらに登るならば、風を受けてひらめくタルチョが見え、大小の石

註
15...チベット族の長編叙事詩『ケサル王伝』の中の一部。

瀾滄江

に経と仏の姿が刻まれたマニ石を回ることができる。さらに運がよければ、チベット族の村に入って、村人がこの世のあらゆる生命に祈禱するのを聞くか、チベット仏教の寺で高僧と眼差しを交わすことができる。そうしたものからチベット族がどのような民族か分かるはずだ。

　1年前、わたしが瀾滄江沿いのチベット族区から中旬に戻る時、徳欽県の共産党委員会宣伝部はチベット族の若い運転手にわたしを送らせた。この運転手は見かけはパッとしなかったが、道中、形而上の問題を哲学者のように休むことなく語った。それ以後、世界の尾根から降りてきたチベット族の人に会うたびに、わたしは粛然と敬いの念が湧き起こるのである。

# 3-6 時が止まった峡谷

**峡谷の暦法**..........瀾滄江と怒江の大峡谷では、山があまりにも高く、谷があまりにも深いので、川岸で見上げても、青空は狭い線にすぎず、1日のうちで昼頃に太陽が見える以外は、暗い。太陽はまるで年老いた牛のように、喘ぎながら山頂まで登る。ここでは少し気を抜くと、谷底にすべり落ちてしまう。翌日、また登りはじめるが、すぐに谷底へと落ちる運命にある。この繰り返しで、時はなかなか動かず、まるで固まり、止まってしまったようだ。

　峡谷で生活する民族集団は代々祖先の上に生命を重ねる。川や山は時を止める柵のようだ。時代の歯車を押しとどめ、歴史文化博物館を生んだ。20世紀中葉になっても、ここでは人類進化の初期の1コマ1コマをあまねく観察でき、岩に刻まれた古代画の情景を、その場に身を置くように見ることができる。

　山に住む人の時間の概念は今もはっきりせず、人口調査のため年齢登記をする際よく面倒が起きたという。何年何月に生まれたかという質問に、Aさんは目を見張り、頭をかき、しばらく考えてから答えた。「小川の水が干上がった年の、蕎麦の花が咲いたばかりの頃だったと、おやじが言っていました」。Bさんは髭をなで、水たばこを吸いながら答えた。「ヒョウが家の子牛をくわえていった年にわたしが生まれたと、おっかさんが言っていた。当時、川の水は渡し縄のあたりまで来ていたそうだ」

大河畔のマニ石と川にかかるタルチョ

　調査する者は泣くに泣けず、笑うに笑えない。当時、峡谷に住む住民の多くは木に印をつけるか、縄を結んで事柄を記憶した。通常、使われている年号がどうして分かろうか。時は川のように流れ、誰も自分の生命の記録を必要としない。彼らには文字も、筆や墨もなかったのだ。

　リス族、ヌー族、ドゥロン族、ジンポー族、プミ族などのように20世紀まで文字を持たなかった民族も、長く生産活動を続ける中で、当然、自らの暦法を必要とし、生み出していた。これらの暦法は降雨の多少、花の開花と散ること、草木が茂り枯れること、鳥や獣の鳴き声など、自然の変化によって、1年を季節に分ける。たとえば、リス族は1年を大きく乾期と雨期に分け、それを細かく10に分ける。そして、それぞれを自然現象か生産活動によって命名する。開花月（3月頃）、鳥鳴き月（4月）、山焼き月（5月）、飢餓月（6月）、採集月（7〜8月）、収穫月（9〜10月）、酒造り月（11月）、狩猟月（12月）、正月（1月）、家を建てる月（2月）

瀾滄江・怒江

といったように。リス族の人々はこれに基づき生産や生活を1年また1年と繰り返す。「ピーチク」と鳥の鳴き声が聞こえると、開花月になり、峡谷にも春が来る。人々は田起こしを始め、農業生産の新たな1年の幕を開ける。カッコウの鳴き声で種まきを始める時期を知る。「鳥鳴き月」がやってきたからだ。作物によって種まきの時期は違う。桃の花が咲くと蕎麦を蒔く。ある種の木の芽が出るとトウモロコシの種を蒔き、クルミとウルシの芽が出たら急いで春の種まきを終えなければならない。ツバキが満開になったら、時期は終わりだ。山焼き月になったら、休閑地を新たに切り開き、焼畑農法を行なう。たくさん種をまいても収穫量が少ないので、十分な山地を開拓しなければ餓えてしまう。飢餓月は1年中でいちばんつらい時期だ。種は蒔き終わり、食糧庫は既にからっぽ。ズボンのベルトを引き締めるのみだ。だがこのような日々は長くは続かない。すぐに採集月になる。畑の作物はまだ熟していないが、山の木々の果実は飢えをしのぐのに十分だ。天からの賜り物に女性、子供は大忙し。気候が涼しくなると、収穫月になる。この時期はリス族の人々にとってもっとも忙しい季節だが、豊作の喜びを味わう時でもある。それに続く数ヵ月はかなりのんびりできる。人々は酒を造り、狩猟をし、新年を迎え、新しい家を建てる。

　この自然の暦法は峡谷の民の生活を描き出している。毎年、こうして同じような暮らしが繰り返され、どれほどの歳月を重ねたかも定かでない。昔から変わらず傍らを流れる川の流れのように。

　少し前までドゥロン族は「太古の民」と呼ばれ、古代から清末までと清末から20世紀中頃まで、服装に大きな変化がなかった。服装といっても男性も女性も麻布1枚で、男性は腰に麻縄を結び、小さな麻布で下半身を隠すか、大きな麻布を背中に斜めにかけ、左肩と右わき下から角を引っ張り出し、胸で結んだものだ。女性は麻布2枚をそれぞれ両肩から斜めにはおり、互いに包むようにし、腰のあたりを帯か麻縄できつく縛る。上半身に麻布1枚をまとい、右から左に包みこみ、胸のところで竹の針でとめる。

　山の人は縄を結んだり、木に印を付けたりして記録や通信もしたが、それは彼らの服装と同じように古くから変わらず、最近まで続いていた。旅に出る時は、外出日数を腰に巻いた縄に記す。1日過ぎたら1つ結び、最後に数えれば総日数がきちんと分かる。集会の日を決める時は、召集する人が縄に日数分、結

び目を作る。人数分用意し、それから人を派遣し各人に渡す。受け取った人は毎日1つずつほどき、ほどき終わったら、それが集会の日だ。彼らはもめごとを解決したり、結婚を記録したり、貸し借りや賠償を決めたりする日時など、木に刻む記録なしにはすませない。

　たとえば、2人が何日か後に某地で会う約束をする場合、木の板に約束までの日数を刻む。1日が1マス。刻み終えたらそれを真ん中で割り、それぞれが半分ずつ持つ。1日が過ぎたらマスを削って消し、マスを全部削り消したら、約束の日だ。

　部族長の命令や租税の徴収にも使われた。この木の長さは65㎝ぐらい。氏族内部で使う場合はやや長く、両側を斜めに削り、上が尖り、下が持ち手になるようになっている。地元の役所が役人を派遣する時も、まず印をつけた木を送る。木の左隅に大きな桝目があれば、責任者のトップが行くということを示す。脇に小さな桝目がいくつかあれば、お供がその数だけ同行することを表す。もう一端に大きさが不ぞろいの桝目がいくつかあれば、荷を担ぐ人夫を若干名連れて行くこと示す。もし木に横線が削られていれば、道路修理が必要で、食事を準備するようにとの通知だ。上部に×印が小さく2つあれば、会見し、なおかつ宿泊するから、前もって準備するように、との意味だ。木の下には状況に応じていろいろなものがくくり付けられる。矢がくくり付けられていれば「早く届けよ」を表し、トウガラシの場合は「通知厳守、背いたら罰を受ける」という意。ニワトリの毛と炭が付けられていれば、「大至急」を表した。

## 峡谷の貨幣

..........リス族の女性の頭飾りには5分硬貨ほどの大きさの貝殻がついている。男性は腰を1m以上ある帯で縛る。これらは剝いだばかりの牛革に穴をあけ、100個ほどの貝殻を縫い付けて作る。貝はこの場所が古代からのタイムトンネルを通り抜けてきたことを示している。

　中原では古代の人々は貝殻を貨幣として用い、商品売買のために流通していた。だが、秦朝以後は基本的には廃止された。雲南の広い地域では、9世紀から17世紀までの長い間、貝殻が貨幣として使われた。17世紀以後、西欧の植民地主義国家が東南アジアの多くを植民地として占領し、その影響を受けた地域では徐々に使われなくなり、一種の装飾品となった。怒江峡谷では、貝殻と食塩、

銅銭、銀貨、イギリス人が持ち込んだルピーなどがほぼ等価と見なされていた。その中でも貝の貨幣がもっともよく流通した。50数年前の市価では、貝殻80枚で牛1頭、50枚で豚1頭、10枚で食糧1升、小さな貝貨幣の場合、涼粉（緑豆粉の麺）か白酒1碗と交換できた。

かつて氏族間で絶えず抗争が起き、また外来民族の侵入があったが、男性は山で狩猟をし、女性たちだけが家に残って、布を織り、野菜を植え、食事を作り、家を守っているため、しばしば強奪に遭った。そこで人々は山から赤や白の野生の木の実を採ってきてつなげ、真っ白な貝を配して帽子を作る。または貝殻を牛革に縫い付け、腰帯を作る。このようにすれば貝貨幣をいつも主人が身に付けていることができ、それが同時に帽子や腰帯に華麗な色彩を増し、装飾となった。

物々交換は貝の貨幣流通より古い商品の交換方式だ。峡谷の山道ではつい最近まで、双方が顔を会わせないで行なう物々交換方式の売買が見られた。売る者は山道の傍に物を置いたあと、森に隠れて、買う者がそれを取り、同価値と思うものを置くのを静かに待つ。買った者が遠くに去ってから、売った者は置いていったものを取りに来る。市場であってもこのような現象が20世紀中頃まで続いた。

清の宣統元年（1909年）、怒江の六庫（リウク）に市場ができた。さらに民国以後、新田、大興地、魯掌などに続々と市が開かれ、ようやく貨幣による交易が行なわれ始めたが、山の民は依然として物々交換式で互いに持っていない物を交換し合うのを好んだ。豚、羊と牛、馬を交換し、穀物と家畜を交換し、差額部分は貨幣または穀物で補った。1940年代後半、国内の流通貨幣の価値が落ちたため、貨幣は紙切れ同然となり、伝統的な物々交換のほうがかえって信用できた。他の地方から品物を持って来た漢族の商人も物々交換を行なった。手織り木綿布を子豚、牛、羊と交換し、塩とオウレン[16]、北京や広東の小物と農産品、たとえば針1本と鶏1羽またはキクラゲ500g、祭祀用の白い紙やマッチ1箱と食糧1升または柴1背負い分、石鹸1つと卵20個、といった具合だ。抗日戦争勝利後、山あいではアヘンが物々交換の最強の通貨となり、銀幣に取って代わった。内地の商人がワイワイとやってきて、いろいろな商品とアヘンを交換し、一時は峡谷内の取引が大いに盛り上がったものである。

註
16...漢方の薬草。

**峡谷の法**..........峡谷では、時が流れなかったのは人々の衣服の上だけではなかった。過去の亡霊はいつまでも消えず、あちこちに残っていた。2000年以上前、司馬相が『難蜀父老』に、西南の少数民族地区における奴隷主について描いている。「みなしごを奴隷とし、泣き喚いても縛りつける」。中華人民共和国が成立した頃になっても、怒江沿岸および瀾滄江の一部の地域では、奴隷の泣き声が絶えることはなかった。辛亥革命後から間もなく、中華民国政府の辺境殖産隊が峡谷に入って、「籠の雀を放し」、鼻息の荒い奴隷主をとっちめて奴隷を一部解放したが、体制を根本から解決することにはならなかった。

それは峡谷に血なまぐささを満たしていたエピソードである。奴隷は奴隷主がひけらかすに値する財産であり、普通の人も少しでも余裕ができると奴隷を囲い始める。金持ちはさらに競い合う。40～50人以上の奴隷を囲う人もいた。奴隷たちは身の自由がなく、生死を奴隷主に握られた。もちろん転売、贈答、相続も奴隷主の思うままで、家畜を殺すように、奴隷を殺した。

良家の子女が一夜のうちに落ちぶれて他家の奴隷になることも多かった。そのような奴隷の出自を詳しく調べると驚かされる。貧しい家の娘が金持ちの家の奴隷に売られる。ある2軒の家は「煮えたぎった湯から石をすくい上げる」形式の審判（後述）で紛争を解決した場合、負けた側に賠償能力がないと、勝った側の奴隷になる。抗争中に死人が出た場合、相手は命を償うために奴隷になることがある。また外部からさらって連れてきた者を金持ちの奴隷に売りに出すこともある。そこで盗みや誘拐は、でたらめなことをする者たちの常套手段となり、衣食にこと欠く者の農閑期の「副業」となった。近くの人をさらうと面倒が多いから、彼らはいつも山を越えて活動した。高黎貢山を越え、俅江流域に行くか、または怒山を越え、瀾滄江あたりに行く。当然、常に仲間とつるんで川を上下するため、川沿いに暮らす人たちは少しでも注意を怠ると災難に遭うのだった。

このように山河に隔てられた地域では、品物を交換するように、奴隷の売買でも、物々交換方式（否、人と物の交換だが）が多い。奴隷主は奴隷を働かせるほかに、奴隷との交換で多くの利益を得た。奴隷主は貧乏人の子供を安く買い入れ、育てる一方、働かせて大人になるのを待って、高く転売して利益を得る。通常、子供1人はわずか1、2頭分の牛の値ほど。成人を転売する時には牛4、5頭分

に相当し、出産年齢の女の奴隷は5、6頭に相当した。

　人さらいや奴隷を囲うことは富を生み出すためか、破れかぶれの匪賊が現れる。そのため、弱い集団や良家の男女たちはびくびくしながら生活しなければならなかった。山や峡谷という環境の厳しさは人の性格をも陰険にした。さらわれるのを防ぐために、村人たちは外部に対して強く団結した。人も少なく弱い村の住人は、常にびくびくし、日夜、矢筒を身から放さなかったので、矢入れにまで虱がついた。農耕の時期になると、女性が耕し収穫している間、男性は木の上で見張らなければならなかった。

　脅威に耐えきれず、交通の便がいい川沿いを離れた者は、仕方なく山奥深く身を隠せる場所を探す。蘭坪県の瀾滄江と怒江の間の山間部に、20数軒のリス族の村落があるが、それはこうして形成された。この村に行くには、切り立った崖を登らなければならない。村人の話では、親の代にここへ逃げてきた時には、豚、仔牛などの家畜を背負って登ったそうだ。大きな家畜はどうやっても上げられない。最初は3、4軒が示し合わせてやってきた。木板で屋根を作り、むしろで囲い、小さな家を作る。家畜と同居で、食べるのも寝るのもいろり端。後にまた同じような理由で何家族かが移ってくる。そうしてここに「世俗から隔離した桃源郷」ができた。

　村人たちは略奪の恐怖からは逃れたが、貧困からは逃げられなかった。彼らは辛い暮らしを送った。寝板1枚いろり1つが家族の全財産、いろりに鉄製の3本足の五徳（ごとく）があれば村人の羨望の的で、大多数の家では3つの石を置いてあるだけだった。

　彼らの過去を知れば、人が住むのにまったく適さないような場所にこれほど多くの人が住んでいるわけが分かる。河川、峡谷、高山、崖は本来、人を疎遠にする。だが、人々はありとあらゆる手立てを尽くし、そこに近づこうとした。この人たちは他にどうしようもない状況だったのだ。

　このような村落に怒江流域から移った人がいた。意外にも略奪を恐れてではなく、家族内でもめごとが起き、「煮えたぎった熱湯から石を取り出す」神の審判に敗れたため、この絶壁の崖の上に来たのだ。はじめに移った人はとうに亡くなったが、息を引き取る前に、無実の罪を着せられた、彼を裁いた神霊は公平ではなかったと何度もつぶやいたそうだ。

長いあいだ法律の何たるかを知らずに、この2つの川の間の峡谷では、もめごとに対して、不可思議な調停、解決方法が盛んに行なわれた。「煮えたぎった熱湯から石を取り出す」ことによる審判もその1つである。老人たちの身の上話には、神の審判の話がきわめて多い。目にしたものにしろ、身近な人から聞いたものにしろ、この種の話は天のお告げを聞くような気持ちにさせられる。次の文は怒江州の歴史資料室の友人に訳してもらったものだ。フアポというリス族老人（1905年生まれ）の語るままに、不思議な世界に入っていこう。

　　わたしは20歳の時、家が貧しく、衣服を買う金もなかったので、アドォ村のジャマイショから、後日清算する約束で服を買った。そして翌年、オウレン750gで支払った。ところが3年後、ジャマイショは服代を絶対に払ってもらっていないと言いだし、何度も説明したがだめだった。村の頭に頼んで調停してもらったが、何の役にも立たない。ジャマイショは神に来てもらってどちらが悪いかはっきりさせるために、どうしても「ルチャル」（熱湯すくいの儀式）をさせるという。わたしは神に背くようなことをしていないから、挑戦を受けた。
　　「ルチャル」の儀式は村の空き地で行なわれた。告発するジャマイショは「ルチャディンバ」（「鉄鍋」を架ける者）、告発されるわたしは「ルチャルス」（「鉄鍋」を受ける者）だ。勝った方が受け取る牛2頭と鉄鍋は、双方が負担して用意する。立ち会い人は村の頭、ジャンアショだ。
　　まず勝ち負けの基準を決めた。わたしが鍋の熱湯の中に手を突っこみ、3日後に立ち会い人が手を調べる。もしわたしの手がやけどでただれていなかったら、ルチャルスは罪を他人になすりつけたと判断され、ただれていればルチャディンバが負ける。勝ったほうが、賭けた物をすべて手に入れる。
　　「ルチャル」の日、双方は経験豊富な祈禱師を頼み、各々がニワトリ30羽、酒、籠1杯の糀を準備した。それぞれ祭台を作り、ニワトリと酒をその台の上に置き、糀を地面に撒き、占い師は茅と白い紙で編んで作ったとんがり帽子を被る。双方の祈禱師は各々の神に向って祈禱する。わたしが祈禱する守り神はチウゴン（高黎貢山）の雪の神と氷の神で、祈禱

師の祝詞(のりと)の大意は次の通りだ。

「チウゴン」に暮らす雪の神よ!
「チウゴン」に住む氷の神よ!
あなたは賢明な神であり
慈しみ深い神である
フアポは、もうジャマイショに支払いを済ませた
彼は何の罪もおかしていない
彼は他人に罪をかぶせられたのだ
鉄鍋の中に雪水を注げよ
銅釜の中に氷水を注げよ
フアボの手を焼け爛れないようにせよ
フアボの手を焼け焦がさないようにせよ

ジャマイショの祈禱師はヌゴン(碧羅雪山)の鉄の神と銅の神で、祝詞の大意は次の通りだ。

永く「ヌゴン」に暮らす鉄神よ!
長く「ヌゴン」に住む銅神よ!
あなたは万能の主宰だ
あなたは知恵の神だ
フアポはわたしの衣服と金を盗んだ
フアポはわたしの財産を騙し取った
フアポは獣(けもの)のような嘘つきだ
フアポは凶悪な無頼者だ
鉄鍋に鉄水を注ぎ込めよ
銅釜に銅水を注ぎ込めよ
フアポの手を樹木の皮のように焼け爛れさせ、
フアポの手を芋のように焼け焦がせよ

双方の祈禱師の祝詞が終わると、立ち会い人はジャマイショに大鉄鍋

をかけさせ、鍋の下には勢いよく火を燃やした。それから立ち会い人が沸き立った鍋の湯に石を1つ入れ、薪が十分に燃え尽きてから、立ち会い人がわたしに素手で鍋の中の石を取り出すよう告げた。

わたしは気を鎮めて鍋のまわりを何回か回り、ゆっくり見定めてから、素早く鍋の石をつかんで取り出し、皆の前に放り出して見せた後、走って帰った。家に帰ってからわたしは1人部屋で、慎重に火に触ったり熱い湯を飲まないようにして過ごした。3日後、立ち会い人とジャマイショが我が家に来て手を調べた。わたしの手には水泡もやけどの痕もなく、無傷だった。神の審判によれば、わたしはまったくの潔白、無罪となる。翌日、立ち会い人のジャンアショが牛を引かせ、鍋を背に、賭けた品々を我が家に運んできた。

「ルチャル」の後、ジャマイショは深く恥じ、わたしを家に招いた。わたしはもともと細かいことにこだわらしないので、招きに応じ、彼の家に行った。彼は酒や肉を出してわたしを歓待し、後ろめたそうに言う。

「ルチャルの結果、神はあなたを潔白と判断し、わたしは負けた。誤ってあなたを悪く思ってしまった。今後どうか恨みを抱かないでほしい」

わたしはすぐに許したので、不愉快なもめごとは結末がついた。

フアポは潔白を証明され、彼は崖の上の老人のように無実の罪を着せられたと嘆く必要がなくなった。都から遠い2本の川の峡谷にあって、時が止まっているのは表面的な文化だけではなく、心の奥深くでもまたそうなのだ。

1950年代初め、政府は鍬、鋤、耕作牛を持たせた工作隊を貢山のドゥロン（独龍）江に派遣した。工作隊はまず土地を開墾して、ドゥロン族の稲作を支援し、村民に参加するよう働きかけた。彼らが樹木の茂る谷から水路を引き、田畑を灌漑することを知り、ドゥロン族の祈禱師、ナムサは驚いた。ナムサは村で山の神、水の鬼に向かって念仏を唱えたあとにこう言った。

「村に水を引いてくるからには、水の鬼も連れてくるだろう。村に災いがかかり、安らかでなくなり、村人はマラリアに罹るだろう」

ドゥロン族の人々はこのご託宣を受け入れ、誰も水路を掘って田を開かなくなった。そこで工作隊員は繰り返し説明した。

「水田を作り、稲を植えるのは、共産党、毛沢東の教えだ。これまで米を食べられなかったが、今の世代から、米を食べられるようになる。内地では水を引き、田を作っても、鬼は出てこないし、病気にもならない」

だが思想工作は大した効果がなかった。工作隊はナムサの意見を聞き入れ、ドゥロン族の伝統、習俗に従うことにし、灌漑工事の前に、山の神と水の神を祭る儀式を行なった。ナムサと村人は鶏を殺し、真剣な面持ちで田んぼの角に竹竿をさすと、紙と長い布を挟んで山の前にひざまずき、頭を地にすりつけて念仏を唱え、神に祈った。

儀式を終えると、村人たちは進んで開墾作業を始めた。間もなく水路が開通した。水を引き入れる前に、村人たちは鶏を絞めて山と水の神に捧げ、再び竹竿に紙と長い布を挟んで、村の頭の主宰で祭りごとを行なった。その後、村人たちは積極的に田を拓き、稲を植えるようになった。

工作隊は小さな木の板で札を作り、作業に参加している村人に渡した。札の表には名前が書かれたが、彼ら自身は読めなかった。側面にはナイフで作業回数が、毎回小さい印で刻み込まれた。それが10個で大きい印1つとなり、以後その数に応じて食糧が分配された。

わずか3ヵ月で50畝以上の水田が拓かれた。秋になると、神が助けてくれたかのように、びっくりするほど多くの収穫を得た。平均して1畝当たり150kgを超える米が獲れたのだ。開墾に加わったドゥロン族の村民は1回当たり1.5kgの穀物をもらい、米をおいしく味わったのである。

今でも、田を開墾し、水路を掘る度に、ナムサは山の神と水の神に祈りを捧げる。ドゥロン族の人々のいろりの鍋からは米のかぐわしい香りが流れ、ゆっくりだが、確かに時の移ろいが感じられるのである。

# 3……7 ロックの驚嘆の旅

**ジョセフ・ロック**……….秋、川の水はだんだんと透きとおる。両岸の緑滴る山々の木々に黄金色の葉が交じり、山頂の白雪は、王冠のダイヤモンドのようにキラキラと光る。1年のうちもっとも爽やかでのどかな時期だ。遠くに蟻のよう

に見えていた10数人の一行が、少し目を離したうちに視界から消えた。荷馬を挟み、フジカズラの群生に沿って彼らはあるかなきかの山道を登る。トチの林を抜け、松林に入り、喘ぎながら雲嶺を越え、ひたすら西を目指す。

　一行の先頭は中肉中背の中年男性だ。ふくよかな頬、やや角張った顔、くぼんだ目、高い鼻、髪は茶色でてっぺんが少し薄い。肩にカメラをかけ、意気揚々と興味深そうに周囲を観察している。一目で中国人でないと分かる。80年後の今日この道で彼に出会っても、現地の人たちはやはり「別世界からの客」だと思うだろう。

　彼の名はジョセフ・ロック。ヨーロッパ音楽の都ウィーンから来た。下層階級の出身であることを忘れたいかのように、故郷から遠く離れることを望んだのである。しかし、大自然の不思議に陶酔する中でなお、彼は西洋社会で社会的尊敬を得たいと願っていた。

　植物学に通じていたと同時に、人類学に関心があり、写真撮影が好きだったジョセフ・ロック。彼はヨーロッパとアメリカ各地を放浪し、ついに雲南西北部に心のふるさとを探し当てた。1922年、中国西南部を訪れた彼は、その後ここで27年間を過ごした。そしてアメリカ農業省の無名の研究員から、世界的な人類学者、植物学者になったのである。

**流域への旅**……….中国に来た翌年の秋、ロックは待ちきれないとばかりに麗江を離れ、瀾滄江と怒江流域への孤独な旅に出た。それは恐怖と驚嘆の旅、期待と収穫の旅であり、初めて欧米社会にこの神秘的な土地を紹介することになった。ほぼ80年後の今日でも、彼の足跡をたどり、ロックの驚嘆の声を聞けば、怒江と瀾滄江についての理解を多少とも深めることができよう。

　ロック一行は麗江を出発し、長江第一湾のある石鼓、人々を震撼させる虎跳峡を通り抜け、川沿いを流れが穏やかなところまで来ると、地元の人々と同じように羊の皮袋の筏に乗って金沙江を渡った。皮袋で川を渡るのは、もとは黄河上流の習慣で、数千年前から続く。黄河流域から移ってきた氐羌族の中に、この風俗を金沙江に伝えた人たちがいた。彼らは羊を殺して、肉をすべて取り、首の部分に吹き込み口を残しておき、皮の浮き袋を作った。そして、それを自分の身体につけて川を渡ったり、皮袋をいくつか棒にくくり付けてつないだ

> 茨中教会。ロックの時代に
> 植えた葡萄が
> 今も生き生きと育つ

「羊皮筏」に、物を載せて川を渡ったりした。ロックが川を渡るのを助けたのは、このあたりに住む、ナシ族から枝分かれしたリシ（日西）人だった。ロックはリシ人が水に慣れ、勇敢なのを大いに賞賛した。

　金沙江を渡り、雲嶺の栗地坪（リティピン）の分水嶺を越え、瀾滄江流域に入る。眼前に一面草の高原が広がる。青いリンドウの花が咲き乱れ、近くの林には雲杉と黄銅色のカバの木がびっしりと生えている。ロックは興奮を抑えきれなかった。

　後に彼はその代表作『中国西南地方の古代ナシ王国』に書いている。

　「ここまでたどりつくのはたいへんだ。ここはアジアでもっとも孤立した地

域だ。新疆も確かに遠く離れているが、車や飛行機で街に近づくことはできる。しかしここは車のクラクションさえまだ聞いたことはないだろう。このような山と峡谷に車道をひくことは不可能に近い。飛行機にせよ、テントを張る平地さえ見つけられないのに、着陸場所など見つけようにない。こうしてここは文明と接触した最後の地域になった。ここの景色は本当に美しく、自然愛好家の賞美を待っているが、そのためには代価を払わなければならない」

　ロック一行の歩みは遅かったが、それ以上速くするすべがなかったのだ。行く手にどんな世界が待っているのか、どんな代価を払わなければならないのか、想像しがたかった。旅の途上の危険と辛さはロックが不思議な見聞という収穫を手にする代価として支払う最小限のものであった。

### ナシ族の文化
………金沙江と瀾滄江の分水嶺、栗地坪から叶枝(イエジ)までの道は、ナシ族が暮らす地域だが、ナシ族文化がその地をすべて覆っているわけではなかった。いろいろな宗教が信じられ、共存し、溶け合っていた。ロックはまだ慣れないうちは、村民の邪魔をせず、いつも村の端にある寺に泊まった。寺は土地の人に必須の聖地であった。彼は何度かここに泊まろうとしたが、いつも寺の中に置かれている死体にぎょっとさせられた。このあたりでは、人が死ぬと、チベット仏教のラマ僧に念仏を唱えてもらい、また同時にナシ族のトンパ(祈禱師)にも弔ってもらった。死後数年、寺に置いておく村人もいた。祈禱師は死者の生まれた日時、死んだ時を基に、星や月が正しい位置に来た時に葬るようにと説いた。ロックは言う。「わたしは死人を連れにする気はなかったが、悪くなさそうだ思って入った家に死体が置かれていることがあり、棺材にはまだ塗料がついていた」

　維西村からしばらく行った所に、嘎嘎塘(ガガタン)という村があった。村の入り口に泉が湧き、四角い岩の池に流れ込む。水は澄んでいて底が見え、魚がゆったりと泳いでいた。その上にごく小さな龍王廟があった。村人たちは狭くて小さい、

草葺きのあばら屋に住んでいた。そこから出てくる住人が皆首に大きな袋のような肉を下げている。特別に大きなのは頭ぐらいの大きさがあった。この顔に、ロックは飛び上がるほど驚いた。彼は日記に書いている。

「嘎嘎塘で、不思議な情景に巡りあった。今まで他の場所で、これほどの甲状腺腫瘍（大首病）がはやっているのを見たことがない。人々の喉から決まった形の袋が吊り下がっている。まるでカンガルーのおなかの袋のように。半分目が見えない男が大きな袋を下げている」

雲南ではこの頃使っていた岩塩にはヨードが含まれておらず、そのため山間部で甲状腺肥大が流行していたのだ。

瀾滄江の石登から中排峡谷にかけての景色は美しかったが、道は狭く、荷馬の行き来には危険が伴った。

「この恐ろしい瀾滄江の峡谷は、まるでわれわれを呑み込もうとしているかのようで、荷馬の隊列は巨岩の上の細い道を進む黒い点のようだ。最も狭い区間は午前10時前に通るのが一番いい。それを過ぎると、峡谷から、恐ろしい音を立てて乾いた風が吹きあげて、通行はきわめて危険だ。つい最近も風で谷底深く吹き飛ばされ、命を失った人がいた。その人の遺体は、事故が起きた場所の岩の下に埋められた。峡谷は乾燥して熱く、熱風を受け、獣や人は歩くのに苦労した」

一行が通った川沿いの道は狭く、岩がせり出し、下には川が滔々と流れ、深さは計り知れない。このため馬に積んだ荷物を鞍から下ろし、鞍と荷物を分けて人が運ばなければならなかった。

## 川渡りと茨中教会

瀾滄江東岸に沿って7日間行くと、対岸の茨中（ツジョン）に着いた。茨中はチベット族の村で、カトリック教会があることで知られる。川を渡って茨中に行くためには「溜索（渡し縄）（リウスオ）」を使わなければならない。茨中教会のオフト神父はロックの助手から前もって連絡を受けており、一行が2本の溜索がある茨姑（ツッグ）で川を渡れるように準備しておいた。茨姑は茨中から2.5km離れており、やや回り道であるが、2本の溜索は1本のものより安全で、渡るのが容易である。

瀾滄江には金沙江のような羊皮のいかだはなく、溜索を使うしかない。溜索は瀾滄江の上を横断して張られ、川面からの高さは50m、地元の村人が溜索を

渡って行き来する様は、その高さにもかかわらず、自分の家の庭を散歩するような落ち着きがあった。その時も、遠方からきた転経者（巡礼）で恐ろしさを克服し、溜索を使って峡谷の西側に渡り、太子雪山へ向かうものが大勢いた。溜索で渡る人は、竹筒からヤクのバターを注ぎ出し、口に含み、まず溜索を滑らせながら、滑りをよくするために口に含んだバターをはきかける。重い荷物を担いだ人やラバも渡った。川を渡る馬はびっくり仰天、脚を空中でばたつかせ、しっぽをピンと上に立て、口を大きく開け、対岸に着いた時には精力を使い果たし、へなへなと地べたに倒れ込んだ。

　この光景にロックは冷汗をかくほど驚いたが、転経者を装い、探検を続けるためには戻るわけにはいかなかった。彼は勇気を奮い立たせ、ヤクバターを塗って滑りやすくした板に吊りひもで体をくくりつけ、ロープであっという間に対岸に着いた。渡った後、恐怖は刺激に変わり、ロックは「空中を滑るのはいい感じだ、いやなのは、最初に半円形の板に革ひもで体を縛りつけることだけだ」などと言った。

　彼が撮った写真、特に家畜が渡る様子は『ナショナル・ジオグラフィック』の編集者たちの視野を広げた。編集者たちはロックの粗削りな文章が気に入らず、大幅に書き換えることが多かったため、ロックがアメリカに帰るたびに言い争いが絶えなかったが、ロックの写真は人々を大いに感動させた。

　瀾滄江畔の川べりに立つ茨中教会は中国と西洋の風格を併せ持った建築だ。規模は大きく、当時の村の半分の広さを占めていた。教会の葡萄園では、フランスと同じ種類の葡萄を栽培しており、秋には収穫された葡萄が山積みされた。教会で醸造したフランス式ワインを飲み、聞き慣れたモーツアルトやショパンのピアノ曲を聴きながら図書館の豊富な蔵書を心ゆくまで読むこともできた。ロックは中国人が桃源郷と表現するところの感覚を味わった。

　オフト神父の多大な援助により、茨中教会はロックの三江探検の基地となった。彼らはここでしばしの休憩をとり、また瀾滄江に沿って探検活動を続けた。

## 瀾滄江
### 峡谷
..........瀾滄江沿岸を行くにつれ、谷はますます狭くなった。気候はいよいよ乾燥し、崖壁はさらに険しく、山崩れはしょっちゅうあった。ロックにとってもっとも印象深かったのは、羊咱（ヤンザン）から燕子村の途中の梭石坡（スオシーポー）だった。そこは

瀾滄江

避けて通れない1.5kmほどの乾いた熱い谷で、谷底には瀾滄江が滔々と流れていた。ここでは常に岩石が転げ落ち、風が吹いたり雨が降ったりすると一大事だった。人々がここを通る時は天候に注意しなければならない。晴天で風のない時だけ通ることができる。ここを無事に通過するには早朝、風が吹く前に出発しなければならない。10時を過ぎると、谷底から風が音を立てて吹き上げ、岩石が容赦なく崩れ落ち、通る人を遠慮もなく埋葬した。ロックは行く前に『雲南通志』を調べ、この区間の道の特殊さを知っていたが、実際に書かれている通りだと確認することになった。

自然と人類の文化の美しさが折り重なるようにロックの胸はいっぱいになり、瀾滄江の神秘と奥深さに感動した。彼はこう言っている。「瀾滄江峡谷は数百年来、さまざまな民族の風情に満ちてきた。さまざまな宗教が衝突し、外の人は一瞥することしかできないが、それでも瀾滄江の霧の中にまだら模様の色彩を垣間見る」

多種多様な川、山脈、文化に魅入られたロックは、植物学という分野にとどまらず、多くの民族と社会を見て歩き、最後には優れた人類学者として成功することになった。

もし鳥になって瀾滄江から怒江まで飛んだとしたら、直線距離はたったの28kmだ。だが怒江は瀾滄江より305m低いところを流れる。ロックの解釈では、怒江は瀾滄江や金沙江よりも古い。雨期に集まった豊かな水は山と西側のイラワディ川に分かれ、さらなる水量を生み出すため、深く川を浸食した。

ロックの怒江行は驚きと不思議に満ち満ちていた。荷物を積んだ馬の1隊を茨中のベースキャンプに留め置き、簡易ベッド、食糧、厚い衣服、毛布および写真器材だけを携行することにした。付近の村から、ナシ族、ヌー族、チベット族などの運搬のための労働者を14人雇い、怒江の旅は始まった。

彼らは爽やかな朝早く出発した。狭く、切り立った岩道を這い登る。この細い道は瀾滄江から怒江への近道で、フランス人宣教師がリス族を雇い、5年の年月をかけて完成させた。この細い小道は谷に沿ってくねくね曲がりながら登り、山の裏側の頂上に達する。そこは瀾滄江畔からの切り立った崖であり、谷底では激流が瀾滄江に流れ込んでいた。高みからの遠望に、植物学者の目と写真愛好家の眼差しが交錯し、ロックは恍惚となった。ロックは書いている。

「ここまで来た者は、別世界に入ったような感じを抱く。植物相は完全に変わり、道は巨大で雑多な樹木林に入る。たとえばモミ樹は高さ25m近くもある、……これらの大木は空に巨大な天蓋を作り、秋には美しさを増した」

ロックがさらに忘れがたかったのは、人跡まれな地で、鳥たちが人を怖がらないことだった。地面に倒れた木に座ってメモを取っている時、小鳥2羽が飛んできて、1羽は手に、もう1羽は腕にとまり、見知らぬ客人をじっと見つめた。ロックは書く手を止め、見つめ返したが、胸のときめきはとまらなかった。心の奥底に、こんな疑問が浮かんだかもしれない。

「鳥よ、自然の天使よ、このへんぴな土地でしか、進んで人に近づかないのか。人は本来自然の子なのに、なぜ自然からますます遠ざかるのか。自然から遠く離れた発展は人類をどこに連れてゆくのか。自然から遠く離れた文明にはどんな価値があるというのか。それともこれは答えのない疑問なのか」

彼にははっきりとそれを言葉にすることができたわけではない。だが雲南で3本の大河流域を歩いてからというもの、長く渇望していた西洋の文明世界に戻るたびに、満ち足りた物質を享受はするのだが、心の空白は埋められなかった。子供の頃、慣れたはずの人や物にどうもなじめない。彼は西欧社会のすべてに心ここにあらずで、いつも中国西南部にまた戻ろう、雲南三江地区に戻ろう、と思っていた。

## 怒江峡谷

怒江峡谷に来て、ロックは現地の民族の状況から、現実生活の残酷さを感じた。60〜70度ほどの切り立った山の斜面が、ヌー族が暮らす斜面だ。ヌー族はそこにトウモロコシを植える。ヌー族は焼畑農業という原始的な方法で農業生産を行なう。あちらこちらで林を焼き、灰の中にトウモロコシや豆を蒔き、放っておく。秋になってトウモロコシを手で折って持ち帰ればいい。狭い土地にはまだくすぶっている木の切り株や、焼けた畑があちこちに見られた。年を経て、森林は少なからず破壊されるが、ここは広く、人が少ないため、生態系にはほとんど影響しない。

ヌー族の生活水準は低く、1日の労働で5分銀貨も稼げない、2元銀貨を持っていたら金持ちだ。木でできた小さな家に住み、家の真ん中にいろりがあり、いろりと屋根のあいだに竹の棚があり、乾燥させたい柴などを置いた。火種を

怒江が抱きかかえる
桃花島は今では
橋で繋がっている

　なくさないように1年中いろりの火は消えなかった。
　ロックはすぐに気づいた。ヌー族は穏やかで友好的な民族で、貧しいが、豪快で、酒好きで、その酒量たるや驚くほどだ。彼らの主食はトウモロコシで、酒もトウモロコシから醸造する。彼らが造る竹器や麻製品、および採集してきたオウレンだけが、外の世界と交換できるもので、塩や生産工具と取り換える。ロックはここで初めてお金にまったく意味がないことを感じた。
　「この地区の人は、茶や塩で物を交換する。現金ではない。お金には実際、価値はない。町ははるか遠いし、買えるものはないから」
　極度の貧困から、この地のヌー族は、幸せへの希望を精神世界に求めるしかない。キリスト教はこの地で根を張った。怒江沿いに白漢洛（バイハンロ）という小さな村があり、そこから北はチベット族が、南はリス族が住む。大雪によって山に閉じ込められてしまうので、白漢洛と怒江は毎年4、5ヵ月間外界から完全に切り離される。

ロックは白漢洛から下る道とクルミ林に通じる狭い谷、そしそ谷のはずれに小川があるのを見つけた。谷底まで240mほどの垂直な絶壁もあった。谷底の住民も山間部の部族のように、冬に焼畑を行なう。ロックがそこへ行った前年、山の民3人と羊の群れが山火事に遭った。崖は険しく、上に道なく下に門なしだったから、無残にもそこで焼け死んだという。

　怒江の支流にも流れの緩やかなところがあり、ヌー族の人は大木をくりぬいて作った「猪槽船」と呼ばれる丸木舟で川を渡る。川には、渡り綱が一本ある他、渡し場も使えた。渡り綱が少し怖くなっていたロックは、酒に酔ったヌー族の船乗りの案内で、丸木舟に乗って川を渡った。船も酔った船頭のように、右に左に揺れた。船頭は船べりをたたいて声を掛け合い、まず川の真ん中までは上流に向かい、それから流れに乗って進み、対岸につけた。

## 菖蒲桶（チャプトン）..........

Oの字のように曲がる怒江第一湾を過ぎ、今日、貢山県の菖蒲桶と呼ばれているところに着いた。菖蒲桶はたいへんに小さい村だった。ロックは『ナショナル・ジオグラフィック』に寄稿した文章でその荒涼たる光景を次のように描いている。

　「菖蒲桶は40戸からなる村で、屋根は大きな石片で覆われる。村は怒江の支流2本の沖積によってできた平地にある。1905年以前、立派な仏教寺院がトチの林に立っていたが、その年フランス人宣教師が多数殺された後、この寺も焼かれた。近くのチベット仏教の寺なども被害にあった。菖蒲桶の寺は廃墟のようになって残り、貧しい僧4人が世話をしてきた。石畳の狭い道をやってくる荷馬隊が静かな山村に喧騒を運ぶ」

　菖蒲桶の寺から、大理石峡谷に通じる道があった。峡谷の川底から聳え立つ壁は200〜300mの高さがあり、真っ白な大理石がぶら下がっているようである。絶壁のてっぺんでは石が危なげに揺れて落ちそうだ。崖のところどころに扇形の棕櫚（シュロ）が見られるが、岩の割れ目に生えているのだ。大理石峡谷の道は幅が手のひらほどしかなく、ワイヤーロープの上を歩くようにして、体のバランスを保つ必要がある。さもなくば手で石壁にしがみつき、足裏を壁に貼り付け、昆虫のように体を横にして進む。気を抜いたら落ちる。下では怒江が音を立てて流れ、口を開けて喜んで待っている。

**高黎貢山**..........ロック一行が怒江とイラワディ川の分水嶺、高黎貢山に向って険しい山道を登っていくと、だんだんに広葉樹林が消え、針葉樹が密集し、次に草地が眼前に広がった。渓谷は、怒江から高黎貢山の雪山の下まで延びる氷河である。岩の斜面には森林が続き、行く手を遮る。このメタセコイアの郷をロックは不思議に思った。その時までこの種の杉はカリフォルニア州、ビルマ、台湾にしかないと思っていたからだ。

　高黎貢山の峠の雪は5月から10月の間に溶ける。一行の歩みは遅くなり、馬も馬を引くチベット人もあえぎながら進む。彼らは高い丘に登り、主峰が真っ白な雪に包まれているのを見た。三日月形の氷河は白いマントに覆われている。ロックは仔細に観察し、こう描写している。

　「高黎貢山の主峰は黒みを帯びた岩石だ。石灰岩層の斑岩だろう。山の中央の関所のような所から、砦のような峰が北に延び、氷河をふさぐ。東南斜面の岩は風雨により削られ階段状にくぼんでいる。これは以前、氷河が突き当たった結果で、現在の氷河は後退している。この峰は山に続く。山の両側は峡谷で、深い峡谷に分裂する山の両側にいくつかの峰がある。東北には雪が積もる山脈、南側は怒江と瀾滄江の分水嶺だ」

　海抜3848mの高黎貢山の峠は前方の稜線上にある。稜線上の山道には急流がからみあい、まるで銀色の美しく長い髪が垂れているようだ。ロックはこのような景色が亜熱帯で見られることに驚いた。瀾滄江沿岸で見られるのとはまったく異なる世界。ロックは山の秋を心ゆくまで楽しんで、このように書かずにはいられなかった。

　「秋の景色は美しい。楓は黄金色、他は濃い赤、白樺の樹皮は鈍い銅色に光る。巨木の峰は朝の陽光に輝く。木々の葉はどれも半透明となり、薄暗い林と鮮やかな対比を見せている」

　白い雲、青い山脈の下を流れるのは独龍江だ。ロックは山頂から、深い谷に流れる独龍江を見おろした。深い緑色の水は東西2本の山脈が形成した谷底に翡翠の首飾りを埋め込んだようだ。巨大な緑色の斜面に荷馬の隊商が通う曲がりくねった道が川底まで続く。大雪が山を閉じ込める季節が間近だ。雪が山を閉じ込める前に帰らないと、彼らは半年もの間、独龍江か怒江に閉じ込められてしまう。ロックは独龍江という神秘の地に到達できなかったことを残念に

思った。望めるが触れることのかなわぬ独龍江をながめ、ロックは嘆息しながらこう言った。

「ここは植物学者にとっても、地理学者にとっても、いまだ処女地である」

怒江行はロックの見聞を広めただけでなく、植物採集においても大きな収穫をもたらした。西欧で人気のある雲南ツツジの独龍江と怒江での分布状況を詳しく明らかにした。実際、ここは雲南ツツジの天国である。この地区だけで100種あまりを採集できた。さらに数多くの商品作物の果実と観賞植物の種を採集し、欧米に送り返し、栽培した。今日、この地方で絶滅したり、絶滅に瀕している品種が、欧米の植物園で見られる。ロックの功績であることを記録に残しておかなければならない。

怒江、瀾滄江（もちろん金沙江も）は1人の西洋の学者を成功させた。彼は世界中から賞賛と尊敬を勝ち得た。同時にふるさとを遠く離れた放浪者に落ち着き先を与えた。最期の言葉としてロックはこうつぶやいている。

「玉龍雪山の花に囲まれて死にたいものだ」

# 3─8 溜索の上の人生

**溜索の川渡り**……いかに切り立った崖でも、両岸の人々の往来への要求を押し止めることはできなかった。勢いよく流れる大河も渡ろうとする両岸の人々のを止められなかった。

川を渡ると言えば、われわれは船で渡るか橋を架けるかしか思いつかない。だが、怒江と瀾滄江上流の横断山脈一帯では、川の流れは速く、谷は深く、船で渡ることはできない。ここの少数民族の先人たちは川を飛んで渡ることを考えついた。縄に頼って大河をすべり渡る、「溜索」（リウスオ）である。昔は、竹の皮をひも状にして編んだ太い縄を両岸に結びつけ、堅いクヌギ板2枚に穴をあけ、溜索に架けた。人は板に全体重をのせ、溜索の傾きを利用して川を渡った。

両河上流のヌー族、ドゥロン族、リス族、チベット族、プミ族は先祖代々、この竹縄とすべり板2枚に頼って、大河両岸を行き来した。昔は橋も渡し舟もなく、もしあっても使えないため、これが唯一の方法だった。当地のことわざに、

「溜索を渡れなければ、男でない」という言い方がある。溜索を渡ることは生きるための重要な技であると同時に、男の価値を計る尺度であった。実は男だけでなく、女性や老人、子供にとっても生きるための必須の技であった。老若男女にかかわらず、誰もが自由に渡れる。彼らは1人で渡るだけでなく、人や物を携え、さらには牛や馬などの家畜を持って渡ることさえあった。

溜索が使われ始めたのは、はるかに昔だが、誰もいつかをはっきり知らない。

かつては「竹縄橋」と呼ばれ、少なくとも唐代には中原の人々の耳に入っていた。唐代の文人、独孤及(ドゥクチ)はこれを讃美し、「笮橋賛(ズォチャオツァン)」をつくった。

> 笮橋(ズォチャオ)は空にかかり、ただ1本でつながる
> 人はそこへぶら下がり、まるで猿だ
> 川の真ん中まで鳶(とび)のように滑る
> 岸近くで跳ね上がり、魚が跳ねるよう
> 一気にすべらなければ、川に落ちる

溜索で川を渡る恐ろしげな様子と渡る人々の勇敢な姿を生き生きと描写している。

竹縄橋は古代の橋梁技術による奇観だ。古代西南シルクロードの永平の渡し場に後に架けられた霽虹橋[17]は明らかに竹縄橋の伝統の技を受け継いでいる。18本の鉄のチェーンを崖の隙間から伸ばし、川に渡して張り、両岸が結ばれる。今日よく見られる鋼鉄のケーブル橋に、この原始的な橋の影が見られるではないか。

溜索は怒江と瀾滄江の民族が創り出したのである。怒江両岸の住民が先に発明し、瀾滄江に伝わった、と言う人が多いが、十分な証拠はない。両岸の住民は古くから密接な交流があり、古くから互いに学び合い、啓発し合っていたということは言える。

当然、どの民族がいちばん早く溜索を発明したのかをはっきりさせるのは難しい。ヌー族、リス族、ドゥロン族など、大河沿いのどの民族にもこれを発明したとの話が伝わっている。リス族に伝わる話では次の通りだ。

註
17... 第4章の地図参照（170ページ）。

溜索は山の民が
大河を飛び越えるのを
助ける

　大河は両岸に住む人々を隔てていたが、若者たちの恋心まで分かつことはできなかった。若者は対歌で互いに歌を贈りあって気持ちを通わせていた。怒江東岸の若い男が、西岸の娘に恋をし、最初は川を隔てて顔を見合い、互いに歌を歌った。そのうち恋心が深まったが、滔々と流れる川を挟み、どうしても会うことができない。彼らは思い悩み、猛り狂う流れを屈服させる方法を模索した。

　ある日の夕方、川に美しい虹がかかった。若い2人はこれにヒントを得た。若者は山で竹を切ってきて、太く長い竹縄を1本編んだ。その一端を大木にしっかりと結び、長い麻縄を探してきて、片方を竹縄に結び、もう一方を矢の先に結びつけた。若者は対岸に矢を放ち、娘は麻縄を縛りつけた矢を拾って、ひと手ずつ縄を引き上げ、ついに竹縄を木に縛りつけた。これが渡し綱第1号である。

　若い「発明家」2人はついに会うことができたわけだ。それ以後、怒江両岸の住民はこの方法を受け継ぎ、大河による隔絶を打ち破った。

　ヌー族の伝説では、むかしアロン（阿茸）という、美しく賢い娘がいた。物心がついてから、両岸の行き来ができないものかと思い悩んでいた。この怒江が両岸の人たちが相集うことを遮っているが、彼女の心の扉をもふさいでいた。アロンはいつも思い悩んでいた。ところがある日クモの巣を見てひらめいた。すぐに竹を割り、その竹で長い縄を編み、若く、力がある弓の名手に頼み、強い弓

瀾滄江・怒江

で向こう岸に縄を射ってもらった。怒江に溜索ができてから、両岸の行き来は大いに便利になった。アロンは人々に、仙女の化身と誉め称えられた。

　最初の竹縄製の渡し縄はすべり板がなく、両手両足だけで、たいへんな思いをして渡った。竹縄は作りが粗く、川を渡るのは危険で、頻繁に人や物が落ちた。どれほどの犠牲者が出てからか知らないが、人々はすべり板と命綱を考えついた。命綱を臀部と腰に巻き、すべり板に引っ掛ける。両手でしっかりとすべり板を持ち、両足で支柱を蹴って慣性により勢いよく低い方にすべる。交通を阻害する天然の溝が通行路に変わったのである。

　溜索が増えるにつれ、それは平溜、陡溜、双溜の3つの型に発展した。平溜は平らに張られ、両端の高さがほぼ同じため、どちらの方向にも行き来ができるが、自動的に移動できる距離は短い。人力に頼り、手間がかかる。陡溜は傾斜がある場合で、高所から低所へすべる。瞬時に勢いがつき、飛ぶように川を渡り、手間はかからないが、危険度が増す。双溜は実際に陡溜を2本並行させ、一方は往き、もう一方を帰りとするのでとても便利だ。

　こうした原始的な渡河法はたいへん危険だった。雨に濡れ、日に晒される竹縄の渡し綱は腐って切れやすく、すべり板はさらに壊れやすかった。縄が切れたり板が割れたりして、何人が魚の腹に葬られたか、どれだけの荷物が落ちて川底に沈んだか。凄惨な悲劇が絶えることはなかったが、各民族の人々が溜索を使う姿が消えることもなかった。これこそ生きる中で鍛えられた勇敢さであり、人々の生活ぶりである。かつての雲南・貴州総督、蔣陳錫が渡し綱のあまりの怖さに病気になり命を落とした事件は、このあたりで物笑いの種になった。

　渡し綱の安全性を高めるために、どの渡し場でも早ければ2、3ヵ月、遅くとも1年で溜索を取り替える。ロックの三江行から20数年が過ぎた1940年代には、1本を替えるのに3ドルかかった。当地の人々の平均収入は1日15セントだったから、付け替え費用は村民の共同出費だった。だがそう簡単な作業ではなく、一種の祭りとも言えた。付近の村民は皆が参加しなければならず、歌や踊りがあった。祈禱師が祈ったあと、両岸の力持ちが選ばれ、釣り糸の一端の石を結びつけ、それぞれ対岸に向かって投げる。川の真ん中で石が絡み合いあったら、ゆっくりと引っぱる。それから釣り糸を太い麻縄に取り替える。こ

雲南省高黎貢山

> 瀾滄江の溜筒江は険しく、かつて雲貴総督がロープでの川渡りに腰を抜かして病気になった場所だが、今では橋がかかっている

のとき溜索の端を一方の岸の大木または杭に固定し、反対側の端を麻縄に結び、対岸に引っ張り、木か杭に固定する。木の棒を使ってきつく結ぶのである。

歳月が流れ、20世紀の後半には川渡りの方法が変わった。溜索から、小さな川を渡る葛橋や小さな渡し船を使うようになり、籐で編んだはしごで切り立った崖をよじ登っていたのが、瀾滄江と怒江上流に鉄ケーブル橋、鉄筋コンクリート橋、車道橋、吊り橋などが現れたのである。

橋は人口が集中する県や、郷政府のある地域の近くにあり、それ以外のところでは依然として溜索で川を渡らざるをえない。竹縄製のものは消え、鋼鉄製ロープになり、またすべり板がボールベアリングの鋼鉄製の掛けカギになった。政府の交通部門のすばらしい仕事である。橋を架けるほどの資金がない中、金をかけず、民族の伝統的手法に改良を加え、半分の労力で倍の効果を上げた。

鋼鉄製の渡し綱は実にすばらしい。2001年4月、怒江畔の福貢県匹河郷付近

瀾滄江・怒江

で、わたし自身、驚くべき体験をした。それまではいつも現地の人に抱えられて渡っていた。この時は川の西側からわざわざわたしを迎えに来てくれた村の幹部に、1人で渡ってみたいと頼み込んだ。わたしの決心が堅いと見て、彼は同意した。わたしは上を向いて吊り下がり、ちゃんと縄が腰と尻に渡っているか確かめ、「出発」の掛け声をかけて手を離すと、矢のように対岸に飛んでいった。本当に「飛んでいる」感覚だった。耳のあたりで風がひゅーと響き、目の前に白い雲が湧く。魔法を使って空中を飛び、空と一体になったようで、地面からはるかに離れている。遊園地でバンジージャンプを体験した人などには語る必要はないだろうが。

　わたしが1人で渡ったと知った郷長は親指を立てて盛んに誉め、町の人でないみたいだ、と言った。わたしは心の中で、町の人が皆臆病というわけではないのだ、とつぶやいた。郷長は続けて、江東の人は誰も溜索を渡れない、江東は町の中心で、江西に行く必要がないからだ、と言った。彼のような役人が川を渡らなければならない場合は7、8kg遠回りしてでも、橋を使って安全に渡りたいと願う、と言う。彼はもちろん大人だが、1度も溜索を使ったことがないという。話を聞くうちにわたしはいまさらながら怖くなった。

　以後、河畔に立ち、溜索を乗り降りするたくましい人々の姿を見る度に、いつも彼らを敬う気持ちになる。特に毎日カバンをしょってやってくる小学生や、ブタ、羊などの家畜を持って市に行く女性、自分の体重の何倍もの重さの物を背負う男などを見るとそう感じる。大河のように頑強な生命力に、震え上がっているわたしには、河畔の人々を軽く見ることなどできはしない。滔々と流れる大河に侵食されながら育った、生きるか死ぬかの力に比べると、もしわたしにすばらしい技があったとしても、得意になれるようなしろものではない。いわんや特に何もないとしたら、些細な技など口に出せないというものだ。

　彼らにとって、溜索は生命の一部なのだ。以前、小学生がカバンの中を見せてくれたが、教科書2冊、ノート1冊、筆箱の他に鋼鉄製のあの掛けカギがあり、教科書やノートの何倍もの重さがあった。この子は対岸の学校の5年生。既に13歳だったが、見たところ町の8、9歳ぐらいの感じで、背も低かった。彼には2年生の弟がいて、彼のカバンにも掛けカギが入っていた。彼は弟を連れて毎朝暗いうちに家を出て、山道を1時間歩き、川まで来る。かすかな日の光をたよ

りに、溜索で江東に渡り、また1時間近く歩いて学校に行く。夕方も同じように山中の家に戻る。家に着く時には空は真っ暗だ。このように1年また1年、来る日も来る日も。これから先どのくらい通うのかも分からない、という。兄はあと1、2年は通いたいと願っていた。小学校を卒業後は、家で両親と働くそうだ。弟に勉強をさせられたらいい。家はたいへん貧しい、という。

　痩せて小さいが物分かりがよい2人は剛毅さが顔に現れており、すばやく川を渡る。夜明けの太陽が、2人をうっすらとばら色に染め、川面と溶け合うのを見ていると、心穏やかではいられない。彼らがどんな道を歩もうと、どこに行こうと、川と溜索は彼らといっしょである。彼らは生まれた時から川と溜索に結びつけられ、溜索が彼らの性格を作ったのだ。

## 3—9　山と谷の誤解

**壩子の瘴気**..........川があれば谷が、川と谷があれば、山がある。山は大河を生み、大河は谷を鍛え打つ。川、谷、山は創造主の腹から生まれたシャム双生児だ。ともに大きくなり、分かちがたい。彼らを分ける手術など誰もできず、永遠に一体だ。

　過去の歳月をこの「シャム双生児」の中で生きてきた人々は、それにもかかわらず、たやすくは入り混じらない。山は山、谷は谷、水は水だ。土官以外、山に住む者は谷のことを問わず、谷に住む者は山の風の強さを気にしなくてよい。

　これは住民の心が狭く、互いに壁を持っているからではなく、笑い話のような誤解から来ているからである。

　誤解とは恐れによるもので、恐怖をもたらすものは瘴気である。瘴気とは何だろうか。説明するのはなかなか難しい。いずれにせよ、俗説は様々だ。瘴気とはマラリアのことで、このあたりでは「おこり」といい、当時はかなりの人が罹ったと言う人もいる。また、瘴気は熱帯湿地病の総称で、この地域では病に罹った人はみな瘴気の致すところと言う人もいる。さらに熱帯雨林にいる毒のある昆虫が、旋風のように空中を移動し、襲われた者は運が悪いのだと言う人もいる。瘴気は瘴気であり、動植物が死んだ後、太陽に晒され、雨に濡れて腐乱

切り立った
怒江上流の峡谷では
わずかな土地が
貴重であり、町となる

第3章 …… 併流 する 三姉妹

した後に発する毒気のことで、うっそうとした山林に立ち上り、湿地に立ちこめるものだと言う人もいる。瘴気は怪奇な動物が吐き出す毒気で、それが病をもたらし、死に至らしめると言う人もいる。中華民国時代、賀宗章（ヘゾンジャン）という湖南の人が『幻景談』という書物を著し、その中で大河近辺に見られる瘴気について書いている。

「瘴気は春夏秋のどの季節でも起こる。深い谷から出て、遠目にはひと筋の煙のように見える。勢いよく立ち昇り、すぐに散っていく。もち米のようなよい香りがしたら、それは病だ。斑茅瘴、稲花瘴という名のもある。深い山や沢で、まだ開拓されていないところには有毒の虫、蛇が隠れ、年月を経て水や土が腐り、熱と湿気で蒸される。それが積もって瘴気となる。触っても病となり、簡単には直らない」

怒江周辺の老人たちは今も、瘴気は動植物から来る毒気の一種と考えている。芒寛郷燙習村に暮らすイ族の75歳の老人、欧林生（オウリンシェン）さんは、彼が見たことのある瘴気について、瘴気には3種あると指を折って数えながら語ってくれた。まず黄蟮（田鰻）の瘴気、それは人が吐くタバコの煙のように、1本ずつ分かれ、3m以上あり、それに刺された人は「黄蟮擺」あるいは「草擺」という病にかかる。2つ目はがまの瘴気で、たまった水が腐った時に発する。かすかな煙はビニール袋を燃やしたような臭いだ。毒は強く、その煙にかかった者はだれもがマラリアになる。がまの煙は田鰻のものよりずっと強い。3つ目は色とりどりの瘴気である。赤や緑、30m以上の高さになり、風向きが悪くなると、人に向かって流れる。

欧さんはかつて山中に住み、山を下ることはほとんどなかった。壩子（はし）の瘴気がもっともひどいという。5月から8月の4ヵ月間、瘴気が起こりやすく、山の上の人は誰も壩子に足を踏み入れない。潞江沿いの壩子にはタイ族のみが住み、タイ族は住み慣れているため瘴気を恐れない。マラリアという鬼は新参者をいじめるのだ。彼は山の上でもマラリアに罹ったことがある。まず寒くなり、それから熱くなる。全身から力が抜け、病床に倒れこむ。1日に2度、発作に襲われることもある。かつてはマラリアに罹ると、薬草を掘り、巫女に祈禱してもらっていたが、解放後[18]はキニーネを飲んで、回復した。薬草が効いたのか巫女の踊りの効果かは分からない。芦を嚙

註
18…1949年の共産党政権の成立以降を指す。

明代の彫楼が
今も瀾滄江上流の
峡谷地帯に立っている

　むと消毒され、予防になると言われており、60〜70歳以上の老人はみな芦を噛むのである。

　山間部の人は壩子には瘴気が多いと言って、気軽に山を下りない。やむをえず行かなければならない時も日帰りにし、壩子で夜を過ごさないようにする。万一夜を過ごさなければならない場合も、横にはならない。一度横になると永遠に起き上がれないかもしれないと思っているからだ。壩子の人は山には瘴気が満ちていると言い、山を登ることはさらに少ない。どちらにせよ盆地は山の上に比べて、豊かで便利だ。衣食がそこで事足りるので、盆地の人は一生をそこだけで過ごす人が多い。

　このあたりには壩子と山の住人の隔たった感情を示す笑い話がある。山の人は寒くてがたがた震える時、いろりで暖をとりながら考える。太陽から近いのにこんなに寒い、太陽から遠い壩子の人たちの寒さはどんなものだろうか。逆に壩子の人たちは暑くてたまらない時、扇子を揺らしながら思う。太陽からこんなに遠いのにこんなに暑い、山では暑くて死んでしまうだろう、と。

　山の上と下それぞれに世界がある。恐れがその間に壁を設ける。壁は人と人とを引き離す。その距離は主に心理的なものから来る。きわめて近くても1000里離れているかのようであり、天の果てであっても隣りにいるかのようにもなる。

太古の時代、山と水には力があったという。山は水路を塞ぎ、水は山麓を引っ張り、どちらも動かない。みな非常に困った。争いが長引き、勝敗もつけがたく、双方が精力を使い果たしてやっと迷いから覚めた。皆が前に進むのなら、どうしていっしょに行かないのか。そこで山と水は仲直りをし、共に南へ向かった。山は山脈になり、水は川になり、2つの山は川に挟まれ、山を抱え、互いに離れなかった。
　山と川の道理を理解するのに、人は長い時間を要した。
　この40年近く、山の人は川、谷に接近し始めている。自発的でもあり、政府の指導の結果でもある。政府はスレート瓦などの建材を提供し、山を下りてきた人がそれをただでもらえた。先祖代々の山の住民たちは、山に頼って生きてきた。それは採集、狩猟、焼畑農業などに適した生存方法であった。その頃は人口が少なく、山の植生も良好で、野生動物が闊歩し、人々を養うのはたやすかった。今日ではこのような考えは通用しない。人口は膨らみ、山林は激減し、希少種は絶滅に瀕し、土砂は流失する。切り立った崖の上の毛布ほどの広さしかないやせた土地に、「溜索」を使って耕耘に行く。「耕耘」という美しい響きの裏には、1000年不変の農耕方式がある。木を伐採し、畑を焼き、鍬を下ろし、種を蒔き、天の恵みを待つ。この天の恵みは気前がいいはずがない。今日も上流の多くの場所で、山の住民は種播きに使う棒を捨てられないでいる。
　谷に下るのは、政府の希望だが、多くの山の住民の望みでもある。怒江峡谷で、川の両岸にスレート屋根の農家が散らばっていたり、集まっていたりするのが目に入ったら、半分以上の家は山から下りてきた人といってよいだろう。
　山を下りたくない人もいよう。山間部に先祖代々住み慣れた人が、瘴気への恐れを今も完全に消し去れないのは言うまでもない。潞江にミャオ族の村があり、山を下りたがらないのが、政府の悩みの種だ。町は高黎貢山の自然生態保護のために彼らに山を下りるよう、スレート瓦を用意して何度も勧めたが、下りなかった。最近になって彼らがやっと移ってきたので、壩子の住民は手助けをした。河畔のタイ族は自分たちが耕し慣れた土地を、秋蒔き時に新しい民たちに使わせるのだ。
　同じ畑をタイ族の人たちが春種を蒔き、ミャオ族が秋蒔く。それぞれ得るところがあり、これこそは山と谷とが再び手を握り合った証だろう。

チャムドの
チベット族

人はしばしば怒江峡谷と、
世界中の誰もがその険しさを知るアメリカのコロラド大峡谷を比べる。
雲南の怒江リス族自治区に行けば、
まともなサッカー場はほとんどなく、州府の六庫でさえ見られない。
別にそれは人々が運動嫌いなわけではなく、
サッカー場にするような平らな土地が見つからないからだ。

## 第4章 谷から出よう、天地は広い

蹴った人がうっかりすれば、ボールは山を転がり落ちて、
それを拾いに行くために食糧を背負って下山しなければならない、
というのは、よく聞く話だ。
瀾滄江峡谷の険しさにも舌を巻く。
溜筒江一帯では川面の渇水位は海抜2000m前後で、
梅里雪山の頂と谷底の高低差はなんと4500mにもなる。
山に登らず、ただ河岸の公道に立ち
瀾滄江の水を見るだけで眩暈がするだろう。
瀾滄江、怒江の谷底で空を見上げると、
空は狭い線でしかない。
谷底を出る頃には突然開けた空があなたを驚かせ、感嘆させ、
さまざまな思いがかけめぐるだろう。

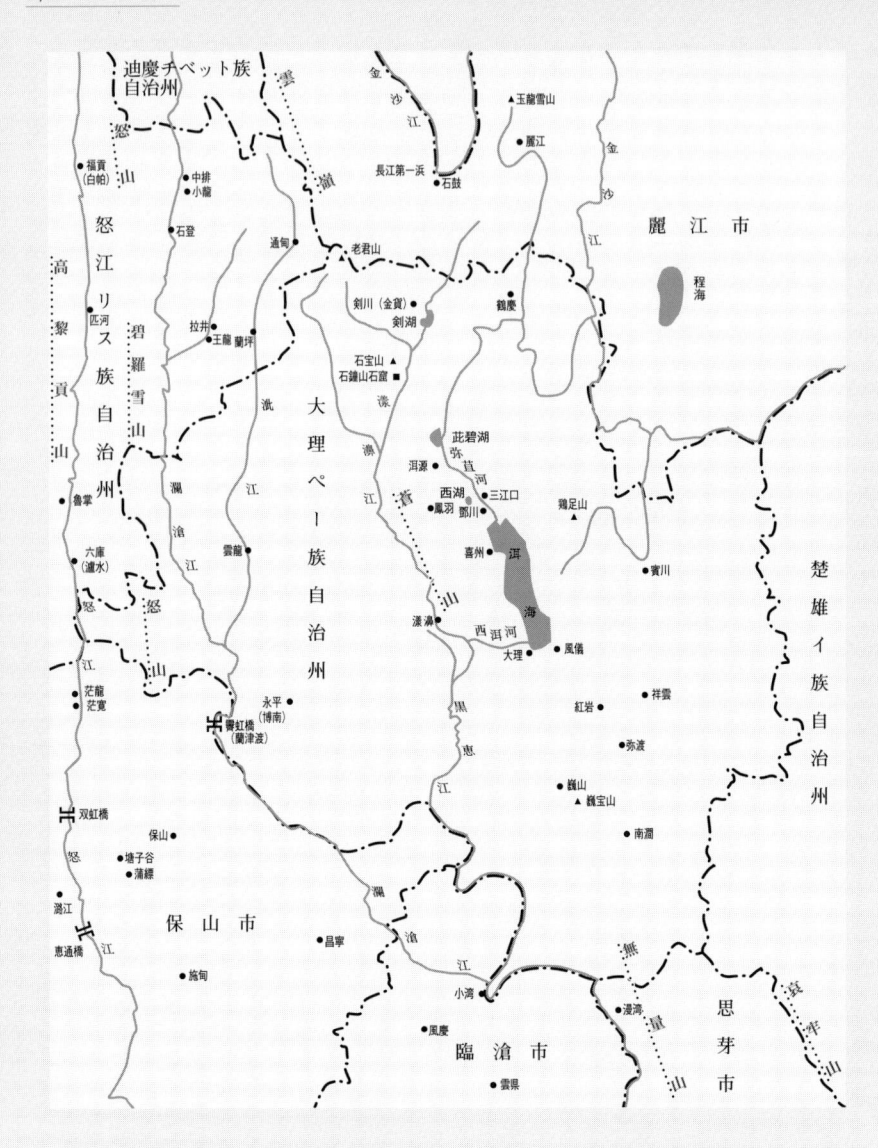

4——1 怒江第一浜での痛み

迪慶チベット族自治州

麗江市

怒江リス族自治州

高黎貢山

碧羅雪山

大理ペー族自治州

楚雄イ族自治州

保山市

臨滄市

思芽市

福貢（白帕）
中排
小籠
石登
雲嶺
金沙江
玉龍雪山
麗江
長江第一浜
石鼓
程海
拉井
王龍
蘭坪
通甸
老君山
剣川（金貨）
剣湖
鶴慶
石宝山
石鏡山石窟
漾濞江
茈碧湖
弥
洱源
苴河
三江口
西湖
鄧川
鶏足山
魯寧
瀾滄江
怒江
雲龍
喜州
洱海
賓川
六庫（瀘水）
濞鼻
西洱河
大理
鳳儀
怒江
紅岩
祥雲
芒龍
芒寛
永平（博南）
霽虹橋（蘭津渡）
弥渡
黒恵江
巍山
巍宝山
双虹橋
保山
塘子谷
蒲縹
南澗
怒江
瀾江
恵通橋
昌寧
瀾滄江
施甸
小湾
鳳慶
渡潤
無量山
哀牢山
雲県

---------- 省境
.......... 山 山脈

第4章……谷から出よう、天地は広い

# 4-1 怒江第一浜での痛み

**タイ族伝説の砂浜**..........保山(パオシャン)市隆陽区芒寛(マンカン)郷拉爺(ラルン)村の前の川原には砂浜がある。怒江の源流以来、河畔でもっとも広く平らな砂浜で、その白い宝石のような美しさには心が震える。砂浜は150畝[1]余り、幅は怒江の4、5倍ある。秋冬には透き通った怒江の水が翡翠のように砂浜を飾り、春夏には黄色く濁った水が琥珀のように周囲を縁取る。怒江はここまで来ると穏やかになり、川面は広々として、まるで巨大な化粧鏡に向き合っているようだ。岩がちの山には画家が好みそうな凹凸があり灌木や草などが点々と彩っている。山頂は乳白色の雲霧をまとい、大きな山々も青空とともにすべて鏡に映し出される。もし誰か川に石を投げ、この鏡の中の美しい景色を乱す者がいれば、あなたはきっとこの人をうらめしく思うだろう。

同行した友人にふと、この砂浜の名前を尋ねてみた。彼はくねくねと起伏した西岸を指し、山頂の巨大な石がまるで走る兎のようであるため、ここには伝説があり、人は「望兎峡浜」と呼ぶ、と教えてくれた。これが「望兎峡浜」なのか。わたしはこれを「怒江第一浜」と呼ぼうと思う。このほうが、より名が実を表してはいないだろうか。皆は賛成して、口々にそれは良いと言ってくれた。

川と砂浜は美しい流線型に湾曲している。河原の両端は石だらけだ。大きいものは牛か馬のようで、小さいものは鶏の卵のようだ。大小の石が水に磨かれ丸々すべすべときれいに洗われ、細かく均等な砂浜と鮮やかな対比をつくっている。河原のきわは連綿と続くキワタノキの林である。

春が来ると、キワタノキは一斉に開花する。その赤はまるで炎のようで、川の水に砂浜が真っ赤に映る。朝日がゆっくりと天の帳(とばり)を開く度、ぼんやりと川にかかった朝靄は次第に薄れ、多くの木々が一斉に火柱をあげたかのようだ。青空の下、その感動的な光景に目を奪われる。さらに両岸の高黎貢山と碧羅雪山の白雪に引き立てられ、山の木々、雲、霞すべてが神秘的に輝いている。タイ族の伝説では、キワタノキは命の代償を惜しまず封建的な婚姻制度に反対し、愛に殉じたタイ族青年の鮮血が赤く染めたものだと言われている。毎年、春節の後すぐにタイ族の男女が集まり、この自由な愛

註
[1] 約10ha。

怒江

怒江第一浜

と結婚に身を献げた若者を懐かしむ。

　現地の人はまた別の伝説を持っている。かつて、芒寛の山には強い兵と馬を持つ軍隊が駐留していた。人々は指導者の山大王を「老緬王」と呼び、軍の駐留する山の頂を「老緬城」と呼んだ。軍の飲料水は怒江の水で、兵士らは4、5里の長い隊列をつくって山頂へ水を運んだ。水も労働力も豊富にあったため、飲用のみならず、馬を洗ったり、道端の「老緬花」を灌漑するのにも使われた。老緬花の木は数も多くまた大きく、織り布の染料に適した材料であった。人々は老緬花を用いて布を織り、それを軍と人々が使った。

　諸葛孔明が南下した時、老緬王は諸葛亮など恐れるに足らずと豪語した。これを聞いた諸葛孔明は人を遣って老緬城の外に矢を打たせた。この矢は長さ10尺余り、矢羽はちりとりのように大きく、矢柄は棒のように太く、矢頭はサイ

の頭ほど大きかった。老緬王は家臣に矢を抜かせようとしたが、抜くことができず、ひどく驚いた。さらに王が恐れたのは空飛ぶ神馬であった。それは諸葛孔明が木で巨大な木馬をつくり、崖から吊るして上下に揺らしたもので、遠目にはあたかも飛ぶ馬のように見えたものだった。老緬王は思った。自分は神の矢も神馬も持たないのに諸葛孔明にかなうわけがない。そこで彼は軍を率いてこっそりと退散し、遠く潞江壩(ルジャンバ)まで去っていった。

老緬王が行ってしまうと老緬花に水をやる人もいなくなった。川沿いに立つ多くの老緬花はそっと落涙するだけだった。四方に散った花びらは、まるで老緬花の傷心の涙のようであったという。これらの老緬花の花びらは短く、小さく、もはや以前のような布の染料になる老緬花ではなく、人々はこれをキワタノキと呼ぶようになった。

芒寛郷の寶(ドゥ)さんはわれわれに付き添って砂浜を歩きながら、郷ではキワタノキの節句の準備がされていると言う。そして外からやってくる人にこの美しいキワタノキと砂浜を知らせるだけでなく、名木古樹の保護意識を喚起することが重要だ、と語ってくれた。実はこのキワタノキのことに地元の郷政府は頭を悩ませていた。この20年間で付近のキワタノキは激減した。かつて樹木の数は現在よりはるかに多く、森も密だった。樹木の生えている場所が土地請負[2]になった後、キワタノキが多すぎて、陽光が遮られるのを嫌った一部の人々により伐採の嵐が吹き荒れた。ただ、最悪のことにならないうちに郷政府に発見され、止められたのは不幸中の幸いであった。しかし常に狡猾な人がいるもので、こっそりと自分の田んぼ近くの木を傷つけたり、幹に注射をして木を殺したり、あれこれと理由をつけて木を切り倒したりする人もいた。郷が最近出した名木古樹風景林の保護強化のための文書には、厳格な管理と処罰の措置が定められている。しかしこれは畢竟、他律的な方法にすぎず、本当に環境を保護するならば、やはり人々の意識を高める必要がある。そのためにできるだけ芒寛を宣伝し、人々が自ら学べるような文化的雰囲気を作り出す必要があるのだ。

わたしは郷の方針に感心し、寶さんに尋ねた。「これを『英雄花

註
2……1970年代末からの農村改革により、土地その他の自然資源が集団所有から個人の使用権が認められるようになったことを指す。

節』と呼んだらどうだろうか？」彼女の目がキラリと光った。彼女は当然、キワタノキには英雄花という別名があることを知っていた。この物語と関係があるかは定かでないが、しかし多少の一致はあった。世間の人々は常に勝敗によって英雄を語る。多くを殺し、命を惜しまず、川のように血を流させ権力を握った者が、しばしば英雄などと呼ばれるが、時勢を知り、あえて撤退を決断し、流血を避けるのが、どうして英雄でないのだろうか？ 無情とは、必ずしも豪傑ではない。慈悲があるのが、どうして男らしくないだろうか。

怒江の水流が穏やかな場所では、浜と同じくらい静まっている

実は砂浜の巨石にも「英雄」伝説が眠っている。村人が物語の主人公を英雄と考えなくても、わたしはやはり彼が本物の英雄だと思う。物語の最初、主人公の身分は天秤棒をかつぐタイ族の行商人にすぎない。ある日、彼は怒江畔で偶然、白衣の青年と黒衣の青年に出会う。2人の青年は怒江から水を引いて、永昌(ヨンチャン)(現在の保山)壩を沈め、宮殿を立て、水族を発展させる計画をしていた。行商人は、この2人は白龍と黒龍で、もし彼らの陰謀が実現すれば永昌の人々は災いを被る、と気がついた。彼は絶対にこの陰謀を阻止しようと決心する。そこで彼は行商しながら、龍王が水を堰き止め引水しようとしている場所を探した。川沿いを歩き、たいへんな苦労をして川沿いを調べ、ついに拉侖村(ラルン)下流の対岸の岩の下に洞窟を見つけた。川の水はそこから永昌壩へと流れ込んでい

た。行商人は、龍王がこの穴を広げ引水しようとしていると断定した。そこで彼は河畔で毎日、土を掘り、穴を埋めようとした。しかし流れは急なため、積んだ土はほとんど水に流されてしまった。あまり効果はなかった。だが彼はくじけず、毎日土を掘り続けた。

　ある夜、行商人は河畔で顔を洗っている時、龍王が今まさに放水して永昌の街を沈めようとしているのに気がついた。手にしていたたらいを取り落とすと、彼は永昌に向かって必死に走り、このことを伝えようとした。しかし悔しいかな、それは遅すぎた。彼が浪壩[3]にたどりついた時、川の水は既に流れついていた。彼は自分の命を顧みず、穴に伏せ、その身体で流水を堰き止めた。龍王の陰謀は打ち砕かれ、永昌壩は守られた。タイ族の行商人は2度と立ち上がることはなく、永遠に浪壩に横たわっていた。しかし臥仏となった彼を人々は崇めた。その後、人々は彼のために臥仏寺を建てた。

　彼が当時、土を掘ったという大穴と、取り落とした木のたらいは、今も芒寛の怒江畔にあり、石になっている。毎年、正月初めの8日、現地の人は「行商人のたらい」に参って、香を焚き、紙を焼き、この勇敢なタイ族の青年を祭る。

　われわれに同行した保山市委員会宣伝部の毛さんは、砂浜に来るとすぐに石場でこの「行商人のたらい」の石を探してくれ

註
3......この辺りの地名。

> 保山の臥仏寺に
> 奉納されている臥仏像

た。しかしなかなか見つからず、芒龍村の老人に教えてもらった。老人は嬉しそうにわれわれの通った白い砂浜に連れてくると、たらいほどの大きな石の前で「これがそうだ」と教えてくれた。そして、かがみこんで「たらい」の中の白砂を観察しはじめた。わたしたちがあれこれ質問しても、老人はまったく答えない。老人の顔色が変わった。しばらくして彼はやっと少し落ち着きを取り戻したように頭を上げると、独り言のように、「なんと、今年はどうしたことだ！」と言った。横で聞いていたわれわれは、煙にまかれたように顔を見合わせ、ただ黙っているだけだ。

やがて老人は気を取り直し、ようやくこう教えてくれた。村人は毎年、「たらい」の中の白砂の堆積の具合を見て、来年の収穫を予測する。もし砂が小山の

ように堆積していれば、今年の収穫は良い。もし平らであれば、今年の収穫もまた普通。もし中の砂が凹んでいれば、今年の収穫は悪いということだった。われわれはしゃがんで見てみた。「たらい」の砂は確かに少なく、また少し凹んでいた。わたしのように民族文化を研究している者は何でも軽々しく「迷信」だと笑ってはならない。われわれはたとえこの老人の文化の中に入ることはできなくとも、これが現地の人々の生き方なのだと理解することはできる。

老人を慰めるため、わたしは周囲の真っ白な砂浜を指して言った。「ここには砂がたくさんあるじゃないですか？　たくさんあるし、本当に美しい！」

老人は顔をこわばらせたまま、さらに厳しくこう言った。「このたくさんの砂が、何の役に立つのだ？　多くなればなるほど土砂流失の深刻さを示しているだけではないか！　5年前、ここは一面、緑つややかな灌木林だったのだ」

老人のこの言葉はわたしを深く突き刺した。まるで、自分がもっとも大切にしている珍しい宝物を、誰かに偽物だと教えられたようだった。わたしはまったく自分の耳が信じられなかった。現地の人にも尋ねてみたが、やはりそれは事実であった。この砂浜ができたのは1996年の盛夏のことで、その年、川の水が引いた後には灌木林が消え、ただ真っ白な砂浜が広がっていた。その後、年を追う毎に砂浜は拡大し、現在のようになった。原因はきわめて単純で、疑いもなく上流での過剰伐採が大量の土砂流失を生み、激しい川の流れが土砂をここへ運び、流れがゆるくなるこの湾に砂が堆積したのだった。黄色い川の水は、依然、泥土を下流へと押し流している。

夕日が西に傾き、遠くにある兎型の巨石の峰が黄金に照らされ、藍色がしだいに深みを増していた。手前の川の水もまた金箔をまいたようであった。川は休まず流れ、金箔もゆらめき、河畔の広々とした砂浜は薄いバラ色に染まっていた。砂浜を前にわたしはこの美しさを認めざるをえなかった。しかし先程ここを「怒江第一浜」と名づけた時の得意な気持ちと興奮はもはや消え、わたし

の心は複雑な思いで満たされていた。この美しい景色は大自然が人類に送ったトロイの木馬、あるいは人類が自然の規則に違反したため加えられた懲罰の後の小さな慰めなのだろうか。いや、やはり慰めではなく、これは人類への警告だと考えるのが適切だろう。

## 4-2 川風が書の香りを運ぶ

**瀾滄江畔の教育**……… 中原の中心地帯から遠く離れた山野が、野蛮な荒地だったと思うなかれ。早くから中原文明を羨望していた瀾滄江流域には、書の香りが漂い、河畔には儒家の足跡が残り、川風には書を読む声が朗々と響いていた。

瀾滄江流域の教育史は西暦初期の漢代にまで遡る。残念なことに初期の教育風景は川風に吹かれ、長い歳月のうちにもはや詳細は明らかでない。ただ元や明以後になると、考察に値する資料が一部残されている。『万歴雲南通史』には、「府学は府治の南にあり、元22年（1285年）参政の都 天挺（トテエンティン）が建てた」とある。つまり黒恵江畔のやや辺鄙に思える剣川（チェンチュアン）では、意外にも「都市、農村の各地に塾が開かれ、教師が招かれ、朗読の声が絶えない。文化は栄え、科挙の合格者は増え続け、迤西[4]諸郡の傑出した人材が多く輩出された」のだ。

元代から清末の科挙廃止までの600年余りの間に、多くの朝廷交代があった。瀾滄江の中流一帯では科挙教育が受け継がれ、学制は中原とほぼ同じで、川の流れのように後の波が前の波を前へ、前へと押し流し、続いていた。

**官の教育**……… 科挙教育の旧学には官と民によるもの2つの系統があった。官の教育は主に府、州、県に儒学が分設された。儒学の多くは孔廟[5]内に置かれ、古くは「廟学」「学宮」と呼ばれた。州、県の下にはさらに社学が設けられた。社学は現在の郷鎮[6]に当たり、民間の優秀な子弟が教育のため招かれ、州や県の儒学の不足を補った。官の教育は府、州、県の官員による直接の指導のほか、府には「教授」、州には「学正」、県には「教諭」が配置され、専門的に訓教事務にあたった。彼らは上

註
4……雲南省の辺りの地域を指す。
5……孔子を祭った寺。
6……現在の州や県の下の行政単位。

級委員会が派遣した俸禄をもらう学官で、さらに副職助手が配置され、「訓導」と呼ばれた。

当時、学を求めた子弟は、基本的に内地の呼称に従い、府の院試に合格する前は「童生(トンシェン)」と呼ばれた。童生が県の試験を経て府の試験を受け合格すると、府の院試を受け、院試に合格すると「生員(シェンユアン)」または「秀才(シウツァイ)」と呼ばれた。「生員」には廩膳生(リンシャン)、増広生(ツァングァン)、附生の区別があった。廩膳生は食事を支給される生員で、品行、学力ともに優秀で、定員制限があった。欠員すると増広生が補った。儒学の学宮[7]が招いた学生は「肄業士子(イイェスズ)[8]」と呼ばれ、学校に住む肄業士子は「舎内生」、住まない者は「舎外生」と呼ばれた。全員、既に秀才を取った生員と優秀な童生から採用され、一般に3年、または2年に1度、採用された。府、州、県はそれぞれ数人を採用し、特に廩増生が一定数を占め、また優秀な童生もいくらかいて、すべてに定員があった。

儒学の教育内容は、完全に儒家の経典と、試験に必要な詩文の暗記だった。学習方法は学官が講義を行ない、学生は与えられた書物を読み、毎月学官が試験を出し、うまく文章が作れたものには賞金が与えられた。この賞金は「膏火(カオフオ)」と呼ばれた。講義と誤読は官が責任を負ったほか、地方官も時々、学宮へ来て、講義と誤読を行なった。学宮の膏火など一切の支出は、地方財政によってまかなわれた。

官学の儒学の容量に限りがあったため、それは衙署(ヤシュ)[9]と同じく、ひたすら学生に次第に狭くなる科挙の道を歩ませるものであった。結果的に形式主義に流れることが多く、最終的にはやはり民間の教育システムが主流となった。

## 民の教育

民間の教育システムには「私塾」、「家塾」、「義学」、「書院」の種類があった。「私塾」は、学のある先生が塾を開いて生徒に教えるものや、郷や隣近所で教師を招き教えるもので、学生は一切を自分で用意し、学費を出すことで教師への謝礼とした。この方式はもっとも普及し、教育に大きな役割を果たした。「家塾」は、裕福な家庭が教師を招き子弟を教育したもので、数は多くなかった。「義学」は、郷紳[10]や地方官が資金を寄付して教育事業を興したり、土地や建物を提供したり、他の社会団体が公共財産の利息を貸すことで学校経営

註
7......中国の昔の最高学府。学校。
8......履修生のこと。
9......役所。
10......郷里に住んでいる退職官僚や科挙試験の合格者。

瀾滄江下流に位置する
瀾滄県の山里の子供たち

したものを指す。学生は学費を免除され、平民の子弟の教育問題も解決された。義学は一定の規模があったが、私塾ほどは普及しなかった。私塾、家塾、義学は科挙教育の時代全般を通じて存在し、学校教育の基礎であった。学生は基本的な知識を得て秀才に入学した後、皆こうした民間教育に頼った。

## 書院の教育

「書院」の教育方法も官の学宮と似ていたが、創始者や資金源が違っていた。書院の学生は欽定の定員制限を受けず、書院の経済実力と規模から決められたため、やはり民間または半官半民の性質を持っていた。中国古代の書院は唐代に始まり、人々が学生を集め講義をした場所が書院と呼ばれた。宋代になると書院はさらに興隆し、応天、石鼓、岳麓、白鹿洞が歴史的に傑出した宋代の4大書院だった。元、明両代には、書院はほぼ全国にくまなく設置された。西南地域では瀾滄江中流は先進的であり、各種の書院がまるで花のように河畔の山野を彩った。

註
11…中央・地方で官吏を監察した役人の官名。

明の弘治12年（1499年）、御使[11]、謝朝宣（シェチャオシェン）は大理の西の和村蒼山嗣に書院を建て、瀾滄江畔には正式に早期の一定規模を持つ書院ができた。その後、歴代の学官は拡充され続け、道徳や経書の教育が盛んに行なわれた。続いて洱海畔の桂香、崇敬、桂林、玉龍、敷文、波羅、西道、中和、瀾江、西云などで書院が次々と開かれた。

　書院の多くは流官[12]、郷紳など地方の熱心な教育者が創設したもので、資産を寄付し、校舎を建て、田を置いたので、人々からは大いに歓迎された。清末の名将、広東陸路提督の楊玉科（ヤンユカ）が功なり名をあげた時、瀾滄江の上流と中流に書院を建てた。だが2つの書院の設立動機はまったく違っていた。

　清同治12年（1873年）、楊玉科は、杜文秀（トウェンシウ）を首魁とするウイグル教徒の武装蜂起を鎮圧した手柄により、清朝から二等男爵に封ぜられた。彼は手柄を頼みに辺地ではばかることはないとばかり大理に屋敷を建て始め、街の中心を選んで勝手に多くの役所、民家、さらに杜文秀の屋敷までも打ちこわし、三進四合院[13]の大邸宅を建てた。母屋とはなれにそれぞれ5つの大きな部屋や、朱色の柱、反り返った屋根などがあり、2つのはなれの外には花壇、さまざまな建物、山や池、花や魚がある贅の限りを尽くしたもので、まるで王府であった。

　これに対して楊玉科は僭越だという声が起こり、不測の事態が起きるのを恐れた彼は、朱柱をすべて黒漆で塗るよう命じ、その後すべての家屋を寄付して書院とした。楊玉科の字（あざな）が楊雲階で出身地が迤西なのでこれは「西南書院」と名づけられた。こうして西南書院は五府（大理、楚雄、永昌、麗江、順寧）三庁（蒙化、景東、永勝）のものになった。さらに楊玉科の寄付により、牛街の田1300畝[14]、喬后（えんせい）の塩井52個、浪穹（ランチョン）の田785畝、鶴慶の田603畝、大理に自ら建てた道沿いの店舗66軒と15部屋ある住宅1軒、街の外では豊呈庄、下関、龍龕などの村の共有田437畝など、価値にして数十万両銀[15]の財産が西南書院のものとなった。これらは書院の教師への謝礼、「膏火」、都へ貢物をするのための交通費や、その他の費用となった。

　受け渡しの後、書院は清の中央政府に支持を頼み、多くの著名人を山長（院長に相当）に招聘した。たとえば清の著名な儒学である許印芳（シュインファン）、楊珺（ヤンチュン）などの人々も、かつてここで教職を支えた。

註
12…中央から少数民族地区に派遣された科挙官僚。
13…3つの中庭がある四合院。四合院とは四角形の庭を囲んで母屋、東西の廂房、前房と呼ばれる4棟の建物で構成されている住居。
14…1畝 =0.0667ヘクタール。
15…両は重さの単位で約50グラム。

瀾滄江

西雲書院が楊玉科が自浄を迫られた結果として建てたものだとすれば、彼の故郷である麗江県の山奥の吉尾汛(ジウェイシュン)、現在の蘭坪県営盤鎮営盤街(ランピンインパン)の瀾滄江畔に建てた滄江書院は、完全に彼の願いからできたものだった。清末、吉尾汛は最西端の要塞であった。その地位は重要であったが経済的には立ち遅れ、交通は不便で、書を読む人もほとんどいなかった。中にはまだ、縄を結び文字としている村もあった。

　故郷に教育を起こし、子弟を育てることは楊玉科の長年の願いであった。そこで彼は1876年に雲南提督の職に着くとすぐに暇を告げて故郷に戻り、墓参りをした。彼は莫大な資金を寄付して弟の楊発科(ヤンファカ)に頼んで、営盤街の南に職人を集め、広々としたペー族式の四合院である「滄江書院」を建てた。また、書院の経費の問題を解決するため、16の田を売り、16戸に分けて耕し、毎年、その収穫を、教師の給料や学生の紙や墨など文具の費用とした。貧しい学生や遠方から通う学生には学費を免除しただけでなく、食糧の一部を補助した。

　瀾江書院は瀾滄江の上流における最初の正式な学校だ。書院は大理、剣川などから学のある秀才を招き、山長(院長)、教習(教員)とした。瀾滄江両岸の各民族の子弟は一堂に集まり、文明の教化を受けて新風に染まり、瀾滄江河畔に文明の窓を開いた。瀾滄江両岸の多くの村で最初に書を読んだ人々は、ここから生まれた。

## 怒江畔の教育風景

　瀾滄江と比べ、怒江の教育の歩みははるかに遅い。辛亥革命の頃まで六庫を統治してきた22代六庫土司[16]一族は高官になるには文化の支えなしではいけないと深く感じ、教師を招いて教育を始めた。私塾を設立し、子女に四書五経[17]、修身、斎家、治国、太平天下の儒家教育[18]をした。もっとも早く六庫土司一族の教育を受けたのは瀾滄江中流の雲龍から来た楊宗蔭(ヤンゾンイン)。続いて、六庫の末代土司、段承鈞(ドァンチェンチュン)とその兄弟、現地の裕福な家庭の子弟が学んだ。これらの人々は最初に基本的な文化知識を得た上で内地に行き、知識を深めた。つまり当時の怒江での教育は、やはり土司と裕福な家庭の子女だけに限られていた。

　1935年になると、雲南省政府は省の重要な収入源の1つであ

註
16…土司は少数民族の間接統治のため中央政府が任命した非漢族の役人。
17…儒学で重視された「礼記」の中の大学・中庸と論語、孟子〔四書〕、易経・書経・詩経・礼記・春秋〔五経〕を指す。
18…天下を治めるにはまず自分の身を修め、次に家庭を平和にし、次に国を治め、最後に天下を修める順序があると説いた。

滄江書院

る巻きタバコ税をすべて教育経費に当てると決めた。雲南省西部の少数民族地区に30余りの省立瀘水小学校を設立し、各郷の指導者に各民族の児童を入学させるよう通知した。聞けば、勉強を辛いばかりで得るところがないと考えた指導者もいて、自分の家の子供を通わせるのを嫌い、貧しい家の子供に強制的に学校に行かせ、必要数をそろえたという。学校の第1期には200名余りの募集があり、既に私塾で学んだことのある一定年齢に達した一部の生徒は4、5年生に編入し、他の生徒は低学年に編入した。カリキュラムには国語、算数、自然、歴史、美術、音楽、体育などがあり、毎週1度行なわれる「総理[19]記念週」の儀式では校長が「総理遺言」を朗読し、「精神講話」によって生徒を督励し、学習を鼓舞し、辺境建設に携わる人材を育てた。

しかし、開校わずか2年で学校は困難に陥った。校長が資金を着服し、経費を流用して商売を行ない、教師の給料が未払いになったのだ。学生の給食も出せず、教師は次々と離れていった。その後、学校は怒江西の魯掌(ルジャン)に移転し、教育を続けた。しかし怒江東の六庫一帯の生徒は大河に阻まれ、その多くが途中で勉強を放棄することになった。

1945年に日本軍が去った後、瀘水設置局はふたたび怒江東岸の六庫に省立瀘水小学校を設立した。これ以後、怒江両岸の学校

註
19... 総理とは中華民国建国の父、孫文のこと。

教室では2つの授業が
同時に行なわれていた

　教育は正常な軌道に乗った。しかし、いわゆる「正常な軌道」はまだすべての児童が教育の権利を享受することを保証したわけではなかった。

　ここ数十年来、確かに怒江両岸の教育は大きく進歩した。雲南省怒江州だけで1000余りの小学校がある。しかし今日でも怒江上流一帯の児童入学率、定着率、卒業生の合格率などはやはり満足ゆくものではない。国が規定する9年制の義務教育を普及するにはまだ相当の道のりがある。

　怒江大峡谷に足を踏み入れれば、あなたはさらに多くのことを感じるだろう。2001年春、岩や洞窟の絵画の現地調査を行なうためわたしは福貢の匹河郷から怒江西岸に渡り、高黎貢山を半日かけて登った。腹がぺこぺこに減り、口がからからに渇いた頃、突然、坂の上に竹壁と茅葺屋根を持つ小さな木造の小屋を見つけた。われわれは喜んで家の戸をくぐったが、目にした光景に驚いた。2人の男の子と3人の女の子、合計5人の子供がかまどで焼いたトウモロコシを食べていた。大きい子は12歳前後、小さい子は3、4歳だった。子供たちは

われわれが入ってきたのを見ても、声もあげず、何事もないかのようにかまどで焼いたトウモロコシを握って口に運んでいた。大きな子供が時々、小さな子供の椀にトウモロコシの粒を入れてやり、側では子犬が物欲しそうに彼らを眺めていた。小屋の中はガランとして、壁は煙で真っ黒にすすけていた。どこから持ってきたのか机の上のラジオだけがピカピカと目に痛かった。家の大人たちはどこかと尋ねると、一番大きな女の子が外を指差し、わたしには理解できないヌー族の言葉を話した。学校には行っているのか尋ねると、彼女は首を横にふった。二番目の子供にも尋ねてみたが、彼女もまた首を横に振った。

焼きトウモロコシを食べた後、3人の中で比較的年長の子供は、自分で鋤を持ち、棒（普通の木の棒）をついて門の前の坂道を掘り起こすと、棒で小さな溝を作り、数粒のトウモロコシの種をまいた。遠くの山麓には怒江の流れが白いリボンのようにくねくねと曲がっている。峡谷のどこにも樹木は見あたらず、ただあちらこちら不恰好に掘り起こされた輪作地だけが、まるで山の胸いっぱいに貼られた膏薬のようだ。眼の前のこの貧しい子供たちと、日増しに生態が悪化する山の林を前に、わたしは教育と社会発展の関係について思いをめぐらせた。しかしこれら貧しい地域の人々には2つの事柄の必然的な関連に思いは至らないようだ。

高黎貢山の小さな家の中では5人の子供がトウモロコシを食べていた

瀾滄江

怒江畔の山にはまた、わたしがかつて水問題の改善のため訪れたキリスト教を信仰するリス族の村がある。村には新しい教会が建てられ、壁はレンガ造り、屋根は瓦で、中は広々と明るく、間違いなく村でもっとも立派な建築だ。だが、教会のすぐ隣にはみすぼらしい小学校があった。汚い壁は風を遮ることもできず、腐食した木製の屋根は雨をしのぐこともできなかった。教室は狭く、薪で組み合わせた机と椅子がいくつも倒れ、生徒たちは授業に出るたびにこの「机と椅子」を直さねばならなかった。この校舎は、間違いなく村でもっともみずぼらしい建物だ。わたしはこの村に何日も滞在したが、教会から伝わってくる四部合唱の賛美歌は心を動かすほど素晴らしいが、学校からもれてくる子供たちの朗読の声には、元気がなかった。

とはいっても、既に多くの人々がこの谷底を抜け出しており、皆の眼前にはより広い世界が開がっている。

# 4–3 谷から出た大河の子

**南詔の細奴羅**………谷底から空を見あげると、空は狭い線でしかない。峡谷を出ると世界は広い。古くから外界と隔てられ、交通が閉塞していたため、大河の峡谷から出て行く者は多くはなかった。それにもかかわらず瀾滄江、怒江峡谷を出た大河の子は、川の激情と奔放さを伴い、丈夫で怖いもの知らずの性格から、天下を放蕩し、四方を行吟し、商売を起こし、真理を尋ね……しばしば世の耳目を集め、天下を指導する人物を生んだ。

史籍の記載の手落ちから、古い時代に活躍した大河の子については、もはやその様子をはっきりと知ることはできない。また民間の口承には多くの神話的色彩が加えられている。たとえば哀牢国の九隆王[20]のように。ここでは仕方がないので、7世紀初めに登場したある人物から始めよう。その像がどれほどぼやけ、尾ひれがついたとしても、歴史は常にこの人物を避けて通ることができないからだ。彼はかつて西南に王国を立て、唐に家臣として仕えた。しかし幾度も唐の皇帝を脅かしたため、皇帝は2度も全土の力を結集した大軍で征伐を行ない、その結果として20万近い

**註**
20…第5章の第2節（222ページ）を参照。

兵士が洱海の幽霊となった。

　この王国は「南詔」と呼ばれ、開国の君主は細奴羅(シヌルオ)といった。細奴羅は、怒江と瀾滄江の間から出て天を支え、地に立つ大河の子であった。

　細奴羅は別名を独羅、または羅消といい、隋の恭帝[21]の義寧元年(617年)に永昌(ヨンチャン)(保山)に生まれた。10歳の時、現地の哀牢部落と他の部落に戦争が起きた。彼は父に従って敵を避け、蒙舎川(現在の巍山県一帯)に逃れた。姓を変え、改名し、現地の烏蛮(ウマン)[22]、大姓[23]蒙氏に溶け込み、烏蛮の女、蒙織(マンジ)を妻として巍山の農民となった(今の巍山県宝山前新村)。

　細奴羅は一介の農夫から、四方を震わす王国の主となった。漢の高祖[24]のごとき風格と気迫を備え、先見の明と才能ある政治家となった。細奴羅率いる部落は、最初はさほど強くなかったが、彼がリーダーシップをとるとともに急速に力を蓄え、すぐに他の小邑を統一し、蒙舎川全体を占領した。その後次第に領土を拡張し、南澗(ナンチェン)、弥渡(ミト)、張楽進(ジャンラチン)を併合した。そして、およそ求めるところ全てに勢力をふるい、ペー族を主体とする「建寧国(チェンニン)」(今の紅岩と風儀の一部)を建てた。

　彼は虚心に華夏文化[25]を受け入れ、領土内でこれを広めた。南詔は「民は礼節を重んじ、唐の文化を広め」、政治、経済、文化、生産技術面でもすぐに洱海の他部落を追い越した。

　当時、中国西部では吐藩の奴隷主勢力が興隆し、青海とチベット高原を統一していた。吐藩は北方では唐と安西四鎮[26]を争い、西南では雲南の洱海地区と四川の塩源一帯を争って、成都に迫り、唐の脅威となっていた。

　2大政治勢力にはさまれた南詔は双方の利害をうまく利用して唐に接近した。653年、細奴羅は自らの息子、羅盛を唐の都に派遣して、貢物を届け、進んで信頼と支持をとりつけた。最後は様々な勢力の助けを借り、他の五詔を治めて、洱海地区に進出した。そして、吐藩勢力を洱海から追い出すと、南詔王朝13代の基礎を築いた。

　他の傑出した人物と同様、細奴羅は成功の後、大々的に神格化された。伝説では細奴羅が生まれた時、唐の太宗[27]が道教の祖

註
21... 在位617〜619年。
22... 隋・唐代に漢族がハニ族やイ族をこのように呼んだ。
23... その地域で数の多い同姓の人々。
24... 初代皇帝、劉邦のこと。在位紀元前206年〜紀元前195年。
25... 中華文明が発祥した中原での文化。
26... 西域鎮撫のためにクチャ、ホータン、カシュガル、スイアブ(今のキルギスにある)に置かれた都督府。
27... 在位626〜649年。

瀾滄江

に星相を見させると「西南に起きる王者あり」と出た。太宗はすぐに永昌の酋長に命じて人を遣って探し、摩利羌(モリジャン)という哀牢王の母親にそっくりな婦人を発見した。彼女は龍の住む泉で衣を洗っている時、妊娠を感じ、9人の子供を生んだという。先に生まれた8人は父親に従って龍となって去り、9番目の子供、独羅消(ドゥルオシャオ)だけが母親の寵愛を受けて、人間にとどまった。永昌の酋長は彼を捕らえるよう命じ、後災を取り除こうとした。ちょうど摩利羌の女召使いが独羅消の生まれたのと同日に男児を生んだため、召使いは辛さを忍び、自分の息子を差し出して独羅消の身代わりにした。独羅消は殺された母の腹の下に隠れて難を逃れた。そして彼は瀾滄江を渡り、蒙舎の地へやって来たのだという。

他にも伝説がある。細奴羅と息子の羅盛が巍山の裏山を耕していた頃、ある日、妻と娘が裏山へ弁当を届けると、道端で白ひげの老人に出会った。頭には赤い帽子をかぶり、妻と娘に飯をねだる。そこで彼女たちは弁当を老人にやった。彼女たちが家に戻って飯を炊き直し、再び山へ届けようとすると、また山麓の大きな石に座った老人に出会った。老人の前には青い牛、左には白象、右には白馬、上には雲のような蒸気が漂い、雲の中には2人の子供がいて、ひとりは手に鉄の杖を持ち、もうひとりは金の鏡を持っている。妻と娘は驚き、急いでまた飯を差し出した。老人は尋ねた。「どのような望みをお持ちかな？」。妻と娘は慌てふためき、すぐには答えられなかった。老人は杖で地面を13回たたき、言った。「鳥が3ヵ月かかって飛ぶ地域を、汝にの配下としよう」

その後、細奴羅が9人の首領と鉄柱を祭ったところ、鉄柱の上の神鳥が飛び立って細奴羅の肩に止まった。人々は神のおぼしめしだと騒ぎ、驚いた部落連盟の指導者はその地位を彼に譲った。細奴羅は各部落が開拓した土地をすべて所有し、最終的に南詔の版図は鳥が3ヵ月かかって飛ぶ広範な地域に拡大し、南詔国は13代続いた。これが民間に伝わる細奴羅伝説である。

今も巍宝山の老君殿には「老君の座る石」があり、かつて太上老君[28]が細奴羅に悟りを開かせた場所だと伝えられる。この場所には仏教の密宗「阿咤力(アジャリ)」教派が比較的早く伝わった。また別の伝説ではこの「白ひげ老人」が観音の化身の僧侶だと言われる。現在、日本の京都の中国領事館に保存されている『南詔中興画伝』はこの物語を記している。

巍宝山にある山殿は、細奴羅の子孫が彼のために建てた南詔

註
28…道教の神。

の祖廟で、今も前新村のイ族の人々は年2回の祭りに参加するという。1度目は1日暦の正月14日から16日、2度目は旧暦9月14日だ。前者が細奴羅の誕生日で、後者は細奴羅の忌日とされる。2度の祭りは盛大に行なわれ、人々はこの祖先をとても誇りに思っている。

## 楊棟朝と王宏祚

..........歴史的に瀾滄江、怒江の山河から出て中原の朝廷の大臣になった人物は少なからずいるものの、奸臣(ねいしん)や佞臣(かいしん)と呼ばれた人はほとんどいない。これはおそらく彼らが育った大河と関係したのだろう。大河はひたすら前進し、何も恐れぬ性格だ。自分の利益を顧みず、恐れを知らぬ心は、両岸の純朴な民の気風でもあり、幼い頃から知らず知らずのうちに染みついている。彼らは中国の封建的な官界の浮き沈みにおいても、常に大河のような正々堂々とした人物たることを忘れなかった。また日和見や本心を偽った迎合を潔しとせず、たとえ排除されてもその性格を変えようとしなかった。

明の万暦の時期[29]、大理の剣川ペー(白)族青年の楊棟朝(ヤントンチャオ)は進士[30]に合格し、瀾滄江支流の黒恵江畔から南京に出て宮廷に勤めた。それから間もなく太監[31]魏忠賢(ウェイジョンシェン)は権力を一手に握って政治を操り、朱由校[32]皇帝は傀儡となった。一時、朝廷は醜い権力争いに満ち、気骨のない者の多くが昇格のため金を使い、争って魏忠賢の門下になろうと奔走した。魏忠賢を崇める社を立て、魏忠賢のため密告し、魏忠賢を父と拝み、保身を図り、徒党を組んだ。魏忠賢を批判する者は誰であれ軽くても官の身分を解かれ、重いと生命の危険さえあった。

だがこうした中でもやはり上奏する剛直の士はいた。天啓4年（1624年）、左都御史[33]の楊漣(ヤンレン)は、熹宗皇帝[34]に魏忠賢について24条の大罪のかどで「叱責を下し……国法を正す」ことを求めた。傀儡皇帝は悟らず、魏忠賢をかばった。魏忠賢は上奏者に深い恨みを抱き、無実の罪をかぶせて攻撃し、罪名をでっちあげ、日夜、楊漣の殺害を謀った。

この時、瀾滄江から来た楊棟朝は、不利であることを知りながら、大胆にも立ち上がり、熹宗皇帝に上奏し、魏忠賢を弾劾して、楊漣のために弁駁し、大声で叫んだ。「もし魏忠賢のような人間を良臣と呼べるのなら、昔からいる悪い奴らも皆、良臣と呼べましょう。皇帝の周囲で忠賢が孤立しないということは、彼だけで

註
29...1572〜1620年。
30...科挙において、郷試、会試、殿試の3つ全てに合格した者。
31...明・清代の宦官の長官を指す。
32...熹宗皇帝の名前。
33...中央・地方で官吏を監察した役人の官名。
34...明の第16代皇帝。在位1620〜1627年。

なくさらに多くの悪い臣下をはべらせているということです。まるでクマンバチを飼っているようなもので、わたしはたいへん心配します」

楊棟朝は一本気だった。飛んで火に入る夏の虫だと知りつつも、黙っているわけにはいかなかったのだ。彼は北京へ上奏し、魏忠賢の逆鱗に触れて、即刻、官を解かれ、帰郷を命じられた。楊棟朝は黒恵江畔の一庶民となったが気落ちせず、後悔もしなかった。故郷の父母も彼が朝廷で権力を失ったからといって目を吊り上げたりせず、かえって彼を敬うようになった。熹宗皇帝と魏忠賢の死後、彼は改めて役人となった。

楊棟朝と比べ、明末清初の王宏祚(ワンホシジャ)は、より官の道を理解していたと言えよう。彼もまた瀾滄江と怒江の間の永昌（保山）から朝廷に出て、官吏となった人物だ。最初、彼は明の旧臣であったが、明の崇禎3年（1630年）に科挙の郷試に合格し、薊州で知州[35]を務め、その後、戸部郎中を務めた。その後、清兵が中原を都として天下を取り、北京に進駐した際、前朝廷の家臣の多くが逃げるのを尻目に、王宏祚は清の朝廷に入り、新朝廷の官服を頂戴して取り替えると、戸部郎中の地位に戻り、馬や兵が慌てふためく中、将来を見越して、管理する人のいなくなった前朝廷の戸籍などの書類を丁寧に保管した。争いが収まり、農業と養蚕が議事日程にあがる頃、彼は新朝廷が税の徴収を実施する際の拠り処としてそれらを提供した。

その後、王宏祚は清代の「法典」の意義を兼ね備えた重要文献『賦役全書』を編纂した。この中で彼は民中心の思想を貫き、「民が税を納めるにあたっても、雑税に苦しむことのないように。法がなければ官は敬われず、官が敬われなければ民は不安になる」との訓戒も付け加えた。彼の思想は朝廷の上から下まで大いに影響を与えたようで、順治皇帝は『賦役全書』を閲読後、大いに褒められ、この本を執務の拠りどころとした。そのため彼は清の朝廷で順調に歩むことができた。清朝廷は全部で6部[36]を設けたが、彼はそのうち3部の部長を務め、「永半朝」（政府の半分を司る者）の呼び名を得た。

王宏祚は朝廷でもてはやされた。だが山高く、皇帝から遠い瀾滄江、怒江の間の故郷の父は彼を快く思っていなかったという。昇進後、彼が初めて帰省した時、永昌の役人は人々とともに出迎えたが、一部の人がズボンも履かず、長い中国服で身体を

註
35…知州は知事、戸部郎中とは戸籍や財政を担当した中央政府の官名。薊州とは現在の天津の北。
36…6つの省庁のこと。

隠していた。王宏祚は不思議に思い、理由を尋ねた。するとひとりの老人が冷淡に答えた。「われわれはただの庶民だが、恥を知っている。本来はあなたに会うのは気が引けるが、役人が承知しないのだ」。王宏祚は彼の「主人を替えて仕えている[37]」という皮肉が分かり、耳まで赤くなった。彼自身も漢を正統だと考えており、何を言っても歯切れが悪くなることが分かっていたので、ただ人々に丁寧に接しただけだった。去るものは追わず、来るものは拒まず。彼は、良官になり故郷の父に恥をかかせるようなことはけっしてしないと誓った。その言葉通り、王宏祚は生涯、清廉な官僚として多くの功績を残した。

## 大河の子たち

荒れ狂う大河、そびえ立つ山峰、汚れのない浄土は、やや野蛮で頑迷な、独特の雰囲気を持つ。たとえ峡谷から出た大河の子であっても、そこから簡単には逃げたり、抜け出したりはできず、悪を遠ざけ、背筋を伸ばし、人と真剣に接し、事にあたる性格が育まれた。

しかし、近現代以降、瀾滄江と怒江両岸はさらに多くの著名な人物を生んだ。

重九武装蜂起[38]を推進した自治総機関部総理で、ペー族儒学者の趙藩(ジャオファン)。反袁護国運動[39]を策動した中国同盟会[40]の雲南支部長、呂志伊(リュジイ)。同盟会民主革命の主体となったタイ族の先駆者、刀安仁(ダオアンレン)。護国の名将、雲南陸軍講武学校の校長の趙又新(ジャオヨウシン)。永昌武装蜂起[41]を指導した雲南光復同盟会の士、楊振鴻(ヤンジェンホン)。騰越での武装蜂起を指導し、雲南における辛亥革命の先陣を切った張文光(ジャンウェンクアン)。護国軍軍長の叶荃(イエチュアン)。同盟会メンバーで辛亥革命の勇士、崔文藻(ツァイウェンザオ)。かつて北洋政府[42]の副総理だった国民党の元老で、愛国の指導者、李根源(リケンユアン)。1920年代の風雲児、広東の駐迫粤滇(広東雲南)軍総司令の楊希閔(ヤンシミン)。ペー族の学者であり政治家である周鍾岳(ジョウジョンユエ)(1876〜1955年)。著名な東北抗日連合軍リーダー、周保中(ジョウバオジョン)。国際的な名誉を受け、スターリンから「卓越した戦略専門家」と呼ばれた将軍、楊傑(ヤンジェ)。周恩来などの革命家とともにヨーロッパで組織を立ちあげた欧州視察団少年共産党、かつ中国共産党の早期の指導者である張伯簡(ジャンボジェン)。中国共産党雲南省委員会の初代書記である王徳三(ワンダサン)。大量のロシア文学を翻訳し、中国内

註
37…漢族の王朝である明朝を倒した満州族の王朝、清朝でも家臣として仕えていることを指す。
38…1911年10月に昆明で起きた、孫文の辺境革命思想に基づく反清革命運動の1つ。
39…1912年に北京で臨時大総統に就任した袁世凱の独裁に対して、1915年末に高まった雲南軍内部での反袁運動。
40…1905年8月に清朝打倒を目指して東京で結成された革命組織。
41…1908年に清朝打倒を掲げたが未遂に終わった革命運動。
42…1912〜1928年、北京にあった中華民国政府。袁世凱の指揮下で編成された北洋軍閥による政権。

外で著名な翻訳家、羅稷南(陳強華)。著名なマルクス主義哲学者の艾思奇……

　これら多くの傑出した人物は、まさに孫文が刀安仁を褒め称えたように「辺境の勇士」、「中華の精英」であり、星雲のように大河両岸に輝き、日夜休まぬ大河の流れを誇りとして活躍した。

# 4-4 山と大河を越えて

**山と大河の道**　………中国雲南の瀾滄江、怒江の流域は、東は中国の重要地帯と接し、西は別の文明古国インドと通じ、2000年以上前には既に「蜀身毒道[43]」が開通していた。これは現在、狭義で呼ぶところの南方陸上シルクロード(広義の南方シルクロードには、多元立体的な交通ネットワークが含まれるべきだろう)で2本の大河流域を横切る東西回廊であった。かつて、雲南西部における東西交流は、南北交流と比べてはるかに重要だったようだ。東西は両方とも中国とインドという2大古代文明の中心として栄え、多くの物資交流の提供が可能だった。北は「空に登るほど越え難い」世界の屋根であった。南は社会の発展の面ではまだかなり停滞していたインドシナ半島であった。もし瀾滄江と怒江が長江、黄河のように東西に流れる川であったら、間違いなく流域の発展に多くの利便をもたらしただろう。しかし彼らはまさに南北に流れる川であり、山脈も川沿いを南北に連綿と続いていた。

　山と大河は人の意志では動かず、人の進む方向が河床と一致しなければ障害となる。人はさまざまな方法でこの障害を克服し、山と大河を越え、自分たちの道を開拓した。記録によれば、少なくとも紀元前140年から紀元前88年の漢武帝の時期、民間の商人は「蜀身毒道」を通った。その後、ここは長らく中国とビルマ、インドなどとの貿易のための主要な商業道となり、悠久の時の中、馬のひづめが絶えることなく鳴り響いていた。

　いつからかは分からぬが、雲南西部では次のように言われていた。内地に行くにはまず国を出なければならない。確かに、東進して内地に行く道は果てしなく長く、数多くの障害があり、公道も鉄道もなく、ただ険しい隊商ための山道があるだけだ。そのため多くの

註
43_蜀は現在の四川省一帯。身毒は古代インド。

怒江の曼海大橋で
漁をする人

　人々はまず先に西へ向かい、瀾滄江、怒江を跨ぎ、ビルマのイラワディ川を舟で下り、ビルマの港、ヤンゴンから船に乗り、マラッカ海峡を通過して再び中国沿海の港、たとえば広州、アモイ、上海などで上陸した。

　同様にもし中国の内地から商品を雲南の昆明まで運ぼうとすれば、先に沿海の港に運び、南シナ海の海岸線に沿ってハイフォンを越え、サイゴン(ホーチミン)を越え、マラッカ海峡を突っ切り、インド洋に入り、ビルマのヤンゴンに運び、さらに川船に乗り換え、イラワディ川を遡り、ビルマのバモーかミッチーナまで運び、その後隊商の馬に乗せて7日から9日走って騰衝(タンチョン)に至り[44]、騰衝で隊商を替え、高黎貢山を越え、怒江の双虹橋を越えて永昌(保山)まで行く。そして再び瀾滄江の霽虹橋(チホンチャオ)を越え、博南山を越え、大理をくだり、楚雄を過ぎて、最後にようやく昆明に着くことができた。騰衝から昆明まで一般的に隊商で24日から28日かかった。

　1910年以降、フランス人が建設した滇越鉄道の開通後、貿易

註
44...第6章の地図(258ページ)参照。

瀾滄江・怒江

物資はベトナムのハイフォンから直接昆明に入ることが可能になった。海路、陸路ともにたいへん手間が省けたが、それでもやはりまずは「出国」せねばならなかった。こうして滇西に出入する貨物はもう1本新たな道を得たが、しかし西に通じるイラワディ川の古道は、依然としてにぎわっていた。古道にはしばしば4000〜5000匹の駄馬が往来したという。

### 騰衝、永昌、大理

独特な地理的な環境により、怒江、瀾滄江が交差する隊商の古道には、かつて3つの商業貿易都市が出現した。騰衝(タンチョン)、永昌(保山)(ヨンチャンパオシャン)、大理(ダーリ)である。3都市はすべて古城で、その起源を西漢より以前に遡ることができる。

大理には西漢の元封年間(紀元前110年〜紀元前105年。)に叶楡県が設けられ、益州郡に属した。唐代は南詔の都、宋代は大理国であり、今も600年前の古い城壁を残す。

永昌とは哀牢国のことで、歴史学家の藩文瀾(ファンウェイラン)は「永昌郡は漢の西南の基地」で、永昌は「中国西南と天竺[45]、大秦国[46]などが通商する大都市だ」と書いている。東漢の永和年間(2世紀中葉)には、永昌で産出される純金で作られた美しい蛇、歴史的に有名な「金蛇案」が生まれ、多くの貴族がこれを争った。

騰衝は歴史家に「極辺第一城」と呼ばれ、『史記[47]』には昆明の西「1000里余り、乗象国あり、名曰く滇越」と記され、これも騰衝を指していた。

近代においても、この3都市は歴史の古さからではなく、その辺境貿易による繁栄から有名になった。特に騰衝は古人に次のように詠われた。「かつての栄華は百宝街、大商人が商(あきな)った」。当時の人々は騰衝を「小上海」と呼んだ。民間には次のような諺があった。「金騰衝、銀永昌」または「金騰衝、銀大理」。どちらにせよ、古道のこれら3都市は対外貿易において、かなりの優位を占めていた。

唐代の『蛮書』には、ビルマ商人はしばしば大理で貿易を行ない、中国商人もよくビルマで貿易を行なうと書かれている。宋元以後、藩鎮割拠が収束すると、貿易はますます盛んになり、民間の商業や旅行のための往来が絶えなかった。大理、永昌、騰衝は相次いで中国内外の商品の集散地と中継地点になった。歴代の統治者もまた、商業の交通を保障する措置をとった。

註
45…現在のインド。
46…古代ローマ帝国
47…前漢の司馬遷が著した歴史書。紀元前91年頃完成。

## 貿易と社会

..........官府は貿易において良いところをとるもので、明は雲南に太監宦官の長官を設け、玉石、宝石、象牙、水牛の角、光珠、琥珀などを専門的に輸入させた。民間貿易の物品はさらに多様で、各時代に重宝された。たとえば清末民初、輸出品には絹、黄絹を主として、100種類近い土着の特産品、たとえば雄黄[48]、麻の糸、模様のある色染め毛布、ソーセージ、土陶器、鉄鍋、くるみ、白綿紙、火砲などがあった。輸入品には宝石、綿糸、綿布を主として、中継のため5大陸30ヵ国以上から少なくとも160種類の日用品が運ばれた。中にはさまざまな金物、インディゴ[49]、石油、干魚などがあった。

　輸出入貿易の繁栄により、地域や社会の発展も促された。たとえば中国の黄絹はビルマの人々の織る「ロンジー」の原料となり、ビルマに大量輸入された後、ビルマの絹織物業の発展を促した。1921年にはビルマには絹織物工場が100以上でき、労働者は5万人近かった。製品の供給はビルマ全土に及んだ。同時にインドなどから輸入した綿糸は西南地区に広がり、大々的に現地の紡績工業の発展を促した。ビルマから産出された宝石は騰衝に集まった。騰衝の玉石加工所は200軒近くになり、3000人以上の職人やその他の人々が衣食に困ることはなかった。

　もちろん多くの店が商業の海の中で競い、巨大な貿易商になるものも、小さな利益で満足するものも、また失敗してすべてを失う者もいた。だが当時の商人は団結協力し、共に利益を得る方法をよく心得ていたようだ。彼らは一般的に親戚、地縁、業縁関係にあり、協力して「天下を打ちに」行った。20世紀初め、永昌祥（ヨンチャンシャン）と錫慶祥（シチンシャン）を指導者とする喜洲幇[50]、茂恒（マオヘン）と洪盛祥（ホンシェンシャン）を党首とする騰衝幇、福春恒（フチュンヘン）と、慶正裕（チンジェンユ）を指導者とする鶴慶幇は、滇西で最有力の大地域商幇であった。これらの商幇は3本柱として競い、時には仲間として連合した。国際貿易において各大商号はみな視野を開き、その多くが狭い郷土から抜けて世界に触れ、国内外の多くの重要都市に次々と支店を建てた。

　商売では多くの商号が信用と質を重んじ、努力して経営利益を高めた。しかし帝国主義経済が染み入り、官僚資本主義による強奪という暴威の下で苦しむと、悪い勢力の力を借り、官府と結

註
48...天然の硫化砒素の一種。皮膚病や虫さされの薬、染料にする。
49...インド藍、暗青色の染料。
50...幇（バン）は中国である集団やグループを指す時に用いられる語。

託して権威を笠に着て事業を発展させる者もいた。中には官府商人の下、辺境の県で税の取り立てや省の事務を行なって経済的利益を得たのみならず、虎の威を借る狐よろしく威信と地位を高めた大商号もあった。また、民間の送金業務を開設、営業し、国外にいる華僑の省内への送金に携わるものもいた。こうした業務の利点は、国外で得た外貨を国内で銀に替え、元手なしに外貨を得られるのみならず、金を受け取って渡すまでの2、3ヵ月の間に期流動自己資金として無利子の借款同様に使え、為替レート変動の中、外貨売買によって大きな利益を得ることができることだった。

　もし1枚の絵に当時の貿易圏の地図を書けば、アジア・ヨーロッパの多くの山河と都市を含むだろう。人々の足元で瀾滄江、怒江はもはや越え難い深淵ではなく、怒山、高黎貢山も大きな障害ではなくなっていた。人々の活動範囲は既にこの2大流域を越え、はるか遠くにまで及んでいた。

　1937年に日中戦争が勃発すると、日本軍は中国沿海の港を占領したため、雲南は西南の主要な国際通路となり、全国の輸出入商品が雲南の辺境から出入りした。当時、雲南から出るには2つの主要なルートがあった。1つはベトナムのハイフォンから昆明に至る滇越鉄道、もう1つは1938年に開通した滇緬公路であった。

　1940年、日本軍がハイフォンから上陸し、ハノイからラオカイ間の鉄道を爆破したため、滇越鉄道の輸送が断たれ、瀾滄江、怒江を横切る滇緬公路が中国西南における唯一の国際交通ルートとなった。商業物資、軍用物資は日夜このルートを流れた。1日平均約7000トンの貨物が瀾滄江、怒江の川面を飛び越え、高黎貢山、怒山の山腹をガタガタ揺られていった。高峻な山を越え、瀾滄江、怒江を横切る険しい公道に、多くの大商人と国内外の政治家、軍人の注目が集まった。この道は、現在の公道建設の基準から言えば最も低い等級にも満たない簡易なものだった。

　好況は長続きせず、1942年5月、日本軍の戦火がビルマから怒江以西に拡がった。中国軍は怒江の恵通橋を爆破し、滇緬公路の輸送は途絶えた。国際貿易商人は仕方なく、また貨物を馬の背に載せ、大理、麗江から徳欽に至り、瀾滄江沿いに登り、チベットに入り、ラサを通り、インドのコロンボ[51]へと渡った。これも古い民間輸送の道で、「茶

註
51_現在はスリランカ領。

西洱河と大理の町

馬古道」と呼ばれた。だが道は険しく長く、麗江からラサに行く隊商の行程だけで3、4ヵ月を要した。

　こうして雲南の茂恒、永昌祥、恒盛公、洪盛祥、仁和昌、永茂和、北京の興記、山東の王雲宝(ワンユンパオ)など10余りの有力大商号の商人が、次々とインドのコロンボ、カルカッタなどに支店を設け、「世界の背骨」を越え、貿易を営んだ。当時、麗江とチベット・カム地方の数十戸の中小資本家やラサ、チャムド（昌都）の中上層官商もこの悲壮な貿易の行列に加わった。貿易総量は公道と鉄道運輸と同じだったが、内地の物資の欠乏は、苦しみぬいた商人に報いた。

　20世紀を終えた現在、歴史は1ページまた1ページとめくられ、瀾滄江、怒江以西の辺境貿易も浮き沈みを繰り返したが、今では静かな時に戻っている。わたしはかつて大理、保山、騰衝などの大商人を生み出した村に足を運んだことがある。和順、綺羅、董官、蒲縹、喜洲などには多くの巨商の豪邸が残り、伝統的な屋根の反り返った建物や、林立する廊下の柱があり、当時の官名の額がまだ高々と掲げられている家もあった。しかし豪邸の多くは凋落し、当時の鮮やかさは失われていた。空屋もあれば、主人の行方がわからないものもあった、

瀾滄江・怒江

騰衝の著名な
華僑のふるさと——和順

　色あせた絵の描かれた棟木、彫刻の施された梁、後代の子孫が使った土でできた台、加工していないレンガなどが残っている。観光業者に売り払われた家では小さな旗を持ったガイドが観光客を連れて仰ぎ見、感嘆している……。

　その日、わたしはぶらぶらと僑郷[52]の和順「三成号」の古い家屋を訪れた。「三成号」は雲南で最初に国を渡った商号だ。かつてその影響力は強大で、莫大な富をたくわえたものだ。わたしはちょうど数人の男女が慌しく屋外に家具を持ち出しているのに出会った。門の前には何台もトラクターが停まっていてドドドドド……と振動し、早く車に荷物を載せろと催促しているかのようだ。話を聞くと、「三成号」没落後、直系の後代の多くがビルマに移り住み、故郷のこの邸宅は生産隊[53]の食堂、養護施設、幼稚園になった。「文革」後、元の持ち主に返されたが、ずっと空のまま門には鎖がかけられ、鼠が走りまわっていた。最近、家の持ち主は外での商売が不景気で、邸宅に残ったこれらの財産を処分したのだという。

　この話を聞き終わると、同行していた現地の友人が騰衝県の人なら誰でも知っている諺を言った。「騰越州は良いところ、10山のうち9山には頭がない。その豊かさは3代続かず、清廉な官僚も長くは続かない」。前の句は、現地特有の火山景観のことを

註
52‥‥帰国華僑やその家族が多い地区。
53‥‥1958年に中国で成立した農村人民公社を構成する最も基本的な集団経済組織。

指すのだろう。後の2句にはわたしもしばらく考え込んだ。これは歴史の記録ではなかろうか、それとも文化の描写であろうか？　これはただ子供の言葉遊びの中にのみ残っているのだろうか？　友人に尋ねてみたが、彼もわたしの問いには答えられなかった。

## 4-5　マルコポーロと徐霞客の足跡

**2人の大探検家**..........大河峡谷の人々は、策をこらして谷から外へ出てゆき、より広い世界を求めた。谷の外に出た旅人たちは何も畏れず、数々の困難を克服して、また大河に戻ってきた。そして彼らは改めてここが神秘と奇異の天地であることを知った。

　古(いにしえ)を振り返ると、瀾滄江、怒江に出入りした無数の訪問者の足跡は、既に川の水に流され、時の中に沈んでいる。しかし2人の風変わりな人物が河畔に残した足跡は、いつまでも消えず、確かな足跡として残っている。2人のうち1人は、ヨーロッパのベニスからやってきた世界的旅行家、マルコポーロで、もう1人は江南の魚と米の故郷から訪れた高邁な旅人、徐霞客(シュシャカ)である。彼らは各自の旅と大河の風貌を記録し、その旅行記は今も人口に膾炙(かいしゃ)している。

**マルコポーロ**..........1275年、21歳のマルコポーロは父親と叔父について3年余り歩き、パミール高原を越え、元の大都(今の北京)に到着した。元の世祖フビライの格別のもてなしを受け、彼は中国に17年滞在し、華夏文化を深く学び、中国の各地を旅した。元24年(1287年)、大都を出発し、太原、西安、成都を通り、金沙江を渡って、「蜀身毒道」に沿って雲南に来た。彼はまず昆明を訪れ、その後、西の大理に至り、博南(永平)から永昌の道沿いに金歯(今の保山)に来た。その後、ビルマへ入り、再び滇南の道沿いに四川を通り、北京に戻った。

　見聞広く、記述力に優れたマルコポーロであったが、瀾滄江、怒江両岸の金歯地区を訪れた時は何もかも見たこともないものばかりで、不思議に感じた。旅行記では、人々は「生肉を食う」、「婦女は金の欠片で金歯を縁取る習慣があり、歯形に合わせ巧妙に縁取る」、「男性は腕や足に黒い斑点模様を刺青し」、こ

れは「装飾の一種で、栄光の印だ」と述べられている。実際、生肉を食べたり、金歯を縁取ったり、身体に刺青する習慣は、大河両岸の一部民族に今も踏襲されている。

　マルコポーロにとって一番の驚きは「男性が産休をとる」習慣だった。「現地の人々はたいへん不思議な習慣を持つ。妊婦は分娩するとすぐに起き、赤ん坊をきれいに洗い、夫に渡す。夫はすぐベッドに座り、彼女の代わりをつとめ、赤ん坊を守る責任を負い、40日間見守らなければならない」、「親戚、友人はみな彼に喜びを伝え、妻は通常通り料理と家事をしてベッドの夫に食事をとらせ、その間に隣で母乳を与える」。こうした習慣は既に両江流域からは消えてしまったが、マルコポーロの記録は人類学に興味深いケースを提供している。

　マルコポーロは永昌（保山）で商人が集まる「中国西南の対外貿易の大都市」を発見した。人々はここで「黄金を通貨として」いた。金はさほど高くなく、5オンスの銀が1オンスの金と交換できたため「ここに銀を運ぶ商人は巨大な利益を得た」。

　彼は昆明、大理から一路下った。そして、雲南で当時、流行していた通貨には金銀以外に塩の貨幣や貝の貨幣などさらに2種類あることに注目した。塩の貨幣は塩水を糊状に煮て小さな餅にし、下を平らに上を凸にして大汗（モンゴル皇国）の印を打った。貝の貨幣は「海から取った白い貝殻だった」。「80の貝殻が1の銀貨に相当する価値だ」。海から遠く離れた高原で、なんと海の貝殻を通貨としていたのだ。これは山地民族と海の民族が早くから交流していたことを明らかにする。

　マルコポーロは馬に乗って瀾滄江、怒江に入ったようだ。険しい山道で、彼は雲南の馬の利点を知り、馬はここに最適な運搬手段だと知った。馬で長距離運搬をする人々はしばしば馬の尾を引っ張った。山道を登り、疲れた時は馬の尾につかまり引っ張りあげてもらう。ここで産出される多くの良馬は「子馬の時、インドに運ばれ売られた」。

## 徐霞客

マルコポーロが隊商隊で瀾滄江と怒江を越えてから300年後、江蘇省江陰県の長江畔で赤ん坊が生まれた。姓は徐（シュ）、名を弘祖（ホンズ）、字（あざな）は振之（ジェンジ）といった。成長すると、彼はどれほど険しく、遠い場所にも出かけていき、自らの

足と「霞客(シャカ)」と定めた号排⁵⁴により世界的な大旅行家の列に加わった。

徐霞客(シュシャカ)は江南の官家に生まれたが、彼が社会に出る頃、家は没落し、困窮していた。だが、幸運なことに母親は先見の明に優れ、幼い頃から「志を抱くよう」励ましたので、彼は籠の中の小鳥や馬車を引く子馬のようにはなりえなかった。そして、自分の家が没落するのを目の当たりにしたことから、社会の暗部と官の腐敗を知り、科挙には興味を示さず、官吏にはなるまいと誓った。彼が若くして志を立てたのは、「九岳に登り、九州を渡り」「名山大山を訪ねて」その生命を清い山河に融け合わせ、大自然の神秘を探るということだった。

20歳の頃から徐霞客は旅の生涯を始め、「足を止めることなく」数万里、足跡は16省にのぼった。たしかに彼以前にも中国内外の旅行家や探検家は多く、中国にはたとえば張騫、班超、玄奘、鄭和、海外にはコロンブス、マゼラン、マルコポーロなどがいた。しかし彼らはみな、指令を受けた使節や、明確な使命をもって旅した者で、自然の山河のため、一介の布衣をまとい、終生飽くことを知らなかったのは徐霞客、ただ1人であった。

**西南への旅**..........徐霞客の生涯においてもっとも遠く、もっとも費やした時間が長く、収穫が大きく、書き残した旅行記が長かったのは瀾滄江、怒江流域と隣接するイラワディ川流域だった。彼は常に西南地方への憧れを抱き、内地や他省で30年余り旅をした後、力と経験、知恵を蓄えて、いざ西南に入った。期間は4年。ここで彼は最後の精力をほとんど使い果たしたようで、人生のもっとも苦しく、また美しく意義ある時を過ごした。

崇禎11年(1638年)5月、徐霞客は貴州から雲南に入り、曲靖を通り昆明に行った。滇中、滇南を旅した後、ふたたび昆明から西へ向かい、富民、武定、元謀、大姚、姚安、龍川江の北、金沙江を経て、瀾滄江流域の大理に入った⁵⁵。

同年12月22日、彼は賓川(ピンチュアン)の鶏足山(チズシャン)南麓の沙址村を訪れた。鶏足山は賓川から40kmの場所にあり山容は西北を背に東南を向き、前に3足、後ろに1足を伸ばした鶏に似ていることからその名がついた。連なる丘は奇怪で、山は天まで聳え、西南と東南アジアの著名な仏教の聖地として、釈迦の大弟子が弥勒を待った場所であった。蜀漢に始まり、唐の時代に拡大し、明と清の時代に栄えた。合計360余りの廟が

註
54...本名や字(あざな)以外の呼び名。
55...第5章の地図(214ページ)参照。

あり、5000人を越える僧が暮らした。鶏足山は、峨媚、五台、九華、普陀などの仏教名山と同じくらい中国では有名である。

徐霞客は山麓に川を見つけ、「西から流れる瀾滄江」だと考えた。しかし川岸でよく調べると、「見知った賓川の流れで北は金沙江に出る」と分かった。彼はここで瀾滄江と金沙江間の分水嶺に来ていたのである。徐霞客は村から北へ転じ、道沿いに上った。この時、鶏足山の地形や様子を観察しながら峰、嶺、岩、洞穴、台、峡、梯、滝、寺院建築、風景名勝などを逐一記述し、2万字近い日記を書いている。

南京にある迎福寺の禅師の静聞(チンウェン)と徐霞客は気心の知れた仲間で、2人で鶏足山を訪れようと約束したのだが、それを果たせぬまま、静聞禅師は病気で亡くなった。徐霞客はひどく悲しみ、彼の遺骨を鶏足山に埋葬し、血で『法華経』を書き檀家にそなえると、生前、彼が望んだ場所に埋めた。鶏足山に思い入れを持った徐霞客は瀾滄江、怒江を旅した後、また鶏足山に戻り、後に中国の優れた山河志となる『鶏足山志』8巻を書いた。

**剣川**..........徐霞客は瀾滄江流域に入り、麗江を旅した後、鶴慶に戻り、西へ転じて剣川(チェンチュアン)に入った。途中、彼はある水流を見つけた。名を清水江と言い、瀾滄江支流で、剣川の水源であったが、彼は不思議に思う。「この川は細く渓流にも満たないのに、なぜ江の名がついたのだろう?」。おそらくこれが、彼の瀾滄江に対する最初の印象だっただろう。川はどれほど細い流れでも、それらを集めて大きくなるのだ。

1639年2月14日、徐霞客は剣川州を訪れた(今の剣川県金華鎮)。ここは「中心は平原で、東西に10里、南北に30里、その半分は湖」だ。剣湖はなんと美しいのだろう。湖水は東南に流れ、西南に谷を出る。彼は待ちきれないとばかりに州を出て、金華山への旅に出た。金華山は老君山の峰の1つで、道教の重要な聖地だ。山中には道観[56]が建ち、険しい。また宋代、大理国時代の天王石の彫像、石塔、

註
56... 道教の寺院。

石坊など多くの宝が残る。

「生涯、名山を渉り歩いた」徐霞客は金華山と莽歇嶺(マンシェ)を巡ると、すぐに剣川の別の名山——石宝山に登った。ここは剣川城の西南50里、老君山脈の一部で、山中には森が鬱蒼として、古寺が林立し、宝相寺と石鍾寺の2大景勝地があった。徐霞客は案内人もないまま、南へとひたすら宝相寺を目指した。

宝相寺は宋代に建設が始まり、もとの名は祝延寺で、鶏足山の祝聖寺と同様に著名であった。だが、寺の周囲には「奇怪な石が重なり、仙人や仏、鳥獣、数多くの美しい玉のようにも見え、天を支える」ような景観であったため、宝相寺に改めた。徐霞客の目に映ったのは「折り重なり雲がかかった崖の目も心も

石宝山の宝相寺

瀾滄江

奪う」美しい姿だった。宝相寺は険しい崖に建設され、石の勢いは天を驚かし、楼閣は雲までそびえる。徐霞客は崖沿いをくねくねと登り、山門に入ると「門殿が3、4階、東を向き、荒れて整わず、僧も石段も寂しげ」な光景を目にする。

　徐霞客は寺に泊まった翌朝、下山し、案内人がいなかったため、見る価値のあった場所を見逃したことを悔しがった。「嶺南2里行く、峰頭石は獅子か象のようで、高いものは崖のよう。門をくぐって地に満ちた花を踏み、別世界に脚を踏み入れた。これが石鍾山だとは知らず、後になって知り、引き返したいと欲するが、既に後の祭り」。石鍾山は珍しい石がさまざまな姿を見せるにとどまらず、南詔、大理国時代に発掘された石窟群が有名であった。これらは燦然と輝く星のように、まさに西南地方の芸術の宝であった。石窟で作られたものには仏像、南詔君王、官吏、外国の僧など、合計16窟、136体があった。彫刻は細かく、精美でさまざまな形のものが残っている。

　徐霞客と芸術の宝がすれ違ったのは彼自身も残念だったが、芸術品にとっても不運なことであった。石鍾山は辺鄙な場所にあったため、優れた学者は足を踏み入れず、その歴史的、芸術的価値は長いあいだ埋もれていた。今では美術史と文化史の著作の中で、しかるべき地位を得ている。

　徐霞客は石鍾山を見に帰らず、浪穹（今の洱源県）への到着を急ぎ、友人の何巣阿と会って大理を遊覧した。

　徐霞客は浪穹境に入り、茈碧湖沿いに南下したが、特に茈碧湖を賞賛している。「西側は波も立たず静かで、北は別の湖につながり、南には山の影が映り、西には古代の古い城壁が続き、それに沿って行くと街に出る」。徐霞客はまるで杭州の西湖の蘇堤上にいるように感じた。ここには西湖の「六橋花柳」はないが、周囲の山は青く、湖は山と丘の宝石で飾られたようで、西湖もかなわない、と思った。蒼茫たる湖を漁船が波を立てて渡っていった。

　翌日、友人の何巣阿と彼の4人の息子が小舟を準備し、徐霞客を茈碧湖の北に向けて漕ぎ、北側の湖に入った。この湖は洱源であった。湖はひょうたん形で、南部は大きく浅く、北部は小さく深かった。「湖の中央は深さ数丈、水は澄みわたって宝石のごとく輝き、穴は水底から噴きあがる数珠のように連なり、水面を踊り、水中に影が躍る。多くの花が珠のように連なり、粒は微細で乱れず、まさに『海の宝石』であった」。美しい景色はとても文字では描ききれない。

今日でも大理の三月街は
徐霞客が描いた
情景そのままだ

## 「松明楼」
### 物語

..........浪穹で徐霞客は鳳羽の鳥吊山と清源洞を遊覧し、その後、鄧川壩子北部の弥苴河から船で南下した。弥苴河は洱海の主要河川で、鄧川壩子を縦に貫く。路上、徐霞客は興に乗じて対岸の風光を盛んにほめそやした。特に西湖一帯を通って秀麗な江南水郷のような風景に目を見開き、細かく観察した。「外は山が緑に縁取り、西子湖が下にあるようだ」。

徐霞客は船を降りると大道通りに沿って南へ行き、東に小山が小さな砦の中に続いていくのを見た。唐前期の六詔[57]のうちの1つ、鄧賧詔(トンダン)の徳源城遺跡である。

鄧賧詔はかつて他部落と連合し、日増しに強大になる蒙舎詔(南詔)に抵抗、反撃していた。しかし最終的には南詔に滅ぼされ、民間には悲壮で美しい「松明楼を燃やす」物語が長く伝えられた。この物語は南詔の詔主、皮羅閣(ピルォガ)が建てた松明楼について語っている。

皮羅閣は他の各詔の詔主と一緒に6月24日の星回節にこの楼に登り、先祖を祭ることになった。鄧賧詔の詔主、皮羅邆(ピルォタン)もこの会に出席しようとしたが、妻の慈善夫人は行かないように引きとめた。しかし彼は夫人の言うことを聞かなかったので、夫人は皮羅邆(ピルォタン)に鉄の腕輪を持たせた。皮羅閣と各詔詔主は先祖を祭った後、松明楼で酒を飲み、夜には4人の詔主は酔いつぶれた。皮羅閣はそっと楼を降り、兵に囲ませると楼への放火を命じ、4人の詔主は焼け死んでしまった。そして皮羅閣は紙のお札を燃やす火がうっかり燃えうつった事故だったと言い張り、主の家臣に骨を取りに来させた。詔主たちの家族は、どれが自分の親しい人なのか見分けることはできず、ただ慈善夫人だけが鉄の腕輪から自分の夫を見つけて、遺骨を持ち帰り、埋葬した。南詔はこれら四詔を廃し、各詔の宮廷の女性たちを略奪した。皮羅閣は慈善夫人が賢くまた美しいのを見て、妻妾にしたいと考えた。しかし彼女に拒否されると、すぐに出兵して城を取り囲んだ。慈善夫人は言った。「わたしは夫の仇を忘れることはできない！」

城に立てこもって半月、城内の食糧は底をつき、城は打ち破られ、慈善夫人は自殺した。皮羅閣は城を攻めた後、感嘆して、慈善夫人を寧北妃として封じた。後世の人は慈善夫人をしのび、城

註
57...洱海周辺にあった浪穹詔、鄧賧詔、蒙舎詔など6つの国。蒙舎詔が一番南にあったので南詔と呼ばれた。

の名前を徳源城と改名した。
　徐霞客もまた慈善夫人の物語に深く感動し、旅行記に記している。

**大理**..........徳源城は今の鄧川だ。鄧川を南下すると楡州で、今の大理である。徐霞客は、どれが「香問花」なのか熱心に尋ねた。これは現地の人が「十里香」と呼ぶ花の木で、岸に咲き、花は黄白色で、蓮の花より大きい。ここに咲く花は多くの種類があるが、香問花がもっとも有名だ。
　大理には四大景勝地があり、風と花の他に雪と月があった。夜には洱海の月が蒼山の雪を照らし、自然と徐霞客も遊びにふけり、いつまでも帰らなかった。昼間、徐霞客は洱海の水と戯れ、蒼山を見て、多くの古跡を遊覧した。夜には、徐霞客と友人の何巣阿は洱海の浜にある有名な崇聖三塔寺を見上げ、「塔の下を徘徊し、橋に座る。松明塔の影、雪と月の色は人を悄然とさせる」と記した。この寺は3つに鼎立する塔で、塔は別名を千尋塔といい、南詔の勧豊祐(チュアンフォンヨウ)の時期に建設が始まり(824〜859年)、雲まで届きそうなほど高くそびえている。
　崇聖寺の遊覧後、石段を登り、方丈の住処である浄土庵に来た。徐霞客がもっとも不思議に思ったのは、仏座後ろの中柱にはめ込まれた2つの巨石であった。巨石はそれぞれ7尺、厚さ1寸ほどで、石の模様は絵のように入り混じっている。
　北側は山と広々とした水が広がっていた。水流は変化に富み、ゆっくりと漂う水に小さな舟が見える。南側は高い峰が折り重なり、深く雲霧が立ちこめて、彼はすっかり心を奪われた。徐霞客は清真寺の碑の枯梅や大空に立ち並ぶ蒼山の石を見て石紋の美しさに感嘆した。「この景色を見ると、絵描きは皆、味気なくなる。画廊などなくしてしまっていいよなあ」と。これは蒼山から産出される大理石であった。石は大理の名を冠し、他の地方から産出される同類の石材の総称となっている。大理における採石の歴史の長さと産出される石の美しさを知ることができる。
　徐霞客は大理にいる間、運よく3月15日の観音節、今のペー(白)族の三月節に遭遇した。これは、もとは観音の寺会で、唐の永徽年間に始まり、明代に発展して市場での交易を主とし各種の民族活動の集会を兼ねていた。徐霞客はにぎやかな群衆にもまれながら集会に参加し、盛況ぶりを細かく記した。
　「今日始まり19日に解散する。13省の物品が揃い、雲南中の物品で溢れる」「北

澜滄江

は馬場で1000の騎馬が集まり、数人が馬に乗って、あちらこちら眺めている」。もし道がこれほど混んでいなければ、ここの公弖はもっと栄えていただろう。

　大理は訪れて見物するに値する場所や物が本当に多い。徐霞客と何巣阿は騰越をめぐった後、また戻ってきて大理の景勝地を巡ろうと約束した。その後、徐霞客はしぶしぶ大理に別れを告げて「博南古道」に沿って漾濞、永平を通り、博南山を越え、3月28日に瀾滄江の鉄鎖橋を横切った。霽虹橋（チンホンチャオ）である。

　早くも漢代には益州郡が設けられ、西南夷が開発された。漢の明帝12年（69年）には博南道が建設され、瀾滄江に初の渡し場、蘭津渡ができた。唐代になると竹の橋が建設され、元代に木橋に変わり、虹が川を越えているように見えたため、霽虹橋と呼ばれた。明代になると両岸に鉄柱が建てられ、そこに鉄縄が通され鉄鎖橋と呼ばれたのである。

　徐霞客は、鉄橋周囲の地勢を興味深く調査した。鉄鎖橋の東面は瀾滄江に面し、アーチ型の石を門として崖と接する場所には諸葛武候祠と税務局があった。橋の西側にもまたアーチ型の石門があり、崖には橋を建設した人を記念する高台があって、祭祀の香と火が絶えなかった。建物はすべて橋の南面で、北面は険しい崖であり登れるような道はなかった。橋の東南は土の岡で、道は「之」という字のように折れ曲がり、鉄鎖橋は土と岩が接する場所にあった。

## 保山

橋を過ぎると保山（バオシャン）に入る。徐霞客の目には「桃源郷のような」場所が映った。徐霞客はこれを「雲南第一の景勝地」と呼んだ。ここは「壁で囲まれ、上から見れば中はへこみ、周囲の山がその上に重なり、底は鏡のようだ。良田に恵まれ、民家が立ち並ぶ。鶏や犬、桑や麻までもが生き生きとして、崖の上には目の醒めるような芙蓉の里が広がる。この桃源郷は、水村という」。この水村という名は、現在も変わらない。しかしその生態環境だけは、当時と違う。

　徐霞客は2度、保山を訪れた。ここに4ヵ月余り滞在し、龍泉を通り、蕉洞を探検し、太保に登り、臥仏を拝み、哀牢に上り、金井を訪れ、九隆翠岡を思い、瑪瑙山（めのう）で麗石の鉱山を観察し……あちこちを調査し、大量の文字で保山の地理、風貌、歴史文物、民俗風情、物産資源などを記述した。また『永昌志略』など10篇余りの文章を書いた。彼は「西南一の大都会」と呼ばれた永昌で多くを書いた。街は整然として繁栄し、村は貨物や食品で満ちている。市は、宝石、瑪

瑙、琥珀、大理石、雲南碁石……珍しいものに溢れ、この上なく美しい。

保山での調査の間、徐霞客は瀾滄江、怒江両岸の山を仔細に観察し、現地を訪れ、文献調査も行なった。その結果、両江は海に出るという結論を得て、『明一統志』にある瀾滄江が「元江と合流する」という記述、また怒江の「瀾滄江と合流する」という記述の誤りを改めた。彼は瀾滄江と怒江は独立した川であり、他の大河とは合流しないと断定した。

保山の蒲縹（プピャオ）から怒江を渡る際、彼は怒江と瀾滄江を比べた。怒江は広々として、瀾滄江の倍もある。だが瀾滄江の深さは測りきれない。彼が怒江を渡った場所は、流れの要衝で水勢は激しいが、深さは瀾滄江に及ばない。2本の川は伯仲の間柄で、まさに甲乙つけがたい。

怒江を渡る前に現地の人々が彼に教えてくれた。「瘴癘（しょうれい）の毒はひどく、必ず酒を飲んでから渡るように。また夏と秋には行ってはならない」。しかし徐霞客はこれに構わず、盛夏の頃、飲酒もせずに舟に乗り、川の流れにまかせて訪ねた。だがいわゆる「雲瘴母」の類には遭遇しなかった。

舟で西岸に渡ると、突然、大雨が降りだした。徐霞客は急いで大ガジュマルの下へ走り雨をしのいだ。木は巨大で奇怪、根は高さ2丈、太さ10抱えほどもあった。正方形の石塔は樹幹の真ん中にあり、塔は木とほとんど同じ高さで、

高黎貢山の東側に見られる柱の模様のある山体

瀾滄江・怒江

樹幹が石塔を過ぎて結びつき、西北の木は密集し、怒江に面した樹幹と石は一体となっていた。徐霞客は感嘆した。怒江岸辺の一大奇観だなあ、と。

　怒江の西には高黎貢山がある。山は立派で、100人以上の人が住んでいた。東は絶壁、東南は穀物で満ちた大きな田んぼがあった。夜には徐霞客は暖炉の側で現地の人々と語りあい、山の俗称が「崑崙崗(クンルン)」だと知る。

　空に月が輝き、徐霞客は高黎貢山の東峰で古今を振り返り、感慨に浸った。彼は諸葛孔明を思い出した。諸葛孔明は、盤蛇谷で戦った兵だと伝えられている。さらに明の尚書(長官)、王冀を思い出した。彼はかつて明の大軍を率いて3度麓川[58]を攻め、土司の分裂を止めた。強い伯方政が率いる部隊と麓川の軍隊が怒江畔で大戦を行ない、援軍が来ず、戦死した……はるか昔の出来事を思い出し、胸が高鳴った。また一抹の寂寥感がこみあげ、徐霞客は書いた。「昔の出来事は鏡を見るように、岩に浮かびあがる」

## 騰越

　やがて彼は高黎貢山を越え、騰越(タンユエ)(騰衝)に入る。ここは世界でも珍しいアルプス―ヒマラヤ地質構造のインド・プレートとユーラシア・プレートが収斂、接する場所にあり、「天然の地質博物館」と呼ばれる。地下断層が多く、火山活動も活発で、中国でもっとも著名な火山密集地の1つである。ここには大小さまざまな火山が40余り分布し、景観もまた奇異であった。民間には「良い騰越州、10山のうち9山には頭がない」という諺がある。この頭のない山とは火山のことであろう。

　徐霞客は打鷹山の調査を行ない、硫黄譚などの火山、地熱、溶岩や、熱泉が「ふつふつ沸騰する」様をいきいきと描写している。「現地の人が教えてくれた。30年余り前、打鷹山は巨大な樹木や竹に覆れていたという。山中には4つの深い龍譚があり、人が恐る恐る龍の池に近づこうものなら、龍の池はぶくぶくと沸きたち、とても近づけなかった。山には羊飼いがいたが、ある日、突然、雷鳴がとどろいたかと思うと、羊飼いと500〜600匹の羊は消え、一面に火が広がった。巨木はすっかり焼き払われ、龍の池も陸地になったという」

　嘘か真か証明するため、徐霞客は山頂に登り、石が「赤く、蜂の巣のごとく合わさってひと抱えほどにふくれあがり、その後、固まって灰のように」なったものを見た。その後、徐霞客が記し

註
58…現在の瑞麗、隴川一帯。

「大鍋」は騰衝の重要な観光スポットとなっている

たこの地震は火山の爆発だったと言う人もいる。

　地熱の現地調査で徐霞客にもっとも深い印象を与えたのは、硫黄譚であった。硫黄は現地の人々から「大滾鍋(タグングォ)(大きな煮えたった鍋)」と呼ばれていた。これは円い熱水の池で、水温は高くて96.6度に達した。年老いた牛がこの中に落ちると数分で煮え、柔らかくなってしまうという。

　騰越で徐霞客は雲峰山、姉妹湖、滇灘関、明光、羅古城、大洞鉱区、綺羅村など山水の名勝と村を歩き回り、その後、再び永昌に引き返して64日間留まった。そして瀾滄江沿いを南下し、右甸(今の昌寧)、順寧(今の鳳慶)を通って雲州州治(今の雲県)に着く。一路、徐霞客は瀾滄江を友とし、水音がごうごうと響くのを聞き、青々と連なる山々を目にした。彼は湾曲する瀾滄江をこう描写している。

　「順寧西北から中心を貫いて東へ行き、東行に苦慮すると中心を貫いて南へ、三台山の南に至る。南から東の境へ出ると、そこは蒙昧の地で、雲州の東は順江分景東、郡の渓流なり」

　そして彼は漾濞江と瀾滄江の合流する場所に来た。「この川の水は瀾滄江の3分の1にも満たないが、同じように混濁しており、雨の後のようだ。舟で渡り、北岸に登り、川沿いを東南へ行く」

　最初、徐霞客は瀾滄江が本当に元江と合流するのか確かめるため、東南に瀾

滄江下流を探索するつもりであった。しかし雲州州治を通りすぎた頃、ある人が彼に「瀾滄江は元江とは合流しない」と教えてくれた。その後、彼が現地の人や、天下を知り尽くした四川人にも尋ねると、みなその人と同じことを言う。瀾滄江は独立した川だという徐霞客の推測が正しいと証明されたのだ。そこで彼は「もう南へ行く必要はないだろう」とさらに下って探究する必要を感じず、順寧府に引き返すと、東北に向かって蒙化(巍山)に入った。

　蒙化は南詔の発祥地で、古城があった。徐霞客はこう記している。「蒙化の街は整い、古城でもある。高いところは洱海と似ている。多くの民家が立ち並び、北門の外は市街地がある。街には科挙に合格した家が3、4軒あると聞くが、これは、大理にまさる」。彼が見るところ、ここは文化のルーツであった。

　蒙化城を出て、再び迷度(現在の弥渡県)、洱海衛(今の祥雲県)を通り、賓川鶏足山に入ったが、瘴地[59]を歩き回ったためか、頭と四肢に発疹が出て、左耳右足が重く、ときどき痙攣する状態であった。彼は最初、虫にかまれたのだと思ったが、どうも虫が見つからない。鶏足山に到着後、はじめてそれが「風土」病だと知った。丸檀寺で彼は、麗江の木生(ムシェンチュン)城府知事の招きを受け、3ヵ月を費やし、病を抱えながらも『鶏足山志』を書き終えた。その後「病で歩けなくなり」、木府知府は竹籠を用意して徐霞客を故郷まで送った。これには150日かかった。楚江に着いて船でくだり、最終的に江陰の故郷へ戻った。彼の生命は旅の途中でほぼ尽きており、家に帰るとすぐ病床に臥した。

　徐霞客は「怪石」(岩石の標木)を寝台の前に置いて、日夜撫でて過ごした。彼は遠くから面会に来た人にこう言った。

　「西漢の張騫は西域を開いたが、崑崙(クンルン)山を目にしなかった。唐の玄奘、元の耶律楚材は君主の命を受け、初めて西へ行った。わたしはただの庶民だが、竹の杖と麻のわらじで30年以上、東は普陀山、北は燕冀、南は閩粤[60]、西北は太華山[61]まで登り、西南は雲貴の辺境まで行った。足跡は江蘇、浙江、山東、河北、山西、陝西、河南、安徽、江西、福建、広東、湖南、湖北、広西、貴州、雲南の地に及び、彼ら3人に続く、4人目となった。死んでもなんら悔いはない！」

　崇禎14年(1941年)正月、偉大な地理学者、旅行家はその54歳の生命の歴程を終え、この世に別れを告げた。

註
59……風土病のある場所
60……福建省と広東省のあたり。
61……陝西省の華山の雅名。太華山は雲南省にもあるがここでは別の山。

川は滔々と日夜休まず流れる。もし川が逆流し、
歴史が翻るならば、あなたはどれほど多くの血が川に混じり、汚れているかを知るだろう。
これは人と川とが結んだ血盟であり、人類の幼稚さ、
無知、野蛮の表れである。文明の行進曲の雑音であり、
人類社会が苦しみつつ進んできたことの証、また未来への警告でもある。
歴史に価値があるのは、それが血で書かれているからだ。

第5章

# 中流の歳月に埋葬されて

## 5―1

### 上古[1]から通じる道

**蜀身毒道**..........荒涼たる古い渡し場で川を渡ると、草むらの中を青い石畳の古道が山の起伏に沿って見え隠れしながら四川省の成都から滇池の浜へ、烏蒙(ウマン)山から横断山脈へ、金沙江から瀾滄江、怒江へ、中国からビルマ（ミャンマー）、さらにインドへと続いている。これは古代著名だった蜀身毒道[2]だ。現在、一部の学者はこれを南方陸上シルクロード、または西南シルクロードと呼ぶ。この道の古代中国における対外交流への貢献は、天山山脈を越えてインドへ行く北方シルクロードにも劣らなかったと多くの人が証明している。

今では古道も荒廃し、遺跡だけが過去を物語っている。もし関心があれば

214　　　　　　　　　　　　　　　　　　　　　　　　　　　　　　　5―1 上古から通じる道

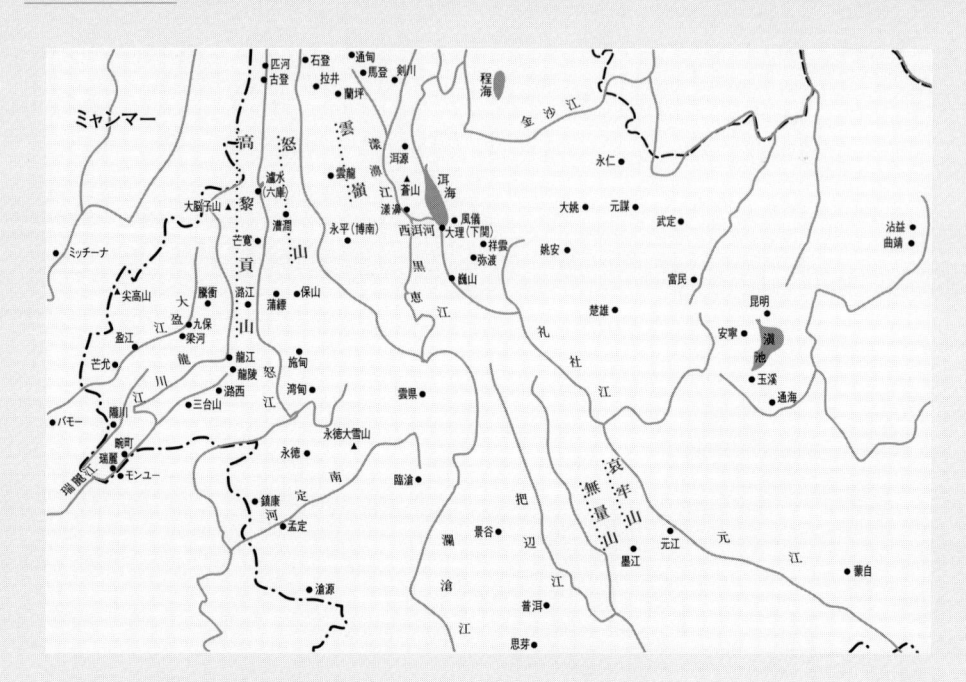

ミャンマー

ミッチーナ
尖高山
盈江
芒允
バモー
　　瑞麗江
　　　　モンユー

大脳子山
芒寛
騰衝　　潞江
大盈　九保
江　　梁河
　龍　　龍江
　川　　潞陵
　　　　潞西
　三台山
　　　　畹町
　　　　永徳大雪山
　　　　鎮康
　　　　　孟定
　　　　　　　　灡滄江

匹河　　石登　通甸
古登　　拉井　馬登　剣川
　　　　蘭坪
高黎貢山　　　　　怒沙江
　　　　雲龍　漾濞　洱源　程海
　　　　　　　　蒼山
怒　瀘水(六庫)　　洱海
江　　　　　　　　　　　　永仁
　　　　　　　　鳳儀
　　　瀘澗　　　大理(下関)　　大姚　元謀
　　　　　永平(博南)　西洱河　　　　　　武定　　　　　　　沽益
　　蒲縹　　　漾濞　　　祥雲　　　　　　　　　　　　　　曲靖
　　保山　　　　　黒　巍山　弥渡　姚安　富民
　　　　　　　　　　　　　　　　　楚雄　　　　　昆明
　　　　　　恵　　　　　　　　　　　　安寧
　　　　施甸　　　　　　　　　　　　　　　　　滇池
　　　　灣甸　江　　礼　　　　　　　　　　　　　　玉溪
　　雲県　　　　　　　　　　　　　　　　　　　　　　通海
　　　　　　　社
　　　　　　　　江　　　　　　　袁
　　　　　　　　　　　　　　　　牢　無
　　　　　　臨滄　　　　　　　　山　量
永徳　　　　　　　　　　　　　　　　山
　　　　　　　　　　　把　　　　　　　元江
　　　　　　　　　　　辺　　景谷　　　　元江　　　　　　蒙自
　　　　　　　　　　　江　　　　　墨江
　　　　　　　　　　　　　普洱
渝源　　　　　　　　　　　思芽

　―・―・―　国境
　----------　省境
　……山　山脈

第5章……中流の歳月に埋葬されて

あなたは歴史の霧を開き、石に刻まれた馬蹄を踏み、過ぎ去った歳月に足を踏み入れることもできるだろう。

　最初に古道が開通した正確な年代は歴史家でも分からない。しかし確かに古道は長い間存在し、少なくとも2500年の歴史を持つ。世界でも人類の歩み、活動と交流、往来が開いたこのような道は珍しい。雲南は最古の人類生誕地の1つで、早くから人が歩き、道もおのずから拓かれてきた。

　数千年来、いくつかの民族がこの道を歩いたが、歴史に痕跡は残っていない。ある日、古道に1人の非凡な人物と、彼に率いられた疲労困憊した遠征部隊が訪れ、歴史に記されることになった。将軍の名は庄蹻（ジュアンチャオ）で、部隊は楚[3]の国から来た。紀元前3世紀初めのことである。

　庄蹻とはどのような人だったのだろう？　実は歴史に残る姿は定かでない。盗賊だったと言う人もいれば、将軍で、「楚国の庄王の末裔」だったと言う人もいる。大歴史家の司馬遷でさえ『史記』の中でこの矛盾に触れている。

　先人はよく庄蹻と昔の武装蜂起の首領、柳下跖（ヤンシャジ）を並べて語った。「跖と蹻は暴れ者だった」。跖は赤貧の奴隷で、蹻はわらじを履いた農民だった。2人はむしろ旗を掲げて立ち上がり、金持ちを倒し、貧者を助け、時には巧みに金持ちの財産を盗んだ。たとえば飴で門のかんぬきを固め、門をこじ開けても音が出ないようにした。今日の視点から見ると2人は搾取や圧迫を受けながらも反骨精神を持っていた人物だ。どうやら庄蹻と柳下跖は、農民武装蜂起の首領だったようである。

　庄蹻は貧い家の出身だった。しかし非凡な才能に恵まれ、勇敢で、天下の興亡をみずからの責任とし、「批判精神」に富んでいた。支配階級の腐敗と堕落を摘発し、大衆を動かした。彼は世を乱したが、また同時に治政についても語るタイプの人物で、どのように楚を治めるべきかについて綱領を提出したこともあり、際立った軍事の才もあった。荀子[4]でさえ彼に敬服せざるを得ず、彼を「戦に長けた者なり」と称した。

　当時、楚の勢力範囲は広く、長江と淮河の全流域に及び、強力な兵力を有した。また秦と長期的に対峙し、互いに強敵とみなしていた。戦国後期[5]、中原の各国は次々と法律や制度を改正し、富

註
[1]……文献を有する限りでもっとも古い時代。
[2]……蜀［現在の四川省一帯］と身毒［古代インド］を結んだ道であるためこの名がついた。
[3]……春秋・戦国時代の国。長江中流域を領有［〜紀元前223年］。
[4]……戦国時代の思想家。紀元前298年〜前238年以降。
[5]……紀元前3世紀頃。

瀾滄江・怒江

瀾滄江1級支流の
漾濞江にかかる雲龍橋は
歴史的には
西南シルクロードで
必ず通る道だった

国を図った。楚は呉起変法[6]の失敗のため、皇室の貴族が権力を独占し「媚びて事をなし、良臣は減るばかり」だった。こうした状況のもと国力は日に日に衰え、社会矛盾が激化、複雑化し、人々は苦しい生活を強いられた。

　周の報王14年（紀元前301年）、秦と斉、韓、魏が連合して楚を攻め、垂沙（現在の河南省にある泌陽県泌陽河以北）で楚軍を大敗させた。楚の将軍、唐蔑（タンシェ）は戦死した。内外の矛盾が一気に爆発し、人々は耐えきれず、とうとう庄蹻を指導者として農奴と農民の武装蜂起を起こした。

　　武装蜂起の規模は大きく、楚の都──郢（イン）（現在の湖北江陵）を一気に攻め、楚の貴族政権を打とうとした。楚の襄王（ナン）は庄蹻の蜂起鎮圧に集中するため、あえて父を殺した仇の秦に取り入り、「20年間は楚を攻めず」との約束を取りつけたた。

註
6……戦国中期に法学者である呉起が旧貴族勢力を打倒して行なった政治経済改革。

貴族勢力の厳しい鎮圧により、庄蹻の武装蜂起は失敗した。彼らは西南に追いやられ、苦しい長征が始まった。

これは歴史にとって好運だったのだろうか、それとも不運だったのだろうか？ この失敗により、庄蹻は中原での武装蜂起を諦め、西南辺境を拠点とすることにした。

当時、中国西南部では楚の統治力は比較的弱かった。庄蹻は部隊を率いて沅江（ユアンジャン）を遡り、湘西（現在の湖南省西部）から貴州東の且蘭（チエラン）に入り、船に乗り、陸を越えた。貴州西の夜郎[7]国に着くと、雲南貴州ルートに沿って貴陽、安順、沾益、曲靖を通り、最後に雲南の滇池地区にやって来た。

この土地は広く肥沃でさまざまな少数民族が暮らし、農業も盛んだった。庄蹻は始めはここで力を蓄えた後、楚に帰り、武装蜂起の大業を成しとげようと考えた。しかし、秦の昭王27年（紀元前280年）、秦は司馬錯を派遣し、楚の黔中郡を奪取し、庄蹻と兵士の帰路を断った。

住めば都というもので、美しい滇池の浜には花が咲き、人々を魅了した。庄蹻の率いる2万人余りの兵士の多くは現地の住民と結婚、家庭を持って仕事を始め、服装を変え、習慣に馴染んだ。楚の人はもともと少数民族であったが、常に「蛮夷」と自称し、百濮（バイプー）系、百越（バイユエ）系[8]と密接な関係があった。郷に入れば郷に従うことはこれらの兵士たちには何も難しくなかった。また彼らには帰るべき家もなかったので、なおさらだった。

「西南の道、まず庄蹻が通す」という言葉もある。この道は西南と中原を紐のように結んだ。楚の比較的進んでいた文化が滇池地区に流入し、古滇文化は徐々に中華民族文化の大海に流れこんでいった。

**五尺道**..........秦の6国統一後、秦の始皇帝は北方に万里の長城を築くと同時に、国内と南方の道を築いた。彼はまず京師（関中）を中心として四方に輻射状の交通幹線を引き、中国の交通ネットワークの初期の基盤を作っていった。

註
7......現在の貴州省にあった国。夜郎自大の故事の由来となった。
8......第3章の第4節（115ページ）参照。

瀾滄江

秦の主な交通路のうち西南ルートは京師から西南へ続き、著名な褒斜桟道沿いに秦嶺(チンリン)を越え、漢中を通り、広漢から豊かな蜀の地(四川)、成都に入った。秦の始皇帝は成都を道の終点とみなしたわけではなく、さらに西南へ伸ばすよう命じ、ここに著名な「五尺道」ができた。「五尺道」は険しく、多くの桟道(杭と板で組んだ道)があり、道幅が5尺(約1.7m)であったことからこの名を得た。道は成都から岷江水路を通って棘道(ボ)(現在の四川省宜賓)、金沙江を渡り、滇東北の山々を越え、塩津の石門関、朱提(現在の昭通)、味県(曲靖)を通り、一路、西の滇(昆明)から楚雄を通り、彩雲が南から現れる場所(現在の祥雲県南驛)を過ぎ、叶楡(イエユ)(大理)まで続いた[9]。

　「五尺道」が通った山は険しく、道を拓く事業は困難で、当時は薪を積み燃焼させる方法が採られた。岩石は焼くと柔らかくなり開削しやすくなる。あるいは焼いた後に冷水をまくと石に亀裂が入った。記録によれば当時、道沿いには多くの火焼きの痕跡が残り、焼かれた黒い崖が水に映って、長江中流から遡上する魚が畏れたという。

**霊光道**..........当時はさらに別の道が通っていた。これは成都から臨邛(リンチョン)(現在の四川省邛峡県)、霊光(芦山県)、笮都(ズオドゥ)(漢源県)、登相榮古堡(喜徳県)、邛都(チョンドゥ)(西昌市)、塩源などを通った後、金沙江を渡って雲南に入り、青嶺(大姚県)、大勃弄(タボノン)(祥雲県)を通り、叶楡で「五尺道」と合流する古代の道だ。霊光は四川省西部平原の門戸であったため、「霊光道」と呼ばれた。

　秦の始皇帝が苦心して万里の長城を築いた話は代々伝えられたが、秦の始皇帝が道を建設した功績は忘れられがちだ。長城は防御のために使われ、人々の往来を断絶したが、道は交流のために使われ、人々の視野と希望を開拓した。長城建設は秦が2代で滅びる結末を変えられなかったが、道路建設はにぎやかな大西南を中華民族の大家族に加えた。秦の始皇帝の道路建設は長年の偉業であり、その意義は長城建設をしのぐだろう。

　五尺道と霊光道はともに官の道だったと言える。官の道は多くが民の道の基礎により開かれた。当時、庄蹻が開拓した道はさらに西に伸び、ついには瀾滄江流域に入った。瀾滄江流域は昔から人類が暮らす地であり、民族移動の道があった。

註
9......第9章の地図(382ページ)参照。

**博南道**..........人の暮らす場所ならば、道に終わりはない。「五尺道」は大理へ続き、大理は人類の足跡の終点にはほど遠かった。大理の西にはさらに遠くへ延びる「博南道」があった。

「博南道」は叶楡（大理）の西に位置する永平の博南山からその名がついた。険しい博南道を越えれば、瀾滄江の激流であった。瀾滄江を渡ると当時、古くからの独立国、「哀牢夷[10]」部族連盟があった。哀牢夷は原始社会の末期に始まり、戦国から西漢の時代にかけて栄えた。哀牢古国は東漢以後に永昌郡と改められた。博南道は嶲唐（今の保山）壩子を貫き、西は怒江を渡ると高黎貢山東の道から山頂に登り、下山して騰越（現在の騰衝）からビルマに入り、そのまま身毒（古代インド）まで通じた。「五尺道」「永昌道」とも繋がり、これぞ古代中国において最古の往来があった南方シルクロード——「蜀身毒道」、より正確に言えば「蜀滇—身毒道」であった。

## 南方シルクロード：
**蜀身毒道**..........古道は官ではなく、人やキャラバンが1歩ずつ開拓し、汗を垂らし生命をかけて作ったものだ。道は人々の生存の要求、富への夢、交流への渇望により拓かれた。目立たぬ道を見過ごすなかれ。この道には瀾滄江、怒江よりも大きな孤独と寂しさがある。道は中原から腕を伸ばし、古代インドまで続いた。道は大陸と海の使者である。

秦が滅びて漢が興ると、乱世となり、中原の朝廷は他をかまう暇がなくなった。朝廷も意識的に「民力を養う」政策をとり、秦が西南に置いた一部郡県を放棄した。

紀元前2世紀、政府高官の張騫は漢の武帝の命を受け、大月氏[11]への使者として西域へ行き、中央アジアまで到達した。張騫は元狩元年（紀元前122年）に帰国すると、武帝に大夏[12]について報告した。「市場では蜀の布と邛（チョン）の竹杖を見かけました。どこで入荷したのかと尋ねると現地の商人が身毒国で商売をし、買ったものでした。身毒国は大夏の東南、数千里にあり、蜀と「西南夷」の物品があります。身毒と蜀の間には必ず通れる道があるはずです。大夏へ使者を出すために西方へ行くのは羌族がおり危険で、北には匈奴がいます。蜀から大夏に通じる道は便利で、盗賊が出る心配もありません」

註
10...夷は未開の蛮族という意味。
11...中央アジアに存在した騎馬民族。
12...バクトリア。現在のアフガニスタン北部。

瀾滄江

怒江の双龍橋もまた
古道の重要な通路である

　武帝は張騫の報告にたいへん驚いた。昔、はるか遠くの西南に珍しい馬、立派なヤク、美しい布、安い僰族[13]の召使がいると聞いたが、自国民がとうに異国と交流をしていたとは知らなかった。武帝は西南夷を経て蜀身毒道に通じ、ここから大夏への道を開拓、掌握し「匈奴の右腕を切る」ことに決めた。そこで元狩元年、武帝は張騫、王然于（ワンランユ）、柏始昌（ボシチャン）、呂越人（リュエレン）などに使者を命じ、地元の政府の力を借りて身毒への4本の道を開こうと試みた。
　　　　西南への道を開くのは漢の武帝の想像以上に困難だった。長いあいだ隔てられてきた互いの防備は、いくら互いに有益といっても、人々は簡単にはお互いを信用しない。相互の理解も、信頼も、コミュニケーションも難しかった。

註
13…中国西南部に居住していた少数民族の1つ。既に消滅している。

〒113-0033 東京都文京区本郷3-7-1　電話 03-3815-1688　FAX 03-3815-1810

**めこん**

加納啓良 Kano Hiroyoshi

# 東大講義 東南アジア近現代史

東大教養学部テキスト

好評3刷！

東ティモール
インドネシア
シンガポール
マレーシア
ブルネイ
フィリピン
ミャンマー
カンボジア
ベトナム
ラオス
タイ

**11ヵ国の近現代史を一気に学ぶ**

インドネシア研究の第一人者・**加納啓良教授**（現名誉教授）が東大教養学部と経済学部で長年講義してきた「**東南アジア近現代史**」「**東南アジア経済史**」の講義ノートを1冊にまとめました。東南アジア11ヵ国の複雑な**政治・経済**の歩みがコンパクトにまとめられた**理解しやすい**テキストです。

・定価＝**2,500円＋税**・A5判・262ページ・写真・図表多数

URL http://www.mekong-publishing.com/　ISBN978-4-8396-0261-1 C0022　発行＝めこん

第1章 東南アジアの概況と近現代史の時代区分　1-1.東南アジアの地理的範囲／1-2.東南アジアの自然環境／1-3.民族と言語／1-4.人口／1-5.食物／1-6.宗教／1-7.東南アジア近現代史の起点

第2章 近代以前の東南アジア史　2-1.先史時代の東南アジアと初期の国家形成／2-2.初期の海洋交易国家の発展と島嶼部における王国展開／2-3.稲作の基盤となる王国展開と大陸部仏教の拡大と諸王朝／2-4.大陸部における上座部仏教の拡大と諸王朝／2-5.島嶼部におけるイスラムの拡大と諸王朝／2-6.中国化したベトナムの諸王朝／2-7.ヨーロッパ勢力の到来と19世紀初めの東南アジア

第3章 欧米植民地支配の拡大　3-1.オランダによる東インド支配の拡大／3-2.イギリス植民地支配の拡大／3-3.交通・運輸・通信の発達と世界市場への編入／3-4.タイの近代化とフランス領インドシナの形成／3-5.フィリピンのアメリカ植民地化／3-6.鉄道の建設と太平洋貿易の増加

第4章 後期植民地国家の形成と経済発展　4-1.後期植民地国家の形成／4-2.1910年代から1941年までの経済発展

第5章 植民地支配の帰結とナショナリズムの台頭　5-1.ナショナリズムの台頭／5-2.フィリピンにおけるナショナリズムの展開／5-3.インドネシア・ナショナリズムの誕生と成長／5-4.インドシナにおけるナショナリズムと社会主義運動の展開／5-5.ビルマにおけるナショナリズムの展開／5-6.タイの立憲革命／5-7.英領マラヤにおけるナショナリズムと共産主義運動

第6章 植民地支配の終わりと国民国家の誕生　6-1.第二次世界大戦と欧米植民地支配の崩壊／6-2.ベトナム8月革命と第1次インドシナ戦争／6-3.インドネシアの独立とフクダン団の反乱／6-5.ビルマの独立と内戦／6-6.マラヤ連邦の形成と内戦、独立

第7章 ナショナリズム革命の終結と強権政治の展開　7-1.スカルノ体制からスハルト体制へ(1960年代末までのインドネシア)／7-2.マレーシア連邦、シンガポール共和国の誕生とASEANの結成／7-3.マルコス政権の成立と戒厳令体制下のフィリピン／7-4.サリット政権と軍部独裁体制下のタイ／7-5.ビルマ式社会主義の成立と展開／7-6.第2次インドシナ戦争とベトナムの統一5カ国経済

第8章 製造工業の発展と緑の革命　8-1.工業化の始動と民族・種族間対立／8-2.「緑の革命」と稲作農業の変貌／8-3.貿易統計から見た1970年代のASEAN

第9章 1980年代からの東南アジア　9-1.フィリピンの「ピープルズ・パワー革命」とマルコス政権の崩壊／9-2.インドネシア・スハルト体制の長期化／9-3.マレーシア・マハティール政権の成立とブミプトラ政策の推進／9-4.ブルネイの独立とシンガポールの経済高度化戦略／9-5.ミャンマーの民主化運動と軍事政権／9-6.ベトナムの新路線(ドイモイ)と市場経済化の開始／9-7.カンボジアの悲劇と内戦／9-8.経済発展の新段階へ／9-9.プラザ合意、円高と新産業投資ブーム

第10章 20世紀末以降の東南アジア　10-1.貿易自由化とASEAN地域統合／10-2.アジア経済危機(1997～98年)と東南アジア／10-3.リーマン・ショック(2008年)後の東南アジアの経済成長／10-4.最近の貿易統計から見た東南アジア経済／10-5.スハルト体制の終わりとインドネシアのレフォルマシ／10-6.市民社会の目覚めと強権政治の後退／10-7.フィリピン——アロヨ政権から新アキノ政権へ／10-8.タイの政治抗争——黄色派と赤色派の死闘／10-9.21世紀世界と東南アジアおわりに

参考文献／東南アジア現代史略年表／索引

内容

漢朝とは何か？　当時の「西南夷」にとってこれはたいへん曖昧な概念だった。道中、漢の家臣はよく大小の現地部族の首領に尋ねられた。漢とわれわれでは、どちらが大きいか？　夜郎でも尋ねられ、滇国でも同じ質問をされた。家臣たちは我慢強く、漢がいかに強大であるかを説明した。しかし口で言っても、現地の人々は彼らがホラを吹いているのだろうと受け取るので、家臣たちは困らされた。何度、使節を送っても断られ、家臣がぺこぺこさせられる始末で、漢の皇帝は立腹した。目的はなかなか達せられなかった。しかし漢の使節は、蜀身毒道の重要な交通の要──滇国に到達し、滇池のまわりに肥沃な良田が広がるのを見た。滇国の西は意外にも「乗象国[14]」で、蜀の商人が訪れる重要な貿易集散地であった。昆明族が暮らす叶楡河[15]は要衝として守る必要があったため、現地の人々は水戦に長け、精悍だった。そこで武帝は長安に人口湖を掘るように命じ、昆明池と名づけ、ここで水軍を訓練し、滇池、洱海地区の「西南夷」と戦う準備をした。今でも昆明にある大観楼の著名な長聯[16]には「漢習楼船」の文字が残り、この歴史を伝えている。唐代の詩人、杜甫もまた史詩に「昆明池、漢の時代に功をたてる、武帝の色とりどりの旗が眼前に」の名句を残している。また雲南の楊昇庵(ヤンシェンアン)[17]もこの史実を残した。

　確かに昆明池は漢の武帝の「西南夷」征伐に大きく貢献をしたが、本当の意味で貢献したのは先人が残した五尺道と霊光道だった。討伐はおもに陸上で展開され、漢軍は蜀から雲南高原に入り、まず滇池東北部の労浸(ラオチン)、靡莫(ミモ)などの部落を征服した。大勢の兵士が滇に押し寄せたため、滇王はやむなく降伏した。漢廷は「滇王之印」を滇王に与え、漢の中央政権のもと滇王が職権を行使し続けるようにした。古滇国の征服以後、紀元前109年から紀元前105年、漢の武帝は郭昌(クオチャン)と衛広(ウェイクアン)に命じて大軍を派遣し、再びその勢力を瀾滄江流域に伸ばした。そして3度目についに洱海地区の昆明族を征服し、哀牢古国に通じる門戸を開いた。

　哀牢──。瀾滄江、怒江が潤し育んだ部族連盟の古国は漢王朝の前に神秘のベールを開き、東方に微笑んでいた。

註
14……騰衝のこと。
15……洱海のこと。
16……対句を書いた大きな掛け物。
17……本名は楊慎。元は四川の官吏であったが、1524年に皇帝の怒りにふれて雲南に左遷され、その後、文化人として名を馳せた。

瀾滄江

## 5―2 哀牢国の沈木

**哀牢伝**..........世界に数多ある大河の中で瀾滄江と怒江について特筆すべきは、ただひたすら流れ、世をゆるがす出来事にも驚かず、まして黄河や長江のようには逐一記されてこなかったことだ。文人などやかましい訪問者にとってここはあまりに遠く、文人がやってくることもなければ、文字にされることもなかったようだ。そのため、後代の人が歴史を遡った際、偶然、遺跡や文献を調べる中で、時に断片的に言及されているのを見つけることができればたいへん貴重なことであった。

東漢の時代に楊終（ヤンジョン）が書いた『哀牢伝』は、比較的早期に両江流域の民族の歴史を文字にしたものと言えよう。これは哀牢国の君主が漢朝廷に招かれ、使者を都に派遣した時のことを書いたものだ。残念なことに現在では失われてしまったが、『華陽国志』、『後漢書』などの史籍は哀牢国の君主についてわずかに記述を残す。これは人類の幼年期の常套手段である神話形式で著されている。

> 哀牢は異民族の者なり。祖先に沙壹（サイ）という名の女がいて（哀）牢山に暮らした。水中で捕えた魚を食べ、沈木に触れ、妊娠する。10月、10人の男児を産んだ。沈木は龍になり、水から出た。沙壹は突然、龍が語るのを聞く。「もし私が子供をもうけたのなら、今、彼らはどこにいるのか？」
> 9人の子は龍を見て、驚いて逃げた。ただひとり末の子は逃げず、龍の背に座り、龍はその子を舐めた。その母は鳥のように聞き慣れない言葉を話し、「背中」を「ジウ（九）」と呼び、「座る」動作を「ロン（隆）」と言うのでその名を九隆とした。やがて成長すると、兄たちは九隆は父が舐めたため賢いのだと皆で推して王とした。
> 後（哀）牢山麓にはある夫婦がいて、10人の女児を産んだ。九隆（ジウロン）の兄弟がすべて妻にめとり、成長する。身体には龍の鱗のような模様が描かれ、衣服にも尾がついていた。九隆が死ぬと、代々世襲され、小王に分かれ、街に置かれ、渓谷に散った。荒れた辺境の外は山河に深く阻まれ、彼らと中国とは通信もなく知り合うこともなかった。

これは歴史だろうか？ ジャンルとしては神話だろう。しかし本当に神話だろうか？ ここにははっきりと人の知る西部地域の歴史の一部が記されている。唐章懐の太子、李賢(リシェン)は『後漢書』のこの部分に注を加え、哀牢後期の8代の君王の名を記した。

　神話は人類幼年期の記憶であり、歴史は記憶の表れである。古い歴史を持つどの民族も幼年期の表現はしばしば神話形式で現れる。古エジプト、古ギリシャ神話も、中国の祖先が伝えた炎黄大戦、堯除丹珠、魚系化黄龍などの神話も、すべて同じだ。

　悠久で非凡な民族はみな自民族の淵源を神秘の世界に広げた。哀牢王九隆の来歴は、女登と神龍の接触により炎帝が生まれ、慶都が赤龍に感じ堯を生み、握登が虹を見て舜を生んだという中国歴史書の記述[18]、「天を感じて生まれた」聖人物語と似ている。『春秋公羊伝』は次のように記す。「聖人みな父なし。天を感じて生まれる」。瀾滄江、怒江のように遠く離れた大地でも、これと似た観念、心理、思考方法が、哀牢夷の沙壹が沈木(龍)に触れ哀牢王が生まれたという物語を誕生させた。龍の文化は黄河、長江流域で流布しただけでなく、はるか古代の瀾滄江、怒江流域でも龍の影があったのだ。

　哀牢国は純粋な神話ではなく、史実でもあった。東漢105郡国のうち哀牢は第2の大国で、開国の君主も「龍を継ぐもの」だった。その後、学者は哀牢が何を示すかについて論争を続け、諸説入り乱れたが、神話の解読については一致した。先祖がどこから来たにしても、哀牢国の開国の君主は現地で生まれ育った地元の人であった。哀牢国は瀾滄江と怒江の間の地に興った。当時、人々は川に頼り、漁で生計を立てた。人と川は密接に関わり、人々は川を神秘、神聖とする感覚を持っていたのだろう。そうでなければ、どうして尊い開国の君主が、雪原の大山、平原の陸地、高空の雲霧ではなく、山麓の水中あるいは清い泉、深淵、滔々と流れる大河など、つまりは現地の水域から現れただろうか。現在、2本の大河の間に位置する保山の西南隅には名勝地があり、易羅池または九隆池と呼ばれている。伝説で九隆の母が木に触れ、妊娠を感じた水域である。

　九隆はまさに大河の子であった。大河は彼に生命を与え、知恵と権威と、素晴らしい能力を与えた。そうでなければ彼は争いが

註
18... 炎帝、堯、舜はすべて中国古代の神話中の皇帝。人間の女性と自然が合体して聖人を生むという話。

瀾滄江・怒江

続く乱世で数百年も続く王国を存続させられなかっただろう。

　記録によれば哀牢は「東西に3000里、南北に4600里」の国であった。東は瀾滄江から、東南は礼社江(リシャ)と把辺江(バベン)の間、雲嶺から哀牢山へ南延し、西はインド、ビルマ（ミャンマー）境界のパッカイ山、南は怒江下流のサルウィン川一帯、北は現在のビルマとチベットの境界、雲南の西部、南部、ビルマ北部を覆う広大な地域である。

　この「肥沃な五谷豊穣」の地は水源に恵まれ、鉱物が豊富に埋蔵され、樹木は茂り、多くの動物を有した。銅、鉄、鉛、錫や黄金、珠、琥珀、翡翠、水晶、瑠璃、カラスガイの真珠など多くの鉱物・貴石とさらに孔雀、サイ、言葉を話すオランウータン、鉄を食べる狸などの珍獣を産出した。ここに生える竹も他の地域にはないもので、節は1丈（約33cm）で濮竹と呼ばれた。

　特産品では、「橦華布」(トンファブ)と「蘭干細布」(ランガンシブ)がもっとも有名だった。宋元以前の中原では綿花も綿布も産出され、人々は植物の織物を貴重とした。ここで産出される橦華布と蘭干細布は絹製品と比べても優れた性質を多く持っていた。橦華布は現地特産の綿花を使って織ったもので「柔らかなこと絹のごとし」、「織って布にしたものは、幅5尺、潔白で汚れを知らぬ」と言われた。内地では「蛮布」「蛮錦」と呼ばれた。蘭干細布は質の良いカラムシで織られた。カラムシの繊維は長く柔らかく細やかで、それに現地の織女の染織技術が加われば、その布質の柔らかさ、模様の美しさは中原の麻の粗い布とは比較にならなかった。

　橦華布と蘭干細布は、高い商業価値から商人に好まれた。四川商人は賢く、商機と見ると大量に買い付け、仲買として販売し「蜀布」の名を得た。秦漢の頃には遠く中原と西南アジアまで売られ、「東方一絶」[19]と呼ばれた。残念なことにこうした「蜀布」は、蚕の絹を紡いだ「蜀錦」から麻織の「黄潤細布」まで玉石混合で、しばしば蜀で産出されたものだと誤解され、著名な文学者でさえよく間違えた。たとえば左思[20]は『蜀都賦』の中で、蜀の都に「布あり、これ橦華」と褒め称えている。

註
19…比類のないもの。
20…西晋時代の著名な文学者。250〜305年。

太宝山の下の永昌壩は
古哀牢国の故地

　王維[21]も『送梓州李使君』の詩で、「漢女は橦布を政府に納め、巴人（四川人）はしばしばその田を求めて争う」と書き、橦布は、実は哀牢から蜀に運ばれたものであるとは知らなかった。

　当時、中原の人々はやはり哀牢よりは蜀を知っていた。哀牢と中原の往来は少なく、また哀牢人は現在の雲南に暮らす他の少数民族と同じように、内気で商売を得意とせず、自ら宣伝するような人々ではなかった。

　哀牢に発達した商業文化はなかったが、少なくとも相当範囲に物々交換の交易が存在し、売買をしなくても双方が顔をあわせ交換できた。哀牢人の魂には子供のような純真さがより多く

註
21……盛唐時代の文化人。701〜761年。

瀾滄江・怒江

残されていたと言えよう。

　古くから哀牢文化と中原文化ははっきり異なる部分があった。『後漢書・南蛮西南夷列伝』にも、哀牢文化の特徴を述べた部分がある。

　「哀牢人は皆、鼻輪や耳飾をつけ、指導者は王を自称し、耳飾りは肩下3寸まで、庶民は肩まで」「皆、身体に龍のような模様を描き、服には尻尾がついている」

　哀牢人が独特の社会構造、生活方式、審美の趣味を持ったということがよく分かる。鼻輪をつけ両耳につけた長々とした飾りは、「何本にも分かれ、鶏の腸のようで耳から垂らし」肩まで届いた。帽子の羽で官民の身分を区別するのではなく、耳飾りの長短で識別し、官僚のものは長く、肩下に達した。身体に入れ墨をし、模様を描く習慣があった。多くは龍の模様であり、これは沈木に触れ生まれた九隆始祖にちなんだものであろう。

　哀牢人が身につけた美しい模様の橦布や蘭干細布の衣服は袖や襟がなく、頭からかぶる貫頭衣だ。臀部にも尻尾のようなかざりをつけ、歩くたびヒラヒラと孔雀のようにも、龍が踊っているようにも見えた。彼らは龍のイメージで自らを飾ったのであろう。畢竟、「龍を継ぐ人」であり、哀牢人は川の水域とは切っても切れない絆で結ばれていた。

　身につけたものや装飾からは、哀牢人が戦(いくさ)に優れた民族だったとは信じがたい。確かに哀牢人も平和を愛し、生活を愛した。はるか昔、先祖は戦争と殺戮から逃げるため、生命の危険をおかして山を越え、川を渡り、ようやく瀾滄江と怒江の周辺にたどりついた。大河という天然の要害の加護に頼り、平和な世界を手にしたのだろう。

　残念なことに、漢の建武の時期、哀牢の指導者の中に賢栗(シェンリ)という好戦的な国王が現れた。彼は領土拡張の欲望で頭がいっぱいだった。建武23年(43年)、賢栗は部下に命じ、大きな竹筏(箄船)に乗って鹿茤部族[22]を攻めた。鹿茤は弱小国だったが、既に強大な漢に帰属していた。最初、哀牢人は勝利を収め、多くの鹿茤の兵士を殺し、捕虜にした。

　　　　哀牢人が喜びに沸こうとした時、突然、空に風雲が巻き起こり、雷が天を震わし、暴雨と狂風が吹き荒れた。川は逆流し、波立ち、渦巻いた。200里(100km)も連綿と続いた竹筏は転覆し、筏の上で勝利に酔っていた哀牢兵士はあっという間に大波にさ

註
22…古代の少数民族。当時、ビルマのバモー以南に居住していたとみられる。

らわれ、数千人の兵士と馬が川に飲まれた。この後も、賢栗はあきらめず、再び多くの兵士を派遣して、6人の大王に鹿茤を攻めさせた。鹿茤人は漢の助けを得て、決死の覚悟で戦い、奮闘した。一戦を交えると、哀牢の6人の大王は敗れた。従軍の参謀役の老人たちは、6人の王を同じ墓に埋葬したが、その晩、飢えた虎が墓を掘って死体を引きだし、食べてしまった。哀牢の兵たちは悲しんだ。

　みずからを大河の子だと自認していた哀牢人は突然、先祖を怒らせたのだと気がついた。天を敬い、命を重んじた哀牢人は天の意思を悟った。また長く漢とつかず離れずの立場をとってきた哀牢人は、漢が既に強烈な威光と磁石のような吸引力を持つことを痛感した。この閉じられた古国は先進的な外来文明の潮に晒された時、2つの選択肢を迫られた。抵抗か、融合か。前者を選ぶのは難しかった。人類文明の過程にそむくからだ。後者がやはり大勢の選択であった。民族の生存と発展にも有利につながるからだ。

　抵抗の試みが失敗した時、国王賢栗は悟った。後者を選択すべきだ、と。彼は慨嘆して王座から降りた。「われらはこの辺境の地に古くから暮らした。今日、鹿茤を攻め、天誅に遭った。中国には聖帝がいるのだろうか？　天の加護からそれは明白であろう！」

　東漢の建武27年（51年）、哀牢王、賢栗は手下を連れて越嶲[23]（ユエスイ）を訪れ、太守鄭鴻（ジェンホン）に投降し、漢の属国になることを求めた。この100年余り前、漢の武帝は瀾滄江の東に郡県を設置し、苦心して経営し、飴とムチの併用によって華夏文明を哀牢の人々に示していた。何世紀も知らず知らずのうちに影響を受け、ついに哀牢人は強大な磁力に引きつけられ、漢に従う選択をしたのだ。

　漢の光武帝、劉秀（リウシウ）は大いに喜び、賢栗を哀牢の君主とした。武帝の頃から、漢の皇帝は西南に通じたいと願ってきたがこの地が悩みの種だった。張騫が大夏で西南貿易の物品が通る「南方シルクロード」を発見して、漢の管理する道とし、狂猛な匈奴に北方シルクロードの喉もとを絞められてしまうことを回避していたからだ。

　哀牢の帰属により、ついに漢にとって最後の悩みの種が取り除かれた。これは漢の歴代皇帝が夢にまで見たことであった。当然、これは中華文明の発展にも中長期的な影響をもたらした。中華文化は川のように、細い流れから始まり、多くの流れが集まって堂々たる大

註
23…現在の四川省越西県。

瀾滄江・怒江

河となる。哀牢文化もまた、中華文化の河流に合流した流れであった。

その後20年足らずで賢栗の後に哀牢王となった柳貌(ヤンマオ)は、息子が率いる一隊を都に派遣した。息子は7000里離れた洛陽に到達すると、皇帝に謁見し、哀牢国を属国から郡県に改めるよう求めた。宗皇帝は喜んで柳貌に「哀牢王章」の印を賜った。その形や字体は、著名な「滇王之印」と同じであった。

その後、哀牢は次第に歴史の舞台から影が薄れて、完全に華夏の王朝に属し、終始、運命をともにする永昌郡となった。以後、瀾滄江、怒江を貫き、山を横断する道は、中華の大地の血脈となり、外界と繋がる神経となった。

水中の沈木から生みだされた鮮やかな王国は、歴史の風雨をわずかな歳月、漂った後、涅槃の先例を受け、最後には新生鳳凰として、いや、1匹の龍として、ついに大河と1つになった！

# 5—3 ある政権の影

**唐代の南詔政権**..........大理の洱海地区、縦横に川の流れる大地には瀾滄江、金沙江、元江の3本の大河が、まるで軍隊が戦略の要地を狙っているかのように伸びている。地質学者によれば、かつてここは主に金沙江の流域だったが、その後、地質の変化によって河道が変化し、現在のようになったという。瀾滄江は西部、南部と中部を占め、金沙江は東北部を流れ、元江は東南部を流れる。

大地を潤すこれらの大河は、乱世の時代に互いの勢力範囲を決めるため、残酷な戦いや激しいやりとりをしたのだろうか。創造の手がこの地を愛したからなのか、瀾滄江を重んじたからなのか、瀾滄江の主な支流はここで存分に広がる。黒恵江、漾濞江、西洱河、東洱河、螳螂川、弥沙河、順濞江などのほか多くの無名の河が密集する。これらは、籐の蔓がいくつもの大きな果実を育むように、剣湖、茈碧湖、西湖、そして最大かつ著名な洱海などを生み出した。

洱海と瀾滄江は、さまざまな風雨と血の汚れを経験した。ロダンの彫刻「考える人」のように、彼はもはや「悩みがあるように装う」ような若者ではなく、成熟し、黙々と回顧しながら歴史上、彼らの身の上に起きてきたすべての場面を思いだし、人類の成長について考えている。

南詔の時期に建てられた大理三塔は、あたかも水中に歴史が映っているよう

瀾滄江・怒江

歴史は回顧と思索を続ける中でのみ永遠の命を持つ。それがなければ、たとえ鉄で石に刻んでもむだで、早晩、日暮れのなかの朽ちた石碑となってしまう。洱海の畔には、有名な「南詔徳化碑」が立っている。碑は高さ3m余り、国家重点保護文化財に名を連ねるが、腐食の進行を食い止めるすべはない。歴史を読み解く最善の方法は現地の人に尋ねてみることだ。しかし1200年以上が過ぎ去り、残った証人は山河のみだ。山河は口をきかないが、険しい歳月は自然の中に今もその影を残している。

洱海地区には、漢代に郡県が設置されていた。その後、中原が乱れ、周辺をかまう余裕がなくなり、隋、唐の頃にはここには大小数十の部族集団が現れた。部族集団の首領は「詔」と呼ばれ、「詔」により勢力範囲が分けられた。洱海より北では浪人[24]勢力を中心とする浪穹（ランチョン）、施浪（シラン）の2つの詔があった。浪穹詔主の弟、豊咩（フォンミエ）は施浪詔の鄧睒を奪い、鄧睒詔と自称した。洱海の東、現在の賓川（ピンチュアン）一帯には越析詔があった。洱海の南は現在の巍山で、陽瓜州または蒙舎川の蒙姓と呼ばれ、蒙舎と蒙巂の2つの詔があった。蒙舎詔は南にあったため、南詔とも呼ばれた。南詔は唐に帰属し、そのため代々続いた。郡が乱立する天下騒乱の時代にあって、これは南詔と唐、双方にとって願ってもない利益であった。

洱海地区の勢力には比較的大きな6つの部族集団があり、六詔と呼ばれた。その後、浪穹、施浪の2つの詔が消え、剣川の剣浪詔、漾濞の漾濞詔が興った。他に洱海の周囲とその東に西洱河が育んだ雲南詔があり、人口が多く、経済や文化も発達した大詔と言えた。詔は部落集団によって形成され、現在の2、3県ほどの範囲を管轄した。また大詔の間には多くの小詔があり、たとえば現在の下関一帯には石橋詔が、鳳儀には石和詔があった。小詔は人数も少なく、面積も狭く、勢力も小さく、歴史家には重視されなかった。

741年、西洱河蛮陽瓜州の刺史蒙（ツシマン）は叛乱を起こした。唐は20万の大軍を集め、雲南国詔の張楽進（ジャンラチン）に命じ、南詔の細奴羅（シヌルオ）、羅盛（ルオシェン）父子が率いる地方の武装民族集団と協力し、3年の苦戦の後、ようやく叛乱を鎮圧した。この戦いにより、最強だった蒙巂詔は衰落した。人口も少なく小さな南詔は、叛乱鎮圧に貢献したことから唐の支持と信頼を得て徐々に力を増し、その後、蒙巂詔を併合し、蒙舎川の主となった。

やがて中国西部の吐蕃が強大になると、北部で唐と西域や河

註
24…故郷を離れて移住を繰り返した人々。

西回廊を争奪する戦いを起こし、クチャ、ホータンなど4鎮18州が陥落した。南では雲南西北地と四川の塩源一帯が占領され、豊かな天府の国——成都と、高原の魚と米の里——洱海地区が狙われた。当時、洱海以外の浪部族は唐の姚州都督、李知古(リジグ)が浪穹詔主の弟、鄧睒詔主、豊咩を殺したことを恨んでいたので、吐蕃に寝返り、姚州を攻撃し、李知古を殺してその首を血祭りに掲げた。唐は吐蕃の南下を食い止め、西南の脅威を取り除くため、まずは洱海の北の各詔を消滅させねばならなかった。派遣できるみずからの兵力が限られていたため、唐は大々的に南詔国を支持し、武器を提供し軍事訓練を行なった。その一方、吐蕃との戦いを有利に進めるため、洱海地区で人口が多く、経済文化も発達していた河蛮[25]の支持を取り付け、連合する方針をとった。

　西洱河地区の各部族の首領は、地区の盟主、雲南詔の張進求の指導のもと、政治同盟を結び、南詔王に盟主の地位を差し出した。民間では、これは張楽進が南詔王、細奴羅(シヌルオ)の身体に止まった神鳥の啓示を受けたためだと伝えられているが、実際には南詔の力が日増しに強大になっていたからであろう。南詔は当時唐の支持のもとたいへん栄え、蒙嶲、越析、石橋、石和、鄧睒、浪穹、施浪などを併合、消滅させた。

　部族が林立する乱世において南詔は西南統一の重責を負った。これは唐に選ばれたということよりも、やはり彼らが自然と歴史にうまく適合したからだと言うべきだろう。南詔人はみずからをとりまく環境の中で自然を巧みに扱い、利用し、発展、生産した。彼らが暮らした蒙舎川は「肥沃で穀物が育ちやすく、大きな池の周囲は広く、魚と菱がたくさんとれた」という。多年にわたる発展により、南詔はついにこの地域の「烏蛮(ウマン)[26]」と「白蛮(バイマン)[27]」の中で最強の勢力となり、洱海地区を統一する実力を備えた。

　細奴羅の後を継いだ南詔王の皮羅閣(ピルオガ)は唐の支持のもと洱海地区での紛争を沈静化すると、すぐに拠点を巍山から自然の要害と条件のより優れた洱海の浜に移し、太和城(今の大理城南)を建てた。唐の開元26年(738年)、唐は南詔王、皮羅閣を冊封して褒美を賜り、皮羅閣は唐に帰順することを誓った。こうして、洱海地区に200年余り続く地方民族政権——南詔が誕生した。南詔は洱海地区を中心に急速に勢力を広げた。皮羅閣の子、閣邏鳳(ガルオフォン)は、金歯、銀歯、

註
25...洱海周辺に住むペー族をこのように呼んだ。
26...隋・唐代に漢族がハニ族やイ族をこのように呼んだ。
27...同じく、かつて漢族がペー族をこのように呼んだ。

瀾滄江

繍脚、繍面、尋伝、裸形、朴子など諸蛮部族を征服し、怒江の西の大部分を手にした。756年、鳳伽異は兵を率いて昆川(現在の昆明)で城を築き、「東都」を立て、東部の統治を強めた。南詔が最盛期に制圧した地域は、今日の雲南省の範囲よりはるかに広い。

南詔は洱海を中心として「龍が蛇を圧倒する」かのように強大だった。南詔の蒙氏は「烏蛮別種」とみなされていたが、賢い南詔の政治家たちは烏蛮をことさら引き立てるのではなく、むしろ比較的経済や文化の水準が高かった洱海の南の「白蛮」と連合し、「烏蛮」と「白蛮」、つまり征服者と被征服者を融和させた。南詔人はうまく時勢と自然に順応し、瀾滄江支流の潤いを享受し、洱海の恵みを味わった。

南詔は天の時、地の利、人の和を握った。しかし政治面では唐と吐蕃の2大勢力にはさまれ、しばしば板ばさみになった。天宝年間、楊国忠などが政権を握ると唐の政治は腐敗した。地方の民族関係の処理に失敗し、民族間の衝突が激化した。加えて、南詔の統治者は日増しに野心を膨張させ、南詔は四方で危機に面した。洱海地区を統一し、勢力が強大になった後、南詔は唐の意図に反して吐蕃と対抗せず、勢力を拡充し続け、東の滇池地区を手に入れ、唐の滇池地区と安南[28]の軍事部署にとって重大な脅威となった。この時代、大民族による他民族圧迫政策と、地方民族の拡張する勢力との衝突は、避け難いものだった。天宝年間、唐と南詔は2度の大規模な戦争を起こす。歴史上の多くの戦争と同様、直接の火種は指導者の個人的怨恨だった。

天宝9年(750年)、南詔王の閣邏鳳は慣例にならい、妻を連れて雲南に行き、太守の張虔陀に謁見した。張虔陀は傲慢で、閣邏鳳をののしり、妻まで侮辱した挙句、大量の貢物を要求した。閣邏鳳は怒り、張虔陀の6つの罪状を列挙して抗議したが無駄だった。激怒した閣邏鳳は挙兵して罪を問いただすほかなく、張虔陀を殺し、姚州(今の姚安)と32の小夷州を取った。

翌年、剣南節度使[29]、鮮于仲通は8万の軍を率いて滇池洱海地区にやってきた。閣邏鳳はこれにたいへん恐れ、家臣に上訴書を持たせて許しを請い、一切の賠償を負い、姚州府を新たに設け、捕虜を返還することを伝えると次のように訴えた。吐蕃は浪穹でチャンスを伺っており、兵力を強化している。吐蕃の支配下

註
28…現在の広西省の一部とベトナムを指す。
29…8世紀初めに辺境の要地に置かれた軍団の司令官。剣南節度使は成都に派遣されて、特に吐蕃の動きに目を光らせていた。

剣川石鍾山石窟（石宝山）
中の「閣邏鳳出巡図」

に入れば、雲南はすべて唐の支配下から離れる、と。しかし「度量が小さく短気で偏屈な」鮮于仲通は尊大で、講和を許さず、「屠殺あるのみ」と答え、翌日の朝飯に食ってやる、と言って、南詔の要求を退けた。そして王天雲（ワンテンユン）将軍を派遣して蒼山の西を取り囲み、南詔を両面から挟み討ちにし、一挙に南詔の主力を壊滅しようとした。

　閣邏鳳は、強敵との講和が得られず打ちひしがれた。彼は洱海畔の祭壇に登り、辛さのあまり涙を流し、頭を打ちつけ流血し、苦しみを天に訴えた。「我は古くから現在まで漢のため侵略も叛乱もしない家臣だった。この県南の節度使は功を立てるために善悪を省みようともしない。やつの考えはけっして唐朝の望みではない。皇帝に思い知らせてやる」

　閣邏鳳は、浪穹へ使いを遣って救援を求め、吐蕃と連合し、力を合わせて反撃した。兵は背水の陣で奮闘し、西洱河で唐軍を大敗させた。剣南節度使、鮮于仲通は「夜の闇に紛れて逃げ」、8万の唐軍は6万余りを失った。

瀾滄江

下関の町にある
大唐天宝の戦士の墓

　唐軍は大敗した。滑稽なことに楊国忠は敗戦を報告したくないがため、ありもしない戦功を述べ、「吐蕃60万の兵が南詔を助けたが、剣南の兵は雲南でこれを打ち破り、故隠州など3城を陥落、6300人を捕虜にした」云々と嘘をついた。この滑稽な嘘に「平和な世の中」に浸っていた唐の玄宗は騙された。鮮于仲通は敗軍の将だったが、その手柄が図り知れないということになった。鮮于仲通は感激して涙を流し、すぐに人を派遣して楊国忠のために碑を建て、省門に飾った。

　天宝13年（754年）、唐は再び10万人余りを派兵し、剣南に滞在させた。さらに、李宓（リミ）が兵を率いて遠征を続け、南詔を攻めた。しかし唐軍は長旅で疲労困憊し、士気は落ちていた。待ち構えていた南詔と吐蕃の連合軍は郷土防衛のため奮闘し、激戦となった。唐軍は全滅し、司令官の李宓は死んだかどうかも分からず、戦死したと言う人もいれば、川に身を投げ、自殺したのだと言う人もいた。

　戦いの後、閣邏鳳は唐兵の死体を集めるよう命じ、巨大な墓を掘り、魂を弔

い、合同で葬い、「万人塚」を立てた。

　心の広い南詔人は、蒼山の斜陽峰麓に敗戦した将、李宓のため「将軍廟」を立てた。毎年、祭りの時には火が絶えない。今でも李宓は現地の人に「本祖」と奉られ、「利済将軍」と呼ばれている。廟の前の大ガジュマルは梢を傘のように広げて他を圧するように高くそびえ、山を背に洱海を睥睨している。山を登り、廟を前にすると、将軍の武威でも、鮮血の勲章でも、殺戮の力でもなく、川や湖の包容力と寛容さに威厳と雄壮さを感じる。

　この戦いは唐に何の利益ももたらさなかったばかりか、逆に唐をひどく衰退させた。翌年（755年）には安禄山の乱が起こり、唐の玄宗は成都への逃亡を迫られ、ここに「天宝の太平」の寿命は尽きた。

　当時、中原の人々にとってこの戦争は経験したことのない大災害だった。1000年後の今も『全唐詩』には当時の人々が天を仰ぎ、地に跪いた痛切な悲しみを見ることができる。

　　　唐朝の詩人、劉湾（リウワン）は『雲南曲』にこう書いている。

　　……白門（バイモン）の太和城[30]、
　　往来1万里
　　行った者は皆、亡くなり、
　　10人うち9人は死んだ
　　岱馬[31]は陽山（ヤンシャン）に横になり、
　　燕兵[32]は濾水に泣く
　　妻は死んだ夫を求め、
　　父は死んだ子を求める
　　青空は暗い影に満ち、
　　遺骨は砦に積まれる
　　悲しい雲南行、
　　10万既に亡し

「妻は死んだ夫を求め、父は死んだ子を求める」のくだりは生

註
30…南詔のこと。
31…唐軍の戦馬。
32…唐軍の兵士。

瀾滄江

別離苦の悲惨と、杜甫の『兵車行』「衣を牽き、足を頓し、道を闌りて泣く」の描写を思い出させる。考証によれば杜甫の『兵車行』もこの戦を表したものだという。詩は兵士を見送る別離の惨状に始まり、「通行人」を通じて戦が人々にもたらした苦難を表している。この2つの詩は異曲同工で、人々の苦難を深く表す。

　戦後、60年を経ても痛みと悲しみは残った。詩で政治を語った白居易は、『新豊折臂翁』の中で88歳の老人の口を借りて当時の惨状を追憶し、当時の為政者に二度とみだりに武力を用いないよう戒めている。詩はこう述べる。

　「天宝年間、兵は雲南へ赴いた。老人は当時24歳。兵役を逃れるために石鎚でみずからの手首を打ち砕き、障害者となった。しかし、老人はそれを不幸中の幸いだったと感嘆する」

　　　この地に来てもはや60年、
　　　身体はすっかり老いた
　　　今では風雨の寒い夜など、
　　　夜明けまで痛くて眠れない
　　　痛くて眠れぬが後悔はなく、
　　　老いた身がまだあることが嬉しい
　　　かつての瀘水の指導者のように死んでもひとり、
　　　骨も散ったままではないのだから。
　　　雲南では、ふるさとを思う霊たちが
　　　万人塚[33]で泣いている

戦は表向き立派だが、必ずや悲劇を生む。手首を打ち砕いたこの老人のような悲劇は、何度も繰り返されてきたが、反省はされてこなかった。万人塚からの泣き声ははこれまで何年も、何年も、人々の耳には届かなかったようだ。

　南詔政権は戦に勝ち、領土は何倍にも拡大したが、統治者は安寧を得ず、不安を募らせた。しばらくして、南詔は唐の兵士の死体を祭り、埋葬した後、自ら「どうして、一度戦ったからといって、かつての恩を忘れたりするものか」と述べた。すぐに石碑を建てただけで

註
33... 多くの兵士たちの墓。

なく、仕方なく唐に反抗した苦しみを訴えたのである。しばらくするとまた、閣邏鳳は吐蕃と近づき、兄弟と呼び合った。しばらくして「兄弟」はまた、いがみあい、南詔は再び唐に使節を送り、蒼山で盟を結び、連合して吐蕃を金沙江の河谷に駆逐した。

　南詔の後期になると、統治者が長期にわたって戦をしたため、人的物的消耗が大きくなった。南詔王、隆　舜(ロンシュン)は仏教に入れ込み、現実の人々の苦しみを顧ず、長く東京（現在の昆明）に住み、帰らなかった。統治者内部では河蛮の勢力が増大し、王権は家臣の手によって落ち、社会不安に陥った。902年、南詔国の首相、鄭買嗣(ジェンマイス)が宮廷政変を起こし、蒙氏の王族800人を殺し、南詔政権はここに滅びた。

　2つの巨大政治勢力の間で、南詔政権は戦々恐々としながら13王260年の歴程を刻み、ついに歴史の舞台から去った。

# 5–4　自然の要害は頼みとなるか

**大理国**..........南詔政権は2度にわたる唐の侵攻を退け、虎視眈々と狙う吐蕃を追い払った。その後、唐と和平を結び、山の険しさ、大河の激流、湖の滋養に頼り、高枕で眠り栄えた。権力者は湯水のごとく金を使い、奴隷や財物をかき集め、酒と女におぼれた。やがて奴隷制に経済危機が起きた。「親戚内部の異分子」とみなされた白蛮貴族は奴隷、農民、各民族部族と連合、氾濫を起こし、南詔王を洱海に追い出した。その後、南詔国の首相であった鄭買嗣(ジェンマイス)が政変を起こし、南詔政権も滅びた。

　鄭買嗣は『南詔徳化碑』の作者で鄭回7代目の子孫である。南詔の第14世主、舜　化　貞(シュンホワジェン)が幼くして即位すると、鄭買嗣は親戚内で思想的に対立する者たちを一掃し、権力を手にした。舜化貞は短命で亡くなり、宮中深くにわずか1歳の子を残した。鄭買嗣は舜化貞の妻に言った。「あなたがた母子は宮中の奥深くに暮らし、家臣たちには主人が不在のままだ。わたしが太子を抱いて朝廷に行き、太子に家臣をご覧に入れましょう」。舜化貞の妻はこれを信じた。しかし誰が、鄭買嗣が太子の膀胱をちぎり取り、宮中に抱きかえった翌日に死なせてしまう

大理古城

と予想したろうか。鄭買嗣はこの勢いに乗って政変を起こし、一気に蒙氏の王族の大奴隷主800人余りを虐殺した。

　だが鄭買嗣が建てた「大長和国」は人心を得ず、多くの河蛮大姓[34]の反抗に遭い、わずか26年続いただけだった。この後、趙善政（ジャオシャンジェン）が「大天興国」を建てた。その政権の命はさらに短く、1年を待たずに河蛮の剣川節度使、楊干貞（ヤンガンジェン）が王から自立し、建国の号を「大義寧」とした。しかしこれも8年続いただけで、通海節度使の段思平（ダンスーピン）が東の「烏蛮（ウマン）」、現地の農民、奴隷武装勢力と連合し、一挙に歴史の廃墟へと葬った。段思平は「大理国」政権を立てた。時は937年だった。

註
34...洱海周辺のペー一族勢力。

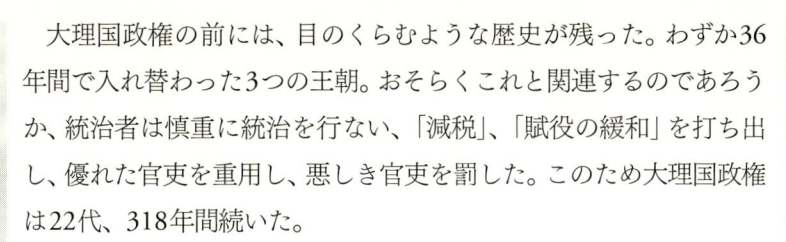

大理国政権の前には、目のくらむような歴史が残った。わずか36年間で入れ替わった3つの王朝。おそらくこれと関連するのであろうか、統治者は慎重に統治を行ない、「減税」、「賦役の緩和」を打ち出し、優れた官吏を重用し、悪しき官吏を罰した。このため大理国政権は22代、318年間続いた。

しかし、天下に終わらぬ宴はなく、大理政権もまた統治者が山と大河の天険に囲まれ、高枕で美しい夢を見ていた夜、巣は傾き、卵は割れ、滅亡した。

**元の支配**..........1253年12月13日の深夜、蒼山に依り、洱海に面した大理国の陽苴咩城(ヤンチュミエ)はいつものように寝静まり、城門は固く閉じられていた。突然、ドラと太鼓が鳴り響き、蒼山を震撼させたかと思うと、「殺せ」と叫ぶ声とともに蒼山から火龍が突撃してきた。火の光は天までのぼり、洱海に赤く映った。まるで天が無数の神兵を空から落としたようだった。陽苴咩城の兵士は夢から醒め、尋常ならざる「火龍」にもてあそばれた。いや、これは「火龍」ではなく、角にたいまつをつけた羊の群れで、元軍が大理国の都に攻めてきたのだった。大理国の兵士がまだ何が起きたかわからぬうちに、大理国は一面の火の海となり、滅亡した。元軍は一気に西南辺境の要塞を打ち破り、南宋への包囲を完成し、中国統一の基礎を固めた。

陽苴咩城は「西は蒼山の険、東は洱水に扼(やく)され」、大理の北には金沙江、西には瀾滄江、怒江と多くの支流があり、南には無量山と哀牢山、東には昆明があった。大理国の人々は天然の障壁に頼った。元軍が長い翼を伸ばしても城池に近づくことはできなかった。しかし元軍が「天」から降臨してくると予想した者はいなかった。

実際、元軍は「天から降ってきた神兵」だったのではなく、機先を制して不意をつき、防御の山河を攻撃に有利な地勢に変えたにすぎなかった。

1253年、元の憲宗、モンケは弟のフビライに命じて四川の松潘一帯から3ルートに兵を分け、大理を制圧した。大将のウリヤンハタイは西で理塘、郷城一帯から南下し、諸王も東の姚嶲道(ヤオシダオ)[35]

註
35...現在の大姚、姚安一帯。

瀾滄江

から雲南に入り、フビライ自ら中央大軍を率いて大渡河を過ぎ、塩源の西北から南下した³⁶。元軍は既存の道を捨て、大理国の妨害を避けた。

　金沙江畔に着き、滔々たる川の流れに面した時、彼らは退くことなく家畜を犠牲にして、皮革で舟を作り、誰にも知られず川を渡った。洱海の背後の漾濞から蒼山を登り、高所から破竹の勢いで攻め、敵は手も足も出なかった。清代の学者、顧祖禹（グズユ）は言った。「わたしは古代のさまざまな戦術を研究してきたが、モンゴルのフビライが大理を消したような戦術は後にも先にも例がない」「誰もがこの天から攻め降りた戦術に驚く」と。

　高い山、たぎる川は、もともと誰かが戦略上の防御として設けたわけではない。天然の要害をうまく利用した者が、山河の助けを借りることができた。

　怒江、高黎貢山西の騰衝（タンチョン）とその南の地域は古くは滇越、または騰越、越賧と呼ばれ、西漢の時代には「乗象国」とも呼ばれた。滇西の経済交流の要で、辺境の古城として歴代、重要な軍事施設が設けられてきた。山河は守りによく、攻めに難い天然の障壁であった。現地の人々は紀元前1000年から象を飼い、育てていた。彼らは象に乗り、運搬をし、田を耕し、また象を使って戦った。

　戦象は体が大きく、皮は厚く、足取りは確実で、勇猛だった。頭には銅の甲（かぶと）、身には鎧を着け、背にはやぐらを設置し、両側に大きな竹の桶を下げ、桶には数十本の金属や竹製の短い槍が入れられた。槍頭には毒薬を塗り、象に乗った者が投げ、敵を突き刺した。戦象が集まり攻撃を始めれば、砂や石を蹴散らし、木を折り、山を揺らし、街を壊し、村を踏み、万人もかなわぬ勇ましさで恐れられた。こうした象の群れによる作戦は破り難いものだった。

　山河の天険に象の勇猛さが加われば、鬼に金棒、負け知らずと思われる。しかし歴史の記録によればそうはいっていない。

　　　古文書に記されている比較的大きな象を使った戦は、元の至元14年（1277年）だ。当時、ビルマのパガン王朝と元王朝は不和となり、領域の各民族の心は元を向いていた。パガン王は横暴か

註
36...第9章の地図(384ページ)参照。

高黎貢山の下に
残されている、象の飼葉桶

つ傲慢で、戦争を始めると大軍で盈江を攻めた。先陣は怒江に近づき、山河の要害に軍事拠点を設けて大理を狙った。

　雲南各路の宣慰使[37]ナスールウッディーンは1万以上の精鋭の騎兵で迎え撃った。パガン軍は6万人、馬1万匹、戦象800頭だった。両軍が向かいあうと、パガン軍は6倍の兵なら元軍の1万の兵など朝飯前に片付くだろうと考えた。彼らは永昌地区に勢力を広げると、象兵を先鋒に、騎兵、歩兵を後ろに配置した。

　最初、元軍は北方から連れてきた草原の戦馬が、見たこともない巨大な戦象に驚いて逃げ出し、初戦に敗れた。元軍の統帥は多勢に無勢という情況の下、冷静に形勢を分析し、部隊に林の前へ

註
37…宣撫使とともに西南夷に与えられた土官の官名。

瀾滄江・怒江伝

退くよう命じた。そして素早く馬を降り、兵を3方に分け、象陣に徒歩で立ち向かい、硬い弓を引いて矢を雨のように象に降らせた。全身に矢を浴びた象は狂ったように飛び跳ね、ビルマ兵は大混乱に陥った。元兵はすぐに身を翻して馬に乗ると、暴風雨のごとく敵を殺した。

「刀がきらめき、血肉が飛び散った。重傷者だらけになり、地面に転った腕や足を切られた体はバラバラで、悲惨な戦場の有様は見るに耐えなかった」。10年後、イタリア人のマルコ・ポーロは戦場の遺跡を訪れ、簡潔な筆致で、まるで当時の戦火の硝煙のにおいをかぎ、殺される兵の悲鳴を聞いたかのようにこの戦の場面を描いた。

パガン軍は大敗し、元軍は少数の兵で大勝した。パガン軍が退いた後、元軍は林に逃げた象200頭余りを探し出した。「象の捕虜」は12頭を献上物とした以外、潞江壩の老城裏山に集められ、石を掘った飼葉桶を用いて飼育された。

わたしはかつて現地の村人に頼み、山でこれを探したことがある。確かにまだ象を飼育した2つの石の飼葉桶が見られ、半分は剥き出し、もう半分は黄土に埋もれていた。この「象の飼葉桶」には驚かされた。それぞれ長さ1m、高さ1m、2〜3人の男の力でも動かすのは難しい。聞けば20年余り前、「象の飼葉桶」はまだ山丘いっぱいにあったが、残念なことにその後、農家の人々が石材として持っていってしまったという。

「象の飼葉桶」がある小高い丘からは怒江が見える。淡い青い光が黙々と南へ流れている。この丘は高黎貢山の一部で、あちらこちらに溝が掘られ、山の峰は雲まで届く。周囲を見渡せば、その険しさに驚く。

この場所で象を「拘留していた」ことからも、昔日の象の戦場からここまで遠くなかったことが分かる。おそらく利口な象の血で赤く染まったのだろう。怒江の西は古乗象国で、怒江の東には怒江と姉妹のような瀾滄江があるが、この名はタイ語の「100万の象の川」から来た。2本の大河は象と切っても切れない縁で結ばれていた。代々、川沿いに暮らしたタイ族は象を吉祥、幸福のシンボルとして、早くから象を馴化し、労働や輸送の良き働き手とし、象に子供をくくりつけ保母とした。彼らは長く象と運命を共にした。古代タイ族社会には専門的に象を扱う高級軍事将校がいて、タイ語で「ヂャオメンチャーン」と呼ばれ、「多くの象兵を指揮する王」という意味であった。封建中央朝廷の「大司馬」

のようなものである。

　残念なことに、現在、象は両江流域でたいへん少なくなった。瀾滄江の下流にはまだ一部、野生の象が出没する森が残っているが、古代と比べれば現在残った象の数は「哀れ」の一言で形容するのみだ。

　人類が象のような利口な動物を人類の戦争に加え、殺したことは、それ自体、愚かな罪であった。大河と山々に心があれば、戦の勝敗など気にすることはなかろうが、無実の被害を受けた象たちのことにはひどく悲しんだに違いない。

　人類は種として見ればあまりに若い。1人の人間で人類を表せば、彼は学び始めた子供にすぎない。四肢と身体はまだうまく調和せず、考えも幼く、単純、狭量で、おかしな過ちを犯し、自分の爪で自分の顔をひっかくようなことさえするだろう。人類の幼稚さはその構成要素——人間集団の幼稚さであり、人類の不調和は、しばしば集団間の不調和である。人々の行動は狭い集団の利益に駆り立てられ、その観念は有限の空間や時間の範疇を超えない。人類はまだ全体から見てふさわしい成長を遂げておらず、戦争を避けることができない。

　辺境では、戦争はしばしば土地と絡んで起きた。本来、辺境地域は人々の生存のために空間を提供する。しかしこの空間を得るため、人々は尊い生命を代償とした。中央王朝も然り、地方政権も然りである。辺境で見られた「聡明才智」と「犠牲の精神」は、しばしば後の人を嘆息させる。

## 明の侵攻

明の正統初年、現在の瑞麗、隴川一帯を管轄した麓川(ルチュアン)の思氏土司は自立を企図し、何度も辺境に侵略した。騰衝、潞西など怒江西の地域を占領し、怒江を隔てて明軍と対峙した。彼らは怒江西岸の高黎貢山に軍営を立て、自然の要害に頼った。100年余り後、大旅行家、徐霞客(シュシャカ)はこの奇怪な砦のような山河を見て、感嘆した。「南垂屏の交わりはまるで黄河の華岳湊扼潼関のように険しい」

　思氏土司は怒江で300艘の船を造り、川を渡って大理、雲州を攻める準備をした。既に先鋒は怒江、瀾滄江を渡り、戦火は雲南の中心に及び、明の雲南統治を脅かしていた。そこで1441年から1449年にかけて明は3度麓川を攻めた。

　最初、明軍が雲南に到達すると、麓川土司の思任発(スレンファ)は人を遣り明に降伏を願い出た。しかしその一方、兵3万人、象80頭を調達して、大候州(現在の雲県)を

占拠し、威邁（現在の景谷）を陥落させた。

　兵部尚書[38]の王驥（ワンチ）は、思任発の計略を見抜き、裏をかいて、表むき投降を受け入れたが、ひそかに兵を東西に分け攻撃に出た。

　東路軍は金歯指揮使胡志（フジ）将軍を先鋒として瀾滄江沿いを下り、湾甸、鎮康から孟定へ向かい、大候、車里などの土司武装を支援して、思任発の軍を挟み撃ちにしようとした。西路軍と思任発の軍は怒江の両岸で川をはさみ、向かい合っていて、お互いに渡れなかった。そこで王驥は奇策を用いた。筏を組むことを命じ、羊を太鼓にしばって、筏を川から南に流したのである。思任発はそれを見て官軍は下流から川を渡るのだと思い、兵力を下流に集中させる防衛措置をとった。王驥はこの機に乗じて上流から大河を渡り、一気に反逆軍の主力を壊走させ、思任発の占拠する怒江上流一帯を突破、将兵を切って敵を麓川まで追い返し、高黎貢山の2つの山麓を制圧した。

　思任発の勢力は壊滅し、もはや軍隊の体をなさなかった。杉木籠山（今の梁河、隴川との境界）に逃げ、そこで7つの村をまとめて危機から脱しようとした。杉木籠山は連綿と数百里続き、麓川が天然の障壁となり、麓川北の辺境は険しい山の高台であった。西北には大盈江、東南には龍川江と瑞麗江があり、水路はイラワディ川まで続いていた。防御に有利で、攻撃に不利な杉木籠山の形勢を見て、王驥に正面から攻撃せず、火攻めで村を焼き、機先を制して叛乱軍を壊滅させた。思任発は麓川が守れないと知ると、水路に沿って外へ逃げた。明軍はすぐに船で追い、最後には敵の主力を殲滅し、逃げられたのは思氏の父子3人だけであった。

　言い伝えによれば、大軍が入滇してから王驥は道沿いに滇中の賢者、蘭茂（ランマオ）を訪ね、敵を破る策を尋ねたという。蘭茂は教養が深いことで有名で、卓越した見解を持っていた。彼の提案は一言だった。「もし麓川を破るなら、船で山を越えろ」。王驥はその意味を深く理解し、特殊な「陸軍水戦隊」を建てた。多くの船を担いで先鋒部隊の後から山を越え、峰を越え、戦闘が起きればすぐに駆けつけ、川を渡り、怒江と瀾滄江の天然

註
38…六部（ここでは兵部）の各長官のこと。

中国とビルマの
国境の隣にある遺跡

　の要害を突破した。杉木籠山を攻めた後、すぐさま船に乗って川を逃げる敵を追撃し、退路を断ち、逃げられないようにした。
　「船で山を越える」、これは古代辺境の戦史空前の奇抜な作戦あった。この珍しい軍事行動により、滇西特有の山河の勢に順応し、不利を有利に変え、敵の天険への頼みを打ち破り、勝利を得た。
　「麓川の戦い」の勝利により明の中央政権は統治を維持した。しかし辺境の人々の生命と財産は巨大な損失を被った。当時の政府職員はこう記録した。「村は官軍行くところすべて、廃墟となり、食糧は尽き、死者は10人に7〜8人は出た」

その後、明の万歴年間に岳鳳(ユエフォン)が武装反乱を起こすと、龍川の宣撫使、多士寧(ドォシニン)はビルマ象兵隊と協働して大挙して辺境を襲い、村を焼き、略奪し、人々を殺した。街は次々に陥落し、危険は西南辺境まで及び、明朝を脅かした。明はすぐに遊撃隊の将軍、劉挺(リュティン)を派遣し、鄧子龍(タンズロン)を副将軍として兵を進め、5年余りの転戦を経てようやく勝利をおさめた。しかし戦の間、庶民は災いを被った。勝利後、鄧子龍将軍が得意満面で、酒を飲みながら高い場所に上ると、見渡す限り無残な光景だった。彼は悲しみを抑えられず、詩を作った。「…わたしの髪は薄くなり、身体もすっかり痩せた。兵たちは皆、殺された。われわれはなぜ戦に参加するのだろうか。戦の後のありさまに心が痛む」。どうやら輝かしい名声を得た勝ち将軍もまた、矛盾した心情だったようだ。

瀾滄江、怒江の山河は再び刀と血に汚れた。2本の大河はこのような情景が好きではないだろうが、山河は自然の要害による助けを一方に与えるわけでもなく、両江は歴史の生き証人に過ぎない。当時者双方が自らの実力と知恵によって戦うしかないのだろう。

結果的に、最後にはもっとも地の利を得たとは言えない側が勝利を収めた。興味深いのは、勝利をした明がまた転じて自然の与えた要害の前に跪いたことである。明は滇西の防衛線に「八関九隘(隘は関よりも簡素なもの)」を設立した。この著名な「八関」は上下四関に分けられ、上の四関は神護関、万仭関、巨石関、銅壁関、下の四関は鉄壁関、虎踞関、漢龍関、天馬関であった。関はすべて山上にあり、その麓は険しく、守りに有利で攻めるに難く、各関には城壁、やぐら、兵営があった。

八関九隘はもちろん外敵を防ぐものであり、防衛に役立った。しかし明末清初、乱世になると辺境を管理する余裕がなくなり、八関の防御も緩み、乾隆初年には、漢龍関を失った。乾隆35年(1770年)正月、乾隆帝は詔勅を下し、大学士[39]の博恒(ボーハン)(タシュエシ)による七関の整備についての上奏文を批准し、兵馬の給料や食糧を与え、防御力を増強する決定をした。しかし乾隆末年はさらに天馬関を失った。清朝末年、朝政は腐敗し、国力は衰え、辺境防衛も手薄となった。兵は逃げ、関隘は次第に荒れ果て、城壁やぐらも崩れていった。

歳月が流れ、現在その四関の遺跡には破れた城壁が残るのみ

註
[39]…唐代に文学について担当した官名。明代には皇帝の顧問、内閣長官、詔勅の起草などの政務にたずさわった。

だ。近年、発掘により巨石関、万仞関が発見され、欠けた石の扁額にはそれぞれ「天朝巨石関」、「天朝万仞関」の文字が刻まれていた。銅壁関の跡には「天朝」の2文字が残されるだけだった。この2文字を見るため、わたしはかつて草むらをかきわけてここに足を踏み入れたことがある。薄暗い森の中、険しい壁は昔日のままだった。ただ時折、聞こえる悲しげな鳥の鳴き声が、まるで「天朝」の挽歌のようであった。

　当時の銅壁関の前に立って周囲を見渡すと、心が晴れ晴れとする。山は青く、険しい岩は絵画のようで、青い湖、大小の小島が見える、湖面は美しい湾によって分けられ、険しさのみならず、静かにその透明な美を見せていた──これは凱邦亜湖で、近年できた人工湖であり、上にはまた別の水力発電所があった。

　そうだ、山河の要害は壮麗な景観を作るが、それは美と誕生のため、生命が続くためのものであり、けっして軍事家が戦いに利用するためのものではない。

　この意味では、やはり山河の要害は頼みにはならない！

## 5-5　行く者たちの泣き声

**人々の詩**..........「漢の徳は広く、帰順を強いない。博南[40]を渡り、蘭津[41]を越える。瀾滄を渡るも、人のため」。これは『後漢書』の中で哀牢国の九隆王の物語の後に記されている民間の詩歌だ。東漢の永平12年（69年）、哀牢王、柳貌（ヤンマオ）が東漢の支配下に入った後、漢の明帝は兵を率いて永昌道を広げた。多くの兵士や労働者が命がけで働き、博南山の石で瀾滄江に渡り場を開いた。彼らは汗をたらし、苦しみに耐え、憤怒や呪詛のこもった悲歌を残した。

　この『通博南歌』は歴史に記された雲南最古の民謡と言えよう。2000年以上、瀾滄江の流水に伴われ、西南シルクロードの「行進曲」となった。歌声の中の称賛、恨み、悲しみと感傷は常に博南を越え、瀾滄江を渡る後代の人をゆさぶった。行間には、滇西を横切り、山を横断した永昌道の驚くべき風景が広がり、道を歩く人々がどれほど危険な目に遭ったのか想像できる。

註
40…現在の雲南省大理ペー族自治州永平県。
41…現在の雲南省保山地区にある瀾滄江畔の渡し場。中国最古の鉄製の吊り橋、霽虹橋がかかる。

瀾滄江・怒江伝

永昌道は、西南シルクロードの中国国内における最後の部分であり川広く、山高く、道には危険が満ちていた。唐代の樊綽（ファンジュオ）が『蛮書』に記した『高黎貢山謡』は当時この道に出入りした人々の様子を表している。

　　　冬に帰りたいと願っても、高黎貢山には雪
　　　秋夏に帰りたいと願っても、穹賧の灼熱
　　　春に帰りたいと願っても、もはやお金が尽きている

　樊綽は歌の前に解説を残した。「高黎貢山は永昌西にあり、下は怒江に臨む。左右は平坦な地で穹賧と呼ばれる。草木は枯れ、瘴気がある。永昌の越賧、道は山を通り、1つは山腹、もう1つは頂にあった。怒江を向いて山を登ると、夕暮れに山頂に着く。冬には雪が積もりひどく寒く、秋、夏の穹賧、湯浪は酷暑にみまわれた」。聞けばこの歌は当時、博南古道を行った小商人の作品だという。悲歌には四季を通じて高黎貢山を越えた行商人の嘆息が凝縮されている。歌中の「穹賧」は一般に現在の騰衝だとされているが、わたしは酷暑の表現からおそらく潞江壩だったのではないかと思う。歌で3回も重複して使われる「帰りたいと願っても」には、家にも故郷にも帰ることができない無念と悲しみが表れている。1000年余り吟じられてきた今も、依然、物寂しさを感じさせられる。

　永昌道に沿って古きを訪ねれば、瀾滄江東の山々の18の霞をまとった山峰が、まるで18人の少女が振り返り東を眺めているように見えるだろう。現地の伝説では彼女たちは西域に売られていった内地の歌女だという。彼女たちは博南山の崖で、秋風が吹き、落葉し、滔々と流れる川を見て黄河を思い出し、寂しさをつのらせた。彼女たちは抱きあい、寄り添い、死んでも瀾滄江を渡りたくないと泣き、この青い山々となったという。

　ここを通った人々が編んだ伝説は、博南古道を行く者たちの悲哀を感じさせる。

　唐初の四大詩人の1人、駱賓王（ルオビンワン）は従軍して西域の蜀へやってきた。ある考証によると、駱賓王は、咸亨年間（670〜673年）に姚州、雲南にたどりついた。彼の詩には雲南での苦しい旅の様子を反映した作品がある。たとえば『軍中行路難』はこう記す。

>哀牢を目指し、不毛の土地に入る
>絶壁は千里の険しさ、四方の山は高く
>中原と辺境は別世界、別の風土だ
>土地の人々は南の部屋に眠り、門は北を向く
>河原は瘴気に満ち、谷には常に雨が降る
>川は絶えず流れ、岩は崩れて1000年そこにたたずむ
>軍隊は杖をつきボロを着て、危険な山を渡る
>軍の行進は楽しいと聞いていたが、今日ようやくその苦しさを知る
>瀾滄江の青い水は東へ流れ、土地は炎のように暑い
>夜は満天の星が川に映り、川と山はすべてを隔てる
>春、辺境の地に風光は少なく、5月の瀘水は風土病が多い

どうやら詩人もまた先人に影響され、雲南を不毛の荒地と見たようだ。数百年来、人々は中原の視点から見ることに慣れてしまい、漢文化本位の「中華と野蛮を区別する」伝統的心理で四方の辺境を眺め、「蛮夷」と呼ぶ。そして傲慢にも「我こそが文明であり、その他はすべて荒地である」と宣言する。こうした思考方式の結果、辺境とはほとんど後進性の代名詞となり、少数民族は征伐と同化の対象とみなされた。雲南について『漢書・西南夷伝』の中には「不毛の地、役立たずの民」とあり、諸葛孔明『出師表』にも「5月に瀘を渡り、不毛の地に深く入る」の一節が見られる。駱賓王の詩からは、中原から来た人々の雲南への態度や、雲嶺山脈の旅の辛さを知ることができる。

　山と大河の険しさは古道への恐れや誤解を生み、活力に満ちたこの土地を不毛の荒地と印象づけた。辛い旅がさらに恐れを増し、恐れが悲劇の原因の1つとなった。

　南方シルクロードの歴史上もっとも悲壮だったのは、南詔の時期に多くの蜀の人が雲南入りした一幕だったと言えるだろう。

　唐の後期、異牟尋（イモウシュン）の死後、南詔王は頻繁に入れ替わり、権力は武人、蒙嵯巓（マンツォデン）の手に落ち、南詔と唐の関係は悪化した。当時、唐の朝廷は腐敗し、官僚は汚職により無能となり、防備はゆるみ、辺境は手薄になった。大和3年（829年）南詔の蒙嵯巓は大軍を率いて西川[42]（シチュアン）を

註
42…剣南西川の略称。現在の成都を含む四川省西部。

攻め、邛、戒、蝶3州を陥落させ、さらに成都に攻め入ると10日余り大虐殺を行なった。財宝を略奪した他、多くの織女労働者を捕まえ帰国した。蒙嵯巔は数万の西川人が大渡河にたどり着くと、彼らに言った。「南はわれわれの土地だ。さあ故郷との別れに泣いてよいぞ！」。すぐに慟哭の波が川の流れを圧倒し、多くの人が川に飛び込み、死をもって抵抗した。

当時の詩人、墨客聞(モカウェン)はこの事件に心を動かされ、次々と詩を書き詠嘆した。蜀の詩人、擁陶(ヨンタオ)は『哀蜀人為南蛮俘虜五章』で心を打つ詩を書いている。2首を紹介しよう。

　　　はるか故郷がまだ見える、だが我国の女は蛮族の兵の奴隷となった
　　　錦江を南へ渡りながら泣き、家を離れ、国に別れを告げる声に満ちる
　　　　　　　——『成都を離れ、泣き声を聞く』

　　　雲南の洱河西にたどり着くと、毒草が茂り、霧に包まれている
　　　蛮族の街に近づくと泣くことを許されず、仕方なく泣きやんで猿の鳴くのをうらやむ
　　　　　　　——『蛮族の地で泣くことを許されない悲しみ』

数万の人が兵士に急かされ、山道を歩んだ。風を食し、露をしとねとし、異郷の奴隷となり、家族と永訣した。敵地に近づいても、涙も流れず、胸の苦しみは吐き出せず、平気な顔を装う。どれだけ辛かっただろう！遠くの猿の鳴き声が伝わり、感情の波がわきあがる。猿も自由に鳴けるというのに、人にはそれができない。字には血がにじみ、涙声が混じり、読むに忍びない。詩人もまた捕虜として雲南に連れていかれ、その後、脱走して家に帰ったのかもしれない。

　家族と別れ、捕虜となった辛さに加え、さらに悲劇的な雰囲気をもたらしたのは、目的地に対する恐怖であった。彼らは、雲南は荒野で、瘴気が強く、毒草に満ち、人の住むに絶えず、一度行けばけっして戻れないと考えていた。実はこれは長期的に染み付いた「華夏独尊、四夷皆荒(中華のみが尊く、周囲の蛮族の地は全て荒野)」の伝統的な固定観念によるものでしかない。実際、織女などの労働者は南詔に到着すると現地に留まり、雲南の社会発展の重要な推進力として雲

南の紡績と刺繍のレベルを大幅に上げ、雲南の紡織品が蜀と肩を並べるまでになった。

労働者として捕虜となった織女と比べ、歴代の西部に流刑された朝廷官僚の西行の歩みはさらにやるせなかった。どれほど多くの者が官吏になり流刑されたであろう。貧しく辛い環境の中、苦学した者、戦場で手柄を立てた者、迎合してとりいり、ようやく朝廷で働くことになり、意気盛んに「天下を救おう」とした者。私利に耽溺した者もいる。官界に騒乱が起き、皇帝が怒り、どれだけ多くの官吏が志半ばにして、流刑されただろう。流刑者の最も恐れたのは「西南諸民族の荒地」に流されることで、皇帝の手が西へ振られれば、死刑に等しかった。多くの人にとって西南辺境は人の行くところではなかった。多くの者が別の場所へ流されるよう画策した。本当に闊達として現地に赴いた者がどれほどいただろうか? 実際にはこの赤土の地に来て歩くうち、彼らの恐怖は次第に緩み、現地に慣れ、瀾滄江、怒江をみずからの「第2の故郷」としたのだ。

明の嘉靖3年(1524年)、天下に名のとどろく新都で修撰[43]にまでなった楊慎(ヤンシェン)は、「議大礼」案[44]に関わったため、明の世宗の怒りを招き、棒打ち2回の刑を受けた上、死んで償えと雲南の永昌衛(現在の保山)へ左遷された。現地に到着すると彼は惨めな気持ちになる。「高所から一望するとますます寂しい景色である。日暮れて鳥鳴き、野に煙が立つ」。しかし長く暮らすうちに楊慎は次第に現地の壮美な山河、多様な文化、純朴な民の気風を吸収し、辺境の各民族と真摯な友情を結んだ。彼は瀾滄江、怒江の間に37年間暮らし、この土地に骨を埋めた。西南の山河にとって異郷の客として楊慎は歴史上、まれに見る多産の作家、博学者だった。

流刑地での孤独な暮らしの中、7歳で文章を書き、13歳で詩をつくり、24歳で立派に翰林の編修を行なった楊慎は、著述に励む一方、苦吟の旅を続けた。「中原を振り返ればあまりに遠く、故郷を思う気持ちがつのる」。英雄は報いられず、世を嘆く思いが渦巻いていた。愛妻と母は遠く四川の故郷にいて、そこには帰れず、望郷の思いに苦しめられる。それら一切が瀾滄江、怒江の草木に溶け込み、詩の情景に転化した。ある時、妻の黄峨が『寄外』という詩を送ってきた。「……帰る、帰ると言っておきながらはや幾年、今

註
43… 朝廷の歴史などを記す官職。
44… 新しく立った皇帝が、朝廷の伝統に背き自らの両親を興献皇帝と皇后と呼ぶよう要求したことに対して楊慎を含めた官吏が反対し、罰を受けたことを指す。

怒江本流の激流、
現地の人々は虎跳峡と呼ぶ

か今かと雨があがり日が射すのを待っています。いつこちらに戻りますか？」

妻の愁怨と期待は彼をたかぶらせ、一気に愛妻への『とんぼ行寄内』3編を書かせた。

　　　　　わたし、このとんぼは人里離れたこの地に何年も暮らし
　　　　　宝の枝は得られても、あなた（妻）からの手紙はとても得難い

楊慎は自分をとんぼと見たてて「天地の間に飛び、蚊や虻を食べ、雨露を飲む。遠く離れた親しい人の手紙は、宝の枝に勝る」と歌った。山河に隔てられた辺

境での苦しみが表されている。

　楊慎は時々、駆り立てられるように雲南と四川の間のでこぼこ山道を行き来した。「ひげは塵で白くなり、道を往復すること14回」。この文豪がとぼとぼと川に戻り、苦しむ姿が想像できる。

　南明[45]皇帝、朱由榔が古道を歩んだ足取りはさらに重かっただろう。南明永暦13年、清の順治16年（1659年）、清軍は3方向から雲南に入った明軍は昆明を守れず、形勢は急転、大将の李定国、白文選（バイウェンシャン）らが永暦帝を守って滇西から逃げた。5月16日、永暦帝は怒江を渡り、呉三桂（ウサンゲイ）と卓布泰（ジュオブタイ）も清軍を率いて追った。

　李定国は6000人の軍で高黎貢山の東で待ち伏せ、険しい峰で敵を迎え討ち、一挙に清軍を壊滅させようと図った。しかし予想もしなかったことに、大理寺の盧桂生（ルグィシェン）が裏切って清軍に密告した。呉三桂と卓布泰は東から攻め、西に迂回し、基地を包囲する戦術を採り、新式の火砲で原生林の明軍基地を攻めた。彼らは四方を囲み、兵士は馬を降りて、林を行き、明軍と白兵戦となった。人は叫び、馬はいななき、山は震えた。双方の死傷者はおびただしい数にのぼった。力の差があまりに大きく、李定国はしかたなく一部の軍隊を率いて高黎貢山に沿って南下し、転戦を続けながら中国ビルマ境界まで逃げた。

　南に逃げた永暦皇帝と家臣は騰越を越え、ビルマへの道を慎重にたどった。負担を軽くするため、持ってきた金属の用具と一部の金銀の首飾りを芒允后山（マンユン）の老官坂麓に埋めるが、これは後に現地の人々が掘り出している。永暦帝は農家でいためた米粉餅を食べた。飢えをいやす腹一杯の食事は、宮廷のご馳走にまさり、永暦帝はこの米粉餅を「救い主」と呼んでいる。

　現在、梁河九保鎮には古いガジュマルの木があり、木の下には「永暦帝駐蹕処」と刻まれた石碑があり、明末清初に明永帝がビルマへと逃亡した際、留まった場所だと説明されている。永暦帝は永昌府からビルマへ逃げる時、南甸（現在の梁河九保）を通り、南甸土司衙門[47]に留まった。その晩、南甸川西一帯の乱兵が住民の

註
45...清朝に攻められ、明朝は南方に拠点を移したため、その後の明朝政権はこのように呼ばれた。

46...后山は山の反対側の斜面という意味。

財産を奪い、暴れる声が土司衙門まで伝わってきた。永歴帝は呉三桂が追っ手を派遣したのだと勘違いして、夜のうちに逃げ出そうと命じた。その狼狽ぶりは想像に難くない。当時、ある人が詠った。「大樹は天に届きそうなほど高くそびえ広がる。風雨の音は龍の吼える声のようだ。あわてふためき夜に抜け出す……」。現在、古いガジュマルは、昔と同じように茂るが、物は残っても人は変わり、時代は変わった。

　逃亡中、永歴帝の一行は小朝廷の形を保ったが、姿はみずぼらしかった。ビルマに入ると、ビルマ人は武器の持ち込みを許さず、武器はすべて取りあげられ、最低限の自衛力さえなくなった。ビルマ人の居候になり、永歴帝は粗末な家に住み、家臣たちは竹木を組んで住んだ。食べ物や物資の目処がつかず、常に事欠きおびえて暮らした。その後、亡命した諸臣の大部分は永歴帝にかまわず、その面前で騒ぎ、直接ののしるものもあった。金銀を隠し持った大臣の馬吉翔（マジシャン）などは皇帝を脅し、暴力をふるい、目先の安逸をむさぼり、色に狂い、深酒し夜明けまで歌った。

　やがてビルマでクーデターが起き、ビルマ王の弟、白猛（バイマン）は兄を殺して自立した。白猛（バイマン）は地位を固め、清に友好を示すため、永歴帝を槍玉にあげようと図った。彼は亡命した諸臣に川を渡って同盟するよう招き、「咒水（ジョウシュイ）[48]」を飲んだが、その後40人余りの家臣はすべて殺されて、永歴帝と後宮の側室の妃も縛られて拘禁され、歴史的にも有名な惨劇「咒水の難」となったのである。

　永暦15年、順治18年（1662年）、清は再び呉三桂に命じて永歴帝を探させた。捕らえられて古道を通って帰国した永歴帝は、もはや満身創痍であった。騰衝に着いた時、永歴帝の寵愛する竇（ドゥフェイ）妃が病死し、弱り目に祟り目だった。受難の皇帝は国と家族の災難に次々と見舞われ、悲しみ痛んで、帝王の格式など顧みていられず、大盈江畳水河畔の黄土の下に竇妃を埋葬した。

　慌ただしく逃げた永歴帝は詩を書くどころではなく、束の間のため息を漏らすだけだった。しかし後代の人はやはり詩歌で永歴帝の嘆息を記録した。李根源は『曲石詩録』に書く。

註
47…土司の役所のこと。
48…誓いを立てる時に神に捧げて飲む水。
49…永歴帝のこと。明朝が置いた兵站を担った軍事官吏の名。

六龍[49]は地位を失って国境地帯の街をさまよい
着物や荷物がガタガタ、サラサラと音を立て、妻たちは泣く

妃を土の中に埋め、長恨が残る
　　ホトトギスは毎年泣くように鳴く

　残念ながら永歴帝はほどなく昆明で太子と一緒に縊死させられ、唐の明皇帝が楊貴妃を思った「長恨歌」のようなものを生み出す時間はなかった。
　この時代、雲南では王侯貴族、軍隊の旅でさえも苦難に満ちたもので、ただの商人や平民にとってはなおさらだった。人々は山道の険しさと、瘴気の危険に直面するだけではなく、常に盗賊による強奪も警戒しなければならなかった。暗い山道には、しばしば盗賊が出た。どれだけの人がこのために財を失って亡くなり、どれだけの家庭が一家離散しただろうか。
　保山市潞江郷芒棒村（ルジャン）（マンバン）の東の交差点には、今も180年前の碑が立つ。碑は当時の街の騒乱に満ちた情況と政府の禁令について述べる。だが禁令は禁令に過ぎず、官吏は民衆の治安を有効に保障できなかったばかりか、時には強盗と仲間になった。
　明の時代、瀾滄兵備道[50]に任じられた姜龍（ジャンロン）は大きな功績を残したわけではなかったが、地方の民族の長を通して働きかけ、道中の盗賊を取り締まり、「蒼山は平安を得て、洱水は清く、番犬夜を驚かさず、行商人は夜明けまで歩く」と、庶民の支持を受けた。しかし姜龍の退職後、後任者は無能で、盗賊が再びはびこり、庶民は不満の声をあげた。雲南を守備する楊慎（ヤンシェン）は通行人のために嘆き『博南謡』を書いた。「瀾滄江は姜龍の防備を失い、昼間に公然と強盗が出る。博南の行商人は怨恨歌を残し、黄金を失って嘆く！　……行商人の無念さよ！」
　蜀の道の険しさは、たいへんなものだったという。李白が雲南に行ったことがないのは残念だ。もし行ったならば、1句つけ加えて、滇道は蜀道より険しいと言ったことだろう。横断山脈を通り抜け、瀾滄江、怒江とイラワディ川の永昌道を越えると、滇道の最も危険な部分だ。この古道で人々は長い歳月、恐怖と驚きの中を歩いた。それにもかかわらず商人も庶民も立ち止まることなく、財をなそうという夢の追求もまた、この古道の上で途絶えたことはなかった。
　恐れを知らぬ人々の勇敢な歩みが、ここが不毛の地ではなく活気に溢れる肥沃な土地だったことを証明したのである。

註
50... 明朝が置いた兵站を担った軍事官吏の名。

高黎高山から
怒江を望む

高黎貢山山頂の低い尾根の西側には今も黒褐色のトーチカが屹立している。これは第2次世界大戦期に中国遠征軍が建設したものだ。最初、中国軍は高峻なこの山を、防御線として利用する準備をしていた。しかしその後、ここを放棄し、怒江の東へ撤退し、怒江の天険に頼り、日本軍の鉄蹄を阻んだ。前章でわれわれは山河の要害は最後には頼みにならないと南詔、大理、南明¹政権の興亡を例に見てきた。

# 第6章 人と川の血盟

しかしここでまた逆に歴史は自然の要害を頼みとすることもあると示さねばならない。これは人と山河が生死存亡の時に敵を同じくして結んだ、血盟であった。

## 6....1

## 血と水が混じって

**栗柴壩の惨劇**..........1942年5月。怒江上流では幾度か雨が降り、両岸の山から怒江に流れ込む水は激しさを増していた。冬以来、ずっと澄んでいた水流もまた混濁し始めていた。川の水は高く張り出し、ふだん流れの真ん中で剥き出しの石を浸食していた白波が消えると、代わって次々と渦巻きが現れはじめる。川の水は崖にぶつかり、両岸に白波がくだけ、水音は雷のようであった。怒

# 6—1 血と水が混じって

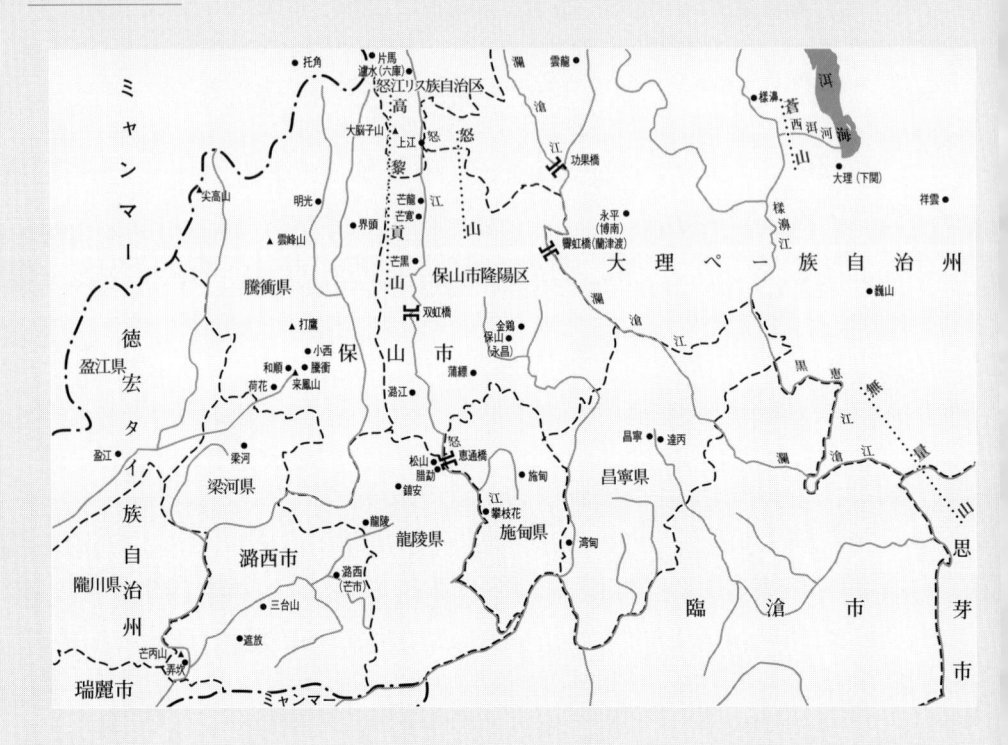

地名（地図上、おおよそ上から下、左から右）:

- ミャンマー
- 托角
- 片馬
- 達水（六庫）
- 瀾
- 雲龍
- 様涌
- 洱
- 蒼
- 怒江リス族自治区
- 上江
- 大腦子山
- 怒
- 江
- 功果橋
- 西洱河
- 山
- 海
- 尖高山
- 明光
- 高
- 大理（下関）
- 界頭
- 黎
- 芒龍
- 貢
- 永平
- 祥雲
- 雲峰山
- 芒寛
- 山
- 瀾
- 騰衝県
- 保山市隆陽区
- 霽虹橋（蘭津渡）
- 大理ペー族自治州
- 博南
- 江
- 打鷹
- 双虹橋
- 鶴山
- 徳
- 宏
- 小西
- 金雞
- 保
- 山
- 瀾
- 盈江県
- 和順
- 永昌
- 黒
- 恵
- タ
- 荷花
- 蒲縹
- 滄
- 江
- 江
- イ
- 来鳳山
- 市
- 江
- 無
- 盈江
- 澑江
- 量
- 族
- 栗河
- 昌寧
- 達丙
- 山
- 自
- 梁河県
- 松山
- 恵通橋
- 施甸
- 治
- 腊勐
- 江
- 昌寧県
- 州
- 鎮安
- 攀枝花
- 思
- 隴川県
- 潞西市
- 龍
- 施甸県
- 芽
- 龍陵県
- 湾甸
- 市
- 潞西（芒市）
- 三台山
- 臨 滄 市
- 遮放
- 瑞麗市
- 芒丙山
- 畹汀
- ミャンマー

凡例:
- —·—·— 国境
- ---------- 省境
- .......... 山 山脈

第6章……人と川の血盟

江の流れがもっとも猛烈になる季節である。

　この日、右岸の高黎貢山の険しい崖の上にも一筋の人波が現れた。数百名の老若男女が乱れた身なりで杖をつき荷物を引きずり、女、子供を連れ、助け合いながらやってくる。残雪の上をよろめきながら、転んでもすぐに起きあがり、けっして止まろうとはせずあたふたと川の渡し場へと歩いてゆく。

　渡し場の名は栗柴壩（リチャイバ）で、現在の保山市芒寛に近い怒江畔にある。栗柴壩は古シルクロードの重要な渡し場であった。かつてはおびただしい数の隊商が渡ったが、この時、西岸には難民が次々と押しよせていた。少し前に日本軍がビルマを占領し、ラングーンが陥落したところだった。さらに中国政府がイギリス軍に応じて派遣した入緬（ビルマ）作戦の遠征軍が再び敗戦したため、日本軍の意気はさらにあがり、その鉄蹄が中国西南の地に踏み入っていた。騰龍辺区行政監督の龍縄武（ロンシェンウ）は、なんと日本兵が来る前に、早々と何年間かに集めた馬200頭分のアヘンを持って昆明に逃げ帰っていた。龍縄武は栗柴壩の渡し場下流近くの双虹橋を通り、渡り終えるとすぐに橋を破壊するよう命じた。双虹橋は古来、騰衝と保山間の主要な橋であった。人々は渡し場から船で渡るしかなかった。

　多くの在ビルマ華僑と騰衝から撤退してきた税関職員は日本軍に追われて、高黎貢山を越え、中国内地に戻る準備をしていた。彼らははるか遠くに白蓮のような怒江を見ると、嬉しさのあまり長旅の疲れも忘れ、もうすっかり虎の口から逃れ、祖国と親しい人々の胸へ戻ってきたような懐かしさを覚えた。しかし彼らは栗柴壩に一歩、足を踏み入れると、再び不安に襲われた。

　とても普通の川への常識で怒江を語ることはできない。どれほどの泳ぎの達人でも怒江を泳いで渡ろうなどという気になってはいけない。泳げば骨まで粉々に砕け散ってしまうだろう。

　栗柴壩の渡し場に着いても船はなく、彼らは川を眺め、ため息をつくばかりだった。船など、どこにあるのだろう？　既に日は落ち、川面には一面霧がかかって対岸もよく見えない。

　その3日前、李春鴻（リチュンホン）という人が、上江区邦瓦村の保長（村長）だと称して、落ち着かない様子の人々を呼び、特別に川を渡してやると言ってから筏を作るため金を集めていった。ところがそんな筏など影も形もない。近くで遠征軍の散りじりになった兵を収

註
1……清朝に攻められた後、明朝は南方に拠点を移したため、それ以後このように呼ばれた。

怒江

容していた楊営長[2]が、渡し場で気をもむ多くの難民を見ると、すぐに付近のペー族村の甲長[3]に、4人の漕ぎ手を派遣するよう命じた。彼は竹を切って作った筏で難民の渡河を3日間助け、多くの難民が川を渡った。しかし誰も、その後やってきた遠征軍の軍官が、渡し場の船乗りにこう言い渡すとは考えてもいなかった。「日本軍は明日、怒江西岸に達する。これより舟を止め、川を封鎖しろ！敵が川を渡るのは、何としてでも防ぐのだ！」

その夜遅く、船乗りたちは竹の筏を打ち壊した。敗兵護送用の大きな木船も、底に穴を空けられ、川底に沈められた。

この時、栗柴壩渡し場の西岸にはまだ364名の老若男女の難民が残され、川からの寒風に震えていた。難民たちはそんなことなど知るよしもなく、長く果たせなかった親しい者たちとの団欒を想像し、その希望を頼りに寒さをしのいで夜明けを待っていた。

翌日の1942年5月19日、川の東岸からの渡し舟と竹の筏はいくら待っても来なかった。代わりに来たのは、後ろの山からなだれ下りてきた70〜80人の完全武装の日本兵だった。日本兵は河畔に来て、滔々と流れる川と翻る白波を見た。そして東岸に渡る船がないことに気がついた。中には靴を脱いで川に足を浸してみた者がいたが、すぐに縮こまって岸に戻った——川はあまりに急で、深く、冷たかったのだ。日本兵は身震いすると、次第に失望が憤怒へと変わり、水面に向かって狂ったように銃を乱射した。そして突然、銃剣を持って近くの難民に飛びかかり、突き刺しては川に投げ込んだ。死体は河流に沿って流され、傷ついた人は波にもがき、波にもてあそばれ、渦巻きが身体をぐるぐると回すと、徐々にもがくのを止め、遠くへ流されていった。

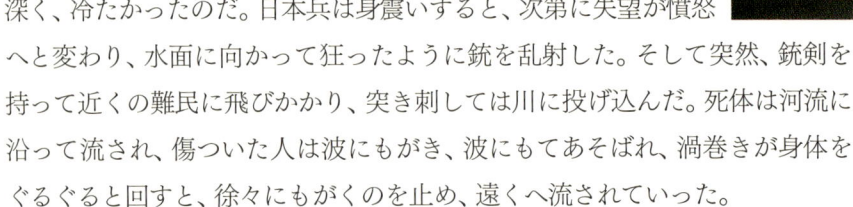

ごうごうと流れる怒江は、赤い激流に変わった。

この時、既に大多数の男たちは武器を持った日本兵に殺され、川に捨てられ、残された女たちが河岸の砂浜で天を仰ぎ泣いていた。

「ははは、娘だ、娘だ」日本兵は甲高い声で叫びながら追いかける。女たちは必死に抵抗した。強姦された後に殺される女もいれば、逃れて川へ身を投じる女もいた。

註
2……大隊長に相当する中国軍の位。
3……村をいくつかの組にわけたうちのひとつの組長。

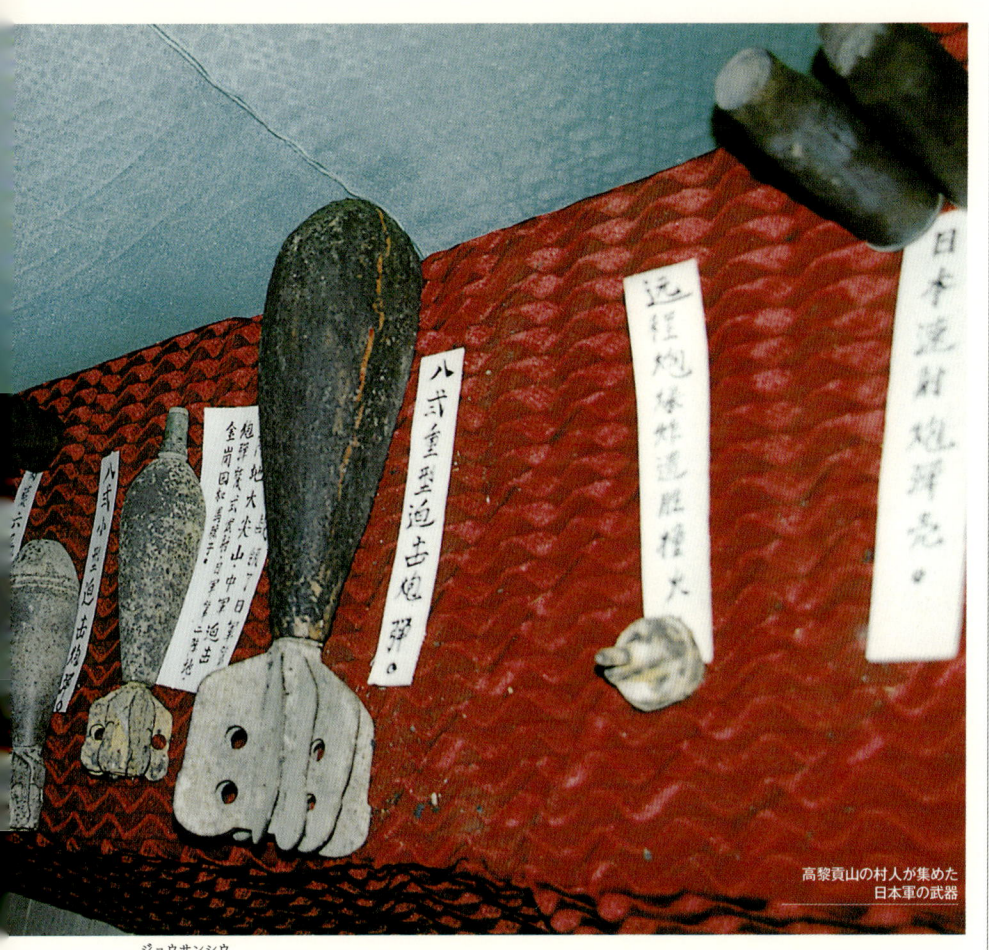

高黎貢山の村人が集めた
日本軍の武器

　周善修（ジョウサンシウ）という名の女は、日本兵に従うならば死んだほうがましだと、息子の妻の陳正鸞（チェンジェンラン）とともに1歳に満たない子供を守り、ぎゅっと抱き合った。日本兵の罪深い刀が彼女たちを追いつめた時、3人は急いで川へと後ずさった。彼女たちは泣きもせず、叫びもせず、命乞いもしなかった。ただ憎しみと恨みのこもった眼で充血した敵の眼をにらんだ。日本兵がまさに老婦人を突き刺し、若い嫁に暴行しようとした時、姑と嫁の2人は身をひるがえすと、激しく沸き立つ川へと跳び込んだ。波が彼女たちを沈め、浮かばせた。渦巻きが3人の体をくるくると回したかと思うと頭まで沈め、また浮かばせる。敵の一斉掃射によって彼女たちの身体からは鮮血が噴き出たが、それでも3人はかたく抱き合っていた。

怒江

川岸の巨石の上には若い颯爽とした9人の少女が立っていた。彼女たちは騰衝省立中学の生徒だった。数日前、騰衝の衛生部隊を慰問のため訪問しており、運悪く日本軍の侵入に遭遇し、部隊と共に怒江畔まで撤退してきたのだった。彼女たちはどのみち死ぬと悟った時、逆に落ちつきを取り戻し、言った。「私たちは清らかなまま人間となったのだから、やはり清らかなままこの世を去ろう。日本兵による汚辱は絶対に受けない！」少女たちは川岸でみずから灰で黒く汚した顔を洗い、それまで男装用に着ていた服を脱ぐと、もとの女性服になった。そして鏡を取り出すと乱れた髪を整えた。

　日本兵は少女を見ると欲望に飢えて垂涎し、彼女たちを取り囲んだ。軍官、松田大佐は甲高い声で笑うと、他の兵士たちに自分を先に上がらせろと命じた。石の上の少女が高い声で言った。「みんな、われらの尊厳のために、跳ぼう！」。言い終わらぬうちに、8人の少女はザアッという音とともに、怒江の激流に飛び込んでいった。

　最後に1人残った少女は飛ばなかった。彼女、徐映紅（シュインホン）は巨石の一番前に立つと松田大佐と向き合い、サッと手榴弾を取り出したかと思うとすばやく導火線をひきぬいた。この手榴弾は班長が別れる時、護身用の武器として渡したものだった。彼女に飛びかかってきた大佐は驚き呆然として、奇妙な声をあげた。すぐにドーンという音が響き、士官は倒れ、彼女の身体は点々とした真っ赤な雨に変わり、流れ続ける怒江に散り、美しい青春は砕け散る波しぶきとなった。

## 人々の記憶

　　　「栗柴壩の惨劇」は、怒江の流れが目にした日本軍による数多の罪行の一部にすぎない。

　この半月ほど前、日本軍は怒江東岸の保山で「空からの大虐殺」（数多（あまた）の大虐殺の1つ）を引き起こしていた。たった1日で日本軍の飛行機により保山に暮らす無実の庶民1万人余りが爆殺され、焼き払われた家屋は7000〜8000軒にのぼった。市内には血肉が飛び散り、死傷者が転がり、死体が川を埋めつくし、この世のものとは思えない悲惨さで、数万人を有する歴史的な名都市は「幽霊のうろつく」死の街となった。その後、半月で日本の侵略者は再び栗柴壩渡し場の南側からほど近い西南シルクロードの商業集散地――蛮雲街を奪い、炎で街を焼き尽くし、灰塵にした。街の住民は行き場を失い、山の崖の間に逃げ隠れ、飢え

と寒さに苦しんだ。

　人の世の変化を見つくしてきた怒江は、血の汚れにはもはや驚かない。しかし、このような虐殺を目にすればやはり「怒り心頭」に発する。怒江は日本軍による殺人についての生き証人だ。怒江は徐々に他の事件を忘れてゆくだろう。しかし日本の侵略者が中国人民に払わせた血債については忘れることはない。どれほど時がたとうとも、怒江はすべてを覚えているだろう。怒江の川底には無実の人々の鮮血が飛び散っているのだから。どれほど年月が流れても、もし誰か、日本のファシズムが中国人に犯した罪深い歴史を否定しようとする者がいれば、怒江はどのような場合でも、なんとかしてその事実を世界に明らかにするだろう。

　怒江はまた日本南方軍の白川山秀少将の言葉をはっきりと覚えている。……「われわれが中国を占領するのは、その数多の庶民を手に入れたいと思うからではない。天皇陛下のため、腐敗し、腐乱した民族を浄化、埋葬するのだ」

　怒江は彼らのいわゆる「浄化」の実態が何であったか証明できる。実際、怒江の口を借りずとも、現在、怒江両岸で暮らす証人もいくつもの例を挙げることができる。まずは瀘水県上江郷のリス族の老人の話を聞いてみよう。

> 名はウェンツァイメイパといいます。わたしはかつてこの目で、日本軍が村で2人の人を殺して食べたのを見たことがあります。事のあらましはこうです。その日、わたしたちが夕食を食べている時、頼茂江畔から日本兵が上ってきました。敵の数は非常に多く、村は包囲されました。敵が来たのを見るとどの家の人も皆、村の外の林へ逃げ隠れました。ただプージャンパとその姪のカンシェマだけは逃げませんでした。プージャンパは、かつて牌首[4]をしていたことがあり、当時68歳でした。彼は「日本兵も人だ。彼らは中央軍と戦っているが、庶民に対しては違うだろう。恐ろしくはない」と言い、姪と一緒に家に留まりました。
> 　翌日、敵は平安寨山頂に去りました。夜になり、ようやく何人かの肝のすわった農民がこっそりと村に戻りました。村に入ると、われわれはプージャンパとカンシェマが既に日本兵に殺されているのを見つけました。日本兵は家のまな板で人

註
4……清代に任命された村の指導者。

肉をけずり、鉄鍋で人肉を煮て、食べ残した2人の頭蓋骨と人骨を門の前に積み上げていました。わたしは鉄鍋に人の油がべったりと厚く残っているのを見ました。この惨状を見て心が刀でえぐられたように感じ、わたしは家に留まることはできず、また密林の中へ逃げ帰りました。

　日本軍国主義のいわゆる「浄化」はもちろん「人食」の2文字で片付けられるものではない。さらに怒江下流の徳宏回龍村(ダーホンフイロン)に暮らす陳亜娣(チェンヤティ)さんの訴えを聞いてみよう。

日本兵がやってくると毎日、物品の略奪と強姦が行なわれました。……村には50歳過ぎの女性がいて名は邢(じゃ)といい、皆は「邢おばさん」と呼んでいました。彼女は盲目で子供もなく、1人で逃げることができず、日本兵により輪姦されました。村にはまた趙(ジャオ)という老人がいて、彼の家には2人の嫁と3人の娘がいました。日本兵が村に入ってきた翌日の午後、突然10人余りの日本兵が彼の家に侵入しました。日本兵の1人が刀で趙老人の胸を突き刺したかと思うと、その他の兵隊は野蛮にも家の嫁と娘を輪姦しました。いちばん小さな娘はまだ10歳余りで、かまどで火をおこしていたところをやはり3人の日本兵によって輪姦されました。さらにジンポー族の夫婦が山の洞窟に逃れ隠れていましたが、日本兵によって発見され、男は木の幹に縛りつけられ、女は輪姦された後、籐の蔓で2人一緒に縛られ、ガソリンをかけられ、生きたまま焼き殺されました。日本兵は傍らで、大声で笑っていました。焼き殺された後には2人を埋葬する人もいませんでした。

言うまでもなく、日本軍のいわゆる「浄化」は獣の排泄行為だった。怒江、世のあらゆることを目にしてきた怒江も、20世紀の40年代になって初めて、この世にもっとも凶暴で残酷な2本足の動物がいることを見知った。
　日本の侵略者は最初から滅ぶ運命にあった。日本人はまったく中華民族を見誤っていた。東方の眠れる獅子を「腐敗、腐乱した民族」と見て、中国人は意のままに殺すことのできる羊だと考えていた。東北で、南京で、怒江の畔で、日本

兵の刀が丸腰の庶民を突き刺した時、日本人の中の敏感な者はきっと中国がもうすぐ爆発する火山だということに気づいたであろう——周善修の姑と嫁の怒りの眼、徐映紅が引き抜いた手榴弾の爆発音、これらは中国人がいたずらに身の安全を保つよりは、みずからの尊厳と名誉を重んじていさぎよく死ぬことを証明してはいないか？

侵略者の足音が怒江の激流に及んだ時、日本兵は血が水に混じって生まれる力を感じていただろうか。

## 6–2　恵通橋が落ちた時

**恵通橋の建設**..........1942年の春から夏にかけて長江上流の重慶はそこら中が燃えているかのようであった。国民党の軍首脳は居ても立ってもいられなかった。中国遠征軍による入ビルマ作戦以後、不利なニュースが続けて伝わっていた。中国遠征軍の左翼が破られ、日本軍は勢いに乗り遠征軍後方の補給路を奪取していた。さらに中国西南の国門がこじ開けられたと伝えられて以後、遠征軍からの情報は再び途絶えた。アメリカ軍の偵察によれば「日本軍はおそらく10日前後で昆明に到着する」という。蒋介石の高級参謀たちは相継いで進言した。日本軍がもし滇西から直接入り、東へ怒江と瀾滄江を越えれば、北からも西からも攻められて重慶政府は退路を失う。あわてた様子の蒋介石は取り乱し、烈火のごとく怒った。彼は参謀団にすぐに滇西軍と連絡を取るよう命じ、一方で秘密高級軍事会議を招集し、甘粛省蘭州への遷都を話し合った。

まもなく参謀団が保山から急電を送り、怒江の恵通橋(フイトン)は爆破で絶たれ日本軍が一気に川を渡ってくる可能性はなくなった、と報告した。蒋介石は電報を読み終わると、長い安堵のため息をつき、ハンカチでひたいの汗をぬぐった。そして急いで先ほど提案した（雲南を放棄して蘭州に移る）動議を白紙に戻し、高度の機密条項として外聞不要と言い渡した（数年後、当時、参謀団の参謀であった沈定氏は『遠征印緬抗日戦』にこれを記した）。

1本の川、1本の橋が遠い国都の運命とこれほど密接に関わるのは、中国内外の歴史においてまれなことだ。

怒江

恵通橋は怒江中流の龍陵県(ロンリン)(現在の施甸県境界)の山河に位置した。この橋は怒江にかかる滇緬公路(てんめん)(ビルマ・ルート)の要衝だった。滇緬公路は抗日戦争の初期には中国で唯一の交通可能な国際陸路、いわば生命線だった。日本軍がビルマから中国に攻め入った重要な目的もまた、滇緬公路を遮断し、中国が外からの援助を得られないようにするためであった。日本の大本営は「滇緬路封鎖委員会」を組織し、1940～41年の2年間の間に26回も飛行機を出動させ、恵通橋へ激しい爆撃を行なった。しかし、日本の砲火の下でも輸送が絶たれることなく、恵通橋を通じて45万トンの軍用物資が中国内地に運びこまれた。

抗日戦争の兵士が
臨時の木の橋を建設する
張孝宗 提供

　恵通橋は特殊な地形に位置し、軍事家の重視する場所であった。当時、国民党第11集団軍総司令、昆明防衛司令だった宋希濂(ソンシリエン)は恵通橋を視察し強い印象を受け、半世紀後にも橋についてはっきりと語ることができた。
　「怒江両岸の山は険しく、両岸の公路はすべて山からつづら折りで下り、何十もの曲がり角がある。約12km行くとようやく恵通橋で、橋を渡った後はまたくねくねと登る。怒江は広くはないが、流れは急だ。恵通橋の南と北は向かい合い、対岸から呼びかけあうことができた」
　1935年末の恵通橋の誕生は、怒江有史以来の喜ばしい瞬間であった。その

日、龍陵県の県長と潞江土司は恵通橋に出資した梁金山(リャンチンシャン)を連れ、橋の竣工式典を訪れた。西の橋たもとには、付近の住民や商人など、黒山の人だかりができた。人々は興奮して銅鑼や爆竹を鳴らして喜び合った。怒江の天然の塹壕はついに渡しを得て、両岸の人々が待ちに待った願いが現実となった。

　滇西の風習では、橋が建設されると橋踏みの儀式が行なわれる。梁金山はビルマから吉祥を象徴する白象を取り寄せ、橋を踏む主役とした。象は赤と緑で鮮やかに飾られ、鼻の先を巻きながら高々と上げ、橋に向かって首を振った。象は続けて3回礼をし、歓声の中、象使いを乗せて鉄鋼で吊るされた大きな橋をゆっくり踏み、長い鼻で橋の上を撫でた。式典に参加した人々は喜びに沸いた。

　橋の西側には簡単な主席台が設けられた。工事現場の小屋に2つの長いすと机が置かれ、机には茶を入れた碗が置かれた。一刻も早く橋を渡り、年老いた

抗日戦士たちが怒江を渡って日本軍に反撃する準備をする
[張孝宗 提供]

母のために薬を買いたいという農民が梁金山に招かれ「祭礼の歌」を歌った。現地の風習から、最初に橋を渡った人は幸運だが、必ず祝いの言葉で「喝采」しなければならなかった。この農民は今後、2度と川を渡るのに悩まなくてよいことに感動して、声を張り上げ歌った。「梁金山は、良い心根だ、四方に通じる橋建てた！　橋は金山橋、1人が建てて万人が渡る！　3年で建て、万年落ちぬ！」声が終わらないうちに、人々から良い声だと喝采をあびた。

怒江

「金山橋、この名前はとても良いアイディアだ！　橋は梁金山氏の寄付でできたものだ。石碑に刻んで、橋のたもとに建てよう！」ある人が提案した。

梁金山は手を振った。「いやいや、わたしが橋を建てたのは皆のためだ。今は人が通り、隊商が渡るだろう。将来は車が通り、交通のためになる。多くの恵みが通り抜ける道だ、やはり恵通橋がいいだろう！」

こうして「恵通橋」の名は梁金山氏の人柄とともに怒江両岸の人々に伝えられた。

青年時代の梁金山は貧しく、飼葉を売って過ごした。ある年の春節（旧正月）、金持ちに侮辱されたことに耐えられず猛然と反抗し、思わぬ災禍が身に振りかかるようになり、仕方なくビルマ北部に亡命した。梁金山は外国で苦労するなか発奮し、才能と不屈の精神で華僑労働者を団結させ、ともに働き、日雇い労働者から銀の鉱山業を経営するまでに出世して、資産億万の実業家となった。

巨額の富を得た後、彼は多くの施しを行ない、貧しい華僑に多額の援助をして東南アジア一帯で名声を得、次第に華僑の指導者となった。梁金山はふるさとの親族が苦しんでいるのを見て、次々と学校を寄贈し、抗日のためにも巨額の出資をした。恵通橋の建設のために巨額の寄付をしたのは、一時の思いつきではなかった。彼は幼い頃から怒江の畔で、荒々しい波に筏が飲み込まれ、乗っている人が虫けらのように亡くなる惨めな光景を目にしてきた。また川に隔てられた山道は苦しく、ふるさとの人々が不便な交通に苦しみ嘆息するのを見てきた。彼は密かに思っていた。いつか怒江に大きな橋をかけるぞ、と。

1932年、梁金山は工場と2つの商号を売り払い、20万ルピー以上を持って帰国し、橋を建設した。よく考えろと忠告した人もいたが、彼は毅然として斥けた。「わたしには金がありながら、国の人々のために使わない人の心は理解できない」

交通が不便な怒江に橋をかけるのは困難をきわめた。当時、国内には適当な技術者がおらず、梁金山はアメリカ人技術者に設計させた。橋建設用の鉄筋、コンクリート、スチール・ケーブル、鉄筋など建材の輸送のため、彼はまず中国ビルマ辺境に公道をひらき、建材をビルマから中国に運んだ。保山、徳宏など、公道が通っていない場所では運輸は行き詰まり、運搬用の大隊列を組織して、小隊に分け、目的地まで機材を分散してラクダに載せて運び、その後再び組み

立てた。ある人の記憶では、当時、山道で機材を運ぶ馬の列は数里続き、馬の錫が鳴り響き、運搬する労働者の声は、怒江をふるわせたという。3年におよぶ大事業の末、当時の先進的な橋はやっと竣工した。

## 恵通橋の爆破

.......... それから2年後、滇緬公路を繋ぎ、車の通行を可能にするため、再び大量の人力、物力が投入され、恵通橋の積載重量が増強された。工事の困難さに人々は息をのんだ。橋げたを強固にする作業をしている時に激流に飲み込まれたり、鷹のくちばし型の恵通崖を切り開く際に足を滑らせ怒江に落ちた人々もいた。公道と橋梁を繋げるため数万人の労働者が風を食し、露をしとねとした。

　滇緬公路と恵通橋は生命と血肉によってつながり、南北に流れる怒江から東西に羽を伸ばしたかのように伸びた。しかし、恵通橋はその姿をいつまでもとどめることはできなかった。

　明け方、夜の霧が晴れないうち、明るくなりかけた空にはうっすらと山の背が見え、1台のジープが保山から西へ飛ぶように走っていた。ジープは時々速度を落とし、停まって待たねばならなかった。道は、東から逃げてきた人の群れと車でいっぱいだったからだ。車に乗った馬崇六(マチョンリウ)将軍は焦り、運転手に急ぐよう促した。怒江の恵通橋畔に到着すると、彼は車を飛び降り、すぐに張(ジャン)営長はどこかと尋ねた。

　1人の軍人が将軍の目の前に走ってきて、軍の正規の敬礼で迎えた。馬将軍は命令書を手渡した。彼は頭を下げ、急いで目を通した。命令書の内容は3つあった。1.工兵24営隊隊長を独立させ、恵通橋東の畔で待つこと。2.敵が恵通橋を占拠した場合には、すぐに橋を爆破すること。3.任務が終了したら、すぐに総本部に電報を打つこと。

　馬(マ)将軍は詳しく説明した。橋を爆破するタイミングを捉え、なるべく多くの人や車輛が川を渡れるように、しかし敵を渡らせてはならない。敵を発見したら、タイミングよく橋を爆破しろ。畹町が防衛に失敗した主な原因は、日本軍が帰国難民を装って車に紛れこみ侵入したからだ。同じ失敗を繰り返さないようくれぐれも気をつけるように。

　張営長は直立不動の姿勢をとり、また敬礼をした。馬嵩六は敬礼を返すと厳

しい表情をした。彼は爆破による破壊活動が得意だった。しかし今度ばかりは緊張した。これは4年後、彼が74軍隊を率いて南京にある中山陵横の汪精衛[5]の墓を爆破した時の心情とは違っていた。

　1942年5月4日恵通橋の両端には車の長蛇の列が数十kmも続いていた。東岸の坂道には多くの故障車が乗り捨てられ、西岸の橋の外では橋を渡るため、車が列をなしていた。恵通橋を渡ろうとする人々は車の波に混じっていた。張営長は素早く爆薬を取り付け、隣の小班長に、帰国難民から2枚の古着を買うよう言いつけた。

　翌日明け方、2人の中国軍人が難民を装い、古い華僑の服を着て、何日も飯を食べてないふりをして現金を握り、西岸の橋の畔車の乗客や運転手から食べ物を買い、日本の軍人が混じっていないか偵察した。橋まで500m余りの場所で彼らは運転手が非常に若く、車輌にも多くの若者を乗せているトラックを見つけた。2人は車上の人に食べ物を売ってくれと頼んだ。車上の人は手を振り、答えない。偵察の2人はまた別の似たような車輌を見つけた。車には4人の男と1人の老婆が乗っていて、車上の若者はやはり手を振り無言のまま断る。2人はひどく腹が減った様子を装い、車の荷物の覆いをめくりに行った。車に緊張が走り、乗客は手を振ったが、やはり何も言わなかった。2人はその車の荷物の中に銃、鉄かぶと、軍服があるのをはっきりと見た。彼らは車を降り、急いで橋のたもとに向かった。

　すぐにドドーン、という轟音と共に濃煙がたちのぼり、恵通橋は川に沈んでいった。川面には何本かの鉄柵がぶらさがり、ゆらゆら揺れているだけであった。

　怒江には川を渡るのに間に合わなかった同胞と車を省みる余裕はなかった。多くの人々が日本軍の鉄蹄を駆除した怒江の激流に飲まれ、川を渡って生き残った人は少なかった。もし怒江が知覚を持つ生き物であれば、これらの不幸な人々を思い、嗚咽したことだろう！

　恵通橋が絶たれると西南と中国の唯一の陸上ルートが絶たれた。中国を併合する日を指折り数えていた日本軍は大きな打撃を受けたが、驚きと失望の中にも、怒江東岸の中国軍の防衛が空白になったのを見て、最後の一撃を繰り出した。日本軍は迅速に600〜700人

註
5……日本の傀儡政権、南京国民政府の代表。

を集め、大砲の援護の中、ゴムボートで怒江を渡り、怒江東岸の恵通橋東北にある海婆山を占領した。幸い西を防衛するため進軍してきた中国第71軍の戦闘部隊が怒江沿岸に到着しており、すぐに日本軍との激烈な戦闘が始まった。

　大砲の音がドーン、ドーンと響き、銃弾が雨のように降り注ぎ、怒江の川面をひっきりなしに飛び交った。

　翌明け方、東に昇った太陽が西の坂を照らすと、中国軍の陣地から日本軍の砲撃陣がはっきりと見えた。中国軍はこの機会に集中砲火によって敵陣を粉砕し、とうとう日本軍の砲火を沈黙させた。中国軍は素早く海婆山へ進軍し、白兵戦を挑んだ。応戦した日本軍は、中国軍に援軍が次々と加わるのを見て、西への道を引き返した。だが怒江がその退路に立ちふさがった。日本軍はゴムボートで退却し、追撃する中国軍兵士はそのゴムボートを狙い撃ちにした。1発でも当たれば、何人もの日本兵を倒すことができた。怒江の波は日本の侵略者を許さず、日本兵の多くはこうして怒江の藻屑となった。

　日本軍はこれに諦めることなく、1ヵ月後にまた兵力を結集して怒江を渡ろうとした。しかしこの時も、同じ目にあった。戦争終結の頃になっても日本軍が怒江という自然の要害を渡ることはできなかった。

## 6―3　激流の中の正気歌

**李根源と抗日県長**..........日本軍が怒江畔に到達し、滇西を占領、侵略したという知らせは全世界を震撼させた。増水期の怒江は荒々しく、現地の中国軍とともに日本軍を阻止した。同時に怒江畔から昆明までの滇緬公路にはまた車と人の流れができた。

　車がひしめき、人々の喧騒が続く。兵士を満載し、大砲を引いた軍の車輌は急ぎ西へと進軍していた。商業用や難民用の車はあわてふためいて東へ退却する。西に向かう軍隊の流れの中、1台のジープが人目をひいた。ジープはスピードを出し、向かってくる商業用や難民の車をやりすごし、次々と軍用車を追い抜いた。ジープには旗がはためき、旗には「雲貴監察使[6]李根源」の大きな8文字があった。

註
6......雲南と貴州の政府の監察を担った、の意。

怒江

ガタガタ揺れるジープに乗っているのは李根源(リケンユアン)であった。字(あざな)を印泉といい、人々は李国老と呼んだ。64歳で長い中国服をまとい、儒学者風だったが、顔にはまぎれもない軍人の気質が現れていた。彼は片手で車の柵を握り、もう片方の手で杖を握り、眼光鋭く両側の鉄流を見守っていた。彼の胸中は波立ち、激情が抑えられない様子で、あごの髭はとげのように逆立ち、頰の痘痕(あばた)は震えていた。

　彼はかつて辛亥革命に身を投じ、陝西省の省長を務め、北洋政府[7]の農商総長[8]と国務総理[9]を兼務した徳望高き民国の元老であった。彼ならば後方に座り、号令をかけているだけでも十分に積極的な行動と言えた。しかし胸中の激情は、彼を西へと走らせた。

　李根源は怒江西岸にある騰衝の出身だった。しかしこの時、ふるさとは既に日本軍に占領され、廃墟と化していた。彼はふるさとに戻って「雪辱」を誓い、怒江畔の防衛策を計画しようとした。

　保山に到着すると、一面の惨状に李根源はひどく悲しんだ。怒江畔の守備の状況を視察し、居ても立ってもいられなくなった。李根源は再び重慶軍委員会に怒江防衛線の増強を提案した。最初、中国の最高当局はそれほど正しく怒江一帯の状況を理解していなかった。当局は失ったいくつかの滇西の県と土司領地にはあまり関心がなかった。中国の大半の領地が失われている中、滇西の片隅を失うことなど小指の爪の一部を切るようなものと思っていた。だが当時、日本軍は再び怒江東岸を奪取し、怒江の攻防は急を要していた。怒江と保山を放棄し、瀾滄江か金沙江まで撤退して守るべきだと提案した人もいた。さらに蔣介石と雲南の地方長官、龍雲(ロンユン)の対立が激化していた。蔣介石は抗日戦争の名目で直系部隊を雲南に送り込みたいと考えていた。一方、龍雲は中央軍が大量に入り、自分の勢力の脅威となることを恐れていた。

　李根源は言った。「保山は滇西の門戸だ。怒江は辺境の要害である。ここを守らなければ滇全体が震撼する。影響はすべての局面に及ぶ」「保山は今日、怒江の前線である。戦局は滇西の明暗に繋がる。ここは連合軍の拠点、民心の繋がる所だ。けっして片隅に過ぎぬものではない」。彼は龍雲にも電話をかけ、蔣介石へ援軍を求めるよう働きかけた。「もし保山を失えば、おまえの雲南の山河は半分

註
7……1912〜1928年、北京にあった中華民国政府。
8……農業・商務大臣に相当。
9……首相に相当。

瘍墓地の「告滇西父老書」
(滇西の人々への手紙)

怒江

が敵の手に落ちる。保山は大理の衝立(ついたて)で、保山は東から直接大理に行けるので、祥雲を守る要害はなくなる」

そうしてついに中央と地方政府は共同で雲南を守り、敵の東進を防ぐことになった。

保山の金鶏村で李根源は軍民大会を召集し、重々しく『告滇西父老書(雲南西部の人々に告ぐ)』を発表した。

> ……雲南はもはや戦場となった。滇西は前線である。大雲南の防衛のためには滇西の防衛が必要だ。滇西の防衛のためには保山を堅持せねばならない。われわれ1700万の民衆は、省を守り、国のため犠牲となる精神を発揮せねばならない。……以後、軍隊が必要とする人力、物力は甚大となろう。敵は占領地で重税を課し、人々を搾取し、惨殺を行ない、滇西民衆が受ける苦しみと犠牲も大きくなりつつある。国の有事である。抗日戦士に有利となるよう、全財産を投げ出し、水火の中に赴き、立ち止まってはならない。

すぐにこの『告滇西父老書』は人々の抗日宣言となり、国家防衛の正気歌[10]となった。また、当時、怒江の畔では「怒江謡」が流行り、現在でも老人たちはこの抗日の歌を歌うことができる。

怒江西岸の高黎貢山とその西の地域は日本軍に占領されてはいたが、人々の抵抗の精神はけっして衰えてはいなかった。李根源はみずからを「高黎貢山人」と称した。彼は言った。「天下の危機に戦い、民を率い、国を救うと誓う」。「高黎貢山は破られることはない。我らの志も破ることはできない！」。彼はこれを、危機の中で指名を受けた「もはや県ではなくなった県」騰衝県の新県長への祝辞とした。

新県長は張問徳(ジャンウェンダ)という名で、60歳を過ぎた老人であった。騰衝の陥落前、前県長の邱天培と騰衝の辺区監督[11]、龍縄武は日本軍侵攻のうわさを聞いて街を放棄して逃げ出し、戦わずして騰衝を敵の手に渡した。張問徳は毅然と挺身して事に当たり、この危険な局面を挽回しようとしていた。

註
10…もとは元に従わず、最後まで抵抗を貫いた南宋の宰相、文天祥の詩の題名。
11…辺区政府の監察を担った役職名。

熊文定さんは
張問徳県長とともに
戦った抗日戦争の
日々を回顧する

　張問徳を指導者として、領内の政府が組織され、騰衝の北部と敵の周辺を防衛した。彼は老体に武器を担いで軍事に奔走し、青年を招集して、各郷・鎮に檄を飛ばしに走り、食糧を準備し、国軍に協力した。そして、騰衝西北における日本軍への抵抗前線の根拠地を建設して、日本の騰衝統治を揺るがし、広く民衆と遠征軍の兵士の尊敬を集めた。人々は張問徳を「抗日県長」と呼んだ。
　2002年2月末日、わたしは騰衝県の界頭郷を訪れ、当時、張問徳の側で働いたという熊文定（ジョンウェンディン）さんを見つけた。この時、彼は既に80歳の老人となっていたが、思索は鋭敏なままであった。張県長に従って敵の占領地区で日本軍に抵抗した苦しい歳月について尋ねると、熊老人は激情を抑えられないようだった。彼は、張県長が生命の危険をおかして何度も高黎貢山を越え、怒江の激流を渡った情景を思いだした。彼らはかつて何度も日本軍に追いつめられ、困難な状況のなか高黎貢山で飢えをしのぎ、幾度も怒江の激流に飲み込まれた。ある時、張県長は落馬して傷を負い、腕を脱臼した。また瘴毒に感染し下痢がとまらなくなったこともあった。しかし困難な状況でも張問徳はその老骨で高黎貢山麓の県政を支え、日本軍の鼻先で大量の物資を守り通した。また青壮年グループを組織して軍事訓練を行ない、抗日前線まで送り込み、難民救済委員会を組織して、遠くから来た難民に食物や住む場所を与えた。何度も怒江と瀾滄

怒江

江を東へ渡り、雲龍から食塩を買って帰ると、人々に食べさせもした。

だが張問徳県長が世に残したもっとも輝かしい業績は、当然、人々によく知られることになった『田島に答える書』である。1944年9月のある日、熊文定は張県長への手紙を受け取った。彼はすぐ張問徳の事務所に届けた。張問徳は当時、間借りをしており、事務所と宿舎は小屋の中にあって、小屋はちょうどベッドと机が置ける広さであった。張問徳は何重にも包まれた手紙を開け、読み終わると、冷笑せずにはいられなかった。「はは、田島はなんと、わたしを招いて会談しようと言う。狼が鶏に挨拶するとはこのことだ」

中国を侵略した日本駐騰衝行政班の田島本部長は、張問徳に手紙を送り、張県長に対して「尊敬の念」「思いを馳せ」「慕っている」ことなどを示し、「双方の民生の困難な問題を解決」するための「平和交渉」を行なう提案を伝え、軟化・降伏させようとしたのである。

張問徳ははじめ取り合わなかったが、秘書、費雲章(フェイユンジャン)は田島本部長への回答を考えたらどうかと勧めた。張問徳は少し考え「いいだろう。確かに手紙が来たのに返さないのは礼を失する」と応えた。そして彼は硯を取りだし、紙を広げ、怒りに血を沸き立たせながらも婉曲な言葉で返事の手紙を書いた。

田島閣下：
来書は騰衝人民の苦痛を言葉にし、会談してこれを取り除きたいとありました。仮に私の中国がまだ侵略されておらず、日本と正常な国交関係を維持できた時ならば、きっと賛同する考えもあったでしょう。しかし事態の変遷はもはや同意の余地を完全に消しました。誠に閣下のお手紙の通り、騰衝人民はすばらしい人々で、風習は味わいがあり、西南一の楽園、すべての足りた地域です。しかし事態の変遷から、騰衝人民は銃剣の下、荒野に白骨を晒す者既に2000人以上、兵に焼かれた家屋5万棟以上、失ったロバと馬は5000匹に達し、穀類の損失100万石、強奪された財産は50億近くに達しております。父は子を失い、妻は夫を失い、風雨をしのぐ家も失い、生計を立てるものもなく、生活は困難を極め、座して死を待っております。甚だしきに至っては閣下と御同僚に奴隷のように酷使され、鞭打たれております。あるいはミッチーナに送られ、強

雲南省保山市

国殤墓地の
『田島に答える書』

## 答田島書

按一九四三年俟騰日軍持政班師長田島致函騰衝縣長張問徳勸其降日被拒斯即正氣磅礴之國殤正氣歌也乃敵人之誘惑我抗戦方之大丈間氣書

田島閣下來函以騰樹人民痛苦為言欲借會晤長談而謀解除我中國猶未遭受侵凌之地區以抒其同情之考慮然事態之演變已使余將于以同情之考慮必將予以同情之考慮事態之基礎全無誠於閣下言騰衝士紳民眾風俗醇厚西南第一樂園大足有為之郷然自事態演變以來騰衝人民之不幸已次第而起自事態演變以來騰衝人民之不幸已次第而降臨縣馬道失達五十四名物資損失達百萬石財產被劫掠萬幢廬舍化為灰燼至於閣下及其同僚之所奴役橫被鞭笞或已被送往密支那拘禁者近五千人父失其子夫失其妻居則無以蔽風雨行則無以敝其體食不足以充其飢謀生活歸飢號寒以待斃甚至緊緊密綁縛驅遣受污辱之事凡此均屬騰衡人民之所負苦而對閣下及其同僚則為其善意之貢獻閣下雖於心已所不忍然事實上閣下及其同僚對於騰衝人民之善意竟使騰衝人民之痛苦加甚則余雖為中國之一公民且為騰衝政府之一官吏由於餘承之所能忍受者亦自有餘承之所計劃余願貢獻於閣下者僅有請閣下及其同僚全部返東京閣下及其同僚全部返東京一切問題均可與閣下坦直談論謝閣下及其同僚一如閣下所謂願以誠懇之態度與余會晤余將依人道及禮儀之要求予以接待否則閣下應及早放下武器以待上峰之命令如閣下之見解不與余同此事件之發展將不在余之責任閣下倘執迷不悟則余僅能懇禱閣下及其同僚於不恥之末日命運將近以前俯下作余書切不將到來之日命運將散要求閣下作最後之奮鬥以解除其自身所遭受之痛苦以及我騰衡人民之痛苦則余為在此書猶具有充足之長思密之長思

大中華民國三十二年九月十二日

大中華民國雲南省騰衝縣縣長　張問徳

雲南省騰衝縣珠寶玉器公司
騰衝縣國殤墓園復修委員會 立

張問達敬書
彭安培刻石

公元一九八八年九月十四日

怒江

国殤墓地にある
抗日兵士の墓

制的に軍隊に入れられております。発言するにも忍びないことに女性は侮辱を被っております。これは騰衝人民の苦痛であり、皆閣下と同僚のなさった犯罪です。……閣下が貢献できるのは、閣下とその御同僚に東京に帰って頂くことだけです。……騰衝が閣下と御同僚に占拠されているかぎり、すべての犯罪は依然として起き続け、私は力の限り、自らの責任を尽くすでしょう。閣下は再び騰衝の良さを感じることはないでしょう。道徳と正義によって、閣下と御同僚は私たち騰衝人民の前に屈することになるでしょう。わたしは閣下の求める会談を断り、人類の尊厳、生命にとってより意義ある仕事を続けます。苦しみの下にある騰衝人民はどのように行動すべきかはっきりと知っており、それにより自身の被った苦痛を取り除くでしょう。閣下と御同僚に間もなく到来するであろう悲惨な最後の日の運命に思いをはせ、閣下がよくお考えになられますようお願い申し上げます。

長問徳は文末に、「大中華民国騰衝県長」の署名と日時を書き終え、筆を置いた。この文章が世に伝わると「正気歌」の健在ぶりが日本軍に抵抗する人々を奮い立たせ、激励した。

戦後、『田島に答える書』は、国殤墓地[12]の石碑に刻まれた。わたしのある保山の友人は、毎年、子供を連れて怒江を西へ渡り、殉国の士の霊園で心を込めてこの碑を読み、背筋を伸ばすのだという。

# 6―4 血肉で建てた滇緬公路

**滇緬公路の建設**..........60年前、作家の蕭乾(シャオガン)は開通直後の滇緬公路で取材をし、文を書き残した。長い文章ではないが、多くの読者の心を打ち、この青年作家の名を世に知らしめるものとなった。今、わたしは同じテーマを追うにあたり、これが本当にかけがえのないものだという思いを持つ——作品がかけがえのないものだというよりも、滇緬公路の建設の歴史がかけがえのないものなのである。

それでは蕭乾の筆とともに歴史に入ってみよう。

> 私は息を詰め、震えていた。気が沈んだのではなかった。この偉大な事業に感動したのだ。山の背のような万里の長城が現代人を驚かし、ため息をつかせるのと同様、いつかわたしたちの子供や孫もまた、高黎貢山の麓で万感の思いに浸りながら尋ねるだろう。こんなことが可能なのか、と。973kmの車道、370本の橋梁、140万立方尺（5万2000㎥）の石レンガの事業、2000万立方尺（74万㎥）近い土を掘り、1台の機械にも頼らず、巨額の金も投入せず、2500万の労働者が作った。土で、石で、血肉で、下関から畹町までの部分は1937年1月に着工し、3月、一部が、5月には全ルートが開通した。

瀾滄江、怒江を横切る滇緬公路は中国西南の大動脈であった。アヘン戦争後すぐに、雲南に接するビルマとインドシナ半島から、イギリス、フランスの植民地主義者が次々と中国西南の豊富な資源に触手を伸ばした。フランス人は紅河から中国に爪を伸ばし、イギリス人は瀾滄江をさかのぼって怒江まで至り、フランス

註
12...騰衝にある日中戦争で死亡した中国人戦士の墓地。3168人が埋葬されているが、その中にある倭塚には日本人3人も眠る。

滇緬公路の
中国ビルマ国境にある
友好碑

人に遅れまいとした。1831年から1932年の101年間にイギリス人は滇緬交通ルートを16回以上調査した。しかしイギリス人は多くは語ったが、行なったことは少なかったので、結局、フランス人が先に手を付けることになった。1898年、フランスは清国政府に雲南での滇越鉄道の建設許可を迫った。そして1910年には465kmの1m幅軌道の鉄道が開通した。しかしイギリス人の滇緬公路は建設が遅れ、開通に至らなかった。雲南の人々の強烈な抵抗に遭い、また一方では瀾滄江、怒江の険しい地勢に苦労させられ、自信を失ったのである。

1920年代以降、中国人はみずから滇西の現代交通開発の幕を開いた。しかし、進展の速度はまるでカタツムリの歩みのように遅かった。1924年に正式に起工し、省都の昆明から安寧まで30km余りの土の道が5年で建設され、さらに7年かけて公路は180km先の楚雄まで延びた。1935年末、昆明から下関（大理）

まで411.5kmの未舗装の道が全面開通した。

下関より西の公路建設はさらに困難で、雲嶺、怒山、高黎貢山は人々を恐れさせた。瀾滄江と怒江はさらにその間の大地に横たわる柵であった。しかし、抗日の砲火が燃えあがって以後、また公路の延長を考えなければならない事情が生まれた。当時、中央政府は戦略上、西南からビルマのラングーンへ通じ海に出るルートを考えていた。そこで省に属する滇緬公路を国道とすることを決め、雲南省政府主席の龍雲(ロンユン)に資金を集め滇緬公路の西の部分を建設するよう命じた。龍雲はすぐに雲南公路第一分局局長の李日垓(リュェハイ)を派遣し、保山の監督と公路建設を行なわせた。

滇西の人々が動員され、老若男女が険しい山間に集められた。蕭乾は彼らがまるで羅漢(らかん)[13]のようであったと形容している。「老いたるは70〜80歳、若きは6〜7歳で、歯のない老婆から、花柄のズボンを履いた娘までいた。西洋人の子供たちが幼稚園で遊んでいる時、ここの子供たちは裸足で汗をかき、国防のため公路の土を盛っていた」。おびえた小さな瞳がわたしを見た時、まるでこう言っているようだった。「わたしを幼いと見ないで。わたしも歴史に一握りの土の貢献をするの！」

現地の資料を見て、当時、道を建設した労働者の話を聞くと、滇緬公路には川のように血と涙が流れているように感じる。巍山県(当時は蒙化と呼ばれた)の汪文虎(ワンウェンフ)さんは当時を思い出して言う。

「わたしたちの県も建設事業の一部を割り当てられた。片側は山の険しい坂で、下は西洱河の急流だった。人気のない土地には棘がいっぱいで、蛇が地をはった。労働者は昼間、炎天下に晒され、夜は川からの寒風が胸を突き刺す環境の下、苦しみながらひと鋤、ひと鍬、公路を建設した。工事現場の住環境は劣悪で、労働者には棚が1つ割り当てられた。それは柱に木の板を載せ、周囲を草で囲んだだけのものだった。夜には満天の星空が見え、雨が降ると柱が立たなくなるような地面で、夜明けまで目を見開いて座っていた。昼間も雨をしのぐ場所はなく、地面からの水蒸気や夜の寒風にさらされ、一日中働いてきた労働者は、体力がなく、栄養不良の人か

註
13…悟りを開いた仏教修行者。

ら病気になった。各役場の監督所は胃腸や風邪の薬、紅薬水[14]などを用意していたが、多くはなかった。怪我や病気をして、わずかな薬にありつければ幸運だった。薬がなければ現場監督らに『帰れ』と言われた。わたしはこの目で道路の傍らの多くの死者、怪我人、病人を見た。わたしはもっぱら現場監督のために手紙を渡しに走る役目だったので、よく蒙化の街に帰った。道の死傷者の労働者はあまりに多く、見慣れて驚かなくなってしまった」

潞西のあるタイ族の老人は、当時を思い出して言う。

「30歳前後の頃、政府が公路建設のためにやって来た。私たちの村は南天門下の部分を建設した。村の80ほどの家が順番で仕事をし、食事、道具、荷物などは持ち出しだった。政府は1銭も支払わなかった。年始最初の2日はわたしが班を変わった時だったのでよく覚えている。土を掘っている時、他の村の労働者が『上から土が落ちてくる』と言ってきた。土司監督の法画準が『驚かすな』と言い終わらないうちに本当に土が落ちてきて、人が土に打たれ、山の溝に転がっていった。見ると、木の根にまだ頭巾がひっかかっていた。皆で慌てて掘り出すと全身が圧力で赤くなっていた。この時、彼が村の男であることを知った。家に連れて帰ったが2日で死んでしまった。死んでしまえばそれまでで、土司は気に留める様子もなく、冷徹で何の言葉もなかった。病死、過労死のほか、土や岩に打たれて死んだ者は非常に多く、崖で働いていた人だけで20〜30人は死んだ。今日振り返ればやはり心が痛む」

当時、この中国人民の生命線を期限内に開通させるため、政府の役人、土司、労働者はみな必死であった。道沿い各県には木箱に入れられた緊急命令が下され、封筒には「大至急」を示す羽がつけられた。木箱には文書のほか手錠が入っていた。各県に割り当てられた事業は期限内に完成させねばならず、もし完成しなければ、県長はみずから手錠をかけ昆明に来て処分を伺わねばならない、ということが文章で明確に規定されていたのだ。そこで県長たちは部下に圧力をかけ、頭をしぼって期限内に任務を終わらせるよう厳命した。当時、龍陵全県には1万2000戸余りしかなかったのに、6万人以上が命令を受け4ヵ月で怒江両岸の40.9kmを建設しなければならなかった。

県長は、命令を受けると公路建設の任務を各郷鎮[14]に分配した。潞江郷は4分の1の8.2kmが割り当てられた。これは恵通橋

註
14…郷と鎮は県や州の下の行政単位。

西岸から松山の下までの部分であった。斜面は急で、石崖は険しく、作業量は多く、そのうえ灼熱の気候で有名な風土病のある地域であった。1日、労働者1800名を出すのは困難だった。

　県長は潞江郷が期限内に任務を終えられないことを心配して、省政府の送った手紙と手錠を持ち潞江の責任者のところへ行った。潞江郷はタイ族が暮らし、土司の線光天(シェンクアンテエン)が郷長を兼任していた。県長は手錠を振りながら彼に言った。「潞江が足を引っ張って、公路建設の任務が完成しなければ、わたしは昆明には行かないだろう。わたしは流官[15]、あなたは世襲土司[16]だ。一緒に潞江に飛び込むのがいいだろう」。線光天の額には大粒の汗が浮かんでいた。

　当時の公路建設はちょうど端境期にあたった。労働者は山の洞窟の掘立小屋に泊まっていたが、時間通りに食糧が届けられず、多く労働者は朝に干し飯を食べ、夜には薄い粥をすすり、山菜を噛んで飢えを満たした。気を抜けば疾病に感染し、毎日、病気で倒れる者が出た。労働者は自分の家の仕事を憂い、また病気を恐れていたため過酷な労役はしたくなかったので、連日のように逃亡者が出た。労働者数は減り続け、公路の建設は遅々として進まなかった。

　王錫光(ワンシクワン)県長は焦った。1日で4ヵ所の監督をしていたが、彼の秘書2人は、2人とも病死した。県長は「築路歌」を作り、労働者をはげました。しかし最終的にはやはり期日内に任務を完成できず、「監督の力不足、事業は遅延」と記録された。当時の状況を考えればこれは冤罪だったと言えよう。

　その後の統計によると龍陵1県の公路建築で240万人が動員され、公路建設中に死亡、病死した人は300人を超えた。

　滇緬公路建設の8、9ヵ月間、全ルートで働いた労働者は1日約14万人で、繁忙期には20万人を超えた。

　滇緬公路が全県で竣工し、車が通れるようになってすぐの1938年9月21日、『雲南日報』は「統計によると、さまざまな原因により犠牲となった男女の労働者は約2000〜3000人を下らない」と報道した。この数字は、おそらく控えめなものだろう。滇緬公路が中国人の血肉で建てられたというのは少しも言い過ぎではない。かつて「東亜の病人」とされた中国人民は、みずからの血肉で西洋人を見直させた。滇緬公路の開通直後、イギリス外交部はすぐに人を派遣して、雨のな

註
15…中央から少数民族地区に派遣された科挙官僚。
16…少数民族の間接統治のため中央政府が任命した非漢族の役人。

か公路の現地調査を行なった。調査者は感嘆し、事業の困難さと偉大さを誉めたたえた。またアメリカ駐華大使も滇緬公路の完成を賞賛する談話を発表した。

　滇緬公路の開通を見て、もっとも焦ったのが日本軍であった。彼らはベトナム占領後、すぐに飛行機で破壊しようと、1940年10月18日から1941年2月27日の4ヵ月余りの間に180機の飛行機を飛ばし、16回も重点的に滇緬公路が横切る瀾滄江の功果橋（コングオチャオ）を爆撃した。功果橋は毎回、ひどく深手を負い、橋の労働者や両岸の村人がそのたびに修理をせねばならなかった。ある時は功果橋がほとんど爆破されたが、労働者は100本以上のドラム缶で浮橋を作り、滇緬公路が使えるように奮闘した。国のため亡くなった人々を思い、血肉で建てた輸送路を断つまいとしたのだ。

　最後にもう1度、蕭乾の文章を読んでみよう。

> いつかあなたが旅行をすれば、血肉で建てた公路を通るかもしれない。あなたはみかんを剥きながら、美しい風景にハミングするだろう。しかし車輪の下の呻き声を忘れてはならない。それは、公路のため身を捧げた者たちの白骨であり、歴史を形作るのに欠くことのできないものであった。

# 6―5 生命をかけた飛行

**滇緬公路の陸上輸送**……….1937年の日中戦争勃発直後、中国東南沿海部の都市は相次いで陥落し、貿易港はほぼすべて日本軍によって占領された。必要物資はやむなくベトナムのハイフォンから輸入された。1年後、日本軍は再びハイフォンに上陸し、中国の対外供給線――滇越鉄路を切断した。こうして新たに開通した滇緬公路は中国にとって唯一の軍事物資輸送の国際ルートとなった。

　道路での輸送には、車が必須だった。当時、中国は車の製造は言うに及ばず、部品でさえ輸入に頼っていた。東南アジア華僑の指導者が寄付を呼びかけ、愛国華僑たちはこれに応えた。あ

註
17…東南アジアに多く暮らしていた中国系移民である華僑の組合を指す。

る華僑公会[17]は所有物をすべて売り払った。資産家は財産を売り払い、婦人は貴重な首飾りを売り払い、子供はお菓子を節約して、すぐに大量の資金が集まり、1000輛のダッジブランドの車が祖国(中国)に送られた。

　車が集まると運転手が必要となった。しかし国内の運転手は不足していた。そこで東南アジア華僑総会主席、陳嘉庚(タンカーキー)の呼びかけで1939年より3200名以上のシンガポール、マレーシア、インドネシア、タイ、ビルマなどに暮らす華僑の機械工が9回にわたり帰国し、中国人民の反ファシズム戦争の奔流に交わった。帰国して働いた華僑機械工は、みな成長盛りの青年で、車の運転手や修理工もいれば、商人、学生までいた。中産階級家庭から来た者もいれば、家で商店やゴム園、不動産や車を経営している者、貧しい華僑の家に生まれた者もいた。彼らは海外で辛酸をなめ、差別され、祖国中国の独立と富強のため貢献したいと渇望していた。当時、部隊に入ることができた機械工は厳格な選抜を経ねばならず、いくつかの条件を備えていることが求められた。第1に政治的に信頼でき、深く愛国の大義を理解していること。第2に年齢が20歳から40歳までであること。第3に運転と修理の熟練技術を持っていること。これは試験により採用された。第4には中国語の理解ができること。外国語や広東語、福建語だけしか分からない者は不要であった。第5に一定の資産または工場を保有し、身元や意思が明らかであること。

　愛国華僑たちはみなシンガポールに集まり、そこから出発した。埠頭に詰めかけた見送りの人々に手を振って、サイゴン、ラングーンを通過し、瀾滄江、怒江畔までやってきた。

　広東台山出身の華僑労働者であった鄧文聡(タンウェンツォン)が出発する時、娘はまだ産衣に包まれていた。中国に帰国して働かなければならないと言うと、彼の妻は反対した。そこで彼はこっそりと申し込んだ。船が錨を揚げようとする時、妻は歓声の中に彼を見つけ、つまずきながら狂ったように叫んだ。幸いにも2人の叔父がなだめ、責任を持つと申し出て、ようやく落ち着いた。鄧氏と同じようなケースは数え上げればきりがない。

　華僑たちが運転する車は瀾滄江、怒江と交わる滇緬公路やその他の険しい山々などで、日夜を問わず、また時には爆撃にさらされながら必要な物資を運んだ。

瀾滄江・怒江

もちろん普通の人は危険に満ちた公路での運転はしたくなかった。伝えられるところでは当時、イギリスやアメリカから来た連合軍の運転手たちは危険な場所に差しかかると車を停め、東南アジア華僑の機械工たちに運転の交代を頼むのだった。東南アジア華僑たちも何か特別な才能があったわけではないが、ただ自由、愛、平和、祖国の情熱のため、自らの生命をかけて運転したのだ。勿論、危険に満ちた滇緬公路の両側にはしばしば新たな墓ができ、その中には当時の機械工や運転手の墓も含まれている。墓がもっとも密集した場所は怒江の恵通橋、瀾滄江の功果橋と、瀾滄江支流、漾濞江の漾濞橋付近であったという。残念ながら現在、数回の建設、改修を重ねた滇緬公路ではこれらの墓を見ることはできない。

　当時を生き抜いた人々はほとんどみな「3つの関門」を突破してきたと語る。第1は、瘴気の関門である。当時、このあたりには瘴気が充満し、すぐに悪性マラリアやコレラ菌に感染した。第2は険しい道という関門である。公路は危険極まりなく、気を抜けば深い谷に滑り落ちた。第3は雨季の関門であった。公路での運転は、最初晴れていても、ある場所を通り過ぎると突然、雨雲に包まれ、真っ暗な中を進まねばならなかった。もっとも恐ろしいのは山崩れの暴発で、時には車輌がつぶれ、命を失った。

　1939年初めから1942年5月の3年半の間、恵通橋は爆破によって途切れた。機械工が運んだ物資は山と積み上げられていただろう。資料によれば、最初の2年に滇緬公路から入ってきた武器とその他の物資は、1939年は2万7980トン、1940年は13万2193トンであった。1940年7月18日から10月18日までの3ヵ月間には参戦前のイギリスが、日本からの圧力を受け、滇緬公路を封鎖した。封鎖前、機械工たちは日夜、1分1秒を争って輸送を続け、一切の物資が中国の外に残されることはなかったという。

　機械工たちの抗日の戦い、世界ファシズムとの戦いになした貢献は、どれほど評価してもしすぎることはない。

　しかし、恵通橋の爆破と滇緬公路の切断以後、機械工たちはほぼ彼らの歴史的使命を終えていた。その後は撤退と解散、「自分で出路を謀る」事態だけが待っていた。一部の機械工は、働きながら街へ流浪した。だが失業、貧しさ、病気が大量の死者をもたらし、恵通橋の爆破時よりも多くの者が亡くなった。当

時、冬は寒く、身体の弱い機械工が、何人も昆明の旧城壁付近のくぼみで凍死した。戦争終結後の1945年、陳嘉庚による幾多の交渉を経て、南京当局はようやく「華僑労働者の復員と遺体の送付」に同意し、一部の華僑労働者は海外の親しい人たちのもとへ戻ることができた。しかし相当数の人が、さまざまな理由で中国国内にとどまった。

　当時、若い盛りであった機械工の多くが老人となり、現在も生きている者も白髪の老人となった。昔のことを話しだすと彼らは、感嘆も涙もなくこう言った。「生きて帰れたのは、本当に幸福だった」。闊達に「生涯でもっとも意義のあり、味のあった歳月は滇緬公路でハンドルを握り、命がけで運転したあの数年間だった」と語る老人もいる。

## 駝峰航路

命がけで運転したと言えば、滇緬公路の輸送に続き、空中で瀾滄江、怒江と交わった中国人民抗日戦争の国際物資運輸抗戦――著名な「駝峰航路（ハンプルート）」をあげぬわけにはいかない。

　1942年、日本軍がビルマと滇西を占領し、滇緬公路が途絶えると、中国の陸と海の国際ルートはほぼすべて日本軍に封鎖された。中国は孤立無援に陥り、国民党政権は壊滅の危険に直面した。反ファシズムの全戦局を考慮し、ルーズベルト副大統領は1000機以上の輸送機による中国への空輸支援を決定した。こうして、アメリカ空軍、中国軍のパイロットが手を携え、生命をかけた飛行で「駝峰航路」を切り拓いた。

　この「駝峰」は中国、インド、ビルマが接する地域を指し、らくだのこぶのように隆起する山々が連綿と続くことからこの名がついた。「駝峰航路」は西のインド、アッサムから始まり、東へヒマラヤ山脈、高黎貢山、怒江、碧羅雪山、瀾滄江、雲嶺、金沙江を横切り、雲南省省都の昆明や戦時の都、重慶に至った。当時、航空機の性能の限界から飛行機は山峰間を低く上下に、山の地形に沿って飛ばなければならなかった。一部の山では通年、積雪があり、雲の中は氷の粒だらけになる。飛行中はまるでフェリーが氷山が乱立する海を航行しているようであった。さらにベンガル湾の暖流が作る雷雨がしばしば襲来し、航空機はいつも飲み込まれる危険があった。

　険しい地形と予測不能な天候下で貨物を満載した飛行は、第2次世界大戦の

駝峰飛行の記念碑

空軍史上、唯一無二の経験であった。また彼らはしばしば日本軍の零戦の攻撃に遭遇した。日本軍の攻撃を避けるため、スピードを落とし、雲の多い天気を選んで飛んだため、難度はさらに増した。

　資料によれば、1942年5月から1945年8月に戦争が終わるまで、投入された飛行機は2000機以上、飛行数は10万回以上、運送した軍需物資は80万トン以上、遠征軍などの軍事職員は3万3477人であった。

　少し考えれば分かるが、これらの数字の裏には大きな犠牲が隠されている。この間、米中両国が失った飛行機は合計576機（そのうち中国の飛行機の損失は46機）、犠牲となったパイロットは約1500名であった。「駝峰航路」は惨烈な「死亡戦線」でもあったと言える。1946年の米国の雑誌『タイム』には「長さ520マイル、幅50マイルの飛行ラインの中、飛行機の残骸が次々と高峻な山の崖に降

怒江近くで発見された
駝峰航路の
飛行機の残骸

り注ぎ、人々に『アルミ谷』と呼ばれた。晴れた日にはキラキラと輝くアルミニウムの破片がパイロットの飛行の目印となった」と書かれている。

　これらの「目印」は今も当時の「駝峰航路」下の密林に多数残され、後代の人が発見、調査するのを待っている。

　1996年末、怒江畔の国境地帯警備隊により高黎貢山の分水嶺の片側で型号C53・R・92と4904の輸送機の残骸が発見された。さまざまな検証により、これは1943年3月11日、北緯25度55'43"、東経93度43'51"の高黎貢山の林に墜落したアメリカ軍機であることが確認された。事故当日、飛行機はまずインドから軍需品を昆明に運輸し、昆明から錫のインゴット、タングステン鉱石、豚の剛毛を持ってインドに帰ろうとしたところ、怒江西岸の上空で悪天候にみまわれた。雪が降り、気流は安定せず、パイロットは雲を抜け、凍結を避けようと

怒江

低い峠に転回した。しかしそれには日本軍の占領区を通過せねばならず、危険な飛行を強いられた。突然、飛行機は下降気流にぶつかり、パイロットは上昇しようとしたが、既に遅くまっさかさまに墜落した。機長の名はジミー・フォークスだった。

　C-53機の墜落後、戦友たちはずっとこの飛行機を探していた。他のパイロットたちはC-53機が墜落した峡谷を飛ぶたびに低空飛行で探し、いつしかこの峡谷は「フォークス峡谷」と呼ばれるようになった。また当時、空中でこの飛行機を見た者もいたが、怒江西岸は日本軍の占領下にあったため効果的な救援ができなかった。翌年、ジミー・フォークスの親友、フレッチェ・ハンクスら3人のアメリカ人パイロットが組織した救援隊が小型機で保山から今の芒間郷の怒江領内に飛び、現地農民の木船を使って川を渡り、無人の密林に入った。彼らは9日間捜索したが発見できず、疲れ果てて撤退することを余儀なくされた。

　C-53墜落機発見のニュースはアメリカにも伝わった。フレッチェ・ハンクスは喜んだ。53年間1日たりとも忘れることのなかった戦友であり飛行機であった。1996年6月、彼は怒江の畔、「フォークス峡谷」にやってきた。中国人の友人たちに連れられ林を抜け、その飛行機を見た時、フレッチェ・ハンクスは地面に膝をつき、失った戦友のため黙々と祈った。「やっと会えた！　やっと会えた！」

　伝えられるところでは、「駝峰航路」で失った576機のうち既に468機の墜落現場が確定された。怒江密林のC-53輸送機はその中でもっとも原型を保っているものの1つである。

# 6—6　怒江の怒り

**怒江防衛戦**..........1942年5月、日本軍が大挙して滇西に侵入した。戦闘機が激しく保山を攻撃し、騰衝、龍陵は相継いで陥落した。この知らせが伝わると、国民党当局は怒江を放棄し、瀾滄江まで撤退する準備をした。一時、人々は慌てふためき、軍事会議は紛糾した。保山を防御する雲貴監察使の李根源（リケンユアン）は11集団軍総司令の宋希濂（ソンシリェン）高級将領とともに金鶏小学で会議を招集し「怒江を放棄

し、瀾滄江まで撤退する」ことの功罪を討議した。李根源と彼の親友、蘭馥は会議ではっきりと述べた。

「天の時、地の利、人の和こそが戦争の勝敗を決定する。日本軍の滇西侵攻の目的は、われらの内実を探ることにある。わが方の兵力を牽制し、南方侵攻政策の実現を確実にしようとしている。日本軍は兵力不足のため輸送線が長く補給は困難だ。また人心を得ていないため、中国人民の徹底抗戦に直面している。一方、わが軍と民衆は敵を同じくし、怒江という要害もある。怒江を防衛し、騰龍を取り戻して、反撃、攻勢に転じるのが上策であろう！」

彼らは正しく、言葉も正確で、会に参加した人々の広い賛同を得た。怒江防衛線を視察、巡視してきたばかりの宋希濂将軍はかつて大理、保山、龍陵、騰衝、芒市、片馬、托角(ビルマ領)、阿墩子(徳欽)、西昌などで国防を計画したことがあり、この言葉をさらに裏付けた。彼は足を踏みならし、足元の地面を指して言った。「この地域一帯はたいへん重要だ。三江(怒江、瀾滄江、金沙江)、五嶺(高黎貢山、怒山、小哀牢山、蒼山、玉龍山)を含み、タイ、ビルマに接し、チベットに開かれ、実にわが中華西南第一の要塞である」。とうとう当局は撤退の主張を変え、全力で怒江の防衛にあたることになった。

怒江は中国全土の川の中でももっとも荒々しく、風変わりで、中国西南の巨大ニシキヘビである。1年中、飛沫をまきちらし、見れば頭がくらくらし、目もくらむ。このような怒江の要害の助けを借りた中国軍は、日本軍とまる2年も対峙した後、ついに日本敗戦の喜ばしい日を迎えることになる。

1944年5月11日、中国陸軍滇西遠征軍は衛立煌(ウェイリホワン)上将指揮の下、300km余りの河岸の戦場で南北に分かれ、怒江の流れを横切り、高黎貢山を攻めのぼり、騰衝、龍陵を侵略・占領している日本軍への全面的な反撃、攻勢を行なった。

これより前、日本軍は空軍による支援のもと、中国の華南および、北京と漢口を結ぶ京漢線に侵攻し、コヒマを占領し、インパールを包囲していた。連合軍のインド、ビルマ方面の基地は急を告げた。イギリス軍主力第14軍団が国境で苦しみ、インド、ビルマ戦場の形勢が厳しくなった。日本軍のビルマ北部とインドへの拡大を牽制するため、アメリカ大統領のルーズベルトは何度も蒋介石に電報を打ち、中国軍が雲南から日本軍の背後を攻撃するよう要求した。アメリカの圧力により、それまで自分の部隊の消耗を恐れて、決断しかねていた

渡河戦争が今まさに
はじまろうとしている

　蒋介石は、ようやく川を渡り大反抗に出ることを決めた。蒋介石は4月25日、遠征軍に電報を送り、この反抗の結果は抗日戦争全局の勝敗に関わる、と告げた。イギリスのチャーチル首相は中国が怒江の攻勢を決定をしたと聞くと、すぐに蒋介石に電報を打ち、「この戦局における福音だ」と賞賛した。日本軍も、第33軍司令、本多政財中将は、ビルマ防衛が重大な戦いになると予想し、中国軍と決戦する体制を敷いた。

　5月11日、ついに怒江における敵前渡河が始まった。中国軍の砲撃隊は東岸に集結し、日本軍の重砲基地に一斉に砲撃を加えた。怒江の激流は奮い立ち、その水柱は天に届いた。中国軍は河岸の各渡し場で装備を整え、刀を抜いた。

滇西抗日の記念碑

　日没後、怒江の川面には霧がかかり、中国軍の渡河を援護した。中国軍はまず3つの精鋭軍を先鋒として、日本軍が気づかぬうちに怒江を渡り終え、河岸の敵を壊滅して、怒江西岸を占領した。続いて北翼を担う中国遠征軍第20軍は第50軍を先鋒に、栗柴壩、勐古渡、水井渡、康朗渡、緬戛渡、大河壩などの渡し場から木船、竹の筏、ゴム・ボートで怒江を強行渡河した。続いて第53軍、55軍が川を渡って戦闘に参加した。さらに予備2師団は六庫一帯から渡河して、騰衝に向かって追撃した。

　怒江は沸き立ち、5万人余りの中国軍は2日で次々と川を渡り、高黎貢山を攻め登った。数十kmの幅のある山には障壁や岩が密集し、山頂は雪に覆われ、

空気は薄く、天候は刻一刻と変わった。山道は険しく、ただいくつかの小道だけが山頂を越えられる場所だった。山頂の小横溝、冷水溝、散馬壩などはすべて険しい山の要塞だった。また坑道が縦横に張り巡らされ、暗渠が掘られ、日本軍の工事によりさらに頑丈に守られていた。戦いは白兵戦となり、陣地は持ち主を何度も変えた。

　中国軍が高黎貢山を越え、日本軍に2年余り占領されていた騰衝に進軍した時、来鳳山を奪取するための戦闘は再び凄惨な戦いとなった。来鳳山には日本軍の塹壕、暗渠が四方に広がり、坑道は深く、建築物は堅固で、銃砲では破壊できなかった。兵士は弾丸の雨の中を坑道に侵入し、日本軍と白刃を交えて戦った。両者は塹壕を争奪し、山林は一面の焼け野原となった。中国軍は最後に10mもの厚さのある古城の壁を開き、騰衝へと進軍したが、戦闘の激しさは衰えず、両軍は接近戦を展開し、坑道を争奪し、家屋の中で戦った。戦闘の激しさに、家屋は焼き尽くされ、死体が地を埋めた。中国軍は悲惨で重い代価を支払ったが、ついには日本軍を滅ぼし、町をすべて奪い返した。5月11日、怒江を西へ渡ってから9月14日の騰衝の解放までに4ヵ月と3日かかった。1日として戦闘のなかった日、死傷者の出ない日はなかった。

## 松山の戦い

..........5月22日から南翼の作戦に加わった11集団軍の第2軍、第6軍、第71軍と近臨39市の7万余りの中国軍は恵通橋、攀枝花、三江口など怒江の渡し場から松山、龍陵、芒市などへ侵攻を始めた。その任務は滇緬公路にそって西に向かい、日本軍を包囲して殲滅し、各拠点を撃破して、この2年間に断ち切られた援華国際ルートを再開させることであった。

　これもきわめて過酷な戦闘となった。怒江西岸の高黎貢山の険しい山峰の河岸には5万あまりの日本軍が駐留し、その主力は密林戦に長けた第56師団のすべてと、第7師団、第33師団の主要部分であった。これらの日本軍部隊はかつて中国東北部と華北地区で中国軍を虐殺しており、強い戦闘力を持っていた。特に56師団113連隊の約3000人は、天然の要害を利用し、恵通橋から龍陵に行くのに必ず通る松山で本格的な防御施設を建設し、必死の抵抗をした。

　怒江西岸の松山は、アメリカ人に「滇緬公路のジブラルタル」と称された。周囲の山は起伏が激しく、森が密集し、南は称陰登山、北は黄土坂、後ろは小

抗日の戦いで
焦土となった騰衝。
今では来鳳山に木が茂り、
街にも建物が建ち並ぶ

　松山で、松山はその中の高台から恵通橋以西の交通線を見下ろし、四方をコントロールしていた。日本軍が築いたトーチカ群は複雑な地形の中、縦横に交錯する銃砲のネットワークとなり、自衛戦と互いの側面防衛が可能だった。トーチカ間には連絡用の塹壕が掘られ、壕外には鉄条網や木の柵などの障害物があった。

　日本軍は「親トーチカ」を築く時、何度も飛行機で試しに破壊し、破壊しては築くということを繰り返しており、これはその結果残った強固なトーチカだった。地面から屋根まで4層からなる防壁があり、1層目は木枠、2層目は砕いた綿花、3層目はコンクリート、4層目は軍艦用の鋼板で守られていた。親トーチカの周囲には追撃砲と機銃掃射台があり、砲兵部隊と工兵が配属されていた。石の洞窟は指揮部で、十分な弾薬と副食品が備えてあった。また従軍慰安婦もいた。日本軍の松山の防御はフランスの「マジノ複合要塞」を真似たものであった。

　中国軍の先鋒として川を渡った第71軍と新21師団は松山を攻めあぐね、仕方なく拠点を包囲し、機をうかがった。その他の部隊は山路を包囲し、龍陵に侵攻した。龍陵を攻撃した部隊は県城になだれこみ、大部分を占領した。しか

し松山が陥落できないために滇緬公路は通じず、部隊の補給や救援も継続できず、敵の反撃で、龍陵は取り返したものの再び失ってしまった。すなわち、松山争奪戦が滇西戦争の全体の鍵となったのである。

松山の下の恵通橋には新たな鉄柵が設けられた。鉄柵には薄い板がかけられ、ゆらゆらと怒江両岸をつないだ。中国軍は予備隊を総動員し、第8軍、第82師団、103師団を増派して川を渡り、要員を交代させながら松山攻撃を継続した。3万人近い戦士が松山を包囲した。一部は正面から侵攻し、残りは山の側面からトンネルを掘って松山の頂に接近した。8月中旬には既に山頂下、30mの場所まで潜入し、2つの火薬室を掘って、TNT爆薬を装填した。8月29日、朝9時に点火、強い光がひらめいたかと思うと、大地震のような揺れとともに日本兵の死体と機銃、砲撃、ガソリン缶などの軍用物資が一斉に宙に舞った。硝煙のなか松山山頂は破壊され、2つの大きな穴が開いた。日本軍のトーチカは全壊し、頑強に戦いつづけてきた兵士は山腹に埋められた。中国軍歩兵部隊は勢いに乗って攻撃を続け、ついに松山の山頂を占領した。周囲の日本兵は幾度か反撃したが、最後にはすべて中国軍に制圧された。9月2日には松山の日本軍の大部分が壊滅し、中国軍兵士は周辺部の各トーチカへの攻撃を続けた。9月7日までに完全に松山の日本軍は制圧された。

守りやすく攻めがたい松山での戦いでは、中国軍が1度の戦いで用いた弾薬量の最高を記録し、また死傷者数も最大だった。第8軍の死者だけで8000人近くにのぼった。この悲惨で重い代価を支払い、滇西の全面的な勝利が得られたのである。これ以後、中国軍は勢いにのって前進し、一挙に龍陵、芒市など滇西の陥落した地区を取り戻し、またビルマに進入して、滇緬公路を開通させ、最後に遠征軍と駐印軍隊がビルマの芒友(モンユ)で再会した。

滇西の戦役は1944年5月11日の怒江渡河に始まり、1945年1月27日の友軍との合流で終わりを告げた。8ヵ月と16日を費やし、殺したり捕虜とした敵は、合計2万1057人だった。中国軍隊は7個の軍と14師団を出動し、その他にも特別に16万人余りを出動し、死亡者は6万7463人に及んだ。中国の民間人は、少なくとも20万から30万人が戦争に身を投じ、犠牲を払った。

今日、既に松山の巨大な爆発の跡は土で埋まり、鬱蒼とした新たな松林が、血と焦土を覆っている。

青蔵高原から一気に流れ下ると、瀾滄江の谷は深まり、流れは急になる。
両側の支流は山から本流へ流れ落ち、
短く密集して羽毛状にならび、典型的な山と峡谷の地形をかたちづくる。これが上流だ。
川は雲南省保山の功果橋をすぎると次第に川面は広く、山も低くなる。
高い山ばかりだったのが、中くらいの山、やがて低い山へ変わり、山と水が扇形に広がる。
この功果橋から南阿河口までが瀾滄江の中下流とされている。

## 第7章 太陽の子の物思い

現地には、太陽には10人の子供がいて、瀾滄江は一番末の息子だ、という伝説がある。
彼は自由奔放な性格で、夜になるとしばしば黒い羽織をまとい、
南の海へ出かけ、龍女と密会していた。
逢瀬を重ねていたある日、親の太陽に見つかってしまう。
太陽は怒って瀾滄を天の庭から追い出し、幾重にもなる崑崙山脈に閉じこめた。
しかし瀾滄江の龍女に対する情熱は消えず、
さらに頻繁に南の海に行くようになった。
長い年月のうちに彼が通った道が黒い水となり、今の瀾滄江となった。
天界にいる9人の兄たちは、弟の瀾滄を思ってよく天からいっせいに下界を見下ろした。
彼らが集まると発する光が強すぎて、
地上では早魃が起こり、地面は焼き焦がされた。
とうとう石や金属まですべて溶け、人々はあわや焼け死にそうになった。

そこで、地上の羿[1]という人が、天へ弓を射り、9人の太陽の兄弟たちを殺した。そして天には親の太陽だけが1人残された。この時から瀾滄江は兄たちをなくし、天界とのつながりも失った。彼は自分を恥じ、それからは人のためになることをすると誓った。

瀾滄江、君は人のために何ができるのか？
中国のエネルギー分布図を開いてみると、カラフルな図表は人々に告げる。
東北、西北には石油、華北には石炭、西南には水があるよと。
瀾滄江隣りの姉妹の川—金沙江（長江）には早くも1912年、蟷螂川に中国初の水力発電所が建設され、西南の大地に光を送り、雲南の人々は恩恵に浴していた。水資源が豊富な瀾滄江、怒江とその支流は浮かれもせず、じっと人類の長い利益について考えている。

# 7–1 巨大な川のエネルギー

**瀾滄江の発電量**............2001年以前、中国の都市に暮らしたことのあるの人は、たいてい次のような経験を持っている。ある夜、パーティーがおおいに盛りあがっている最中、突然、停電になる。テレビ番組がちょうど面白い時、本を読んでいる時、突然、目の前が漆黒の闇につつまれる。こうした時、電気がない暮らしがいかにたいへんか、また電気なしに人が長い夜を過ごすことがいかにつらいか、想像できるだろう。

10年以上昔、わたしは瀾滄江沿岸のある少数民族の村でフィールドワークを行なった。はじめ、わたしは家々がすべて竹の電灯を吊るしているのを目にして、とても興奮した。ところが夜になると、突然、電球の明かりは消えるのだった。電力不足のため、付近の町の人々が明かりをつけると山の村の明かりは仕方なく切られるのだ。村人たちも自らをあざけり、家の電球は無用の長物となった。

その後、瀾滄江沿岸で水力発電の専門家に出会った時、わたしはこの話をした。すると彼は、残念そうに言った。「中国人は本来、胸をたたいて中国の水力エネルギー資源は『世界一』と言え

註
1....中国の神話に出てくる弓の名手。堯の時代に9つの太陽を射落とし西王母から不老不死の薬を受け取る。

雲南省

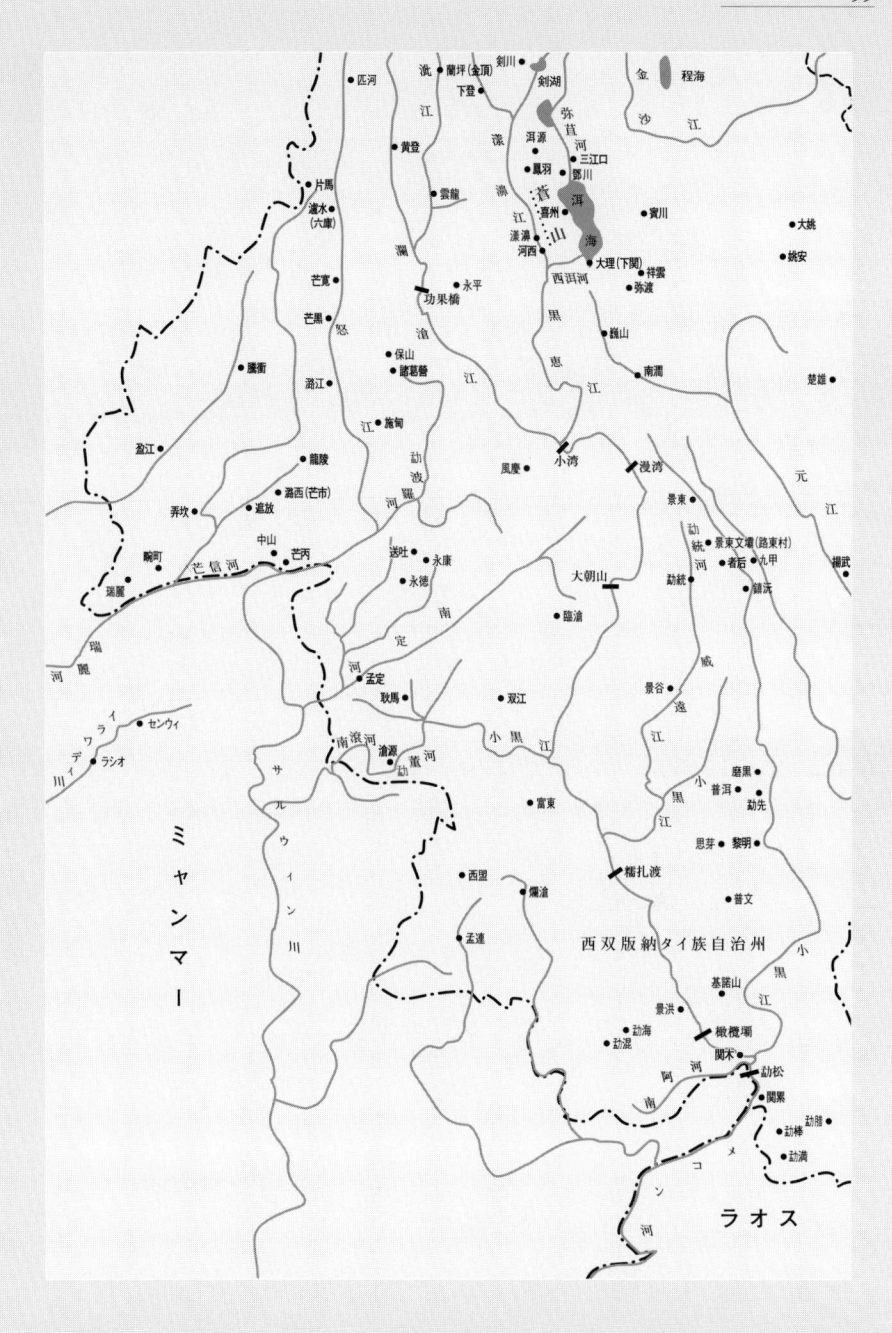

| | |
|---|---|
| —·—·— | 国境 |
| ┃ | ダム |

瀾滄江

澜滄江畔の
小規模水力発電所

るのだ。中国の開発可能な水力エネルギー資源は3億7000kWで、年間発電量は1万9000億kWhだ。だが今のところ、われわれはこの開発可能な量の5％も開発していない。先進国の開発レベルは90％をこえている。インドとブラジルでさえそれぞれ17％と12％だ。恥ずかしくて赤面してしまう」と。水力エネルギー専門家の焦りはいわれのないことではない。だが、別の面から見れば、大河に中国の大地への細やかな愛があるから、豊富な水資源が流域の地に与えられてきたのだとも言える。とりわけ澜滄江が縦に貫く西南地域はこの恩恵を得てきた。

　「太陽の子」である川のエネルギー資源について具体的に理解するため、無味乾燥ではあるが、いくつかの数字をだそう。

　澜滄江―メコン河は6ヵ国をまたぐ全長4880km、アジア最大の国際河川だ。地形による集水域面積の制約によって河口の流量総量は、世界で第8位だ。しかし単位面積あたり水量から言えば世界的に有名なアマゾン川よりも高く、第1位である。理論上、6ヵ国を流れる澜滄江―メコン河の水エネルギー総容

チベットの
チャムドを流れる
アンチュ川の
水力発電所

量は9000万kW以上で、中国領内の瀾滄江のみに限って言えば理論埋蔵量は3656万38000kW、年発電量は3203億kWhになる。そのうち本流の理論埋蔵量は2545万kWで、全流域の約70%を占める。支流は1111万kWで約30%を占めている。開発可能な水資源発電能力は2348万kWで、そのうち本流は2088万kW、支流は260万kWである。具体的に瀾滄江が流れる3省で分けると、青海省の水力エネルギー理論埋蔵量は903万8900kW、開発可能な電力は266万400kWなので、開発可能な水力資源は理論埋蔵量の29.4%を占める。雲南省の理論埋蔵量は2550万900kWで、開発可能な電力は1968万3000kW、開発可能な水力資源は理論埋蔵量の77.2%を占め、雲南全省における水力エネルギー埋蔵量の69%、全国の14%を占める。

　つまり、瀾滄江本流の潜在エネルギー量は、葛洲壩発電所[2]10基分以上の規模になり、少なくとも300個の大・中型の火力発電所に相当する。この地域の水力発電開発にかかわるある友人はわたしに「瀾滄江は水力エネルギーの宝庫で、川の雲南部分は最

註
2……1981年に着工し、1988年に湖北省の長江上に完成したダム。世界的にも大きなその発電量は271.5万kW。

瀾滄江

も豊富な場所だ。特に功果橋(コンクオチャオ)下から国境地点まではこれ以上ないくらい豊富な場所だ」と語った。現在、既に計画が完成している8つの大型、超大型の連続ダムはすべてこの部分に位置し、順に功果橋、小湾(シャオワン)、漫湾(ワンマン)、大朝山(ダチャオシャン)、糯扎渡(ヌオジャドゥ)、景洪(ジンホン)、橄欖壩(ガンランバ)、勐松(マンソン)で、発電総容量は1431万kWにのぼる。現在、漫湾と大朝山2つの大型発電所が完成、発電しており、小湾と景洪が建設中である。

　中国の現在の経済力と技術水準から言えば、瀾滄江本流にさらに大型ダムを建設することは実はわけない。問題は、大型ダムがもたらす経済的利益と、それがひきおこす環境社会影響のバランスをどうとるか、これが現在、人々を悩ますところである。

　およそ3000年前、ナイル川、チグリス・ユーフラテス川、ガンジス川には大型ダムが建設された。ダムは洪水時の冠水をコントロールし、灌漑農業と河川航行に役立ち、文明の発展に寄与した。そして、この200年ほどの間に産業革命が起き、大型ダムは発電能力を高めた。人類のエネルギー需要の増大により、世界中の河川流域で、大型ダムが雨後の竹の子のように建設された。特に第2次世界大戦以後、建設された大型ダムの数は以前の100倍近くになった。現在、世界で高さ15m以上の大型ダムは4万5000基以上ある。こうして地球全体の水環境が短期間で巨大な変化を余儀なくされた。

　1970年代半ば以降、人々は大型ダム建設について考え直すようになり、建設スピードも次第に遅くなった。その理由としては、第1に、いくつかの水力ダムはそれ自体の収益が少なく、多くが発電目標に達せず、経済効果と寿命に疑問が持たれたこと。第2に、生態環境への影響が出て、水生生物の多様性が失われたこと。第3に、現地住民の生活、生計、文化、信仰が影響を受け、しかもその影響範囲や程度がしばしば低く見積もられてきたこと。第4に、いくつかの国際河川の大型ダムが、予想外の国際関係上の問題を数多く引き起こしたことである。多くの人々が水力発電建設は大きいことが必ずしも良いのではなく、発展途上国にはあまり大型ではない水力発電所が適していることを知った。

　実際、現在、瀾滄江の支流には各種の小・中型水力発電所が籐の蔓になる実のように分布している。

　瀾滄江の支流は蜘蛛の巣のように密集し、上流には小さな流れと羽毛状に広がって本流とつながる。中下流以後の支流は広く長く、雲南では流域面積が

100km²以上の支流は94本ある。うち5000～1万km²のものは5本あり、黒恵江、漾濞江（ヤンビ）、威遠江（ウェイユアン）、南班江（ナンバン）、小黒江（シャオヘイ）、補遠江（ブユアン）だ。1000～5000km²のものは18本、1級支流は11本、2級支流は7本。500～1000km²のものは17本、1級支流は7本、2級支流は10本。500から100km²のものは55本、1級支流は26本、2級支流は19本、3級支流は10本だ。

　こうした支流は無視できない。支流こそ雲南を縦断する西部の「母なる川」と呼べるだろう。地域の連綿たる山々は多くの重要な壩子（はし）、つまり山間盆地をかかえ、支流はそこに分布する。主なものには剣川壩、永平壩、洱源壩、景谷壩、勐大壩、勐捧壩、普文壩、橄欖壩、大勐龍壩、景洪壩、勐海壩、勐遮壩などがある。壩子は、平坦かつ肥沃で水理条件がよいため、人が密集して経済を形成し、政治文化の中心となっている。壩子は重要な地形であり、山に生命を吹き込み、導線の接点のように山とネットワークを形成する。山岳社会はこうしたネットワークの上に形成され、文化もまた伝わった。

　1980年代以前、投資力、技術開発能力、社会発展のための必要性はどれも十分ではなかったため、瀾滄江の本流開発に着手されることはなく、本流での大型発電所の建設など冗談のようなものだった。しかし、支流では既に1940年代から小型発電所が次々と建設された。

　瀾滄江支流のうちもっとも早く水力発電所が建設されたのは西洱河（シアル）だろう。西洱河は雲南省大理ペー族自治州大理市と漾渓県を流れ、瀾滄江支流の漾濞江から雲南西部の宝石、洱海へ通じる唯一の川だ。川の全長はわずか23kmにすぎないが、落差は609mもあり、優れた水力エネルギー開発の条件を備えていた。

　1940年代初め、国民政府の資源委員会と西南連合大学[3]工学院は共同で雲南省水力発電調査隊を組織して現地調査を行なった。当時、河川全体の埋蔵水力発電量は9万4100kWになるとされた。1946年2月、西洱河天生橋下流100mの不謝梅滝（ブシェメイ）に水力発電所が建設された。100kWの発電機2機を備え、生み出された電気は下関、大理の照明や工場用に使われた。この発電所は官民協働の玉龍電力会社が経営した。

　1958年、西洱河で4つのカスケード（連続）ダム建設が始まった。発電総容量は25万5000kW、年発電容量は11億2000万kWhだった。しかし「大躍進」「文化大革命」など歴史的理由で建

註
3……日中戦争による戦火を避けるため1938年から1946年まで北京大学、清華大学および天津の南開大学など3つの名門大学が移動、連合してできた昆明の大学。

漫湾ダムの上では瀾滄江が巨大な貯水地のようだ

設は遅々として進まず、その後13年もの年月を費やした。1基目は1971年12月から発電を開始、最後のユニットは1987年12月に発電を開始、つまりまる30年もかかった。敏感な人はこの長い年月の間にさまざまな苦楽があったと分かるだろう。

　1960年代以降、瀾滄江の支流には発電総容量500〜1万kWの水力発電所が次々と建設された。チベットのアンチュ川（昂曲）上の発電所はチャムド地区の背骨の役割を負っていたものの、それでもまだ脇役だった。ところが雲南では、これらの発電所はまさに現地の社会発展の目玉としての役割を負った。たとえば迪慶州[4]には湯満河（タンマンチュアン）発電所、阿東（アトンファ）発電所、大理州には雪山河発電所、保山市には瓦窰（ワヤオ）発電所、三八溝発電所、臨滄地区には臨滄（リンツァン）発電所、河底崗発電所、小黒江発電所、思茅地区には信房（シンファン）発電所、普洱発電所、景谷発電所、多衣林発電所、南馬河発電所、シーサンパンナ州には流沙（リウシャ）発電所、賓房発電所などがある。その他のさらに小さな水力発電所は各地に散在し、数えきれないほどで、たとえば鳳慶1県だけで120基以上もある。

註
4……州は県や市と同等で、省の下のレベルにあたる行政単位。少数民族自治州などに使用される。

## 怒江の発電量

..........次は怒江を見てみよう。実は、瀾滄江に比べ怒江について知られていることは少ない。怒江はまるで天然の山水画なので、川沿いを行くとさまざまな形容詞で怒江を描きたくなる。しかし水資源問題となると、怒江における事業の全容を示す調査資料や詳細な数字を入手することは難しい。総合的で詳細な調査がは多くの人々の力を投入しなければできない。手に入れたいくつかの資料に載っているデータはすべて異なり、食い違いが大きく、どれが信頼できるものなのかは判断できない。ここではとりあえず『雲南省志・水利志』に載っているデータに基づき話してみよう。

怒江はチベット高原から雲南西部を横切り、中国内で全長2013.4kmの道をゆく。サルウィン川が3059.4kmの長さを誇ることを考えれば半分ほどでしかないが、そのエネルギー量は小さくない。中国領内の怒江流域面積は12万4830km²で、落差は4840m、毎年、中国国境から流れ出る水量は黄河から海に流れ出る水量の約1.6倍にのぼる。怒江のチベット領内の水力エネルギーの理論的埋蔵量は2009万6000kWで、ヤルツァンポ江に次いで大きい。雲南省内の川の長さは621kmしかないが、水力エネルギーの理論埋蔵量は1974万1000kWにのぼる。中でも本流は1710万kW、支流は264万100kWである。

雲南領内の怒江の支流は中、上流域は比較的まっすぐだが、下流の支流はくねくねと曲がっている。統計によれば、流域面積が100km²以上のものは20本だ。そのうち5000〜1万km²の2本は勐波羅河（マンボルォ）と南汀河（ナンティン）と呼ばれ、ともに1級支流だ。1000〜5000km²のものが5本、1級が1本、2級が3本、3級が1本ある。500〜1000km²のものは6本、1級が5本、2級が1本ある。100〜500km²のものは7本、1級が3本、2級が3本、3級は1本である。怒江上流の小さな支流は雪解け水に補われ、森林に調節される。水量は安定し、水源は高く、水流は急で、小水力発電所の建設にたいへん適している。

最近のニュースによると、国内の権威ある2つの研究機関により『怒江中下流水力発電計画報告』が作成されたという。報告書は、怒江本流でのカスケード発電所を開発することを勧めており、発電総容量は何千Wにものぼるという。しかし計画が実行可能であるのか、メリットとデメリットについては今も、研究中である。多くの著名な水力発電の専門家と環境保護の学者が討論に加わ

り、意見が対立している。一方の意見は、怒江水力発電開発は怒江中下流地区の社会経済発展の重要な道であるというもので、もうひとつの意見は、怒江中流はユネスコ世界自然遺産「三江併流」[5]の中心で、本流での水力発電開発と世界自然遺産の保護という目的はそぐわない。また環境と生物資源の代償は大きすぎ、後の世代のため現在のエコシステムを完全なまま残すべきである、というものだ。

怒江はいまや世界でも数少ない本流に大型ダムのない河川の1つであり、天然の流れがいきいきと美しい山河回廊を描き出している。現代人のエコロジー観からすると、この2本の川の水が海へ流れ出ることが浪費だとは思えないだろう。これは環境保全にとって必要だからだ。怒江は焦らないが、世界の開発潮流をもっとも身近に感じているだろう。近視眼的な利益に心を動かされず、孫子の代をふくめた地球と人類の未来について考えている。

瀾滄江と怒江は無言のまま、じっと物思いにふけっている。どうしたら人類は、より賢くなるのだろうか。その目はさらに遠くを見ている。

# 7—2 孤独なパイオニア

**瀾滄江の測量隊**………2000年初めのある春の日に、わたしは昆明市商業区の雲南水力発電設計院職員寮のある1室のドアを叩いた。福建語を話す老人がドアを開け、丁寧にわたしを部屋に招き入れた。部屋はそれほど広くなく飾り気もなかったが、見たところ老人は快適に暮らしているようだった。

「われわれは長年、川の人々とともに月日を過ごしてきた。年をとってこんな『安楽の巣』も得たし、もう十分満足だよ」

世間話をするとすぐにこの老人の矍鑠(かくしゃく)ぶりが表れた。老人の名は楊偉真(ヤンウェイジェン)、彼のことはずっと前から知っていた。40年以上昔、楊氏は水力エネルギー、地質、測量に携わる10数人の学生を率いて、解放軍戦士の保護のもと、瀾滄江下流、中流、上流の一部をカバーする初の全測量を行なった。30〜40年後の瀾滄江水力発電開発建設のため、ひととおりのデータを集めたのだ。彼らは川を遡り、8ヵ月以上も夜露

註
5……2003年に世界自然遺産に登録された雲南省北部の金沙江、瀾滄江、怒江の流域地帯。

に濡れて測量を行なった。全隊員が7、8足の靴をはきつぶし、最後の1足は破れて垢にまみれ、まるで野人のようだったという。その苦労がうかがい知れる。

意外にも、老人は記憶をたどる間、終始、さっぱりとした微笑を浮かべ、あたかも自分とはいささかも関係ない神話でも話しているかのような口ぶりだった。

1957年12月、瀾滄江の源流が冷たい氷に閉ざされている頃、瀾滄江下流がメコン河となる場所のシーサンパンナ(西双版納)は、鮮やかな緑に覆われていた。

楊氏をリーダーとする調査団は2艘の木舟を購入し、景洪から船で下り、南阿河口の中国とビルマの国境にたどり着くと、起点となる場所を探し、正確に瀾滄江の測量を行なった。彼らは「官木(クアンム)」と呼ぶ砂浜にたどり着くと、中華民国時代に編纂された20万分の1の軍用地図を広げ、タイ族にガイドを頼んで、現地の地理を尋ねた。

先祖代々、瀾滄江の畔で暮らしてきた民にとって、大河はただ1本、大地もただ1つで、あちらの野生のニワトリはしばしば中国で卵を生み、こちらのツルもビルマで子を産むのだった。国境線が家の中を通り、夜眠る時には、頭が一方の国に、脚はもう片方の国にあることもあった。ところが国の指導者たちはかえってこれが恐ろしく、うっかり国の外に踏み出し「国境侵犯」や「他国の領土主権を侵す」まちがいを犯さないかと戦々恐々としていた。調査団は峠を越え、河原を行き、とうとう小さな溝のそばの草むらに石碑を見つけた。これこそ国家主権と尊厳のシンボルである62号(現243号)の国境碑だ。ひとしきり喜ぶと、隊員と彼らを護衛する解放軍の戦士は再び長い旅路を歩み始めた。瀾滄江探索のパイオニアを護衛するため、現地の軍区からタイ族、ラフ族、ハニ族などの兵士が応援に駆けつけた。彼らは途中で通訳を務めた。

「木舟」は計器や生活用品を積み、川沿いを流れに逆らって上った。景洪より上流では両岸の山が聳えたち「V」字の谷が見え始めていた。川沿いには竹が生え、山の下半分は広葉樹林、上半分は針葉樹林だった。さらに川沿いを上ると、時々、木片や牛、馬の死骸が流れてきた。しまいには人の死体までも流れてくる。おそらく上流の絶壁で亡くなった不幸な人だったのだろう。川が曲がる場所では、さまざまな屍と枝などが一緒に打ちあげられていた。両岸は絶壁で水流も速く、波も高く、舟を引き上げられず、隊員は仕方なく荷物を降ろし、木

舟をかついで、山を越え、峠を越え、蔓をよじ登り、葛だらけになりながら何里も山道を行った。そして急な流れの場所から再び川に入った。小湾より上流では隊員たちはしばしば1日連続4、5回は舟を担がねばならなかった。ある時は、2km川を上っただけですっかり疲労困憊した。若い隊員はペンキで絶壁に自慢げに「前無来者」と大きな4文字を書き記した。

　夜、隊員は砂浜を選び、木舟をくくりつけて、竹竿で簡易なテントを張った。焚き火を囲いながら、川面を流れる風を感じた。山間には明るい月や、孔雀が水浴びしている姿が見え、虎や猿の鳴き声が聞こえた。また真っ暗闇から豹が緑の目でうかがっているのがピカピカと見えた。それはとてもロマンチックで刺激的であったが、幾ばくかの寂しさと苦しさもあった。

　風雨の夜には、テントがバタバタと揺れてはためき、隊員たちは2艘の木舟を並べ、その下で砂浜に横たわって夢を見ながら眠りをむさぼった。

　当時、少数民族は山に暮らしており、川沿いに住む人は少なかった。ある時は、川沿いを1週間行っても人ひとり出会わなかった。食糧が底をつきかけると、山を越えて村を探し食糧を買った。現地では野菜を育てることが珍しく、山菜を塩水につけた質素な漬け物が彼らの食事だった。しかし川にはできあいのご馳走があった。もともと人が少ない瀾滄江には漁師も少なく、大きな魚が浅瀬で水を跳ね上げており、人への警戒感はなかった。隊員たちは魚を獲る道具がなかったので銃で撃った。銃口をほとんど魚のあたまに押し付けるようにして撃ち、当然外すことはなかった。

　時々、川沿いに村があった。当時はちょうど「大躍進」期で、夜、現地の農民は火をともして荒地を開き、作物を植えていた。炊事担当の隊員が農民のところに鶏を買いに行くと、農民は仕事が終わったら持っていくという。果たして夜中の2時、3時頃になると、農民は1人ずつ鶏を抱えてテントの外に立って、恥ずかしそうに2本指を立てた。2元を求めるのではなく、1羽を2角で売るのだった。

　漫湾の景雲橋付近では、現地の人々は舟など見たこともなかった。舟が来た、と聞きつけると、村人や生徒がいっせいに川辺に走り出て、横一列に並ぶと、大きく口を開け、2艘の木舟が上流にのぼってゆくのを目で追うのだった。楊偉真氏が描くこのシーンと、われわれが後に漫湾で目にした情景とは、まる

で別世界のことのようだ。しかし2つのシーンの間には40年以上の時の差がある。今では漫湾発電所も建設され、6基のうち既に5基が発電をしている。大型ダムの上流では川が大きな湖となり、さまざまな船やボートが岸に並び、小舟、汽船、豪華船が競って客を集めている。漫湾発電所の貯水湖での水上運輸と観光業は今では現地の人々の重要な副業となっている。

調査団は瀾滄江の畔で8ヵ月以上、世間とは隔絶した生活を送った。調査団は川に沿ってひたすら河川の断面図を作成し、その場所についての情報を集め、発電所の建設が可能なサイトを選別した。最後に調査団は瀾滄江上流の雲南省蘭坪県(ランピン)の境にある黄登(ホワンタン)という場所に到着した。両岸は壁のようで、崖は刀や斧で削ったかのように険しく、日光を遮り、空からは一筋の光がさし込むだけだった。川は轟音を響かせながら谷に満ちていた。風雨が吹き荒れ、水も冷たかった。経験豊富な船乗りが力を合わせてもどうしようもなく、観測隊はしかたなく舟を捨てて岸を登り、木舟は現地のリス族の人々に渡して小学校の机や椅子の材料にしてもらった。彼らは計器、資料、荷物を背負い、再び川沿いを上流へ歩いていった。

楊偉真氏が率いた遡行調査は瀾滄江の比較的早い科学的調査であったとはいえ、もちろん一番最初ではない。パイオニアは孤独であることを免れず、その足跡はもはやおぼろで、たどるのは難しい。しかし心ある人はパイオニアの水力発電開発の歴史への貢献を無視することはできない。楊偉真氏は最近わたしに1998年4月25日付けの『雲南日報』の切り抜きを送ってきた。見出しは「陳碧笙(チェンピシェン)、果敢に瀾滄江を漂流、探検」とある。記事では、かつて曁南大学で教鞭をとり歴史学部の主任であった陳碧笙氏が、30年代に瀾滄江と怒江の交通運輸能力を研究するため、当時「瘴煙蛮雨(しょうえんばんう)」と言われた西南地区を単独で調査をした、と紹介されていた。

1935年、27歳の陳碧笙(チェンピシェン)氏は景洪に赴き、苦労して世間の偏見を打ち破った。彼らは簡易な船や竹の筏で、荒立つ波をものともせず、関木下流で通航が可能か観測した。陳氏は8日間かけて瀾滄江200kmを行き、ビルマのタルンに到達した。その間7ヵ所の大きな浅瀬、20ヵ所の小さな瀬を越えた。

瀾滄江

流れの急な瀾滄江の川下りは、危険が続いた。最初の危険な個所は惠孔だった。両岸の崖は高く、途中に滝があった。木舟は急流を下り、半ば空から落ちるようで、4名の漕ぎ手が強く引っ張った船尾のロープはすべて切れ、生死などとっくに問題にならなくなっていた。もっとも危険だったのは哈邁（ハマン）から達倫（タルン）までで、岩の間を滝は雷鳴を響かせながら流れ落ちていた。漕ぎ手は天を仰いだ後、果敢に筏を浮かべ下った。滝を過ぎると筏は半分沈みかけていた。水が腹のあたりにまで来て陳碧笙が心から水から出たいと願った時、筏は突然、浮かびあがった。安心する間もなく今度は突然、巨大な岩が中流に聳えているのが見えた。筏はフルスピードで岩に向かって流れていく。筏の人々は驚き、色を失って、6本のオールで必死に右に漕ぎ、数秒のうちに筏はその岩をこすりながら通り過ぎた。26本の竹に板を加えただけの筏は砕け散った。もし人が岩にぶつかっていたら、きっと骨まで粉々に砕け散ったに違いなかった！

楊偉真氏は切り抜きのこの部分に次のような書き込みをしていた。「1958年の瀾滄江調査の際、功果橋近くの人々が言っていた。抗日戦争の時、瀾滄江を筏で下った人がいて、岩を通り過ぎる時にぶつかって砕け、人も散り散りになった、という。もしかしたらこれは陳碧笙氏のことだったのかも知れない」

この他にも科学的調査のため熱い血と命をたぎらせ大河に入ったパイオニアがいたのであろう。

たとえば、現在でも雲南水力発電業界の人々は施嘉煬（シジャヤン）という老教授を懐かしく思っている。日中戦争期、施教授が西南連合大学で工学院の院長を務めていた頃、「雲南省水力発電観測隊」が作られた。彼は怒江、瀾滄江、金沙江、南盤江（ナンパンジャン）[6]、イラワディ川の5大水系のうち27支流、52の河川一部にある水力エネルギー資源の調査を次々と実施した。1941年、施教授はコンサルタントのエンジニアとして大理市喜洲の万花渓（ワンフワシ）水力発電所、下関の天生橋発電所、その他にも多くの発電所の設計や修築を行ない、瀾滄江流域における水力発電建設のパイオニアとなった。施教授は、流れが急な西南山間部での水力発電には、落差の大きさを利用すべきと考え、流れ込み式[7]を

註
6……珠江の源流。珠江は雲南省に発し、貴州省、江西チワン族自治区、広東省を通って、南シナ海に注ぐ大河。
7……河川の水を貯めることなく、流れをそのまま発電に使用するダムの方法。

採った。これにより高いダム堤を築く必要がなくなり、建設資材の節約、工期の短縮、投資の節約が可能になった。施教授が当時設計した水力発電所はすべて流れ込み式だ。

当時は戦争中で鉄鋼が不足していたため、建材は現地調達し、現地産の良質のトウキササゲで木管を作り、鉄の水管代わりにした。設置時には3mごとに固定し、タービンを入れる場所にコンクリート錨の台座を設置した。木製の水管は半年で設置が完了し、運行は順調だった。喜洲の万花渓水力発電所の総発電容量は44kW、下関の天生橋発電所の発電総容量は200kWでそれぞれ1945年12月と1946年2月に完成、操業を開始した。金沙江支流である螳螂川の石龍壩発電所の完成からは40年以上の時が経っていた。

楊偉真氏らによる現地調査の翌年、功果橋すぐ近くでボーリング機の轟音が響きわたった。瀾滄江本流における最初の大型発電所建設予定地で地質調査が始まったのだ。しかしこの後、またすぐに建設は中止される。その後、次々起こった政治動乱のため、人々は水力発電どころではなくなったのだ。1974年になって地質調査団が再び発電所建設のための事業を始め、1976年に漫湾発電所の建設サイトでは基礎工事が始まった。

だが、それ以来、事業が途切れることは2度となかった。20年以上にわたり、専門家や労働者が川沿いではきつぶしたボロボロの靴、収集された水文資料、掘り出された岩、描かれた地図などの足跡は、積みあげれば山の峰に届くほどだろう。水力発電開発のパイオニアたちは、ろうそくと懐中電灯を手に、長い夜を過ごし、光を探し求めたのだった。

# 7...3 挫折の後の光

**瀾滄江の小さな挫折**............瀾滄江の地図を広げてみると、小さな発見をする。瀾滄江はチベット高原から下ると唐古拉(タングラ)山脈にはさまれ、一路、山々を切り、山間を突き抜け、崖を削り、海を目指す。ひたすら前進し、南へ南へと行進の軌跡を残す。瀾滄江が雲南西部に達し、臨滄地区の鳳慶県と大理州の南澗県が交わる場所、ちょうど

註
7......河川の水を貯めることなく、流れをそのまま発電に使用するダムの方法。

瀾滄江

漫湾発電所のダム

　その最大の支流である漾濞江と合流してすぐ後では、今まで出会ったことのないような挫折に遭遇する。そびえたつ山の巨大な片麻岩に前進する道を塞がれて、瀾滄江は躊躇し、方向を変え迂回するのだ。北、それから東北に折れ、東へ、東南へ、最後にまたゆっくりと南へと進み始める。この曲がった部分の先端は地図では今にもこぼれ落ちそうな水滴のように見える。

　この迂回はけっして小さくないが、しかし瀾滄江が海を目指す旅の中ではほんの小さな挫折であるため、人々はこの場所を小湾（シャオワン）と呼ぶ。

　小湾では、瀾滄江という巨大な暴れ龍が難所にぶつかり、従順になったようだ。小湾は瀾滄江にとっては小さな不幸であっただろうが、エネルギー開発にとっては大きな幸運だった。瀾滄江が向きを変えて迂回し、水流が穏やかに

なったことで下流との落差が増す。ここで流れを堰き止め、ダムを築くと、ダム容量145億5000㎥の貯水湖が作られ、特大の発電所建設が可能となる。これが「第9次5ヵ年計画」期間(1995〜2000年)に建設が計画された総容量420万kWの小湾発電所である。

## 貯水湖から上流へ

2002年の早春2月、われわれはモーターボートで漫湾発電所の貯水池から川を上った。川は湖のように静まり、漫湾発電所の132mのダム堤建設後に堰き止められ、広々として、元の険しさを失い、湖の水と空が一色になっていた。モーターボートが両側の視線を引き伸ばし、まるで流れる画廊のようだ。山、水、空が変わらぬテーマで、変化するのは空の雲、山の被覆、農地、農家の家々、水中の影だけだった。ときどき風景を乱すものが現れる。山肌の地滑りの跡などだ。水面が上昇したため、植物の被覆は長期間の浸食によって山肌に留まれず、地滑りを起こし、青い山に絆創膏を貼ったように見えるのだ。

同乗した何名かの生態、社会科学の専門家は国家「第9次5ヵ年計画」重点プロジェクト「西南国際河川水資源の公平かつ合理的利用と生態環境保護に関する研究」のテーマである「瀾滄江漫湾発電所環境と社会影響行動研究」に取り組んでいた。専門家は、計画経済時代には「建設を重視、移転住民と環境は軽視」の考えのもと、多くの大型ダムの建設では環境における影響評価などはおおざっぱで、社会影響評価などほとんど行なわれず、現地の人々の願いや利益は無視されてきた、と教えてくれた。これらの専門家は2年間、ダム周辺の村々を歩き回り、ダム周辺の生態環境、住民移転、社会影響などの問題を研究し、漫湾ダム周辺に残されている問題の解決に役立とうとしていた。また中国の西部開発に欠かせない大型インフラ建設においていかに社会と環境の問題を扱うか、価値あるケーススタディを提供しようとしていた。その後、聞くところによれば、彼らが提言を行なった住民移転の補償に関わる問題は、既に中央と省の指導者の注目を引き、解決が図られているという。

瀾滄江

漫湾ダム地区では山肌に
「絆創膏」のような
地滑りの跡が見られる

## 小湾、漫湾、
## 大朝山ダム

..........漫湾から小湾は水路でわずか90km、地図では瀾滄江が曲がり迂回する部分に当たる。モーターボートで北西から西へ曲がり、南西へ曲がり、さらに南に向けて左へ180度曲がると地図の「水滴」部分を通りすぎる。そこでは満開のキワタノキが炎のように水面を赤く染め、空も赤く染めて、発電所建設の労働者のために建てられた宿舎から、工事現場の朝焼けのような風景が見えていた。労働者の宿舎は、河畔に連なり、単調な河岸に鮮やかな弧を描いている。また、大小の浚渫船と運輸船が、静かに青い水面に白い波しぶきをあげていた。残念なことに、両岸の山の峰がナイフや斧で削られたように、緑の装いを失い、黄色く剥き出しになった土が川面に映っている。川も心なしか怒って無力に見え、公道の傍らのキワタノキだけがその中で気持ちを奮い立たせていた。

　道の行き止まりには赤い横断幕がかけられ、「水力発電を急ぎ、西部大開発の歩みを促進しよう」と大きな標語が書いてある。看板の前には石で築かれた高い建設用機材の台座が山のようにそびえ、後ろでは多くの大型トラックやショベルカーが土を掘り起こしていた。赤や黄色のヘルメットをかぶった建設労働者が強い日差しの中を忙しそうに動いている。

小湾水力発電建設の序幕は既に切って落とされた。わたしが小湾のことを書き記し、これが読者の目の眼にふれる頃には、小湾は既に別の容貌を現していることだろう。しかしこれが環境・社会科学者の期待通りに進み、現地の環境と社会に悪影響をもたらさないよう、願うばかりである。

　瀾滄江が遭遇した「挫折」は小湾発電所となり、下流に建設予定の一連の発電所となった。

　小湾にもっとも近いのが漫湾で、漫湾の下流には大朝山(ダチャオシャン)がある。漫湾発電所は1993年6月30日に完成、操業を開始し、2年後の第1期工程で125万kWの5台のユニットがすべて送電線を通じて送電を開始した。大朝山発電所の最初のユニットは2001年12月26日に正式に発電、送電を始めている。

### 瀾滄江の堰き止め

………当初の計画によれば、1987年12月15日は漫湾ダム建設のため瀾滄江が最初に流れを堰き止められた日となるはずだった。水力発電業者はこの豪傑でなだめがたい瀾滄江の流れを分断しようとしていた。業者は事前に100m以上幅のある川に300m³以上の石を詰めた亜鉛メッキ鋼筋のかごを投入して、河流堰き止め前の川底工事を終えていた。100mの川幅は既に54mにまで縮んでいた。長年にわたる奮闘で準備は万端に整っていた。その場にいた人々は一言命令を下せば岩が爆破され、川の水は狙い通りに左岸で大口をあける高さ18m、幅16m、長さ458mの導流トンネルをくぐり、大河堰き止めに成功し、「長江の葛洲壩の次に難しい堰き止めは初成功」と公表できるとあてこんでいた。

　確かに、2回の炸裂音に続いて導流トンネルの入り口には煙が立ち、水柱が空を突き刺し、人々は小躍りして爆破成功の喜びに声をあげた。ところが数分後、水霧が落ち、煙が晴れ、導流トンネル入り口が煙とチリの中からその姿を現すと、皆、驚いてぽかんとした。岩堤は爆破でわずかに向きを変え、ものうげに少しだけ前方で横たわっているのだった。爆破による残骸が散らばり、川の中には2つの黒褐色の半島ができたようで、ちょうどどっしりとトンネルの口をふさいでしまった。少しばかり驚かされただけの瀾滄江は、またすぐに威風を回復し、気ままに流れ、吼え続けていた。

　かつて黄河を5ヵ所で堰き止め、漢江を3ヵ所で堰き止めた水力発電三局の

小湾発電所の
建設現場

　職員はしばし目を疑った。瀾滄江はやはり、瀾滄江であり、簡単に飼いならせるのなら瀾滄江ではない。この川はしばしば人々を誇大妄想から目覚めさせようとする。瀾滄江の洗礼を受けた建設業者は再び5日間、昼夜の苦戦を強いられ、辛酸を舐め、水力発電部と省の指導者から一般労働者までみな目を赤くして、最後にどうにかこの初の瀾滄江堰き止めに成功したのだった。

# 7──4 川と手を結んで

**歴史上の河川利用**..........水利建設において、人は大河と手を結び協力している。人類は自然に順応し、人と自然の力を合わせることで、甘い果実を食べてきた。

　当然、水力発電建設は現代になって必要とされたものだ。現代人は科学技術を用いて大河と手を結び、巨大なエネルギーと光熱を開発した。だが実は、古代から人は川と協力してきた。その協力の仕方には受動的なものと能動的なものがあることは、今でも本質的には変わっていない。おおむね水害を治める時には受動的に、農地の水利事業建設においては能動的にふるまってきた。

雲南の西、瀾滄江と怒江の間の保山市南には諸葛營と呼ばれる村があり、現地の人々は諸葛孔明が征南した際、兵士たちが村に泊まったことからその名がついたと伝える。当時、諸葛營の村付近の住民は、水をすべて北の大きな沙河に頼っていた。沙河は夏と秋に氾濫し、冬と春に枯れた。諸葛軍と現地の村人は池を掘って水を溜め、旱魃にそなえた。これにより用水と灌漑の悩みは解決された。溜め池の西側は法宝山の東麓であり、他の3方向は150丈（495m）にわたって煉瓦や石を積んだ堤防で囲われた。溜め池が完成すると、兵も人々も馬でやってきて水を飲ませたので、地元の人から「洗馬池」と呼ばれた。駐留軍が去ってからは、諸葛軍がここに駐在し、水利に貢献したことに感謝し、「諸葛堰」と呼ばれるようになった。

　その後、諸葛堰はたびたび修築や拡張を繰り返した。規模が比較的大きなものは明代の成化年間のもので、巡按御使の朱皀（ジュアイ）は、工事に人々を徴発し、堰堤を長さ980丈（3234m）、高さ1.2丈（4m）、厚さ1丈（3.3m）にまで拡張した。建て増し部分の取水口は3ヵ所で、これにより水田の灌漑面積を1000畝[8]以上増やすことができた。それ以後、現地の人々はこの堰を「御使堤」と呼ぶようになった。最近も1958年と1978年に諸葛堰の改修がされ、建て増しと補強、水門の新設、導水が行なわれた。堰沿いには2基の小型ダムが建設され、全部で上、中、下3つの堰湖がある。年間貯水量は208万m³まで増え、灌漑農地は6000畝以上になった。

　現在、堰堤を行くと、波がゆれ、野鳥が遊び、心をなごませる。もし、鋤をかついだ農夫に出会うことがあれば、立ち話をしてみるといいだろう。古今に話がおよび、言葉の端々に諸葛武候への感謝の気持ちを感じるはずだ。

　『華陽国志・南中志』の記述によれば、紀元初めの新莽の時期、文斎（ウェンチ）が朱堤（現在の滇東北の昭通一帯）の都尉[9]を務めた際、「龍池を貫いて、水田を灌漑し、民の利とした」という。その後、文斎は益州（現在の昆明地区）で太守を務め、再び「荒地を起こし、灌漑を通じ、2000畝余りを開墾した」。しかし、残念なことにこの有能な官吏であった文斎が再び西で務めることはなかった。現在、西部の瀾滄江、怒江流域ではこれら諸葛堰よりも早い時期の水利事業の存在を示す資料は見つかっていない。現在も諸葛堰は現地で役立ち、その堅固な堰は2000年前の人と川がともに

註
8......約66.7ha。
9......西漢と東漢の間の時期、新莽時代（8〜23年）の軍事役職名。

協力していたことの重要な証拠となっている。

　南詔の時代、瀾滄江流域の大理地区は勇壮な指導者が率いる地方の大国の都だった。統治者は、必然的に川の力を借りて生産を発展させ、富国強兵を図った。『南詔野史』の記録によれば「唐の武宗は会昌元年（841年）、南詔の君主勧豊祐（チャンフォンヨウ）に命じて、磨用江から鶴拓（現在の大理）まで水路を掘らせ、東の沼沢と田を灌漑した。この水路は龍伝江と合流して、錦浪江と呼ばれた。また蒼山の南に池を作り、これは高江、別名、馮川と呼ばれた。さらに山の泉が流れ出て川となり、広い田が灌漑され、民は耕作の利を得た」。当時の工事の規模は小さくなかっただろう。水路を築き、川から引水して農地を灌漑した。それだけではなく2江を川に合流させ、山にダムを開いて山泉を集め、農地を灌漑した。現在も、大理地区は雲南のもっとも重要な食糧生産地帯であり、おそらくこれはこうした早期の農業水利事業と無関係ではないだろう。

　しかし人と川の関係は、人と人の関係と同じく、苦労して育て、調節し、守るものであり、いったん関係が悪化すれば、害を被るのも人である。昔の人は、水は国を興すこともできるし、滅ぼすこともできると言った。このことについては、おそらく洱海浜の鄧川の人々がもっともよく理解しているだろう。

　鄧川城（現在の洱源県鄧川鎮）は施浪詔の望欠部族[10]が暮らした場所だ。鄧睒詔は南詔との戦いに敗れたのち、鄧川睒を設け、その都、鄧川城の修築を幾度も行なって、やがて南詔の名城の1つとなった。その後、水不足によって元代には州都は寺寨鋪に移され、明代に再び玉泉山へ遷都した。しかしわずか100年後の明の弘治7年（1494年）、街は「水で崩れた」ため、臥牛山麓へ遷都した。その後すぐに今度は「水害にしばしば悩まされた」ため隆慶年間には象山坪へ遷った。万暦2年（1574年）、ふたたび玉泉山へと戻る。天後年間には徳源へ移った。崇禎13年（1640年）には「谷川は深く水は無し」「飲水困難」のため徳源から鄧川驛前（現在の鄧川鎮）へ遷都した。

　遷都はどれも毎回、水にかかわる問題ばかりで、足りないこともあれば、多すぎることもあった。毎回、遷都のたびに戦のような騒ぎで、民を疲弊させ、散財させた。

　現地の人々は幾度となく引っ越すあいだ、水と深い情で結ばれていった。人々はついに川には守りが必要で、川を守ること は

註
10…施浪詔主である施望欠（シワンチェン）の名から取った部族名

みずからを守ることだと理解した。

　明の万暦年間（1573年〜1620年）、鄧川州は弥苴佉江（現在の弥苴河）の定期修理条例を制定した。この川は、現在の洱源県牛街郷の東北の光拉坡に発し、鄧川領内を流れたのち洱海に注ぐもので、洱源県内では弥茨河と呼ばれている。鳳羽河、寧河が合流するところは三江口という名があるが、三江口以下からは弥苴佉江と呼ばれはじめる。川の水は「20村余り」の農田を「灌漑する」が、「夏秋には膨張し、河道から外れて流れ災害をもたらした」。正統年間、鄧川は例年の定期修繕を開始した。万暦年間に「挑培河堤」の「定期修理条例」を制定し、毎年正月から1ヵ月の修理によって、田畑の生産力をあげることを決めた。

　清の乾隆26年（1761年）に鄧川の浪穹県（現在の洱海県）は再び三江口渠の大修繕と定期修繕条例を制定した。また鳳羽河、寧河、弥茨河が交わる三江口では「水勢が急で、土砂や石が横に流され」、「数多くの水害が起きた」。明代の万暦年間には子川をひらき、「以って水勢を殺した」。その後また毎年堤防を修理し、水門を建設したが、往々にして「修築するたび、沈澱してふさがった」という。この年、堰を築いて治水した際、「毎年の修築は銀120両。3年の大修築の時は銀320両を受けとること」と「鄧川州では毎年の水門・堰の手当ては銀50両」という定期修理と大修理のための条例を制定した。

　現在、三江の浜、洱海源流の洱源県鄧川一帯は、山や池、川と水路が交錯し、水と牧草が繁り、牛や羊が野を歩き回り、良質の水田が連なる大理の食糧安定生産地である。また国内ではまれな乳牛の放牧と乳製品の生産、加工の基地である。もし鄧川を訪れる機会があれば、現地の人はかならず茶ではなく牛乳でつくった飲み物でもてなしてくれるだろう。そして特産―乳扇[11]を差し出し、食べさせてくれるだろう。その時には鄧川の先賢のことを忘れてはならない。

　大禹の治水神話は1100年も衰えずに伝えられ、中国人の祖先も常に川を軽視するな、よく川を扱え、と警告してきた。中国のことわざに、「1滴の水の恩を返すためには泉の恩返しが必要」とある。古くから河畔の人々は深くこのことを理解していた。水道が縦横に走る大理地区では、多くの河畔に祭祀の厨子と大きな寺が建つ。こうした寺の中に祭られているのは、しばしば水を司る龍神である。

　現地の人々は治水に功績のあった歴史上の人物も祭った。康

註

11… 牛乳の固形分をこねてのばした食べ物

熙年間（1662〜1722年）、瀾滄江支流である黒恵江上流の剣川州下登などの村では、田を灌漑するための水が不足していた。州の人であった金吾、段喧（チンウ、ドァンシャン）らは実地調査の後、易堤坪の水を引き、用水路の途中には「梘槽（チェンツァオ）」を架けて、3つの村の田の灌漑を決めた。梘槽とは、木製の水路橋のことだ。現地の人々はこれを「百節梘槽」と呼んだ。これらの施設は村民に「たいへん利益をもたらした」ため、「村人は年々毎畝1升の米でその功に報いた」という。

剣川堰では乾隆16年（1751年）5月、剣川地震により、剣海（剣湖）東北の湖濱地区が「下に1丈5尺（5m）落ちこみ、水は逆流し」、桑嶺、太平、邑頭など「70余りの村で家屋と田畑が水に浸かった」。7月、張泓（ジャンホン）が州牧[12]を務めていた際には「村で詳細な調査を行ない、現地で状況を調べ」、被災状況を解決するための方法を提出した。また海尾川を5m掘って排水した。その年の冬に働いた労働者は10万人以上となった。苦しい2年を経て掘られた川は6333mの長さになり、70村、1万畝以上の農地が水害から救われた。

以上のように治水に功績のあった現地の人々の彫像は寺に祭られ、長く村人の尊敬を集めた。

川沿いを下ろうと上ろうと、およそかつて水利建設が成功した地域は、現地の魚や米の生産地になっているのを目にすることができる。瀾滄江上流の蘭坪県（ランピン）には瀾滄江の1級支流があり、鳳塔河と呼ばれている。全長約40km余りで現在も先祖がつくった大小の水路を残す。最長のものは海抜3000m以上の高所にダムを建設し引水したもので、水路は約20km、途中いくつかの険しい岸壁を通る。今日の技術をもってしても、これを切り開くのは難しい。まさに祖先が残した水利の財産を、後代の人々が絶えず維持し、開発を続けたことにより、この一帯は現在も蘭坪西部最大の食糧生産基地となったのだ。

瀾滄江下流にある著名な景東文壩の逆サイフォン水利施設を見てみよう。これは中が空洞の石管を用いて全長67.5mのパイプを作り、サイフォンの作用で水を川面から東岸にひきあげるものだ。取水口は巧妙に設計され、大小24の円形の穴を空けた球形の水口を長方形の石のカバーで押さえ、上にはカスを出すための円形の口がある。人々はこれを「水上の坂」と呼んだ。

註
12…州の長官。もとは刺史と呼ばれた。

清代に作られ、現在も現地の村200畝以上の灌漑と人畜の飲用に使われている。
　早くも数百年前には、シーサンパンナ（西双版納）の農耕生産は広い水利灌漑ネットワークとかなり完成度の高い水利制度を持っていた。当時は宣慰使司の役所に設置された「召龍帕薩（ジャオロンパサ）」と呼ばれる内務総官がその下に置かれた12のパンナ（地区）の財政と水利事業を管理した。各ムアン（都邑の意）の土司の議事庭（政府）にも、「バンモンロン」、「バンモンナン」と呼ばれる正副の管水官2名が置かれ、所轄区内の各大水路を管理した。大きな村にも各1名の管水員がいて「バンモン」と呼ばれ、その村の用水路への水の供給、修理、費用徴収と水量分配の仕事を専門に行なった。
　毎年タイ暦6月には管水官の責任で用水路の修理がされ、工事が終わると豚や鶏で水神を祭り、「放水」の儀式がとりおこなわれた。放水時には用水路も検

漫湾ダム以下の瀾滄江は
巨石の中を進む

瀾滄江

査がなされた。上流から竹の筏を放し、バンモンが銅鑼を叩いて筏に沿ってくだり、筏がひっかかれば、その部分の水路がまだ完全に修理されていないということで、命じられた村が修繕の責任を負った。水量の分配も各村の水田の数によって計算され、各村は各家の水田の広さや数、水路までの距離によって水の供給量を決めた。水量の分配は竹筒の上に目盛りを刻み、水量をコントロールした。

　宣慰使司の役所の水利管理システムは、数百年も続いた。当時は、景洪壩には悶瀾永、悶遮乃など13本の大水路があるだけで、各大水路のもと小さな用水路が建設され、景洪壩のすべての水田を灌漑することを可能にしていた。そのため地域はずっと「食料庫」と呼ばれてきた。

　現在でも人々は祖先の知恵の成果を受け継ぎ、川からその豊かさと甘い蜜を受け取っている。

　人と川の誠実な協力のためには双方が投資をしなければならない。人類の投資は知恵と労働で、川は寛大さと潤いを提供する。祖先と川の知恵が、孫子の代まで脈々と利益をもたらす。これはまさに「今の努力が1000年の利をもたらす」すばらしいことだ。

## 今日の河川利用

..........1950年代以降、中国人と河川の協力は日増しに深まり、瀾滄江、怒江流域でもその数は莫大なものとなった。貯水事業においては大・中型ダムが瀾滄江の水系では太平河、昔木、東洱河、信房、曼飛龍、勐幇、曼満、弄巴、回東川などに作られた。また怒江水系では北廟、小海壩、八〇八、三塊石、尚博などの貯水池がきらめく真珠のように、あるいは川の魂の深淵のように、川の恵みを大地に留め、激しい川を従順にし、人々に恵みを与える存在に変えた。

　引水事業では瀾滄江水系には創業、曼別、曼龍扣、曼棟、曼麽黒、曼邁、三千米、勐潤、曼那、大樹脚、勐満、勐伴、河圖、勐混東干西干、満灯河、勐勐などがあり、怒江水系には勐糯、安定、辺緑、三八、下旬、上旬、橄欖、柯街、幸福、解放、南橋、勝利、建設、道水、郭家賽、擺依、梭石嶺など、比較的大きな水路が、まるで人体の動脈のように、あるいは河川に新たに増えた毛細血管のように、川の豊かさを絶やすことなく田と都市住民の生活の中にもたらしている。

　賢明な読者はおそらくこれらの水利事業の多くが2本の大河の各支流にあ

> 本流にダムのない怒江は
> 自由に流れ、
> 山水画の回廊のようだ

り、本流にはきわめてまれであったことに気づいただろう。

　実際、よく見ると支流は羽毛状に瀾滄江、怒江の中、上流に広がっているが、現地の人々は支流と本流では異なる態度で接していた。現地の人々は「江」の言葉で瀾滄江や怒江本流を指し、「河(川)」の言葉でその支流を指す場合が多かった。潞江壩(ルジャンパ)(保山市隆陽区)で、わたしは色々な人に同じ質問をしてみたことがある。江の水と河の水では、何か違いがあるのかい？　村人たちはほぼ全員が答えてくれた。江の水は冷たく、河の水は温かい。河の水は手に入れやすいが、江の水は難しい、と。当然だろう、2本の大河、すなわち「江」は峡谷にあり、どれほど低地の村であっても江よりははるか上に位置する。しかし支流の水、すなわち「河」はたいてい山の上から下りてきて、村の田畑を通りぬけ、ようやく大河の中に戻っていく。一般的に山は高く、水も高く、いくら高い村でもみな水流の下にある。水流が村から遠かろうと近かろうと、人々はこうした水流に灌漑、飲用、生存、発展を頼ってきた。

　この印象はわたしが瀾滄江と怒江本流、支流のさまざまな場所を訪ねれば訪ねるほど深まっている。わたしはややこれが確かなのか疑う気持ちもあり、率直に言ってこれを結論としたくはない。しかし確かにこの事実を否定するのも難しい。現地の人々にしてみれば、江は恐ろしく、河は優しいものだ。江はよそ

よそしく、河は近しい。江は脅威であり、河は慈善である。

　瀾滄江と怒江でかつて年老いた農民たちに尋ねたことがある。「大河がもたらした最大の利益は何？」。農民の答えはみな驚くほど似ていた。江の水は上流から多くの枝や木を押し流してくれるので、岸辺の住民がかかえる燃料の問題を解決してくれる、という。潞江壩のある60歳ほどの土司の子孫は、彼が若いころ毎年夏には怒江の水が出て数えきれないほどの大木を押し流し、河畔の砂浜や田畑を埋めつくすほどだった、と語ってくれた。現地の村人には、ある不文律の規定がある。押し流された木が誰かの家に入ってくればその木はその家の人のもので、江を流れる木はそれをすくい出した人のものとなる、というものだ。

　さらに上流では、怒江峡谷だろうと瀾滄江峡谷だろうと、山高く奥深い場所で住民は名目上、河畔に暮らしていることになっているが、実際には川面までの距離はけっして近くなく、心理的距離はさらに遠かった。彼らは時々、大河の流れをはるか上から眺めるが、本流の水に触れるのは容易でなかった。本流の水に触れるには険しく急な峡谷を下らねばならず、たいへん危険だった。人々にとって大河との距離感は遠く、大河は障壁や外界とを隔絶する垣根のようなものだった。大河沿いの村にとって、もし支流や渓流が村の中や近くを流れていれば幸運と言えた。幸運でない村ではしばしば人や家畜の飲用水にも困っていたのだ。

　わたしはかつてある国際慈善団体が雲南怒江州のある村で水改善プロジェクトを行なうのをビデオ撮影したことがあるが、多くの水の足りない村では怒江の豊かな流れに面しながら、旱魃に苦しみ、天の恵みを願っていた。中には屋根からの雨水によって乾きをいやしているところもあった。とはいえ、多くの国内外や現地政府の援助のもと、現在では人や家畜の飲用水の問題をかかえる村は次第に少なくなっている。よく見てみれば、20世紀末以来、川が現地の人々に与える印象も変化してきているだろう。これまでの親切な「河」はより親切になり、恐ろしい「江」と人々の疎遠な距離感も消えてきている。瀾滄江本流の大型発電所建設による送電、瀾滄江での国際航運の開通、怒江における観光業の発展などの変化は、大河をさらに1歩、人の世界に入らせ、いっそう大河と緊密に手を結ぶことを示しているのかもしれない。

瀾滄江と怒江の姉妹は
寄り添いながら上流の山々と峡谷を通りぬける。
風霜雨雪が彼女たちを鍛え、成長させる。
中流以後、ふたりは次第に分かれ、成長した子は独りで天下を駆けて行く。南へ行くほど
互いに遠く離れ、それぞれが両手を広げ、
世界を抱き、自らの乳で豊かな大地、深く茂った森を潤す。

# 第8章 大河が抱く辺境の彩雲

## 8─1

## 熱帯雨林へ入る

**怒江の熱帯雨林**..........怒江の狭苦しい峡谷に沿って下り、真っ白な雪峰を通り、バスケットボール・コートほどの平地もないような街を通って雲南省怒江リス族自治州の境界を跨ぐと、保山市隆陽区の芒寛郷に入る。怒江峡谷の「V」字形もそれほど急ではなくなり、広々と連なる水田台地が現れる。春は緑に秋は黄に、四季折々の風景が見られる。夏の怒江は激しく渦巻いて轟音を響かせ、川面もやや広い。冬には水も穏やかに澄んで川底まで見え、まるで青いリボンのようだ。もし怒江州より上流の怒江峡谷が人々に奇怪で危険な印象を与えるとすれば、ここはよりうるわしくあでやかな印象を与えるだろう。かつ

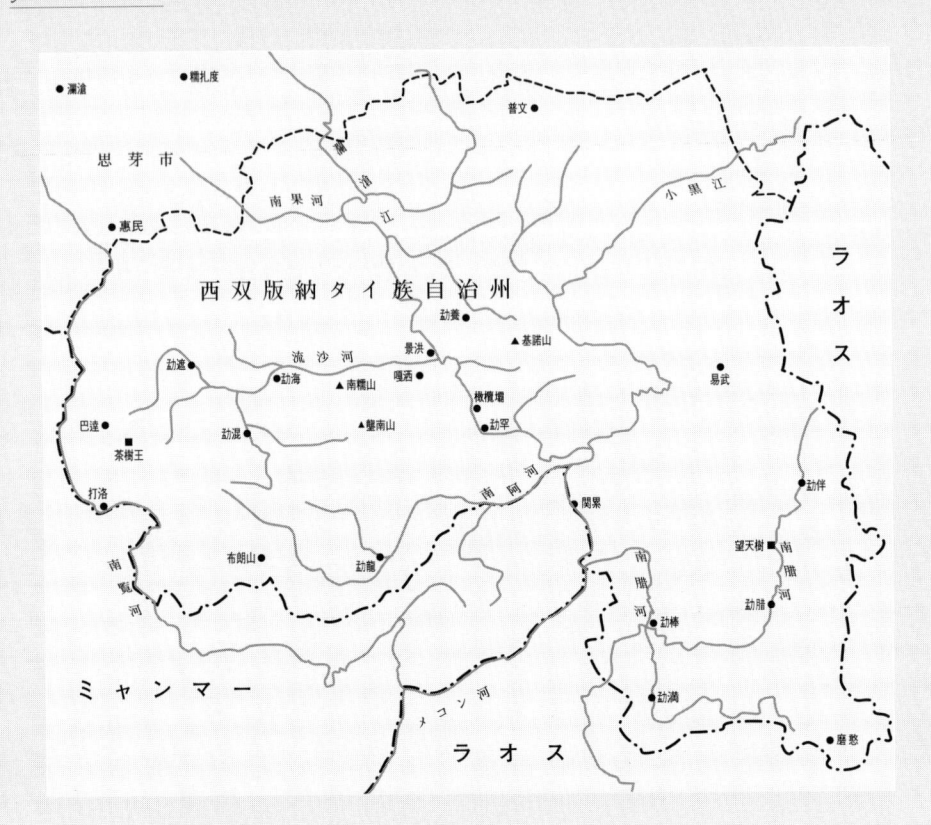

8—1 熱帯雨林へ入る

西双版納タイ族自治州

瀾滄　　糯扎渡
思茅市
　　　　　　　　南果河　　瀾　　小黒江　　普文
惠民　　　　　　　　　滄
　　　　　　　　　　　江
　　　　　　　　　　　　　　勐養
　　　　　　流沙河　　景洪　　▲基諾山　　　　ラオス
　　勐遮　　勐海　　▲南糯山　噶洒　　橄欖壩
巴達　　　　勐混　　▲蟹南山　勐罕　　　易武
茶樹王
打洛　　　　　　　　　　南　阿　河　　　　　　　勐伴
　　　　　　　　　　　　　　　　関累
南　　　　布朗山　　　勐龍　　　　　　南臘河　　望天樹　南
覧　　　　　　　　　　　　　　　　　　　　勐棒　　　　臘
河　　　　　　　　　　　　　　　　　　　　　　　　　　河　勐腊
ミャンマー
　　　　　　　　　メコン河　　　勐満　　　　　　　　　　磨憨
　　　　　　　　ラオス

　　—・—・—・—　国境
　　—————　省境
　　………　山脈

第8章 …… 大河が抱く辺境の彩雲

て中国の大地を唄った歌があった。「豊かで美しい潞江壩(ルジャンパ)、人はそこ見てみな誇る……」この「潞江壩」は、芒寛郷から始まる。

　芒寛郷の下流には潞江郷が接し、2つの郷近くの東岸には芒黒(マンヘイ)と呼ばれる場所がある[1]。ここで怒江はわずかに東へ曲がり、まるで力強い腕が楕円形の林を抱きかかえるように、鬱蒼とした林が連綿と20畝[2]余り続いている。両岸の山肌のまばらな灌木林と剥き出しになった岩土に見慣れてから、この青々とした林を目にすれば、誰もがショックを受けるだろう。高黎貢山保護区の艾(アイ)さんが「ここはもはや中国に残るの怒江周辺最後の熱帯雨林となってしまった」と教えてくれる。この林は川の東側には村がなく、西側は川に隔てられ、さらに近くの製糖工場に自然保護の意識があり伐採を禁止したことで、これまでどうにか残されてきた。これは歴史の目撃者であり、怒江沿岸がかつては深い緑に覆われていたことを示している。だが実はこの林もまた、1958年の森を伐採して鉄を作ることが奨励された苦難の時期[3]に破壊され、その後、新たに生えたものなのだ。これは歴史の見本でもあり、もし真剣に保護すれば、それほど長い年月を要さずとも怒江両岸がかつての夢のような緑を取り戻すことはまだ可能であることを示している。

## 瀾滄江の熱帯雨林

……………怒江と比べると瀾滄江はまだ運が良かっただろう。瀾滄江流域には今も原生の熱帯季節林と熱帯雨林が残されている。原生の熱帯季節林は世界にもそれほど残っていないが、主に海抜1000m以下の熱く湿り気のある峡谷や石灰岩の低い山に分布する。一般的に林冠の高さは30m以下で、高さによる樹種の違いが明確だ。上層部はたいてい落葉か半落葉樹で、下にはキワタノキ[4]やガティノキ[5]など背の高い草木があり、黄梁木[6]、オオニンジンボオク[7]、ガルガ[8]なども生えている。

　さらに下流に行けば、熱帯季節林に混じり、熱帯雨林が分布している。

　熱帯雨林は、地球上もっとも豊かな森林類型であり、それを有する国はみな誇らしく思う。20世紀初めに世界の植物学界、生態学界はおしなべて中国には熱帯雨林がないと決めつけた。だ

註
[1] 第6章の地図(260ページ)参照。
[2] 1畝＝0.0667ha
[3] 当時、中国では大躍進政策のもと広範囲にわたる無秩序な伐採が行なわれた。
[4] Bombax ceiba。パンヤ科。
[5] Anogeissus Wall。シクンシ科。
[6] Anthocephalus chinensis。アカネ科。団花樹。生長が速く建材や板材として重要。
[7] Vitex quinata。クマツヅラ科。
[8] Garuga floribunda。カンラン科。

ここは中国国内の怒江では最後の熱帯雨林になってしまったという

　が1930年代に中国の著名な植物学者であった蔡希陶(ツァイシータオ)教授は、シーサンパンナ(西双版納)で調査を行ない、瀾滄江支流、小黒江(シャオヘイ)河畔のひょうたん島に中国科学院のシーサンパンナ熱帯植物園を建てた。彼はこの広い土地には熱帯雨林があるだけでなく、それが非常に典型的なものだということを明らかにした。半世紀もの苦心を重ねて、蔡希陶教授は反駁不可能な科学的論拠に基づいた多くの事実をもって、中国には熱帯雨林がないというレッテルをはがし、シーサンパンナの森林は本物の熱帯雨林であると世界に向けて宣言した。

**「植物王国」**..........瀾滄江下流の思茅からシーサンパンナまでの地域にある熱帯雨林は規模の小さなものから大きなものまで、すべて熱帯雨林の特徴を備え

雲南省シーサンパンナ・タイ族自治州

蔡希陶教授の像

澜滄江

ている。森の林冠は高さ30m以上で、大きな板根[9]と支柱根[10]があり、巨大蔓性植物、寄生植物、絞め殺し植物、幹生果[11]などが見られる。森は通常5〜7層からなり、最上層はたいてい背が高くて太く、樹冠[12]が傘型の望天樹[13]、阿丁楓[14]などだ。第2層は、枝の垂れた常緑の高木で、葉の大きな白顔樹[15]、杜英[16]、假鵲腎樹[17]など。第3層は、木奶果[18]、長葉楠木[19]などの中低木。第4層は、ヤブコウジ[20]、杜茎山[21]、山檳榔[22]、指天蕉[23]などの低木。第5層は、雑草や棘、コケなどだ。

　植物は依存しあい、競いあい、人のように弁証法をあらゆるところで展開している。多層な熱帯雨林は光、熱、水、土などを分

註

9......幹の下から出る根の上側が幹に沿って平らに突出する根の構造。
10...地表からタコ足状に根が伸び幹を支える根の構造。マングローブにもよく見られる。
11...ドリアン、ジャックフルーツなどのように幹から直接、果実がつくもの。
12...木の葉がついている部分。
13...Parashorea chinensis。フタバガキ科。
14...Altingia chinensis。マンサク科。
15...White Gironniera。楡科。
16...Elaeocarpus decipiens Hemsl。ホルトノキ科。
17...Streblus indicus。クワ科。
18...Baccaurea ramiflora Lour。トウダイグサ科。
19...Phoebe zhennan S.。クスノキ科。
20...Ardisia japonica。ヤブコウジ科。
21...Maesa japonica。ヤブコウジ科。
22...Pinnaga batanensis。シュロ科。
23...Musa coccinea Andr。バショウ科。
15...White Gironniera。楡科。
16...Elaeocarpus decipiens Hemsl。ホルトノキ科。
17...Streblus indicus。クワ科。
18...Baccaurea ramiflora Lour。トウダイグサ科。
19...Phoebe zhennan S.。クスノキ科。
20...Ardisia japonica。ヤブコウジ科。
21...Maesa japonica。ヤブコウジ科。
22...Pinnaga batanensis。シュロ科。
23...Musa coccinea Andr。バショウ科。

かち合い、依存、共存しながら互いの繁茂を促進する。間の枝葉が寒風が当たるのを弱め、蜘蛛の巣のように張り巡らされた根は、水分を蓄える。微生物が活発に働く湿潤な環境で、枯れ枝や落ち葉はすぐ養分に変わり、植物に吸収され、成長を促す。しかし、それはまた絶え間ない生存競争でもある。典型的なものとして、たとえば「絞め殺し」と「吸血鬼」がある。「絞め殺し」は別名を「歪葉榕[24]」という。歪葉榕は、樹幹から枝を蔓のように伸ばし、大蛇のように太い枝が天料木や菩提樹など他の樹木にぎゅうぎゅうと絡みつく。木がどれほど高く伸びようと、歪葉榕もまた高くはいのぼり、幹の梢に達すると縦横に生い茂り、網のように被さって相手の陽光と空気を奪い、最後には「窒息」させてしまう。「吸血鬼」は別名を「檀香樹[25]」と言う。この木は半寄生の常緑樹で、根に無数の吸盤を生やし、吸血鬼のようにしっかりと植物の根に吸いついて、水分、無機塩、他の栄養分を奪って生きる。この木は、幼い時は飛行機草[26]、長春花[27]などを宿主とし、大きくなればコムラサキシキブ[28]、南洋楹[29]などの灌木に寄生し、栄養を奪ってその成長を阻害する。さらに憎らしいことに、この植物は、宿主が自分よりも高く、青々と茂ることを許さない。もし自分よりも盛んに茂ると、根を包み死に至らせる。このため勢いよく茂る檀香樹の下には、衰弱して枯れそうな宿主植物があることが多い。

　背の高い樹木と籐の蔓は、熱帯雨林の景観の中心をなす。熱帯雨林の中には望天樹、シーサンパンナ青梅、雲南ニクズク、絨毛番ロンガン、ターミナリア（千果欖仁）[30]、箭毒樹（見血封喉）[31]、龍角[32]、黄葉樹[33]、金鈎花[34]、金刀木[35]、滇南紅厚殻[36]などがあり、とてもすべての植物を挙げきれない。数十種類の蔓性植物が独特の姿を見せる。縄のように細い蔓もあれば、茶碗の口ほどの太さの蔓もあり、円い蔓もあれば平らな蔓もあり、長い蔓も、短い蔓もあった。別の山との間にかかる籐もあり、空中の橋となっている。林冠のてっぺんで天然の梯子となっている植物もある。木の上にかかり、絡みながら花を咲かせ、まるで空中の花かごのようなものもある。蔓性植物は陽光を好み、主茎は長く伸びて高い木よりもさらに高くなる。

註
24…Ficus cyrtophylla。クワ科。
25…Santalum album L.。ビャクダン科。
26…Christia vespertilionis。マメ科。
27…Catharanthus roseus。キョウチクトウ科。
28…Callicarpa dichotoma。クマツヅラ科。
29…Albizzia chinensis。マメ科。
30…Terminalia myriocarpa Van Huerck。シクンシ科。
31…Antiaris toxicaria。クワ科。
32…Huernia schneideriana。青鬼角。ガガイモ科。
33…Xanthophyllum hainanense Hu。ヒメハギ科。
34…Pseuduvaria indochinensis Merr。バンレイシ科。
35…Barringtonia macrostachya (Jack) Kurz。サガリバナ科。
36…Calophyllum polyanthum Wall.ex Choisy。オトギリソウ科。

滇西の人々はこうした大樹を神木とあがめている

　もっとも背が高いのは望天樹だ。望天樹はフタバガキ科に属し、中国だけに生息し、現在のところ雲南省と広西省でのみ発見されている。中でも瀾滄江下流勐腊県の望天樹は最高だとされ、高さ60〜80m、つまり20階建ての建物ほどで、太さは1m以上、幹は丸くまっすぐである。姿は立派で、梢は雲に達し、まさに万樹の王にふさわしい。科学的にも価値があり、現地の人々からは「神樹」とあがめられている。勐腊県にある望天樹の林からほど近い新回寛村のアイニ人（ハニ族の1グループ。民族には認められていない）たちは望天樹を「ウドアボ」と呼ぶ。その意味は「天界に通じる大樹王」、すなわち「通天樹」である。かつて勐腊郷と勐伴郷は、望天樹を境界として領地を分け、人々は「天界でもっとも高く、まっすぐな木であるため、われわれのため天の神がここに植えて下さった。この木を切り倒すことは子々孫々の代まで許されない！」と言った。おそらく畏敬の念があったからこそ、このような世に稀な宝が今日まで残されてきたのだろう。

　熱帯雨林に入るのは、まるで迷宮に足を踏み入れるようだ。珍しい光景に目はくらみ、あまりの多様さに、とてもすべては見尽くせない。なんと言っても熱帯雨林は植物の宝庫であり、多くの貴重な植物や、稀少な種が保存されている。東南アジアの熱帯雨林の豊富さには及ばないものの、シーサンパンナの熱

瀾滄江

騰衝県の小西郷
鑼絡坪観音寺内の禿杉
南詔の時代に
植えられたものだという

第8章……大河が抱く辺境の彩雲

帯雨林にはフタバガキ科、ニクズク科、オトギリソウ科、バンレイシ科などの植物がある。たとえば望天樹、版納青梅、雲南ニクズク、版納バンレイシ、雲南銀鈎花[37]などは、はっきりと中国の地方の特色を持つ。

　国の保護の対象である絶滅危惧種には望天樹、雲南ニクズク、絨毛番ロンガン[38]、ターミナリア、箭毒樹、四数木[39]、中華シャラ、クジャクヤシ、雲南パイナップル、林生マンゴー、野生のライチ、野生のロンガン、大葉モクレン、鳥羽松、雲南楠、勐侖翅子樹[40]、雲南風吹楠[41]、雲南紫薇[42]、雲南ジュメリーナなどもある。

　雲南省はしばしば「植物王国」、「動物王国」だと言われる。だとすれば瀾滄江下流の熱帯雨林は、「植物王国」の貯蔵室と博物館だ。

**「動物王国」**..........熱帯雨林は多くの動物に素晴らしい生息条件を提供している。自然は動物の家であり、もし熱帯雨林がなければ雲南の「動物王国」は成りたたない。シーサンパンナの熱帯雨林でよく見られる稀少動物は、野生のゾウ、ウシ、尾長ザル、トラ、ヒョウ、ヤマネコ、スローロリス、シカ、ネズミ、トビカエル、巨大ニシキヘビ、巨大トカゲ、犀鳥、孔雀などである。

　タイ族の人々が「100万の象の川」と呼ぶ瀾滄江の畔の熱帯雨林では、しばしば「森の王」、ゾウの揺れ動く姿が見られる。象は長い牙を口の外に出し、長い鼻を自在に巻きつける。現在、最大の陸上動物だ。成年の象は高さ2～3mに達し、体重は一般に3～6トンだ。ゾウは群れで行動し、クジャクヤシ、野生のバナナ、竹や木の葉などを、1頭で日に30kg以上も食べる。もし熱帯雨林が失われればこうした野生の大型動物はどうして生きてゆけるだろうか？

　現地の先住民族は、早くからゾウが人の良き友人として助け合えることに気づいていた。唐代の『蛮書』には「象を飼って田を耕す風習がある」と記されている。古いタイ族の経文にも、ゾウが田を耕し、木材を運び、土地をならし、戦争にも役立ったと記されている。明代にはシーサンパンナの「チャオペンディン」（タイ族の王）が計画的にゾウを飼育し、「皇族」のための象隊を設立し、専らゾウを管理する大臣を設けた。ゾウは、いわば富と権

註
37 Mitrephora wangii Hu。バンレイシ科。
38 Pometia tomentosa (Bl.) Teysm. et Binn。ムクロジ科。
39 Tetrameles nudiflora R.Br。テトラメレス科。
40 Pterospermum menglunense Hsue。アオギリ科。
41 Horsfieldia valida。ニクズク科。
42 Lagerstroemia intermedia Koehne。ミソハギ科。

瀾滄江

力の象徴であった。特に白象は、人々から神や仏のように拝まれた。タイ族の伝説では白象は吉祥幸福や五穀豊穣をもたらすと言われる。シーサンパンナでは、もし白象が発見されれば必ず盛大な祝賀の催しが開かれた。

　タイ族の人々が崇拝し、縁起が良いとするもうひとつの生き物は緑の孔雀だ。緑の孔雀は針葉樹林や針広混交林に好んで暮らす。早朝、曙の光がさすたび孔雀は密林から出てきて澄んだ川の畔で水を飲み、遊ぶ。雄は宝石のような羽を広げて競いあう。広げると羽はまるで大きな扇子のようで、鮮やかな斑点模様が金色の陽光の下、見るものの目を奪う。この美しい光景を目にすれば、きっとタイ族の美的感覚と鑑賞力に感嘆するはずだ。

　孔雀への愛好が南方山地民族に普遍的に見られるのも無理はない。昆明には碧鶏関、碧鶏坊など多くの碧鶏伝説がある。この「碧鶏〔ピーチー〕」は美しい孔雀を指す。有名な「孔雀の舞」はタイ族から各民族に伝わり、民間から国際的な場へと舞台を移し、毛相〔マオシャン〕、刀美蘭〔タオメイラン〕、楊麗萍〔ヤンリーピン〕など著名な芸術家が国内外で多くの賞を得ている。

## 遅れた自然保護

..........残念なことに、熱帯雨林のゾウや孔雀、その他の動物の個体数はもはや昔とは違い稀少となり、熱帯雨林の面積もしだいに減少している。特に1950年代以降、森林は大量に伐採され、ゾウも手当たり次第に屠殺された……。自然の伐採や殺戮は「自然の征服」、「人が天に勝る」偉業とされたのだ。

　現地で林業に従事する人がこう教えてくれた。1950年代の「大躍進」、60〜70年代の「文化大革命」、80年代の土地請け負い制度の導入、90年代の荒山の投げ売りは、どれも山林をひどく破壊し、今からするとまさに無知愚昧の行ないだった。社会の転換期に山林の管理がゆるんだため悲惨な結果がもたらされたのだ。

　実は科学者たちは早くから問題の深刻さを認識していた。1958年には植物学者の呉征鎰〔ウジュンイ〕氏らが多数の自然保護区の設置を提案し、『雲南省林業発展計画方案』に取り入れられた。しかしこれは遅々として実行に移されず、1980年3月になってようやく雲南省最初の自然保護区が国務院により承認され、設立された。これは瀾滄江と怒江の間に位置し、中国・ビルマ国境に近い南滾河〔ナングン〕自然

保護区（臨滄市滄源ワ族自治県）[43]であり、アジアゾウ、シロテナガザルなど多くの稀少動物や、熱帯雨林、熱帯季節林の保護を目的としていた。その後、人々は目を覚ましたかのように、次々と国、省、県各レベルの保護区を設立した。保護区は雲南省だけで100以上、国家級の自然保護区は南滾川以外にもシーサンパンナ、高黎貢山、哀牢山、白馬雪山、蒼山洱海など6つがある。これらの自然保護区は基本的にみな瀾滄江と怒江の流域で育まれた。これは国が瀾滄江、怒江の生態系を重視していることを示すと同時に、この地域の種の豊かさと、緊急な保護の必要性を示している。

　雲南省政府は1998年から毎年1000万元を投資して省内16県で瀾滄江の生態保護林事業を行ない、毎年20万畝を造林しているという。各県が造林をどれだけ完成したかが、指導者の政治実績として考慮されるなど、適切な検査と賞罰の制度が定められた。これにより政府の投資はより多く植林に使われるようになり、林業部門の指導のもと、人々の義務として造林が奨励された。現在までに16県で58万畝以上の防護林が育てられ、97万畝近くで伐採の禁止と造林が行なわれたという。瀾滄江沿岸の荒れた山々は緑に覆われ始めた。数年後にはこれら防護林はその効果を示すだろう。

　森がすべて消えてしまう前に人々が「自然の征服」という夢から目を覚まし、保護を始めたのはまだ幸運だった。現在、保護区では伐採が制限され、周辺に暮らす住民は既に狩猟を止めている。森林面積縮小の速度は落ちてきている。荒山にも緑が残り始め、野生のゾウやその他の野生動物の数も次第に増加してきている。これは喜ぶべき現象だ。

# 8…2　青い生命の木

**ガジュマルと森の保護**…………人類は森から出てきた生き物で、森は人類の産衣(うぶぎ)である。長い歴史の過程で森を抜け出た人類も、木への依存からは抜け出せなかった。われわれの祖先は早くから山の木と人が依存関係にあることを理解していた。現存の史料では瀾滄江、怒江両岸でもっとも早くに記された植樹の歴史は少なくとも唐の中期にさ

註
43…第7章の地図（229ページ）参照。

瀾滄江

かのぼる。当時、人々は大理の洱海上流の羅時江に洪水の流れをそらすための水利事業を完成し、両岸の貯水池の堤に滇合歓（ねむ）などの保護林を植えた。高黎貢山の西、騰衝県の小西郷（シャオシ）大羅綺坪村（タルオイピン）前の寺には、空に届きそうな禿杉があり、地元の人々が建てた碑によれば、樹齢は1000年であるという。専門家はこれこそ先人が山から平地に植林を導入し、実施していた歴史を示すものだと言う。

古来、歴代の都には常に森の保護を呼びかけ、植林や造林を提唱する知識人がいた。清末の迤西（今の雲南省）の宋湘（ソンシャン）はみずから種を買い、郷の人々を動員して大理の蒼山麓で松を造林した。5年後、初めてその効果が見られ、喜びのあまり『植松碑』を建てて記念とした。この碑は今も大理にある。永昌府誌を調べてみると、宋湘はさらに永昌に『永昌植樹碑』を建てていた。宋湘は碑記の中で、植樹と水土保持の関係について論証しており、以下のように例を挙げ説明している。

保山近くの2本の川の水源は、町から西へ10里余り行った老鼠山から来る。かつては山に木材が多く、木の根は土を盛り、丘や岸を固め、資源をたくわえ守った。しかしその後、人々が利益を求め、ありとあらゆる手段で山林を伐採したため、堤は潰れ、山崩れの頻発を招いた。保山の下流数十里が砂漠に苦しみ、横流が四方に溢れた。田が水浸しになり、数万の人力を動員したが効果はなかった。

宋湘は地方長官の身分を利用し、広く松を植林することで「根本を固める」大計画を提出した。宋湘は南は石象谷から十八坎まで、北は老鼠山から磨房谷までの一帯に造林と植林の計画を立て、みずから松を植え、石を撒いた。さらに守りを派遣して、将来、松の木が林となって河岸を固めてくれることを願った。人々にも口をすっぱくして「天下の事柄は、始まりと完成の時ほど難しいことはない」と言い聞かせ、種をまいた後には誰であろうとその場所を踏んではならないと厳しく命じ、植樹碑を立てて後代の人に示した。

同様に景東イ族自治県[44]の者后郷路東村と石岸賽村にある大廟山には、清の道光22年（1842年）に立てられた『封山育林碑』がある。碑文は林を育てることを定め、山でむやみに火を焚くことや伐採による開墾を禁じ、また明確に銀での罰金を定めている。当時、各家が持つ山についてはさらに厳しく伐採を禁じ、墓で山をいっぱい

註
44… 景東、鎮沅、瀾西などは第7章の地図（299ページ）を参照。

雲南省騰衝／大理／保山

勐海打洛鎮の
独木成林

瀾滄江・怒江

にしてはならないことなど「封山育林」[45]を常日頃言い聞かせ、人々に戒めたようだ。

　こうした碑文からは先人の環境を保護しようという声が、かすかに伝わってくる。また、人々と山の木の感情のつながりを映す。

　木には生命があり、人の生命も木と密接に関係している。

　瀾滄江支流の勐統河畔にある鎮沅県（思茅市）の威郷老街には巨大な古いガジュマルの木がある。高さは30ｍ以上で、主根は気根[46]と、母樹[47]は子樹と繋がり、蔓は1本で林を形成し、あたかも手すりのついた「門洞」[48]のようである。この木は幹の部分だけで直径6ｍ以上もある。

　伝えられるところによると、咸豊6年（1856年）、ここで李文学（リウェンシュエ）を指導者とするイ族の農民蜂起が勃発した。肝を潰した政府は、李文学を捕らえ、この大ガジュマルの木の下で極刑に処そうとした。農民たちは新政府がここで自分たちの指導者を処刑しようとしていると聞き、すぐに3人の屈強で勇気も知恵もある青年たちを選んだ。彼らは、夜がふけ人々が寝静まった後、そっと木に登り、そこに隠れた。翌日、政府の役人たちが訪れ、大ガジュマルの木の下でまさに李文学を殺そうとした時、青年たちは木の上から「天王のお告げである。今夜は辛く悲しい」とかすかな声を出した。声はどこからともなく聞こえたが、見渡しても誰もいないので、役人たちは驚いて色を失い、散り散りに逃げていった。前日から木の上に隠れていた青年たちはすぐに降りてくると、李文学の縄を解き、服を着替えさせて街の群集に紛れ込ませ、逃がしたという。

　民国時代には、当時の郷の役人が再びこの大ガジュマルの下で善良な農民を殺そうとした。だが、食糧や布、労役などの税に抗議する貧農たちが木に押し寄せ、この農民が吊るされて殺されようとした時、木の上から卵や石、矛、棍棒などを落とした。悪事ばかりをはたらく郷の役人や郷丁は怪我を負い、頭から血を流したという。

　今でもこの古いガジュマルの木は青々と茂り、木陰は涼やかだ。かつての街は既に東に移り、ガジュマルの木は、今では通行人が涼をとる休憩場所となり、人の世の移り変わりを眺めている。

　勐海県の打洛鎮（ダルオ）南覧（ナンラン）河畔の中国・ビルマ国境には1本のガジュ

註
45…緑化のために山での伐採や放牧などを禁じること。
46…地上の茎や幹から出て露出している根。
47…植物栽培のもととなる種や接ぎ穂を持つ木。
48…家屋の表門の通路のこと。家屋の一間を表門としてそこを通って中庭に入る。奥行きが深く、洞穴のような感じを与えることからこのように呼ばれる。

マルの木があり、その根の絡み合う様子は、まるで壁のようで、「独樹成林」と呼ばれ、現地の重要な観光資源となっている。実は独樹成林の姿は、瀾滄江と怒江下流ではいたるところに見られる。

「独樹成林」1本の木で林を作る。では一面に「独樹成林」がある景観とはどのようなものだろうか？　徳宏タイ族ジンポー族自治州潞西の遮放、弄坎江畔の芒丙山にはガジュマルの林がある。約550株あり、清初期（17世紀初葉）に仏塔を建てるため植えられたもので、既に300年の歴史がある。古木は陽光を遮り、古代の騎兵の布陣のよう並んで広く大地を覆っている。その形は遠くからは山のように見え、海のような勢いがある。現地の人々はこの林を「勐榕[49]」、すなわち「ガジュマル王国」と呼んだ。

現地の各民族はガジュマルを「大青樹」と呼び、特別な感情を持つ。中でもタイ族は樹齢が古く、立派なガジュマルを神木とあがめ、祭りのたび木の根元に餅などの祭品を置き、香を立て、紙を燃やし、人畜の安全を祈願し、五穀豊穣と一切の大青樹のような繁栄を祈る。自然の近くで暮らしてきたタイ族は山の木の伐採を減らすため、伝統的に村の路肩に鉄達木（現地の人は、「挨刀樹」「砍頭樹」または「黒心樹」とも呼ぶ）という成長の速い木を植え、生活に必要な薪の問題を解決している。

現地の村にはたいていどこでも神木があり、村の後方には神の森があった。森は神の化身であり、人々は村の作物の出来を神木と関連づけて考えた。また天候や作物の豊作、凶作、村人の生老病死までもすべて神木と結びつけた。タイ族は村の神林を「ロンシャムアン（壟社勐）」とよび、寨神（氏神の祖先）や勐神（部落の祖先）が住む場所とされた。時には動植物、土地、水源も神聖不可侵な場所とされ、人々はたとえ他人が自分の家族を罵るのを許しても、神木や神木林に尿をかけるなどの冒瀆行為はけっして許さず、木の枝を折るなど言語道断だった。毎年、神木の下に豚や鶏をささげ、集団や個人で祭りが行なわれる。少数民族の村はもちろん、周囲の漢族の村も例外ではなかった。勿論こうした民族の心理や思考方式を古臭いと言うことはできるし、人類学者、ジェームズ・フレーザーの『金枝篇』を引用して原始文化と比較することもできる。しかしこうした心理や思考が大河の上下流に少なからぬ生命の緑を残し、多くの水土流失の被害を軽減してきたことを認

註
[49]⋯⋯勐は、タイ語のムアン。都市あるいは都市国家の意。

瀾滄江

めないわけにはいかない。統計によれば、シーサンパンナ州だけで現地の少数民族は山の神、寨神、勐神など「神」の力を借り、少なくとも全州の約5％の面積にあたる10万haの森林を保護してきた。これは年間貯水量が3万m³以上の大ダムを建設する貯水能力に相当する。森林の保土能力はゴム園の4倍、焼畑耕地の776倍、保水能力はゴム園の3倍、焼畑耕地の35倍とも言われている。

景洪市最大の勐神林である「ロンナン（壟南）」神山は景洪壩の西、勐海、勐遮の東、勐龍、勐混壩の北に位置する。主峰は海抜2196mで数万畝にまたがり、林に覆われ、鳥獣は群れ、水も豊富だ。上述の5つの壩子を流れる主な川はみな「壟南」神山に発し、瀾滄江に絶えず水を提供している。景洪には南洱河、南興河、南大河、南抱河、南攤河、南俄河、南格優河、南達糾河、南着良河など9本、

怒江畔の芒寛郷は遠近に知られた「ダンス・ホールの木」がある

勐龍には南波威因河、南波威竜河、南阿河、南罕河、南肯河など5本、勐海には何海河、南回公河、勐混には南混河、南開河、勐遮には南回勐干河と、流沙河の2つの源流である南披河と南佗拉河がある。流沙河は景洪壩を流れて瀾滄江に注ぎ、景洪には5級水力発電所がある。

　現在、黄河、長江流域と比較すれば、瀾滄江、怒江流域にはまだいくらか緑が残る。その理由を突き詰めて考えれば、「天と人は1つ」と考える現地の村人への感謝なしではいられない。このような意義を考えると、天地や自然に畏怖の念を抱くのはけっして悪いことではない。

## 鳥の保護と隆慶関

森の木に対してこうした態度を取る人々が、動物や鳥に対して違う態度をとるわけはない。騰衝県の荷花郷羡多村では村の前に「大青樹」があり、村人から神木と崇められている。木には数え切れないほど多くの白鷺が集まるが、村人は神鳥と奉って捕らえも脅かしもしない。この縁起の良い天使は、村人とまるで友人同士のようであった。村人は田を耕し、白鷺は鋤のまわりを飛び、害虫を除去した。村人は田で魚を養殖し、白鷺は腹が減ればすぐにそうした魚をとって食べた。村人はそれに怒りもせず、また新たな魚を買ってきては田に補充するのだった。巣から小さな白鷺が落ちれば、村人はそっと木へ戻してやる。村人は祭りの時、神木を崇めると同時に、白鷺にも加護を祈った。何万羽もの白鷺が生息するこの「大ガジュマルの木」の前に立てば、きっとその類まれな美しさを感じ、仙人の境地に立ったように感じるだろう。わたしは過去1年間で2度、現地を訪れたが、いつも持ってきたカメラのフィルムをすべて使い切ってしまう。現地の観光業が発展すれば、これらの多くの白鷺の友人が、村人に経済的な豊かさを含めた多くの幸福をもたらしてくれるだろうと信じている。

　残念なことに、すべての人々がこのように自然と親しく付き合い、鳥を友人とするわけではない。大理ペー族自治州洱源県の鳳羽壩にある羅坪山の隆慶関は、別名「鳥吊山」と呼ばれている。この山の峠には古くから毎年、中秋の頃に数え切れないほどの鳥が

とまっていく。大ホトトギス、中ホトトギス、モズ、タヒバリ、ビンズイ、ノゴマ、ムナグロノゴマ、キマユムシクイ、ジュウイチ、コチャバラオオルリ、ゴイサギ、ササゴイ、タシギ、オウム、ヤマシギ、アマツバメ、オナガアオバト、バンケン、コノハズクなど、多くの国家保護鳥類も含まれている。

　鳥は群れをなし、まるで縁日のように集まってくる。500年以上昔、人々は隆慶関峠の碑に「鳥道雄関」の大きな4文字を刻み、世界でももっとも早く渡り鳥の記録をつけた。現代科学によれば、渡り鳥は夜間には星や月の光に頼ってルートを見つける。だがこの地域では濃い霧のため8月、9月にはしばしば星や月の光が遮られる。鳥たちはチベット高原から山脈を横断して低緯度の峡谷まで飛び、このあたりにたどりついて方向が分からず、仕方なく山にとまるため、ここに多くの鳥が集まるのだと推測されている。

　鳳羽人の伝説では、山清く水麗しい鳥吊山には鳳王が住み、多くの鳥たちが拝謁していた。ある時、鳥たちが鳳王とともに踊っていると、突然、寒風が大地をさらい、大雪が降った。鳳王は自分の羽を抜いて鳥たちを寒さから守り、早く逃げろと叫んだ。鳥たちは危機を脱したが、自分の羽をすべて抜いた鳳王は凍死してしまった。毎年、中秋になると鳥たちはこの無私の鳳王を哀悼に訪れるため、ここには鳥吊山という名がついたという。

　残念だが、すべての人間がこの話の鳥のような哀れみと感謝の気持ちを理解するわけではない。冷酷な心しか持たない人々は、山に鳥たちが集まっているのを見つけると、すぐに集団でフェルトをかぶり、食糧を背負って松明を灯し、鳥を捕るための網を広げる。そして驚いて方向を失い、網に飛び込んできた鳥を捕らえ、夕飯の食卓に並べるのだった。鳥を捕らえた人は得意気に言う。「わたしは籠いっぱいの松明を一晩で籠いっぱいのスズメに変えた」

　これは人類が生んだ悲劇だ。悲劇ははるか昔から続いている。北魏の鄺道元は『水経注』に記した。「叶楡県（現在の大理）の西、80里に鳥吊山有り。百千もの鳥が集まり、鳴き囀り、毎年7、8月になると……キジやスズメが吊山に来れば、夜に火を燃やし、これを取る」。明代の徐霞客が洱源の鳳羽山で行なった調査でも以下のように記す。「鳳羽、吊山あり。毎年9月に鳥の群れが集まり、現地の人々は火を灯してこれをとる」

　なんと、これほど残酷なことがはるか昔から続けられてきたのだ。当然なが

ら、こうした鳥たちを悼み、心を痛め、歌を書いた古人もいた。

　　　徳ある鳳王を哀しむ輝く群れ、情で応える鳥は謀りごとを知らず
　　　鳥は吊山に至り山には鳥が満ちる、松明の光が包囲網を露わにする

　だが、実際には人々はただ同情し、なげき悲しむだけで、責任を追及する声はほとんどない。人類の自己中心的な意識がなくならなければ、友人への同情といっても畢竟、限りがあるものだ。本当に自然界の生き物と友人同士になろうというのは、言うは易く行なうは難し、だ。
　慰めとなるのは、1997年に大理州政府が正式に鳥類保護の通知を出したことだ。法と行政手段によって、鳥類乱獲の狼藉(ろうぜき)を止めようとしている。今後は隆慶関の鳥がみな順調に「関を越す」ことができるように願うばかりだ。

# 8...3 遥かな茶の香り

**茶樹の王**..........瀾滄江、怒江の中下流を歩いていると、まるで何かがずっと後をつけてくるような気がするだろう。最初は、平凡で取るに足りないと、それに注意も払わない。しかし、それは影のように離れず、振り払ってもついてくる。とうとう仕方なく目をやり、ひとくち飲めば、あなたは過去の無限の痕跡を感じるだろう。それ、とはすなわち茶である。
　瀾滄江と怒江流域の多くの場所には古い茶樹や茶園があり、ほとんどが現地の人々から「茶樹の王」と称えられている。瀾滄江中流に位置する大理州には少なくとも6ヵ所に野生の茶樹が生えている。永平にある偉龍山の野生の茶樹は、幹の周囲が50cm以上のものが200本以上あり、最大のものは幹の周囲が3.15m、高さ10.5m、木幅が10m近くもある。また怒山、雲嶺の2つの山脈と怒江、瀾滄江の間に位置する昌寧県の達丙郷の石仏山には中くらいの葉を持つ茶樹がある。高さ14.84m、幹の直径1.35m、木幅が10m以上で、今でも毎年、新鮮な茶葉が100kg以上採れる。現地の人々はこれは人が植えた茶樹だと言う。
　さらに、瀾滄江下流の瀾滄県の富東郷邦葳村には野生型から栽培型になった

古い茶樹があり、「冠」や「王」などと称されている。

　シーサンパンナ勐海県の南糯山では今も800年前の古い茶樹が生え、中国最古の人工栽培による「茶樹王」だとされている。アメリカの人類学者ミードの言う「前の世代の価値観に従う」ことに慣れたわたしたちは茶樹にも「年功序列」を当てはめ、みな自分のところの茶樹こそがもっとも「古い」と口をそろえて言いたがるようだ。

　普洱(プーアル)県勐先郷と黎明郷の境界線にも大きな茶樹があり、幹の周囲2.15m、直径0.68m、高さ8mで、樹齢は約1000年だと言われている。

　勐海県の巴達大黒山にある原始林にも高さ13m、幹の周囲が3m以上の野生の茶樹が生え、樹齢は1700年以上と言われる。

澜滄江下流の
ラフ族の茶園

1991年には思茅地区の鎮沅県九甲郷千家村で大きな野生の茶樹が発見された。現地の人々はますます、誇らしげにこの茶樹は樹齢2600年以上だと言う。古い茶樹の林が見られるのは、2本の大河流域ではシーサンパンナ州だけだ。1958年の統計によれば、シーサンパンナの茶園は8万8000畝[50]以上で、みな早くから普洱茶の原料基地となってきた。

## プーアル茶と少数民族

あなたは普洱(プーアル)茶を飲んだことがあるだろう。現在、普洱は瀾滄江下流の雲南省思茅地区の1県だが[51]、古代には、多くの地域を管轄する府[52]であり、瀾滄江下流にある六大茶山と瀾滄江沿いであるという地理的特徴のため、茶葉の加工貿易の集散地であった。最も早期の普洱茶は、茶山から加工のため馬で普洱に運んできた新茶が途中で日に晒され、雨に濡れて味が変わり、それを無駄にしない努力をしているうちに、意図せずに後で発酵させる独特の製法を発見し、「普洱茶」と呼ばれるようになったものだと言われる。しかし残念ながら当時の人々には「知的財産権」の概念がなかったため、普洱茶は紅茶、緑茶などと同等の種類名となり、どこの誰でも生産でき、全世界で普洱の名を付けることができるようになった。しかし宣伝などしなくとも、人々は瀾滄江下流の普洱茶がもっとも由緒正しいものだと知っている。地名ごとに独特の味を持つ茶を買うことができるのは、世界でも珍しい。

　瀾滄江、怒江の中下流に暮らす少数民族は茶と切っても切れない縁で結ばれ、その多くが茶に関する神話や伝説を持ち、独特の茶文化を育んだ。普洱茶の六大茶山──攸楽、蟒支(ヨウラ)(マンジ)、革登(ガタン)、蛮磚(マンジュアン)、倚邦(イバン)、漫撒(マンサ)は瀾滄江下流のシーサンパンナ州と思茅地区に位置する。中でもトップの攸楽は現在の基諾(チーヌオ)山にあたる。このあたりに暮らす基諾(チーヌオ)人は三国時代、諸葛孔明の南征についてきた祖先が、ここで「脱落」して茶摘みを始め、生業とするようになった人々だという。

　瀾滄江下流の支流、南腊河(ナンラー)は全長172km、タイ

註
50…約5900ha
51…2007年に思茅地区は普洱地区と改称された。
52…県の上位の行政区。

瀾滄江

澜滄県恵民郷景邁の
広々とした茶園

語で「茶の川」の意味だ。川は勐腊県を流れる。「勐腊」も茶の名前にちなんだ「茶の街」という意味だ。タイ族の伝説によると、毎年、釈迦が勐腊を通る際、茶の香りが周囲に満ちているのに気がつき、川の水さえ茶の味が浸透しているので、手で水をすくって飲んだという。ここから川には「南腊河」の美名がついた。実際、南腊河両岸は歴史的に良質の茶を生産し、普洱茶の六大茶山の1つだ。

　思茅市澜滄県の恵民郷も普洱茶の重要な産地で1万畝[53]の古茶園がある。茶園の主人はタイ族とプーラン（布郎）族だ。はるか昔、釈迦は景洪一帯を歩き、遠くに荒れ果てた貧しい山を見て、そこに住む人々を憐れに思い、種を取り出すとさっと撒いた。景邁山には瞬く間に茶樹が生え、生長すると茶の実をつけた。茶の実が風に吹かれて地面に落ち、そこから茶樹が生えた。これが代々伝えられ、今日の一面の茶園となった。

　見渡すかぎりの広い古茶園をそぞろ歩き、古い茶樹を撫で、柔らかく新鮮な緑の葉を口に含めば、その甘さと苦さに人生を味わい、青春を保つ生命の泉を得たかのように感じる。古茶園の人々は天と先祖に

註
53…約670ha

感謝し、「厚礼」を捧げる。春になると現地の人々は、最初に摘んだ新茶を盆いっぱいに載せ、遠くの寺の仏に捧げる。水をかけ、火をともし、仏、祖先、大自然に感謝し、豊作の喜びを分かちあう。

## 茶とダアン族

怒江下流に暮らすダアン（徳昂）族は、「最古の茶農民」と呼ばれる。ダアン族の起源神話によると、天地は茶葉によって作られ、人も茶葉が変化したものだという。ダアン族のよく知られた創世史詩『ダグダラァンガライボ（達古達楞格莱標）』は冒頭でこのように言う。

> 天に雷がとどろき
> 地には砂が飛び、石が走り
> 天の門は開かれ
> 102枚の茶葉が風に舞って
> 奇数の葉は51の精悍な若者に変わり
> 偶数の葉は25の2人組と1人の美しい娘に変わる
> 茶葉はダアン族の命であり
> ダアンのいる場所には茶山がある
> 神秘の伝説はいまも伝わり
> ダアン人の身には茶葉の芳香が香る

茶葉が大地に落ちて51組の若い男女となった。彼らは妖怪と戦い、苦しみつつ創生し、大地でもっとも早い住民、人類の祖先となった。ダアン族の茶葉神話の起源は、どうやらダアン族の経済生活にあるようだ。早くからダアン族の人々は広範な土地に茶を植え、茶葉を主な生活の糧としてきた。歴史的な経緯から、ダアン族は茶への特別な感情を持ち、特色ある茶文化を形成してきた。

　ダアン族の日常生活、社交活動、禁忌信仰、人生の儀礼において、茶を欠かすことはできない。伴侶えらびの茶、親に結婚の申し込みをする際の茶、婚約茶、客を迎える茶、客を敬う茶、客を送る茶、誼（よし）みを取り戻す茶、和睦の茶、招霊の茶、新築の茶、父子の誓いの茶などなど、茶はダアン族の生活と交流のすべてに関わり、とても重要なものだ。

怒江

ダアン族が別の地方に移住した後も、現地には茶葉の生産、貿易がもたらされた。日本の学者が書いた『インドシナの民族』と『世界の民族』にはこう挙げられている。サルウィン川上流に暮らすダアン族は「茶栽培を主な生計手段とし」、「茶葉を栽培、加工し、貿易も行なう」。わたしも、この目でビルマの崩龍大山(パラウンタウン)に暮らすダアン族が今もこうした暮らしをしているのを見たことがある。ダアン族の主要な経済活動は茶の栽培で、茶製品を自分たちの必要な生活用品に換えることで暮らしている。

　ダアン族のみならず、瀾滄江と怒江下流一帯の大多数の民族にとって茶とは収入源、衣食のよりどころであった。記録では明の万暦年間、普洱は専門の役人を設けて茶葉貿易を行なった。毎年、普洱茶の輸送量は110万担[54]以上になったという。

## 茶とチベット族

茶は、大河の畔に暮らす多民族の生計のよりどころであっただけでなく、川の上下流の商品流通における主要な通貨でもあった。公道のない時代には、隊商の中心である普洱からは少なくとも4本の石板道が茶を運ぶために放射状に出ていた。1本は省都昆明に、1本は南下してシーサンパンナからラオス、ビルマ、タイへとつながり、もう1本は思茅からベトナムのライチャウ省まで、最後の1本は西北から磨黒、揚武を通り、大理を経て、迪慶、梅里雪山を越えてチベットに通じた。

　瀾滄江上流のチベット、徳欽、維西などに暮らすチベット族は、毎年、春の初めと秋の終わりに瀾滄江下流の普洱、思茅などを訪れる。彼らは、持ってきた現地の麝香、紅花、菖蒲などの薬や松の実、瓜子(クァズ)[55]などの山の産品をすべて売り、それでも十分なお金が手に入らない場合は馬やラバを何頭か売り払い、その後まっすぐ茶葉市場に向かう。茶葉を買って、馬やラバに満載して帰るのだ。

　瀾滄江下流の茶山に暮らす年配の茶農は新茶を売りに出した時のことを思い出すと、気分が高揚してくると言った。毎年3月、4月には近くは思茅、遠くはチベットなどから商隊が集まり、山道に鈴を響かせる。馬の鞍につけられた首の鈴はシャンシャンと耳に心地よい。荷馬には大板鈴[56]がかけられ、ガラガラと鳴らしながら山を歩く。チベット族の人々は長刀を差し、狩猟犬が前

註
54…担は1人の人が担げる荷物量。
55…スイカやカボチャの種に塩を加えて炒ったもの。
56…馬に掛けられる鉄板についている大きな鈴。

後を守った。チベット族は金で茶を買ったり、持ってきた塩、砂糖、餅、乳製品、天草、昆布、コショウ、銀食器などの物品を茶葉と交換する。チベット族の商隊が村に入ると、まず保甲長（村長）が食事をふるまって落ち着かせる。その後、徐々に値切り交渉を始め、価格が決まると、村の各家、各村に割り当てる数量を伝える。当然、郷の人々が隊商の到着を待ち望んでいても来ないこともあり、そんな時は、茶葉の大袋がただ高く積みあげられる。人々はしかたなく街を出て売りに出て、生活必需品と交換してくる。

　中華民国の初期、思茅は茶葉貿易の集散地であった。町には茶屋や、茶を売る店が数十軒あり、「毎日、活気のある声が市の外にまで聞こえていた」。当時は、毎月思茅を訪れる馬は1000頭を下らず、食事のための肉も3000～4000斤[57]必要だった。加工後の七子餅円茶[58]は昆明と滇南[59]に運ばれて売られ、その後、内地と海外へ売られた。圧縮茶はチベットに運ばれて売られ、チベット人がつくるバター茶の原料となった。

　チベット族の人々の茶への執着にはまったく敬服させられる。チベット族のバター茶を飲む習慣は唐の歴史書にはっきりと記されている。『明史・朶甘伝（ドガム）』にもチベットは「その地、みな肉を食べ、茶を命とする」とある。チベットは茶の生産はしないが、良質の馬を生産する。雲南とチベットの間での山の生産品（茶）と良馬を交換することのできる茶馬交易市は、川の源流と下流をつなぐ通路を切り開いた。言うまでもなく、交通が未発達の時代には現在の瀾滄江上流から下流まで一般の人が簡単に行けるような道はなかった。日に晒され雨に濡れ、崖を越え、危険を冒して道を進んだ。当時、川沿いには瘴癘がうごめき、疫病と盗賊がはびこっていた。古くからは人々は茶に駆り立てられ、長い歳月をかけてこの「茶馬之道」を通ったのだ。

　瀾滄江、怒江沿いのどこか茶の里を訪れた時は、現地の茶農民が入れてくれる薄い緑茶を軽んじてはならない。薄い緑茶こそ、最高の敬意と熱意をもってもてなされているという証だ。1639年、大旅行家、徐霞客も日記に記した。「高潤漕（ガオチェンツァオ）に泊まるべきだ。梅という老人は客好きで、太華茶[60]を飲ませてくれる」。1986年イギリス女王エリザベス2世が中国を訪れた際、女王に送られた記念品の中には、手をかけて作られた瀾滄江下流の「滇紅」[61]があった。

註
57…約1500～2000kg
58…円盤形の普洱茶。
59…雲南南部。
60…昆明の名茶。太華山と呼ばれた西山で採れた茶であることからこの名がついた。
61…雲南特産の紅茶。

深い情の茶を受け取ってじっくり飲めば、茶の苦さと甘さ、そして遥かな歴史と濃厚な民族文化を味わえるだろう。

## 8―4　血染めの芸術

**描かれた古代文化**..........瀾滄江と怒江は日夜、南流し、神秘の土地から流れ出る。この地域の独特な歴史と豊かな民族文化には驚くばかりだ。意外にも、鑑識眼のある人々の大半がこのことを認識しておらず、貴重な古代文化の遺跡が見過ごされている。実は1950年代に、誰も足を踏み入れたことのなかったこのあたりの洞窟と岩壁から、はるか昔の人類文化を具体的に表す血染めの芸術が見つかった。これは原始時代の芸術家が動物の血と赤鉄鉱を混ぜ、岩壁で行なった創作——岩画である。

岩画は古代の人々が崖や岩部に「書いた」絵による歴史書であり、かつては崖画とも言われた。中国北部の著名な陰山岩画は斧と鑿で作られ、正確には岩刻、あるいは崖刻と言うべきであろう。南方の先住民族は、熱い血を用いて岩画を創作し、永遠の神秘を描いた。めったに人が訪れない川沿いの険しい岩壁や岩には、しばしば岩画が隠れている。

怒江匹河郷の五湖村（ウフ）は、怒江西岸に接し、ヌー(怒)族が暮らす小さな山村だ。ふつうの地図では絶対にこの名を見つけることはできない。南方岩画はこの高黎貢山の中腹にある洞窟で初めて発見された。1957年、専門家が洞窟に描かれた岩画の調査を行なったが、現在でも詳細な調査報告は発表されていない。1989年7月、岩画は福貢県の重点文化財に指定され、その後、怒江州の重点文化財に昇格した。洞窟の前には「呉府岩画」（ウフ）と書かれた大理石の碑が建てられた。碑の前に立ち、「呉府」の2文字と向き合って、わたしは現地の村人とひとしきり討論したことがある。ようやくはっきりしたのは「呉府」（ウフ）は「五湖」と同じ発音だが、現地の人々は一度も「呉府」と村の名前を表記したことはないという事実だった。おそらく外からやってきた専門家が古代文化の保存だけに目を奪われ、現地の村の書き方を無視したに違いない。碑文には「呉府岩画は、新石器時代早期の岩画であり、その一部は新石器時代の怒江流域における人

類の生産、生活状況を映している」とある。

　五湖村の岩画は主に洞窟の入口付近に描かれている。だが、残念なことにこの「血染めの芸術」は湿気や磨損のためぼやけ、それと分かる絵は10以下であり、得られる古代文化の情報もわずかである。絵の中で最大のものは長さ1ｍ近く、最小のものは20㎝ほどだ。川、山、人、太陽のイメージが描かれている。太陽は四方に光を放ち、かつては赤色だったようで、現地の人も30年前はやはり赤色だったと証言している。しかし今では剝がれ落ち、白っぽい痕だけが残っている。示されれば川と山の絵は比較的はっきりとその赤色を見分けることができる。しかし現地の人が示してくれなければ、それが川と山を表したものだとは分からないかもしれない。これが本当ならば、はるか昔の人々は、川と既に切ることのできない縁で結ばれていたことが分かる。

　現地のヌー族の伝説では、岩画は古代ヌー族の狩猟の名手、「パガ」が描いたものだ。当時、一帯はすべて森に覆われ、動物が餌を食べるために洞窟の近くへやってきた。パガは洞窟を守って動物を殺し、その血で絵を描いたという。

　ヌー族の人々はまた別の伝説も持つ。岩画はヌー族の第11代祖先であるアホンが描いたものだ、というものだ。アホンはヌー族の人々が崇拝する民族の英雄である。彼は1回の食事で1斗の米を食べ、誰にも負けないほどの力持ちで、外敵の侵入を撃退する際、ヌー族の人々を率いたという。そのアホンが生前、この洞窟に住んでいたというのだ。

　岩画はおそらくヌー族の人々が祖先の魂の居所を示すために描いたものなのだろう。しかし現地の伝説とはいえ、必ずしも真実を語っているというわけではない。古い岩画をその民族の英雄が創作したものだとする話は、他の岩画にもしばしば見られる。

　岩画の描かれた洞窟の入口に立ち、遠くに流れる怒江を眺めると、怒江はまるでリボンのようだ。山を引き抜き、世界を覆うほどの英雄が、そのリボンを手に空中で舞の指揮をしている姿が目に浮かんでくる。陽光の下、白波がキラキラと銀色に光っている。川は小さく、連綿たる山々も手を伸ばせば握れそうだ。どれほど凡庸な人でも、ここでは胸中に英雄のような力が湧き上がってくるはずだ。もし本物の英雄であれば、山河の気高さに気概を新たにするだろう。芸術家であれば創作の衝動を得るはずだ。現代人でさえそうなのだ。昔の

人々も同じであったに違いない。もし岩画の研究者が、岩画そのものの研究の以外に、当時の創作者がどのように山河を感じたのかを解読すれば、古い岩画の秘める謎をさらに解明できるのではないだろうか。

**紅岩岩画**..........怒江流域の別の重要な岩画は、下流の臨滄地区にある永徳県の永康鎮が所轄している[62]。ここでは現在までに2ヵ所で岩画が発見されている。1つは送吐(ソントウ)岩画、もう1つは紅岩(ホンイェン)岩画で、2地点の距離はわずか15kmだ。考証によれば、紅岩岩画のほうが古く、南方岩画の代表的な特徴を備えている。

紅岩岩画は永康鎮紅岩村から南へ約500m行った紅岩山の崖、海抜約1400mの場所に位置する。紅岩山の崖は石灰岩質で、岩壁の高さは30m以上、幅90m、中間には直径約6mの洞窟がある。絵は洞窟左側の壁面にあり、地面からは2〜7mの高さである。

岩画はどれも赤色を帯び、やはり赤鉄鉱に動物の血を混ぜて作ったように見える。1990年に行なわれた最初の調査の報告では、図形が全部で50ほど識別できるとあったが、現在ではどうしてもこの数には達しない。絵には主に人、動物、多重円、手形と四角の中に×印がある図形などが描かれている。人物の形は「大」「木」「文」という3つの文字の形に分けられる。多重円は3〜5重の円が不均一にかさなり、円心には何も描かれていないこともあれば、描いてあるものもあり、手形のがあるものが多い。

紅岩岩画は内容とストーリーがはっきりしない。顔料には単一の赤色が使われ、描き方は写実に基づくものの、表現は稚拙だ。人物の造形は厳格に正面からの構図で描かれ、典型的な原始絵画の特徴を持つ。南方約80kmにある臨滄岩画第10地点のものと比較すると、両者は絵のスタイルや人物造形の面で多くの共通点がある。

われわれが現地調査に訪れると、ちょうど現地の村の家族が岩画の前で鶏を捧げる祭祀を行なっていた。人々は敬虔に地面に頭をつけ、この「血染めの芸術」が崇拝の対象だった。紅岩村の村人は、毎年旧暦4月の第1馬日(この日は1年でもっとも不吉な日とされている)に盛大な祭祀活動を行なう。村人は猪、牛、羊を殺し、社の林で祭りを行なった後、岩画の下に供物を供えた。村人にとって、岩画は神の魂がやどる

註
62......永徳、漾濞、滄源については第7章の地図(299ページ)参照。

聖地である。日常的に、村人は家で何か悪いことが起こるとすぐにこの岩画の前に来て鶏を殺し、祈るのだった。

　紅岩村は漢族の村で、村人は祖先がここへ越してきてから70〜80年だと言う。漢族の人々が来る前、一帯には「崩龍人」(ダアン族)が暮らしていた。この村人が岩画をまつる風習はおそらくこの「崩龍人」から学んだものであろう。

　岩画は現地の住民にとっては、過去の死んだ記号ではなく、人と神、災いと福、過去と現在がコミュニケーションをとるための生きた媒介であった。

## 漾濞岩画

..........怒江を東へ渡り、瀾滄江流域に入ると、現地の「血染めの芸術」はさらに輝きを増し、見る者を感動させる。

　まずは瀾滄江の主要な支流、漾濞江畔の蒼山西麓へ行ってみよう。現地で発見された漾濞岩画は訪れる価値がある。岩画は漾濞県の河西郷金牛村の外にある山の岩壁に描かれている。もっとも早く外の世界に知られたのは1994年10月、金牛村の医者が漾濞県文化局の職員に知らせた時だ。1996年1月、われわれ1行の5人は省の文化部門の委託を受けて、初めて漾濞岩画についての全面的な現地調査と観測を行なった。

　金牛村の近くを流れる漾濞江沿いを上流へと山を登ると、1時間ほどで岩画にたどり着く。海抜は2020ｍ、岩画は「草帽人」という名の岩壁に描かれている。正面から見ると岩は帽子をかぶった人の頭のように見え、「帽子のつば」に当たる部分がちょうど下にある絵を風雨から守っている。疑いようもなくこれが岩画が今まで保存されてきた重要な原因となったのだろう。

　測量したところ、この岩の地面からの距離は最高で9.05ｍ、全長23ｍ、総面積は約108㎡だ。その中の5分の1ほどの広さの部分に絵が描かれている。絵の原料の状況から、他の絵と同じように赤鉄鉱の粉と動物の血を混ぜて作った顔料で描いたものと推測される。多くは赤褐色で、やや黄みを帯びている。よく見ればもともとはっきりしない絵の上から別の絵やいくつかの手形がついているのが分かる。どうやら別の時代の「作品」のようだ。

　ざっと数えたところ、絵の中で識別できる人の姿は全部で107人、動物は28頭だ。人の絵のうち、最大のものは高さ48㎝、最小のものは4.5㎝である。

　左上の剥がれ落ちた部分、中間の雨に流された部分、絵と認識できない部分

などを除き、絵は3つの部分に分けられる。

　1つめは、右上の地面から3mほどの位置にある大きな野牛の側面像だ。野牛の高さは1.15m、走っている姿で、頭と前脚は生き生きと描かれているが、後ろ半分は剝がれ落ちてよく見えない。

　2つめは右下に描かれ、絵の主要部だろう。この部分がもっとも精彩を放ち、内容も豊富である。実をいっぱいにつけた果物の木、木に登ったり、地面で採集する人々、野獣の中で狩りをする人、朝日を前に手をつないで歌っている人……はっきりと見える動物は26頭、人は75人だ。人の像には大きいものも小さいものもあり、生き生きとして、中でも人の姿が深い印象を与える。人の群れには何本か曲線や点線が描かれている。線は上で3、4個の塊につながり、円のようでもあり、違うようでもあった。現場での数回にわたる観察と推察を通じ、わたしは線が道を示し、円は洞窟の穴を表すのではないかと考えた。推測が当たっていれば、これは過去の人々の穴居式住居を描いたものだ。

　3つめの絵の左下には柵で囲まれた熊のような野獣がいる。熊の下には柵のようなものがあり、動物が飼われているようにも見える。一体これが何であるのかはさらなる確証が必要だが、下側にははっきりと20人余り5、6列に並んだ人を見ることができる。人々は手を取り合い、現在の雲南の氐羌系民族が正月を過ごす時の様子に似ている。おそらく踊り歌っているのだろう。

　内容から、この絵が描かれたのはずいぶん古い時代だと推測される。おそらく、当時岩画の主人は穴居式住居または「半穴居」状態から柵式建築への移行期にあり、採集、狩猟生活から、動物を飼育する生活方式への過渡期にあったのだろう。絵には洞窟の穴、道、穴居式住居が表現されているが、大きな柵式建築も描かれている。採集、狩猟と動物を飼育する様子がも描かれている。

　中でも他の岩画と異なるのは、漾濞岩画にはストーリー性があり、時系列の構図を持つことだ。多くの絵には相互に関係があり、任意の図形を描いたわけではなさそうで、構成の整った絵を見ているような気がする。

　山麓の金牛村と松林村にはイ（彝）族が暮らす。イ族は博南古道の交通の要衝に暮らしたため、歴史的に外来文化の浸透を受けてきた。住民は多くの面で漢化し、言語、服飾も漢族とさほど違わない。村の老人の話では、岩画ははるか昔に現地の7人の仙人が描いたものだという。

7人の仙人が「草帽人」の岩の前で周囲を見渡すと、あまりに現地の風景が美しい。東には漾濞江が流れ、南は緑に覆われた漾濞壩子だ。西は石門が険しい。北では蒼山に雲が浮かび、天地は豊かでゆったりとしている。仙人は、うっとりとした。いっそのことここに留まろうと「草帽人」の上で詩を詠み、絵を描き、「天書」を書いた。近くの岩を平らにして舞台とし、その上で戯曲を編み、彼らの歌や踊りの映像も岩に映った。こうして今日の漾濞岩画が残った。当時、村には、山に登って芝を取り、道を行くうち仙人が将棋をしているのに遭遇した人がいたという。仙人は村人に桃をくれ、村人がそれを食べると眠りに落ちた。目覚めると、もはや仙人はどこへ行なったのか分からない。だが手にした斧を見ると、木の柄が既に腐乱していた。家に帰ったところ、人々はみな、変わっていたという話だ。

　現地の村人はやはり岩画を神聖と見なし、大昔に神か仙人が残したものだと信じて疑わない。村人は、岩画の中の人は変化し、消えたり出てきたりする（われわれも天気の具合や明るさの変化によって確かに絵図の見え方に影響することが分かった）と言う。夜には動き、歌声まで聞こえるという。このため、暗くなってから村人が「草帽石」の近くに行くことは滅多になかった。数年前には、県が岩画保護の経費を捻出し、岩画の前に鉄の柵を立てるよう作業員に頼んだ。作業員が最初の夜、現地に留守番を置いたところ、人影が見え、歌声が聞こえたという。これ以後、現地で夜を過ごす人はいなくなったそうだ。

**滄源岩画**..........1957年に怒江匹河で最初に岩画が発見されて以来40年、瀾滄江、怒江の主な流路であるチベット、雲南では多くの岩画スポットが発見された。特に雲南では、少なくとも50以上の重要な岩画が発見された。絵は3000点以上にのぼる。

　雲南で発見された岩画は主に瀾滄江、怒江、金沙江、元江などの流域に集中し、広く分布している。数も多く、題材も表現方法も豊かで、中国の南方岩画の魅力を十分に備えた芸術だ。

　岩画の中でもっとも壮麗で輝くものは、やはり瀾滄江畔にある。瀾滄江畔の滄　源（ツァンユアン）岩画はその豊富さと独特さから世界的名声を得た。滄源は雲南省西南部、臨滄市の瀾滄江下流とビルマが接するワ（佤）族自治県である。北隣は耿馬

タイ族ワ族自治県、東は双江ラフ族ワ族プーラン族タイ族自治県、東南は瀾滄ラフ族自治県、西南はビルマと接する。思茅市の西盟ワ族自治県と並んで、ここは中国国内ワ族の一大居住地域である。ここ半世紀、この滄源ワ族自治県の名声は日増しに高まり、辺境を超え、雲南を超え、中国全土、さらに世界へと広まっている。古代芸術に関心のある人ならば、滄源を知らない人はいないだろう。

　それと言うのも滄源で世界的にもまれな古岩画が発見されたからだ。

　滄源岩画は絵の数が多く、比較的集中している。時代的にも古く、造形も独特で、原始時代の生活を表す画廊となっている。歴史学者はこの中に人類の幼年期の生産と生活の様子を探り、芸術家は古代の芸術の真髄を感じ、民族学者は3000年余りを生きのび、また今後も生き続ける「民俗博物館」を見る。現地の民族は岩画を先民の残した「史記」とみなし、しばしば岩壁の前で祖先と対話し、天地とコミュニケーションをとる。滄源岩画の発見は、原始社会史、民族史、芸術史の研究に貴重なイメージ資料を提供したのだ。

　滄源岩画は1965年に最初に発見され、80年代までに10点が発見された。滄源県内の糯良山、班考大山と拱弄山の間、瀾滄江支流である勐董河流域の崖などに分布する。識別できる絵は1000点以上で、人の像が全体の70％以上を占める。人像の身体は三角形で、顔に目鼻立ちは描かれていない。両腕、両足でさまざまな動きを表し、当時の人々の生活の様子を伝えている。また、衣類や靴の類はほとんど描かれていない。ただ頭に装飾があったり、鳥や獣の形で飾っているもの、身体の大きさほどの羽飾り、枝や穂で飾っているものなどがある。頭の装飾以外には、飾り尾、飾り耳、翼のある人物、腰にスカート状のものを巻いているのも見られる。当時から人々は衣服の装飾品で貴賤を区別し、大多数の人は衣服にこと欠いていたようだ。

　ほかの絵にはさらに動物187匹、家屋25軒、道路13本、各種の記号35個が描かれ、木、舟、崖の洞窟、太陽、手形、雲、山、大地なども見られる。人々は家や村で暮らしたのみならず、木の上にねぐらを作ったり、洞窟に住んだようである。あるいは寒さをしのぐため、まず洞窟に住み、野獣の攻撃を防ぐために、次第にに木の上に枝を用いてねぐらを作るようになり、さらに進んで木の上に「手すり」のある住居を作った。その後、氏族部族の拡大により小さな村落がで

きたようだ。村落では周辺部に小さな家屋が建てられ、中心の広場には大きな家屋が建てられ、集会や議事に使われたと見られる。村の外には楕円形の線が引かれ、防水や野獣を防ぐための壕を示していると考えられる。

　人々は竹、木、石、角などの道具を使い、手に弓、槍、長盾、飛丸[63]を持ち、狩猟、放牧、採集、戦争をしている。踊りなどの娯楽や、闘象、猪を追っている絵もある。弓を引き、矢を携え、武器を持ち、猿、熊、牛、猪、羊、鳥などさまざまな動物を追っている。動物の形や習性は真に迫って描かれている。狩猟の方法には、囲い込むもの、待ち伏せるもの、弓で射るもの、網のワナで捕らえるものなどがある。捕らえた動物の一部を飼いならし、牛に乗ったり、猪を追ったり、犬を育てたり、象を囲っている様子から、人々の生活は動物と切り離せないものだったことが見て取れる。

　同時に、人々は野生の果物を採取しており、低いところは手で、高いところは伸び上がって取っている。生産力はまだかなり低い段階だったが、娯楽は忘れられなかった。牛の角をかぶったり、腕に角をつけたり、籐の枝を手にひらひらと舞ったりしている。上の部分が羽状になった長さおを持ったり、花かごを握って曲芸をしたり、流星[64]を回したり、大人が頭に子供を載せたり……。中でも5人が輪になって踊っている様子の生き生きとした表現力には現代の芸術家でも感服させられる。

　精神世界と物質世界の区別がなかった当時は、当然、精神世界における崇拝の対象が欠かせなかった。牛の頭上を飛ぶ羽飾りをつけた「神人」は、おそらく祭りの時に着飾った巫女、あるいは祭られる神の魂であったのだろう。右側には武器を持った人がいて、左には隊列が踊っている。牛の角をかぶった巨人が月明かりの中で踊っている。形や位置の特殊さから見て、巫女か族長であろう。牛を解体して捧げる祭りを描いたものだと言う人もいる。今でも現地のワ族は同じように牛を神と見て、牛を捧げる儀式を行ない、災いの消滅と幸福を祈る。

　自然崇拝を表す絵はさらに多い。中でも、輝く太陽の中に「太陽人」と呼ばれる人物が立っている絵は印象的だ。この人物は両腕を伸ばし、片手に弓、もう片方の手に矢を持ち、すべてに君臨しているような表情だ。ここには先住民族の太陽崇拝に関するの複雑な情感が見て取れる。漢文化の薫陶を受けた人ならば、羿が9つの太陽を

註
63…砲丸投げの砲丸のようなもの。
64…古代の武器で、鉄の鎖の両側に鉄槌を付けたもの。

瀾滄江

射った話や、誇父⁶⁵が太陽を追いかけたという神話を思い出すだろう。岩画の近くに暮らすワ族は、次のような物語で「太陽人」の絵を解釈している。

　昔、太陽と月が力比べをし、太陽はあらん限りの光と熱を発した。大地は枯れ果て、万物は抗議したが、太陽は自分の光と熱を弱める方法がなかった。そこで、ある1人の女性がトウモロコシのつき棒を空高く掲げ、太陽と月を地面から遠くに突き放した。太陽が放つ光と熱はちょうど万物の成長に適する強さとなり、この時から太陽も人々の崇拝を受けるようになった。

　実際、現地のワ族とタイ族は皆、岩画を崇拝の対象とし、岩壁の後ろに「不卓」と呼ばれる仙人が住んでいると考えている。「不卓」は霊力を持ち、人に幸福を与えるという。毎年、正月には付近の村人がみな岩画の前で祭りを行なう。人々は病気や災害に遭うと、「不卓」の助けを求めて祈りに来る。

　滄源岩画の発掘に関わり、研究を行なってきた汪寧生教授は、かつて岩図の絵と実際の少数民族の風習とを対比して次のように言った。

　「今の少数民族の風習は、新石器時代の滄源岩画を少なからず踏襲している。諸民族は今もはるか昔の風習を保ち、その様子はまるで原始社会の生きた解説文のようだ」

　岩画の描かれた年代についてはかつて諸説紛々だった。後の調査で岩画の端を覆う石灰華⁶⁶が発見され、中国科学院の古脊髄動物・古人類研究所が測定を行なった。科学者は、石灰華は3000年以上前の堆積物だとの認識を示し、後に行なわれた岩画の顔料中の胞子組成分析による判定も基本的にこの結果と一致した。さらに、考古学者が岩画スポットが分布する地域で新石器時代の遺跡を発見し、描かれている内容の分析と組み合わせ、この岩画には既に3000年以上の歴史があることが確定された。

　岩画の線から推測するに、先住民族がこれらの絵を描いた時、大部分は手と指を使って描き、細部は木の枝や竹片で描いたのだと見られる。岩画の顔料は化学分析の結果、現地で産出される赤鉄鉱の粉末、適量の動物の血、ゴム質を含む植物の汁からなることが分かった。付着力が強いため、安定性が高く、3000年以上たった今日でも多くの絵が鮮明なままなのだ。

　3000年以上、日に晒され、雨に濡れた血染めの芸術はいまだ

註
65…『誇父追王』という神話に出てくる、太陽を追いかけてつかまえようとする巨人。
66…温泉の湯口などに付着している褐色の炭酸カルシウムの沈殿物。

澜滄江の中で海苔を採る
タイ族の女性

に元の赤色を残している。これら神秘の岩画は澜滄江の尽きることのない流れと共に、古代の人々の喜びや悲しみなど混沌とした原始の河畔の物語を語り続けている。壁画には、多くの辛酸、悲壮、そして歓喜が眠っている。

# 8....5

# 貝葉の風景

**タイ族の仏教文化**..........澜滄江が中国から東南アジアへと越境する前に流れるシーサンパンナ（西双版納）タイ族自治州と、怒江が越境する前に流れる徳宏タイ族ジンポー族自治州。美しく豊かなこれら2つの地には、水のような民族──タイ（傣）族が暮らしている。

　古代には百越系民族に属したタイ族は、チュアン（壮）、トン（侗）、スイ（水）、リ（黎）、プイ（布衣）族などと密接な関係があった。タイ族の先祖は早くから東南

> 上座仏教を信奉する
> タイ族の人々は
> 水かけ祭りの時に
> 神の像を水掛亭まで運び、
> 「浴仏」する

部の沿岸と長江の中下流一帯を西に移動してきたと言われており、タイ族はその中でももっとも遠くまで来たようだ。最初、タイ族は瀾滄江と怒江の中上流に住んでいたが、その後、徐々に河畔に蜘蛛の巣のような水路が分布する東南アジア各国に移動し、さらに一部のグループは瀾滄江と怒江の末端、メコン河、サルウィン川と交わる地方に集まるようになった。

　タイ族の古い伝説の集大成である『サトゥジャラ（沙都加羅）』は先祖の移動の過程について記している。森には動物がいたため、人々はひたすら森を目指した。子供と女を連れ、老人を助け、幼児を抱きながら、「熱帯林」を目指し、南下した。指導者サルオに導かれ、川と平和な土地を求めて移動を続けた。大樹

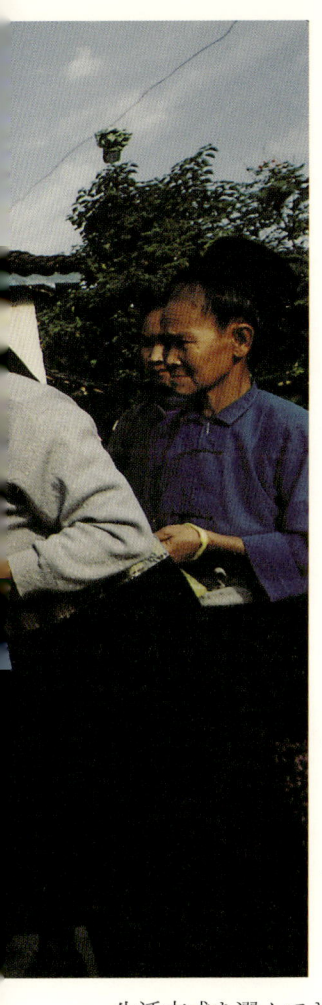

のある場所にたどりつけば、そこで休み、川が流れる平地を見つければそこで眠った。だが、どの土地でも5年から10年暮らすとまた移動を始めた。やがて、タイ族は瀾滄江、怒江の下流にたどり着き、永住を決める。2本の大河がぶつかってできたこの平らな土地に、理想の生活環境を見つけたのだ。

　タイ族が瀾滄江、怒江下流の水路が交錯する地方を永遠の住みかとしたと同時に、瀾滄江、怒江もみずからにもっとも適した居住民を見つけたと言うべきだろう。イ(彝)族はまるで火のようだと言われるのと同じく、タイ族の人々は自然に水を思わせる。タイ族の生活は水辺にあり、水田を耕し、水稲を植える。早くから水利建設を始め、灌漑ネットワークや制度を作ってきた。最高指導者であるチャオペンディンのラスナン(議事庭)から各勐のラカン(勐級議事庭)までそれぞれに水利を担当する役人が設けられ、専門的に水利灌漑事業に当たった。タイ族は水浴びをして清潔にすることを好む。毎年、水かけ祭りをして水で仏を洗うと、互いの吉祥を祝福する。毎日、寺での「滴水」により仏への帰依と誠実を表す。タイ族が暮らす高床式の竹の家は湿気をおさえ、水害を防ぎ、風が通りぬける。

　タイ族の生活は水と切り離すことはできず、水のために生活方式を選んできた。水はタイ族を創り、内面化され、生命を形づくった。タイ族の性格は温和で表情は水のようだ。

　タイ族は村を「マン(曼)」、と呼び、壩子を「モン(勐)」と呼ぶ。住民の定住初期には主に原始宗教の鬼神が信奉された。人々は敬虔に村神「ピーマン(披曼)」と勐神「ピーモン(披勐)」を祭った。その後、仏教が川の流れを北上し、東南アジアからタイ族、プーラン族、ダアン族、アチャン族などの民族グループに伝わった。まさにタイ族が仏龕[67]の掛け物に書いているように「仏は西の空から南を通りやってきた」のだ。タイ族の民間伝説には次のようなものがある。

註
67...仏像などを安置する厨子。

瀾滄江・怒江

仏像を洗うタイ族の
女性たち

　釈迦牟尼が仏になった後、弟子500人を率いて布教の旅にでた。インドから海路で現在のスリランカに達し、現在のタイ、ビルマのチャイントーンをへて、現在のシーサンパンナ大勐龍(ダーモンロン)に入った。そして、「魔王」と知恵比べをし、長い弁論による闘いの末、とうとう「魔王」を降参させた。魔王は、仏門に帰依し、釈迦のために托鉢するようになる。その後、彼らは瀾滄江に沿って北上し、現在の勐海(モンハイ)、思茅(スーマオ)、普洱(プーアル)などを通って布教した。これが南伝の上座仏教、俗称、小乗仏教である。

　史実によれば、釈迦牟尼による生前の布教の範囲はインドまでだった。おそらくタイ族の信徒が仏祖への崇拝から、後世の僧侶の布教活動を仏祖のものとしたのであろう。小乗仏教がタイ族の地域に伝わった時代について、歴史家の見解は一致しない。一部の資料は7世紀頃、ビルマからシーサンパンナに南伝仏教が伝わり、仏塔も建てられたのだと示す。15世紀半ば、同種の仏教が臨滄タイ族に伝えられた。当時、孟定には疾病が流行し、多くの人々はビルマへ行き、現在のセンウィにある仏殿にお参りし、災いをなくしてくれるよう願った。ビルマのラングーンにある大仏殿は大長老を現在のマンダレーに派遣、布教し、僧院を建てた。シーサンパンナから臨滄には瀾滄江が流れ、230km以内の距離だった。しかし臨滄のタイ族には700～800年後、シーサンパンナからで

はなく、別のルートによって遠くから仏教が伝えられたのである。精神文化の伝播に距離はコストにならないということも分かるが、同時に瀾滄江だけではやはり当時、十分な通路とは言えなかったのだろう。通路がなければ文化の交流もないのである。

　南伝の上座仏教と中国内地の漢伝仏教はすべて教義の中で四諦[68]、八正道[69]、十二因縁[70]を説く。しかし、大乗仏教のように浄土を打ち立て、大慈大悲により仏となって衆生を済度しようとするものではなく、自我の解脱、灰身滅智[71]によって涅槃の境地に到達することを求める。小乗仏教が2本の大河下流のタイ、プーラン、ダアン、アチャンなどの少数民族の地域に伝わった際、より広範な民衆の支持を得るために、本来は鬼神や巫術を信じない教旨をいくらか変えて、人々が仏教と鬼神を同時に信じることを許容し、家に土地神の神棚など原始宗教の位牌や、偶像、寺院保護の神棚、水神の塑像を建てることも許容した。さらに、宗教事務を管理する僧侶が鬼神の管理を兼任することを許し、交代で厄払いや占いを行なわせた。多くの少数民族信者のいる村では寺と仏塔が立てられ、村神と山神があらゆるところに祭られた。ある家では、祖先の位牌とかまどの神を供養し、また釈迦牟尼仏も祭ってあった。

　2本の大河下流のタイ族、プーラン族、ダアン族とアチャン族は、ほとんどの人々が仏教の教えを信じていたが、一般の僧侶と信者は特に四諦、八正道などの教義を追究するのではなく、より分かりやすい因果応報、天国地獄、輪廻転生などを受け入れ、信仰した。現地の仏寺に入ると、まず壁いっぱいに描かれた絵が目に飛び込み、独特の風格を持つ仏教の世界が広がっている。

　かつてタイ文の仏教経典はすべて鉄筆で貝葉[72]に刻まれた。それがまとめて糸で綴られ貝葉経と呼ばれるものになった。その後、自分たちで作ったビルマ紙[73]が出現し、紙の本経が生まれた。貝葉経を書く際の材料となった多羅樹の葉は、シーサンパンナのタイ語で「ガラン（戈蘭）」というシュロ科の植物の葉である。この木は熱帯と亜熱帯地域のみに生育し、一般的には貝葉樹とも呼ばれ、古書では貝多羅樹と言われる。段成式『酉陽雑俎・広動植之三』には次のように記されている。

註
68…苦を滅するための人生の真理についての教え。
69…苦を滅する方法としての8つの正しい道。
70…人の肉体の生成を12の法則に分け、心の変化にも12に分かれた因縁の法則があるという教え。
71…上座仏教の涅槃で煩悩も肉体も絶無にした境地のこと。大乗仏教と大きく異なる。
72…インド原産の常緑樹。貝多羅葉、多羅樹木ともいう。
73…カジノキの木から作った紙。タイ族の仏教経典に常用された。

一部のタイ族地域では
寺は学校であり、
幼い頃からタイ文を学ぶ
男の子もいる。
その後また
俗世に戻ることはできる

「貝多羅樹は摩伽陀国に生え、6、7丈になり、冬も枯れない。木には3種あり……西域の経書は、この3種の木の皮や葉を用いる」

　瀾滄江、怒江下流は貝葉樹が生息するのに適していた。インド北部のマガダ国では貝葉に経を刻んでいたが、仏教が伝わった後、南伝仏教を信仰したタイ族や他の民族も貝葉に経を刻み始め、特有の貝葉文化を創造した。

　シーサンパンナの寺院には貝葉経が8万4000部以上も残されている。その中には経蔵、律蔵、論蔵などがある。各寺が貝葉の文献を保存する慣行は、早くから伝統となっており、経文の他、一般のタイ語の文献も集めている。そこには天文、歴法、歴史、医薬、言語、詩歌、民間伝説や仏経の宗教故事の由来などが含まれていた。タイ語は経文を「タン」と呼び、一般の書籍を「ボ」と呼ぶ。広義の貝葉経はこの2つを含む。

　各仏寺の貝葉の経は、1つは僧侶が刻んだもの、もう1つは世俗の民衆からの「タンブン」つまり「献経」を受けたものだった。寺では毎年「タンブン」の催

笛を吹くのを好むラフ族

　しが行なわれ、信徒が仏寺大殿で一緒に座って経を唱え、貝葉経を献上し、その後敬虔に拝みながら高僧のお経を聞く。人々は、献経を死者のための済度[74]とみなし、生きている人の福を願う。もし年をとっても「タンブン」をしたことがなければ、軽蔑され、責められ、肩身の狭い思いをする。そのためタイ族の家はみずからタンブンを行なうか、資金を出して人に貝葉経を刻んでもらい、寺に献上した。

　小乗仏教はこうして2本の大河の下流域で多くの民族が信仰する宗教となった。これは、おそらく貝葉経が通俗化し、普及していたことと無関係ではないだろう。仏教経典の原文は読みにくいし、理解しづらい。一部の各民族の高僧、学者が努力して仏教を文学化、詩歌化したため、これらは物語性を持ち、理解し覚えやすくなった。釈迦牟尼が仏になる前の輪廻転生した550世の本生経[75]のうち、505がタイ族によって詩歌化され、大多数は今も残されている。

註
74…済度とは人を迷いから救い、悟りをひらかせること。経を読む功徳により、死者を苦界から救う。
75…釈迦の前世の善行を記した仏教の教訓的な物語。

澜滄江・怒江

すべての人々が信教するタイ族社会では、宗教文化の影響を強く受けるため、人々の社会生活すべてに貝葉経の影響が及んでいる。それゆえ、人々はタイ族の文化を貝葉文化と呼ぶのである。

　かつて学校がなかった時代は、仏寺こそがタイ族社会で知識を伝え、教育を行なう正規の場所であった。タイ家の男の子供は7、8歳になると、皆かならず頭をそって仏寺に入り、一定の時間、仏教経典とそのほかの文化的知識の教育を受けた。タイ族の男性が出家をしたことがなければ、教化を受けていないに等しく、本当の男性ではないとみなされ、結婚して家を持つ権利がなかった。こうした男性には、娘たちも嫁ぎたいとは思わなかった。今ではタイ族の地域にもいたるところに内地と変わらぬ学校があるが、男児は学校が休みで時間のある時期には寺院に送られ、伝統的「教化」を受けることを免れることはできない。お寺の近くを行けば、まだ幼い子供たちが頭をつるつるにして黄金の袈裟をかぶり、貝葉経の経典を開いて、大和尚とともに意味の分からない経文を一心に念じているのを聞けるだろう。念じながら、見つからないように遊んでいる様子は、ほほえましい。

　以前、シーサンパンナの寺院には、貝葉の木が育ち、この地域の景観を形作り、また経文を書くための葉を提供していた。現在では紙には事欠かなくなったが、依然として古い習慣を守り、貝葉を加工し紙として仏経を抄録する寺もある。和尚が一心に貝葉に蚕のような曲がりくねったタイ文字を刻んでいるのを見れば、まるで歴史画に入り込んだような気持ちがするだろう。

# 8....6 民族団結の誓碑

**少数民族の団結**..........瀾滄江支流小黒江畔の思茅市普洱(プーアル)ハニ族イ族自治県、県人民政府の敷地内にはユニークな石碑が立っている。これは省の重点文化財「民族団結誓詞碑」で、以下のような碑文が刻まれている。

　われら26民族の代表は、普洱の各族同胞を代表してここに牛を捧げ、まじないの水を飲み、中国共産党の指導のもと団結して平等、自由、幸福

の建設のために努力することを誓う！

　石碑は漢文、タイ字、ラフ字で書かれ、最後には48人の民族代表の署名と押印があった。「普洱区第一期兄弟民族代表会議」、「西暦1951年元旦」とある。
　この碑には記録にとどめるべき歴史が存在する。
　1949年初め、国共内戦における遼沈、平津、淮海の3大戦役が終わると、国民党の敗北はもはや確実だった。蒋介石との対立が深まっていた雲南省主席の盧漢(ルハン)はついに12月9日、昆明で武装蜂起を宣言し、雲南は平和裏に解放された。蒋介石は激怒し、すぐに陸軍の湯堯(タンヤオ)副総司令を台湾から雲南に派遣した。また、雲南に駐留する第8軍と第26軍の軍長を交替させ、戦力を配備して雲南全土を抑えようとした。
　盧漢将軍は昆明防衛のため人民解放軍第2野戦軍に救援を求め、中共辺境縦隊と歩調を合わせると、国民党第26軍を側面と後方から攻撃した。国民党軍は解放軍が命がけで雲南の救援を行なっていると知ると、昆明への攻撃を放棄し、撤退した。国民党第8軍は瀾滄江下流へと撤退し、雲南西南部の戦線で抵抗した。第26軍は同じく西南部へと撤退し蒙自(モンツ)の飛行場から台湾に逃げるつもりであった。しかし予想外にも解放軍が先に飛行場を占領したため、空路での逃亡を断念し、しかたなく西南に折れ、第8軍との合流をねらった。だが、個旧、屏辺、元江、鎮沅、江城などで解放軍に包囲され、湯堯副総司令と曹天戈(ツァオテンガ)軍長はみな捕えられた。捕虜になることをまぬがれた両軍の残党は思茅・普洱地区に逃れた。
　こうした情勢のもと、地元の諸勢力が暴動を起こした。中でも最大の勢力には新平の李潤之(リルンジ)、景東の梁星楼(リャンシンロウ)、景谷の李希哲(リシジャ)、磨黒の張孟希(ジャンモンシ)のいわゆる「四大天王」がいた。雲南西南の他の各県でもそれぞれ地元の各勢力が跋扈し、瀾滄江の下流一帯は不穏な情勢だった。
　国民党と共産党の激戦は1950年2月まで続いた。人民解放軍の第13軍38師114団と辺境9支隊は、南嶠烏亀山で国民党軍の残部に対する大規模な追撃戦を行ない、ついに思茅・普洱地区を全国と繋げ、解放区とした。当時、普洱専区は瀾滄江下流の15県、すなわち現在の思茅、シーサンパンナ州と臨滄地区の滄源県に当たる地域を管轄していた。面積は7万km²余り、人口は120万ほどで、そ

瀾滄江

ハニ族の支系アイニ人は
瀾滄江下流の
主な住民のひとつ

れぞれ内の7県と外の8県に分かれていた。外の8県は直接、ベトナム、ラオス、ビルマ3国と接し、国境線の長さは1400km余りに達し、西南における国防の最前線であった。

　この地域にはハニ、イ、ラフ、タイ、プーラン、ミャオ、ヤオ、チュワン、チーヌオ、リスなど、26の少数民族とその支族が暮らし、全人口の70％以上を占めた。少数民族の大多数は国境をまたいで暮らしており、国境外の同胞たちとは同族、同宗であり、頻繁に連絡をとりあい、出入国はまるで隣村に出入りをするようなもので、経済、宗教、婚姻、生産活動などの各方面で東南アジアの国々と密接な関係があった。しかしその一方で長期にわたる地域の閉鎖性、政

熱帯雨林のなかに暮らす
チーヌオ族は猟を止め、
新たな副業を開拓している

治的割拠、統治階級による搾取など多くの原因により、民族間の社会発展の度合いはばらばらで、奴隷制、領主制、封建制などさまざまな社会の発展段階が混在していた。

　民族間でも特に少数民族と漢族の隔たりは深く、少数民族の中でも平地の民族と山岳民族には隔たりがあった。民族内部でも部族間に多くの対立があったり、しばしば怨恨による殺人や衝突が起きる地域もあった。国境沿いの多くの少数民族地区では土司制度が続いており、土司が民族統治や部族闘争における指導者となった。政権の打ち立てられた地域であっても、土司は依然として強い影響力を持ち続けた。

瀾滄江

こうした情況であったため、「匪賊の征伐」、「辺境防衛」、「民族工作」は新政権の3大任務であった。共産党指導者たちは民族間の対立と階級対立が交錯する状況下においては各民族の心をつかめるかどうかに勝敗がかかっている、と理解していた。民族指導者をうまく処遇することは、各民族をまとめるための鍵であった。

　そこで、中央政府は普洱地域を管轄する行政機構が正式にできてまもなく、すぐ2大事業に着手した。1つは辺境の民族代表たちを北京で開かれる国慶式典に参列させ、指導者である土司を瀾滄江の閉塞した地域から新中国の首都に連れて行くことで、もう1つは現地で各民族の代表が参加する大会を開催することだった。

　今日からすれば、この2つはそれほど大した事業とは思えないだろう。しかし当時、この地域は中国内地からはほとんど隔絶されていた。交通は不便で、情報の流れもなかった。大河と高い山が障壁となり、各民族の心にもやはり同じように壁があり、これら2つの事業を行なうことさえも、容易ではなかった。

　1950年夏、各民族の指導者たちを北京へ訪問させる事業が始まった。少数民族の指導者たちの多くは大河流域より外に出たことがなく、外の世界を知らなかったため、皆あまりに遠くに行って帰れなくなるのを怖れた。ある指導者は巫師に頼んで、鶏の卦を見て吉凶を占い、まじないの水を飲み、もし吉の卦を得れば「冒険」してやろうという気もあったが、もし悪い卦が出れば、「年もとったし、身体の調子もよくない。家でやることがある」などと言い訳をして断ろうと考えた。ある民族部落は「人質をよこすなら指導者を行かせる」と提案した。卡佤山17王子の1人である岩城王子は、政府担当者の家族の命を担保にようやく行くことを決めた。邦箐のワ族の指導者である拉勐も、区長がラバに米、肉、酒とみずからの息子を担保として運んできたので、ようやく行くことに同意した。着任したばかりの県長が勐海土司である刀宗漢の長女を動員しに行くと、「弟を連れて行きたい」と言われ、県長がまだ14歳の弟は代表の資格がないと答えると、彼女は「資格があろうがなかろうが、弟の同行に同意しないなら私は行かない」とつっぱねた。

　だが都合の良いことに、新政権の職員たちはまだ教条的になっておらず、臨機応変にこうした各民族代表たちのさまざまな希望を聞き入れた。そうしてつ

いに普洱専区の34名の民族代表は、予定どおり瀾滄江を出て、首都、北京へと向かった。

　1950年10月1日、中華人民共和国1周年の祝典には全国から41少数民族、159名の代表が列席し、西南地区の代表だけで66名を占めた。少数民族の代表たちは手厚くもてなされ、工場、農村、政府機関、学校、商店などを見学し、各地で大歓迎を受けた。

　中央政府の指導者も、遠方からの客を重視し、党と国の指導者が2回にわたって接見した。毛沢東主席から劉少奇副主席、政務院の周恩来総理、朱徳総司令はみな少数民族地区の団結と発展、自治を約束する言葉を述べた。

　少数民族の代表たちは次々と毛主席に民族の贈り物を献上した。シーサンパンナの代表、召存信、刀世勋、刀承宗、刀卉芳は金傘、貝葉経、勐海沱茶、タイ族女性の衣服を献上した。西盟ワ族の指導者、拉勐は3代前から伝わる槍を献上した。これらの贈り物は今でも北京の民族文化宮に大切にしまってある。

　国慶の大典の後、代表たちは北京、天津、南京、武漢、重慶、昆明などの都市を訪問した。少数民族代表の視界は大きく開け、祖国中国への認識を深めた。

　1950年12月26日、普洱専区の34名の代表は普洱に戻った。地方委員会と、専署などの指導者たちは遠く北京から各地をめぐって戻ってきた指導者のため、宴をもうけ、歓迎会を開いた。北京から戻った代表たちの胸には赤色の「代表証」が飾いていた。2日目、「普洱専区第一期兄弟民族代表会議」が開幕した。出席者は26の民族とその支系の代表、596人だった。

　会議は「団結対敵、団結進歩、団結生産」という指導思想のもとに開催され、北京観光から戻った34名の民族代表はまさに「スター」だった。北京に行った代表たちの態度は、会議上の他の代表にも大きな影響を与えた。彼らは口をそろえて、共産党と毛主席を支持し、団結して生産の発展と辺境防衛をやりとげよう、と話した。タイ族の代表は「団結してもち米の粒となろう」と言った。ハニ族の代表は「中国は1つのお碗だ。団結して碗の中のゴマ油（香油）になろう」と述べた。

　会議の後の2日間は、具体的にどのように各民族の団結を促進するのかについて話し合われた。ワ族とラフ族の代表は、各民族が心変わりをしないために、民族の伝統を採用して、牛を捧げ、まじないの水を飲み、結盟を誓うことで、

瀾滄江をまたぐ景洪大橋

団結の熱意を高めよう、と提案した。他の民族代表の賛同を得ると、すぐに牛を捧げる広場に大きな石碑が立てられた。石碑に誓いと各代表の名を刻み、以後、もし誰か団結を乱すものがいれば、石碑と同じ重さの銀を賠償させることにした。

現地ではかつて紅軍の将軍、劉伯承(リウボチェン)が大涼山でイ族の仲間と鶏の血酒を飲んで結盟をしてから金沙江を渡った。また諸葛孔明も七擒孟獲[76]の後、やはり血酒を飲んで「南方人はけっして裏切らない」と誓った。こうした歴史があったので、地方委員会と専署の指導者は政策に違反するのではないかという不安もなく、彼らのやり方に同

註
76....孟獲を7回とらえ7回釈放し、軍門に下らせた三国志演義上の逸話。

意することができた。少数民族の代表たちは強調した。「団結碑の建設は、みなが自発的に行なうことだ。強要することはない。本当にやりたいと思うものだけが署名をしよう」

1951年元旦、普洱の紅広場に集まった3000人以上の人々は、中国の民族の歴史に新たな局面をもたらした団結大会を開いた。会議上、駐軍の指導者と各民族の代表の前に白酒が置かれた。そして、大きな雄鶏の頭が切り落とされ、血が杯に注がれた。代表たちはそれぞれ親指を刺して、自分の血をその鶏の血酒に流し込み、全員が杯を回しながら一口ずつ飲んだ。そして、おごそかな誓いを立てた。

誓いが終わると、ワ族の習慣にしたがって牛を解体して捧げる儀式が盛大に行なわれた。ワ族の人たちは団結の誓いが成功するか否かは、牛の解体の結果を見なければならないと考えていた。

牛の解体は西盟ワ族の指導者、北京へも行った拉勐が行なった。拉勐は鏢子[77]を持ち、まじないを唱え、水牛のまわりを飛び跳ね、両手でしっかりと鏢子を握り、頭上まで持っていったかと思うと、力いっぱい水牛の右肋骨の血袋があるところに打ちおろした。水牛はよろめいて左を向き、牛の頭は南を向き、傷口は上を向き、大吉大利を示した。拉勐は興奮して笑いながらまじないを唱え、地面を叩いて、手を打ち、大声で叫んだ。「共産党の指導は決まった、団結はうまくいくだろう。毛主席万歳！」。タイ族代表は、タイ族の吉祥と最高の喜びを表す声で「水！　水！」と叫んだ。全会場の人々もまた続いて叫んだ。「水！　水！」

主席台には大きな紅の紙が置かれ、代表たちが署名をする時が来た。タイ族の青年が最初に上がり、タイ文字を使って彼の苗字、チャオジンハと署名した。彼の漢名は召存信で、当時、車佛南[78]シーサンパンナ専慰司署の議事長、車里県[79]人民政府の副県長であり、その後、タイ族自治州の州長を何十年も務めた。毛主席とのが接見が最初に署名をする勇気をくれたのだ、と後

註
77…槍の穂先のような武器。
78…車佛南は車里、佛海、南嶠の略称。つまり現在の景洪、勐海、勐遮を指す。
79…シーサンパンナ一帯を指す昔の呼称。現在の普洱、思芽、景洪を含む。

瀾滄江

に回顧して彼は言う。続いて各民族の代表と党幹部が順番に名前を署名し、文字を知らない者は、かわりに署名をしてもらった。その後、これらの署名と誓いの言葉はすべて石碑に刻まれた。「民族団結誓詞碑」はこうして今も瀾滄江畔に屹立している。

## 8—7 シーサンパンナの黎明城

**景洪**.......... シーサンパンナはかつて勐泐と呼ばれた。「シプソン（シーサン）」はタイ語で「12」、「パンナー」は「1000の田」という意味だ。「シーサンパンナ（西双版納）」とは、田を管理する12の行政単位のことだった。タイ暦943年（1581年）、勐泐第23代チャオペンディン（召片領）である応勐が、土地を12に分割し、12の大臣に派遣して管理させたため、これがシーサンパンナの呼び名となった。当時の12の行政区は景洪（ジンホン）、勐遮（モンジャ）、勐混（モンフン）、勁海（リハイ）、景洛（ジンルオ）、勐腊（モンラ）、勐很勐旺（モンヘンモンワン）、勐拉（モンラ）、勐捧（モンパン）、烏徳（ウダ）、景董（ジンドン）、勐龍（モンロン）であった。

　一世代上の学者は、シーサンパンナのタイ族農業社会を、2000年以上前の西周の井田制社会と比較したり、マルクス思想研究の原始社会とインド農村公社時代に言った「アジア生産形態」の典型だと言ったりした。これらの社会形態は長江と黄河流域では早い段階でなくなっていたが、20世紀中葉まで、シーサンパンナは人類社会の文化遺産を保存していたのである。

　伝統的な農耕に依存してきたシーサンパンナでは、長期にわたって封建領主制が維持された。さらに南伝の上座仏教と原始信仰の融合が独特の精神世界を作り上げ、人々に古い観念と行動形態を守らせてきた。伝統的なタイ族の言葉で「ナンチャオリンチャオ」は、「天下の水土はすべて官のもの」という意味で、「ジンナバウェイ」は「官家の田は官家に税を払わなければならない」という意味だった。土司の尊称は「チャオペンディン」で、土司は「広大な土地の主人」であった。人々の蔑称は「カパイ」、意味は「下人と召使」であった。

　こうした観念と社会制度の下、人々の頭上にある空、足下の地、山、水、草木、身体の汗、毛、髪など一切がチャオペンディンの財産だった。チャオペンディンは封建統治の地位を維持するため、86％の土地を農民に耕作させ、負担の重

景洪市の近くの瀾滄江

い農奴とした。ここで生活していれば、「水田を耕し、負担を背負った」。田を耕していなくても、チャオペンディンに対して「水を買って飲み、道を買って行き、家を買って住み」、死んでもなお「土を買って顔にかぶせ」なければならなかった。チャオペンディンの家の奴隷は各地の村に住み、チャオペンディンの馬の飼育、草刈り、象の飼育、輿担ぎ、武器運び、送迎、海苔とり、火焚き、食事係など専門的な労役を負担した。さらには大便を拭うための棒を磨いたり、葬式をするためだけの村もあった。

　現在では、こうした歴史は過去のものとなった。しかしシーサンパンナの多くのタイ語の地名や村の名前にはこうした歴史の足跡が記録されている。勐海、勐拉、景洪の3県にはすべて曼賀という所がある。タイ語で「マン(曼)」は村、「へ(賀)」とは槍、すなわち「槍を持つ村」を意味した。かつて、チャオペンディンと各勐土司が地方で巡回、視察を行なった際、その威厳と力を示すため、村人に槍を持たせ、道を開けさせたのだという。

　景洪市嘎洒鎮の曼勐は、かつてもっぱらチャオペンディンのため銅鑼を叩いた村だ。「曼」は村、「勐」は銅鑼、つまり「銅鑼の村」という意味である。指導者のチャオペンディンが村へ出掛けると、村人はチャオペンディンのために銅鑼

瀾滄江

を叩いて興を添えた。

　嘎洒鎮にはさらに曼丟（マンティウ）という村があり、「ティウ（丟）」とは「物を持つ」という意味である。つまり「曼丟」は「物を持つ村」、という意味だ。かつてチャオペンディンが村を巡回する際、妻や子供など多くの人馬を連れていった。妻や子供が着替えるための衣服やその他の必要なものは、およそ曼丟の人々が来て運んだという。さらに嘎洒区の「曼列（マンリエ）」はもっぱらチャオペンディンの象を飼育し、人々に見せるための村であったため、この名前がついた。

現在の景洪の街

　当時は紙がなかったためチャオペンディンは小さな竹片で大便をぬぐった。竹片がちゃんと削られていないと、肛門を傷つけることがあった。そのためチャオペンディンはある奴隷村に専門的にこの竹片を制作させた。「曼再（マンツァイ）」の「ツァイ（再）」は、「世話人」という意味を持つ。景洪市郊外の「曼听（マンティン）」は昔、専門的にチャオペンディンのために花や果物を栽培した奴隷村である。ここの花や果樹は豊富で、専門的に身分の高い人々が遊ぶための花園を提供した。現地の「松翁然」は北京にある故宮の「御花園」に相当した。

　タングラ山から出た瀾滄江は果てしなく長い距離を流れ、シーサンパンナ全域を西北から東南へと縦断する。シーサンパンナでは森林がまるで緑の波のようだ。天然の森林、冬にも枯れない竹、人工的に植えられたゴム、バナナ、ホオ

ズキなどが集まって、幾重にもなる植物群を形成する。瀾滄江は、熱帯雨林の中を奔流し、陽光のもと川面はキラキラと揺れ、まるで翡翠にはめ込まれた銀の首飾りのようだ。川の中には時折、岩礁がそびえ、波に隠れる猛獣のようだ。両岸には奇怪な形の岩が林立する。川は平坦な河谷や、深い峡谷を通り抜け、左右にぶつかり波を立て、渦巻く。舟は辛うじて岩をかすめて通り過ぎ、石に止まった鳥が驚いて飛び立ち、ギャアギャアと鳴く。

　シーサンパンナは瀾滄江が通る中国国内最後の土地であり、シーサンパンナ

景洪の瀾滄江畔にある古い渡し場

の州都である景洪（ジンホン）は瀾滄江流域で中国最後の市レベルの都市である。厳密に言えば、瀾滄江本流が流れる地級行政区レベルの首府は上流のチャムド（昌都）と下流の景洪のみである。この2つの都市は、あたかも天秤棒をかつぐように、瀾滄江両端にぶら下がり、険しい山々が強い腕で棒の中間を支える。

　瀾滄江は景洪壩子（はし）に入ると足取りを緩め、川は穏やかになり、景洪を2つに分ける。流れに沿って下ると、数十kmは激流や険しい岩はなく、奇怪な岩も見られない。両岸には砂浜と水面から十数mの高さまでの段丘が張り出している。タイ族の女性が川辺で洗濯し、水浴びをし、海苔を採っている……キラキラと光る波間で、それはうっとりするような風景だ。

　瀾滄江は景洪壩子の格別の好意を受けたようで、景洪市も西南地方の輝く宝

瀾滄江

石となった。景洪は古くは景永（ジンヨン）と呼ばれ、さらに昔は車里（チャリ）と呼ばれた。西漢の時代、景洪は哀牢国の領地で、東漢の時代には永昌郡の地であり、宋の大理の時期、1180年には地方政権「景隴金殿国」が建てられた。この国はシーサンパンナの首府として800年以上の歴史を持った。

　景洪は瀾滄江下流の重要な位置にあるため、中国西南と東南アジア連結の要であった。水陸路の出入り口となる道をそなえ、古くから「漁塩の利、貿易の便、車里にかなうところはない」と言われた。

　美しい地方には、自然と多くの美しい伝説が生み出される。

　景洪はタイ語で「黎明の町」（ジンホン）、という意味だ。「チェン（ジン）」は（北方の）町、「ホン」は黎明だ。敬虔な仏教徒であるタイ族の伝説では、釈迦が夜、この地を巡洋していたのがまさに黎明の時分であったため、この場所を「景洪」と名づけたという。タイ族はさらに別の民間伝説も持っている。昔ここは海であったが、その後、海水は枯れ、美しいオアシスになった。タイ族はこの地に田を開き、豊かなふるさとを建設した。だが森には悪魔がいて、タイ族の繁栄を見て嫉妬した。悪魔は血なまぐさい戦争を仕掛け、農作物を踏みつけ、竹の家を焼き、椰子の木の上にあった夜光石を奪い去り、街を暗黒の廃墟にした。暗黒の地獄では暮らせないとタイ族の人々は光を追い始めた。ある知恵のある青年が、人々を率いて森に攻め入り、悪魔は瀾滄江に逃げた。青年は川辺まで追うと、自分の身を顧ずに滔々と流れる大河に飛び込み、悪魔と7日間戦い、悪魔の喉を引き裂いて夜光石を奪い返した。青年が夜光石を持って水面に出ると、まるで日の出のように、再び光が田畑や竹の家を照らした。そのため、ここには景洪──黎明の城（町）という美しい名がついた。

　黎明の町は、瀾滄江とその支流が縦断する景洪壩子にある。景洪壩子の東側は瀾滄江の奔流で、西には流沙河が横に貫く。南部には南凹河とその支流が北流している。壩子は海抜わずか553ｍで、年間平均気温は21.8℃、降雨量は約1196.6㎜だ。海抜は低く、気温は高く、降雨量は多く、水利資源は豊富である。地形は平坦、土壌は肥沃なため、4万畝[80]以上の水田が滇西南の重要な食糧庫となっている。また、数え切れないほど豊かな熱帯の商品作物は「植物王国」の重要な窓口である。ここは既に人口の集まる地域となっており、またタイ族の主要な居住地区の1つである。平地に暮らすタイ族

註
80…約2700ha。

の数は数万人で、彼らの暮らす美しい竹の家が、竹林と果樹園の中に見え隠れする。景洪は耕すにも、住むにも、見るにも、遊ぶにも素晴らしい恵まれた場所である。

歴史的に景洪の町は何度も繁栄を経験してきた。「景隴金殿国」の王府、「徹(車)里軍民総管府」、「車里宣慰使司」、「普思沿辺行政総局」はみな景洪で、高々と反り返った伝統的な屋根が見られる。20世紀前半、景洪はまだ都市の様相を呈していなかった。人は少なく、荒れた籐が生い茂り、虎や狼が出没した。新中国の建国後、景洪はまさに黎明を迎えた。特に改革解放以後、景洪の様子は日々変化し、黎明城の名にふさわしい。

現在の景洪は全国的にも人気の観光都市となっている。しかし新しい建築を見ると、まるで中国内地の都市と変わらない。他の多くの都市にも見られる似たり寄ったりの凡庸な建築が街の個性を殺いでいる。ただ景洪には熱帯雨林の緑があることがせめてもの救いだ。街に入ると、青々とした緑が迎え、爽やかだ。「南国美女」の誉れを持つ椰子の木は、沿道にほっそりと美しく立っている。「世界油王」と言われる油ヤシは、甲冑を付け、大通りに緑の巨大な傘をかぶせる。スリムで背の高い檳榔樹(びんろうじゅ)、背が低く荒々しい蒲葵樹(びろうじゅ)、でっぷり太った大王ヤシ、髪を振り乱した董棕(クジャクヤシ)。まるで現地の多民族の迎賓隊のように、手を取り合って道端に並ぶ。景洪の街に入ると、熱帯植物園に入ったように感じる。

景洪には多くのホテル、医科院薬植所の雲南分署があり、雲南省熱作所、雲南霊長類動物センターなどの科学研究、資源開発利用と観光用滞在機関が一体となった科学研究機関がある。また民族風情園、曼聴公園、版納楽園、孔雀湖公園、水上世界、濱江大道など辺境諸民族の特色と熱帯雨林の景観を備えた公園・テーマパークに加え、食品街もある。瀾滄江大橋を跨いで街を出ると、新しい「森林公園」が待ち、そこでは熱帯雨林の神秘を味わうことができる。

景洪郊外の村をそぞろ歩くと仏教国に迷い込んだ気がしてくる。仏教を信奉するタイ族の村では、竹の家に趣があり、古色豊かな仏寺と仏塔が立っている。著名なビルマ寺、たとえば曼聴村境内の曼聴仏寺、川北の曼閣仏寺、嘎棟郷の曼典仏寺、曼鴦典仏寺、嘎洒郷の曼湾仏寺、嘎棟郷の曼広龍仏寺などがあり、これらの仏寺の周囲には必ず大小の寺がともにある。香火がたちこめる寺と村は、風にゆらめき、神秘の深淵を増している。

瀾滄江

タイ族の
少年僧たち

あわただしく川沿いを一路下ると、ほどなく瀾滄江、怒江が
国境を越えるあたりにたどり着く。
国境を越えれば2本の川にはメコンとサルウィンという新しい名が待っている。
まるでもうすぐ遠方に嫁いでゆく2人の新婦のように、彼女たちの心中は揺れ、複雑だった。
ここからは、幼い頃から慣れ親しんだ家から突然、
すべてが新鮮で目新しいものに変わるだろう。

## 第9章 ふるさとを振り返って

1歩進むごとに3度振り返り、目に涙を浮かべ、家の前や後ろにまわって、
撫でさすらずにいられなかった。布人形を拾いあげ、ぎゅっと顔に押しつけなでる。
ふるさとのものは一切、善くも悪くも、
正しくとも間違っていようとも、とても別れがたかった。

### 9……1
# 地下の宝が与えたもの

**鉱物資源**..........地質学者によれば、ユーラシア大陸、インド洋、太平洋という3大プレートの結合部にまたがるこの地域の土地はたいへん特殊だという。ここではいくつもの地質時期の複雑な構造変動、頻繁かつ広範囲な火山とマグマの活動、さまざまなタイプの堆積などによって、多様な鉱物を含む鉱床が形

9—1 地下の宝が与えたもの

―・―・― 国境
――――― 省境
……… 山 山脈

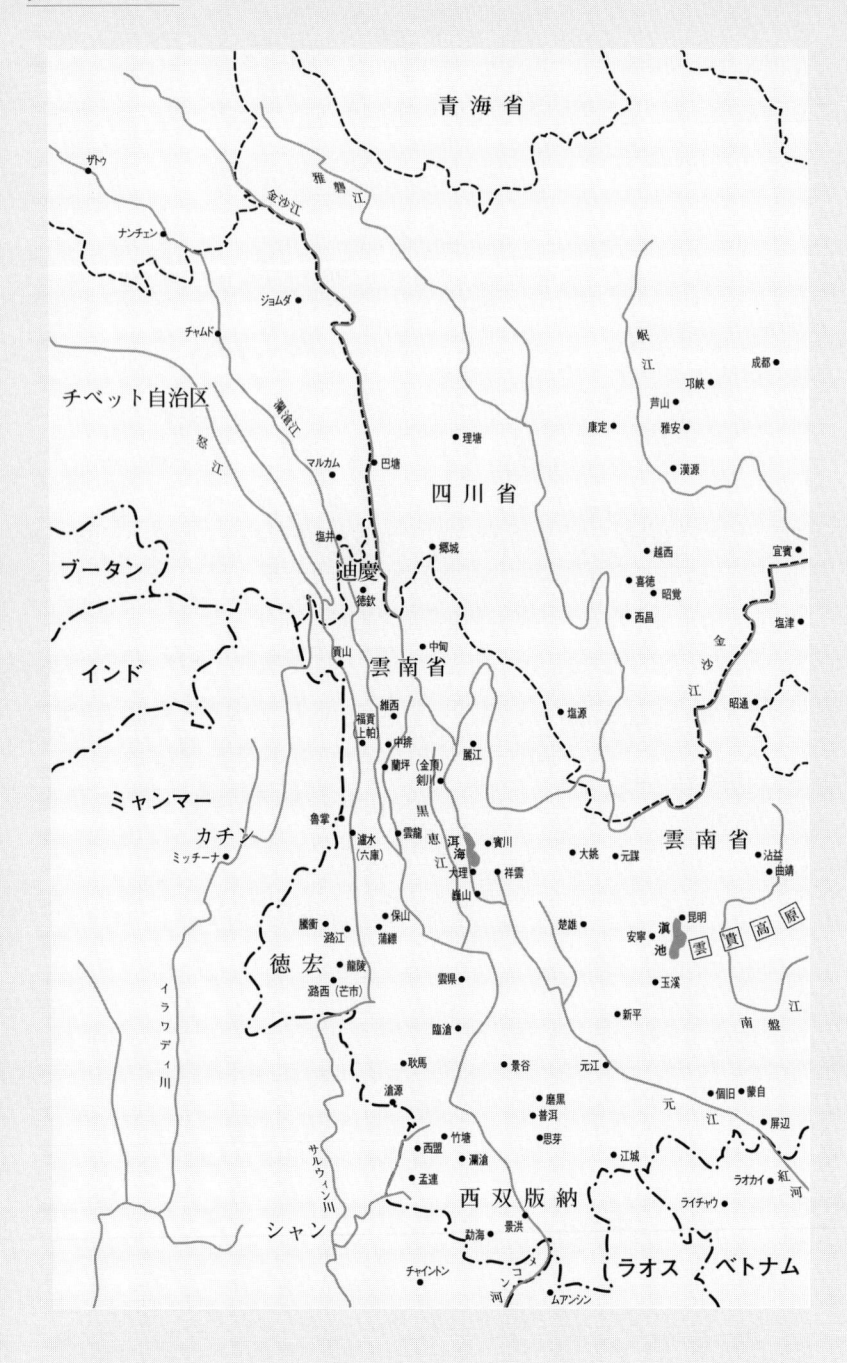

第9章……ふるさとを振り返って

成された。これこそ瀾滄江、怒江、金沙江の流れる雲南省を中心としてチベットの東部、四川省の西部までを含む広大な大地である。

雲南といえば「植物王国」や「動物王国」と呼ばれるほか、「非鉄金属王国」という称号もある。非鉄金属はしばしば貴金属や稀少金属とともに眠っている。神はあたかも故意にその平地のないでこぼこな地面の欠点(実のところそれは必ずしも欠点ではないのだが)を補おうとしたようで、このあたりの地下には大量の価値ある物質が埋蔵されている。1994年末までに発見された鉱物は全部で142種類あり、ほとんどが現在、世界で知られる有用な鉱物資源だ。現在、埋蔵量が調査された鉱物は92種類で、そのうち54種類が全国における埋蔵量のランキングで上位10位までに入る。中でも鉛、亜鉛、錫、クロム、ゲルマニウム、ストロンチウム、タリウムなど7種類の埋蔵量は全国第1位で、3位までに入るものに銅、銀、燐など25種類の鉱物がある。雲南省全体で現在、1274ヵ所の鉱山がある。

瀾滄江と怒江の中下流の地下に眠る鉱物資源は種類が多く、密度も高く、埋蔵量は大きい。たとえば鉛、亜鉛、鉄、ニッケル、銅、錫、コバルト、クロム、金、銀、岩塩、カリ岩塩、ナトリウム塩、希土類、アスベスト、石炭などすべてに巨大な商業開発の価値がある。

まずここでは雲南省の資源埋蔵量が全国1位の鉛と亜鉛について見てみよう。鉛と亜鉛は大部分が雲南西部に分布し、瀾滄江、怒江沿岸の蘭坪(ランピン)、徳宏(ダホン)、瀾滄(ランツァン)などが重要な鉱床だ。蘭坪金頂鎮の鳳凰山はわずか3.2km²の土地を占めるだけだが、なんと1531万トンの鉛鉱と亜鉛鉱が埋蔵され、全省埋蔵量のおよそ70%を占める。銀、ゲルマニウム、ストロンチウムなども合計で100万トン以上埋蔵される。

その他にも蘭坪には富隆(フロン)、回龍(フィロン)、下甸(シャデン)、石登(シタン)などの鉱山があり、さらに少なくとも銀、銅、鉛、アンチモン、ストロンチウムなどの中型の鉱山がある。蘭坪は世界的にもトップレベルの埋蔵量を誇る鉱山で、「非鉄金属王国」の帝王だと言う人もいる。

思茅(スマオ)は金の埋蔵量が雲南省第1位、鉄鉱石も豊富で、第3位である。保山(パオシャン)や思茅などにも大中規模の褐炭鉱山がある。雲母は怒江と貢山(コンシャン)に広く埋蔵され、維西(ウェイシ)ではオイルシェール[1]が見つ

註

1……石油頁岩。石油を採取できる高分子有機化合物を含む堆積岩。

蘭坪県の
金頂鎮鳳凰山には
巨大な鉛や亜鉛の
鉱床がある

　かった。紅河の畔はかつて「錫の都」と呼ばれた。ここは中国最大の錫の産地で、漢代から現在に至るまで採掘が行なわれているが、次第に老化し、既に枯渇してきている。北は濾水(ルシェイ)の石缸川から、南は西盟(シモン)の大黒山までの地域で新たに発見された13の錫の鉱床は、埋蔵量が大きく、現在調査が行なわれているという。近い将来、ここが再び「錫の都」となるかどうかはまだ定かではない。

　2本の大河をさかのぼれば、チベット東部に到達する。ここの分厚い地面にもやはり多くの宝が埋まっている。地質学者はチャムドには鉱物が生み出されるのに良好な条件があると言う。既に金、銀、銅、鉄、アルミニウム、錫、クロム、モリブデン、ウラン、雲母、水晶、塩、大理石、石灰石など、100種類近い鉱物資源が発見されている。中でも銅は豊富で、江達の玉龍(ジョムダ ユロン)を中心として、貢覚、芒康(マルカム)までの長さ300km、幅10kmの範囲では800トン余りの銅が発見され、4000万トン以上の埋蔵量が予測されている。玉龍だけで650万トンの埋蔵量が

鉱山区でもくもくと
煙を出しながら
ひしめく工場

あり、中国で2番目に大きい銅鉱である。他にもモリブデン、鉛亜鉛、錫、鉄などの鉱山があり、中でもモリブデンの埋蔵量は15万トンにのぼる。また炭田が6ヵ所あり、埋蔵量は7億1600万トンと推測され、チベット自治区の埋蔵量の半分を占めている。

## 社会進歩と鉱物

2本の大河両岸の民族が鉱物を採掘してきた歴史ははるか昔にさかのぼる。

　瀾滄江支流の黒恵江畔の大理ペー族自治州剣川県海門口(ハイモンコウ)では、銅と石を併用する新石器遺跡が発見されている。ここの1000点近くの出土品には、まさかり、斧、鎌、鉤、鑿(のみ)、針、錐、腕輪などの銅器26点が含まれ、他にもまさかりを作るための石の鋳型や銅鉱石、鉱滓(スラグ)などが見つかった。どうやらこれらの青銅器は現地で作られたもののようだ。鑑定を経て、製作時期はおよそ紀

瀾滄江・黒恵江

元前12世紀、商代の末期、現在からさかのぼること3200年前後のものと分かった。これは鉱物を精錬して作られた銅器としては雲南最古のものである。精錬、鋳造、工芸品の製作は既に高度な水準にあり、特に多数の紅銅は、意識的に適当な割合の錫を混ぜ銅器の質を硬くしていたことからも、成熟した青銅器文化があったことが分かる。当然、鉱物の開発や精錬が始まった時期は、これより前にさかのぼることができるはずだ。

歴史学上、一般には青銅器の出土は「原始」時代から「文明」時代へ移行する際のシンボルとされる。わたしは人々が意識的に金を探し、使用し始めた頃の人の心理、文化は今とそれほど大きな差があったとは言えないのではないかと思う。今日でも、人々はやはり金を崇拝するだろう。永昌郡の『華陽国志・南中志』にはこう記されている。「博南県……金砂があり、火で溶かされ黄金となる」。少なくとも東漢の時代から人々は瀾滄江河畔で金を求め、生産していた。やはり人による金の生産もまた大河のおかげで始まったのである。

瀾滄江、怒江の隣を流れる金沙江は、流れに含まれる砂金からその名がついたと言われる。瀾滄江、怒江は金にまつわる名こそ持たなかったものの、やはりこの2本の大河でも流れには黄金が揺れ、流域の山にも金の粒がきらめいていた。20世紀に出版された『新纂雲南通志』はこう記す。「滇は金鉱を産む。太古の片麻岩や花崗片岩を多く埋蔵し、山金（シャンチン）または線金（シェンチン）と呼ばれる。長い間の風化により山の金は岩から分解され、水に流され、石英の粒にはさまれて下り、砂金となって堆積した。それらをすくい出し、水銀を用いて精錬し、金塊とする。雲南での砂金取りは、おおむねこのように行なわれる。その金の源をさかのぼれば本物の母鉱を見つけることができる」。もちろん、より正確に言えば、「母鉱」はどこか1ヵ所に集中しているようなものではなく、多くの山河のひだの間に存在していた。

瀾滄江の一級支流である黒恵江畔には、金坪（チンピン）という村があり、もとは栗坪（リピン）と呼ばれていたが、現地で黄金が産出されることからこのように改名された。村の近くで産出される金は粒が大きく、純度も高く、非常に評判が良かったという。伝えられるところでは、数百年前に現地を通りかかった隊商が小川で米を洗っていた時、流れの中に砂金を見つけ、そこに留まって採金場を開いた。その後、噂を聞きつけて外から金を求める人々が押し寄せた。小川をすすぎ、山

を掘り、一時は異常な熱気に包まれ、あたかも同じころアメリカ西部で起きた「ゴールド・ラッシュ」の情景のようだったという。

　今も金坪村か周辺の荒野には外地から金を探しに来た人々の墓が残され、谷には金鉱を掘った坑道と水を流した溝が残る。村の老人たちは今でも時々、民国28年（1939年）、現地で災害が発生した時のことを話す。当時、食糧の値段が高騰し、人々は川の砂金取りで収入を得て飢餓をしのいだという。

　地下資源の開発が、現地の社会進歩を加速させるということは誰にも否定できない。怒江州には4つの県があり、19世紀中葉に入っても怒江両岸の貢山、福貢、瀘水の3県にはまだ広く奴隷制が残り、封建制へと移行しつつある段階であった。人々はこの地域が辺境であるため遅れていたのだという。しかし碧羅雪山の東側、瀾滄江河畔の蘭坪県では、意外にも社会の発展の程度は、既に中心により近い地域と同程度になっており、広く見られた封建地主制にもはっきりと資本主義経済の萌芽が現れていた。また、蘭坪は国庫税賦の重要な提供者でもあった。両者の発展段階の違いがこれほど大きかったのは、いったい何が蘭坪に作用したからであろうか？　言ってみれば、それは「鉱」の1文字であった。蘭坪には大量の鉱物資源があり、鉱山開発の歴史があった。

　蘭坪の歴史を紐解くと、どうやら常に鉱物によって牽引されてきたようだ。街がもっとも栄えたのは、鉱山開発がもっとも盛んな時期であった。清の乾隆、嘉慶、道光年間の頃、回龍の工場の1つで銀を年間2万両から3万両も生産し、銅の産出量も最高で10万斤[2]余りに達した。

　瀾滄江近くの中排郷小龍村にあった富隆の銀と鉛の鉱山はさらに栄え、現地の文献に「数百の炉が発する火と光は、烟川対岸の村人が夜、道を行く時に灯をともさなくともよいほどであった。濃煙は天日を遮り、鷹さえもそれを飛び越すことができなかった」と描写された。

　蘭坪の回龍、富隆などの鉱山は明代には麗江の土知府[3]である木氏一族が独占しており、朝廷に人を派遣し、貢物を納め、徴用に応じるという3つの義務を負っていた。しかし、嘉靖39年（1561）年からは白銀を納めるという義務が特別に加わった。最初は年に850両ほどを納めていたが、清の宣宗の時代（1821〜50年）には3400両余りを課せられた。税賦の記載は歴史上、中央財政に徴収されたすべてを反映しているわけで

註
2……50トン。
3……現地の土司。知事に相当。

はないが、こうした数字からも、山深く人口も稀少で、北面と西面はまだ原始社会に属したこの小さな街が、国に対して大きな貢献をしていたことが分かるだろう。

　瀾滄江下流の思茅市瀾滄県にはラフ族が暮らす。ここの竹塘郷には寡乃（グァナイ）という古い銀工場があり、600年近くの歴史がある。街が栄えていた頃には、毎日367基もの小さな炉が精錬し、大量の銀を生産した。精錬によって出された鉱滓を洪水が押し流した後でも、まだ大きな鉱滓の山が残されていたほどだったという。鉱山の作業員はラフ族、ワ族、回族、漢族など各地からやってきた農民だった。各民族はそれぞれ（もしくは他のグループと共同で）集会所を設けたため、鉱区には寺や会館が林立した。当時、工場の人々が集まった西岳寺はたいへん立派で、毎年、祭りをしては劇の上演が行なわれ、大いに賑わいを見せたという。

　何億年もの間地下に眠っていた鉱物資源が人々の手により目覚め、その笑顔を見せた時、生み出す魔力は測り知れない。鉱物は大河と山の間に集まった各民族の文化を溶けあわせ、社会経済の進歩を後押しした。

## 鉱山開発の負の影響

しかし物事には常に二面性があることを忘れてはならない。地下の宝を開発し、その恩恵を得ることはもちろん悪いことではないが、常にそうであるとも言い切れない。わたしの手元にある資料によれば、寡乃の古い国有工場では1958年の「大躍進」のかけ声の中、再び投資と生産が行なわれた。3年間で工場では545人が負傷し、1225人が鉛中毒にかかった。近くの農村の牛も鉛中毒が原因で大量に死に、3年間の賠償だけで10万元以上の損失が出たという。これらはすべて明らかになったものだけで、他にもどれだけ闇に葬られたケースがあることだろう。おそらくそれらは永遠に闇の中で歴史に記録されることもないだろう。

　1980年代末、わたしはかつて中国最大の「錫の都」であった街の古い鉱山でフィールド調査を行なったことがある。現地ではひと山当てて金持ちになろうという夢に浮かれた人々が、鉱山開発の大行列へと加わっていた。錫の都の鉱

雲南省思茅市瀾滄

鉱山区に戻る車は
跡を絶たない

山は長期にわたる開発により既に古くなり、山の奥深くへ行くほど人が集まっていた。そこではいくらか資金があり、手立てのある人々が、何の手立ても持たずに遠くから来た人々を労働者として雇い、小さな工場を開いていた。経営者たちは毎日、坑道の入口に大きな板の秤を置き、秤の前に椅子を置いて座った。彼らはまず秤で労働者1人1人の体重を計り、記録した後、番号をつける。労働者は1人ずつ籠を背負って洞窟に入り、しばらく待つと籠いっぱいに鉱物を入れて出てくる。経営者たちは再び彼らを秤に登らせ、人も鉱物も一緒に目方を計る。この時の労働者は、頭から爪先まで泥だらけで、まるで泥人形だった。ただ目だけがギョロギョロ動くので、それが生きた人間だと分かるのだ。

瀾滄江・怒江

管理者は番号から労働者の背負ってきた鉱物の量を記録し、賃金を計算した。

工場の経営者たちは掘り出した鉱物を近くの国有の鉱山会社に売り、莫大な利益を得た。国有企業では既に鉱石が枯渇し、機械設備も暇をもてあましているだけだったので、やむなく高値で買い取った。当時、国有企業も投資をして、別の鉱山に通じる新しい道を開き、自分たちの採掘機械を用いてまた新たに鉱山資源を開発しようとしていた。だが、小さな工場の経営者たちはあろうことか、結託してその道路をずたずたに壊してしまった。この切断された公道は、わたしの脳裏にまだ鮮明な印象を残している。

数年後、わたしは怒江の蘭坪を訪れ、この世界的な鉛と亜鉛の鉱山でも同じようなことが起こっているのを発見した。現地の国有企業も同様の悩みを抱えていた。成金の懐が急速に膨らむにしたがい、青々とした森林は消え、腹をえぐられた山は崩れ、廃棄された鉱滓が山のように積み上げられていた。沘江の川床にも数mもの鉱滓がうず高く積まれ、その毒により川の中の生命はほとんど死に絶えていた。

山は満身創痍で、川の水は嘆息している。

実は、上に述べてきたことはすぐに分かる問題に過ぎず、実際には1度や2度見ただけでは分からない多くの問題が存在している。たとえ問題がなにか分かったとしても、人類が歴史の慣性を止められるとは限らない。わたしはかつて雲南のいくつかの古い著名な銅の生産地に足を運び、これらの場所がみな共通点を持っていると感じた。山はツルツルに禿げ、緑がなく、生態環境が劣悪であるという点だ。最初、わたしはそれと鉱山開発とを関連づけることができなかった。しかしその後、銅を生産する小さな鎮の地方誌を読んでいて悟った。かつては、1トンの銅を製錬するごとに100トンの木材を伐採して木炭を作る必要があったのだ。数百年にもわたるこうした開発と伐採の中で緑が残ることなど可能だったわけがない。

もし神の目ですべてを見ることができたら、神の感想はどのようなものだろう？　創造の神は、なぜこれらの宝を地面の下に埋めたのかと後悔するだろうか？　まさか、人類はただ利益のあるところにぞろぞろ群がるだけで、遠くを見通し、孫子の代のことを考える思考力がないというわけではあるまい。

こんなことを考えると哀しくなるが、川沿いを歩いているうちにまた自分は

少し悲観的すぎるのではないかと感じてくる。古代の人々もまた、理性があり、遠くを見通す力のある人々ではなかったか。寡乃の銀精錬工場の龍王廟には、かつて孟連宣撫司[4]が建てた石碑があり、「古木を切った者には、銀3両6銭の処罰を与える」と明確に記されている。また大理市風儀鎮の湯天村には、2度金の生産を禁じた碑文が残っている。この村は金を多く産出し、大きな利益を得ていた。しかし清代になってここは地方政府によって2度閉鎖された。最初の閉鎖は康熙24年（1685年）で、次の閉鎖は乾隆43年（1778年）であった。おそらく1回目はうまく実施されず、2回目に再び試みられたものであろう。2度の閉鎖の理由は簡単だった。金の精製が人々の農業への意欲を阻み、しかも農作物に有害で、利よりも害が大きかったからである。

　わたしにはこうした禁止令が結局どのように実施されたのかを探るだけの力はない。しかし、わたしはこうした意識がないよりははるかに良かっただろうと思う。人はけっして、この時、この生、この代のためだけに生きているのではないのだ。

## 9-2 滋味あふれる流れ

**製塩**……………瀾滄江、怒江、金沙江が流れる山岳地帯は、1億8500万年前の中生代三畳紀には大西洋と太平洋を結ぶ古地中海（テチス海）であった。三畳紀からジュラ紀までの長い地質年代に、多くの地殻運動が海の退潮と海浸作用を生み、ここに大量の塩質が岩塩となって堆積した。この地域に暮らした民族は古くから天然の岩塩を採掘し、利用してきた。実際、大河流域の岩塩の埋蔵量は多かった。地質データによれば雲南省の岩塩埋蔵量は全国2位であり、思茅（スマオ）、シーサンパンナ、大理（ダリ）、楚雄（チュシヨン）の4地区／州は特に多く、中でも思茅は雲南省全埋蔵量の90％以上を占めている。上述の4地区／州のうち3つは主に瀾滄江中下流に、1つは金沙江流域に位置している。岩塩鉱の塩化ナトリウムの平均含量は60％以上で、中には90％という高いものもあり、巨大な開発価値を有し、塩化学工業の発展に明るい未来を示している。

　瀾滄江と金沙江は古くから「味わい深く」流れていた。2本の

**註**
4……土司の役職名。

瀾滄江畔の塩田

　川の甘く澄んだ流れの背後には、流域で昔から開発されてきた食塩の産地が広がる。わたしは茶馬古道、南方シルクロードなどの古道はもっとも早くには主に食塩の流通ルートだったのではないかと考えている。古道沿いに残る地名、たとえば塩井、塩道、塩源、塩津、塩辺、塩興、塩豊などは、史籍資料の記載から漏れてしまった歴史をそっとわれわれに伝えている。

## 昆明人

　瀾滄江流域では誰がもっとも早く天然の岩塩を発見、利用したのだろうか？　おそらくそれは古代羌族系の人々——昆明夷（「夷」には蔑称の意味があるので「昆明人」と呼ぶのがよい）であろう。「昆明」はまた「昆弥」とも書く。これは古代羌族の言葉で「雪山の人」という意味だ。昆明人はもっとも早くはチベット高原の源流地帯に暮らす羌族であった。古代羌族文化の発祥地、擁州[5]には2つの大きな塩田がある。1つは青海湖の西に位置する都蘭県（現在の雲察卡塩海）で、もう1つは黄

註
5……現在の陝西省・甘粛省・青海省にかけての地域の古代の名称。

蘭坪県の喇鶏塩井の鉱工場

　河の源流、ザリン湖の東（現在の雲哈姜塩海、青海省マトゥ県）である。この地域の塩業は、どうやら早期の住民たちの採塩、製塩、塩貿易などの伝統により作りあげられたようである。秦漢以後、古代羌族の１グループである昆明人は黄河の畔を離れ、瀾滄江の最上流に移動した。昆明人は遊牧をする一方、塩の泉を追って暮らした。遊牧と採塩は一見なんの関係もないようだが、実際には有機的につながっていた。昆明人の塩湖畔での放牧は塩鉱を探すのに役立った。昆明人は「牛羊が地を舐め、追っても去らざれば、その下に塩あり」と、牛羊に頼って塩鉱を発見したのである。今でも多くの塩鉱の地でそうした話が伝えられている。

　昆明人が瀾滄江に沿って南下すると、最初にチベットのチャムド（昌都）東北、ジャリンドォ（察零多）の塩泉にやってくる。現地では塩の採掘が行なわれ、チャムドの諸民族が集まって、東女国[6]文化が形成された。その後、昆明人は瀾滄江に沿って南

註
6……古代西羌族の１支で、南北朝から唐にかけて出現し、女性を国王とした女性中心の国。

瀾滄江

へ移動したようで、雲南とチベット境にあるチャチュカ(現在のチベット自治区マルカム県塩井)、四川とチベットの境にある昆明城(現在の四川省塩源)などには、長期的にわたり塩を採掘した跡が残されている。その後、昆明人は再び叶楡(大理)の洱江地区に拡散し、金沙江、瀾滄江やその支流である蘭坪川、洱江河谷、黒恵江谷などで多くの塩泉、塩鉱を発見し、採掘した。昆明人の人口は多く、分化しながら各地に移動した。その移動範囲は邛[7]の南から洱海地区、さらに東の滇池一帯までだったと見られる。昆明人はどこへでも食塩開発と経営の技術を持ち込み、滇中の安寧にある塩井でも発掘と経営を行なった。元代には昆明人は既に大量に滇中に居住しており、元13年(1276年)まで現在の雲南省昆明市一帯に暮らしていた。

　今では国際的な大都市になった昆明は、昆明人からその名を得たのだ。昆明人は内陸地域の高原でもっとも早く大自然の恵み――食塩を握った。食塩を侮るなかれ。食塩は人類の生存と深く関わり、人が集まるための必要条件であった。内陸地域では食塩は農産物や魚介類のように栽培や養殖によって生み出すわけにいかず、産地と採掘技術の制限のため、多くの地域では自給できず、交換によってようやく手に入れることができた。その上、人体の食塩摂取量には限度があるため、欠乏してもいけないが一度に摂取して蓄えることもできず、不断に補充しなければならず、常に市場で買ってくる必要があった。製塩者にとっても塩鉱は自分たちだけですべてを消費するのではなく、やはり他の生活に必要な物資と交換するためのものであった。こうして食塩の生産は市場の需要に支えられ、市場開拓の原動力となった。また生産地と消費地の間には一定の距離があるため、運搬と販売を負担し、生産と消費を結ぶ人が必要であった。つまり塩は交易を促進する役割も果たした。食塩の取引はおそらく山と大河の間でもっとも早く行なわれた商業活動であっただろう。瀾滄江は歴史的に見て、怒江より集落が発達し、文化も進んでいたが、おそらくこれには食塩が相当の役割を果たしたのであろう。

**塩の産地**………瀾滄江流域には、早くから多くの塩の産地があった。たとえば中上流地区の著名な塩井には喇鶏井(ラチジン)、老姆井(ラオムジン)、高山井、諾鄧井(ヌオタンジン)、石門井、大井、天耳井、師井、順蕩井(シュンタンジン)、宝豊井、金泉井、白井、

註
7……現在の四川省。

喬后井、弥沙井などがあり、下流一帯には磨黒井、按板井、香塩井、益香井、石膏井などがあった。塩井の付近には食塩貿易の集散地があって、道が放射状に広がり、遠近から人々が集まった。中流の支流、沘江の近くの雲龍は、製塩と塩の交易で有名な古い町で、早くから著名な八大塩井があった。西漢時代には比蘇県が設けられたが、「ビス(比蘇)」はぺー語で「塩の人」という意味で、沘江にも「塩の川」という意味があった。

塩井から生産された塩は通常、塩水を煮詰めて塩を粒状にした後、筒塩または鍋塩に成形する。鍋塩は薪を燃やしてさらに煮詰め、水がなくなると塩が鍋底にたまってできる。硬く、馬やラクダ、人の背に乗せるのに都合がよく、山道での長旅を経ても砕けない。しかし煮詰めるために消費する薪は多く、コストがかかる。筒塩は鍋桶で塩井から取り出した塩水を塩の粒にした後、かまどの灰や土と混ぜ、円筒形にしたものだ。薪の使用量も少なく、背負う際には竹籠や稲草などで包まなければならないが、塩は灰や土と混じって灰色で、鍋塩よりも安い。しかし一般にはやはり鍋塩が好まれ、喇鶏、弥沙、磨黒などの塩井から生産された鍋塩は遠近に名を馳せた。

古くから今日まで食塩によってどれほど多くの富豪が生まれただろう。秦が六国[8]を併合した後、六国の大商人は次々と蜀や滇に移された。これらの大富豪は「家に塩銅の利あり、山河の材を有し、暮らす人は多く、富をなした」と言われる。たとえば秦の役人、呂不韋は瀾滄江、怒江流域の永昌郡(保山)に左遷させられ、政治的には将来をあきらめたが、一転、現地の資源を利用して製鉄と製塩に従事し、「富めること奴隷1000人、田や池で猟を楽しむこと皇帝のようであった」と言われるほど成功を収めた。漢代には瀾滄江支流の沘江畔の比蘇(雲龍)塩は遠近に名を馳せた。雲南とビルマが接する広大な地域で運搬、販売され、食塩貿易を契機に中国とビルマ、インドなど南への一大通路が形成された。

**紛争の種**..........より近代に近い例では、怒江の福貢一帯で最大の奴隷主であった梅阿朵も塩の力で財をなした。清の道光年間、福貢の上帕一帯は、蘭坪土司の管轄下にあり、各農家は1団(200g程度)の黄連[9]を門戸税として納めなくてはならなかった。

註
8......魏、楚、韓、斎、趙、燕。
9......胃薬や下痢止めなど漢方薬の原料となる多年草。

澜滄江畔に暮らす
ナシ族の塩井の骨組み

黄連がなければ、獣皮、干し肉など山の産品を納める必要があった。当時、一家は焼畑を行ないながら、山を移動し生計を立てていた。黄連の栽培地がなかったため、生活は苦しかった。門戸税を払うため、兄弟3人はたびたび高黎貢山の西の独龍江山で野生の黄連を探した。ある時、黄連が足りなかったため、3人は再び蘭坪の土司に戸税を納めに行かなくてはならなかった。こうして2回往復した時、3兄弟は独龍江一帯は黄連を多く産するが、食塩が取れないことに気づいた。現地のドゥロン族は大量の黄連を必需品である少量の食塩と換えていた。そこで3人は担いできた獣皮などを蘭坪で塩と換え、それを独龍江まで背負っていって黄連と交換した。蘭坪で1斤[10]の黄連と交換した食塩は、独龍江では10斤余りの黄連と交換できた。こうして何回か往復するうち、はじめは貧しかった3兄弟は黄連の稼ぎで牛や羊を買い、その牛や羊で結納金を作って全員が妻をもらった。

註
10…500ｇ。

雲南省怒江リス族自治州福貢

瀾滄江畔の
チベット族の塩田

　さらに長男のラアブは2頭の牛と貧しいドゥロン人を交換して、奴隷とした。ある日、この奴隷が独龍江に来て野生の黄連を採っていたところ、知らずにドゥロン族の土地に入り込んで、落ちていた竹を刈るための鎌で足に傷を負い、傷口からの感染がもとで死んでしまった。3兄弟はすぐに鎌の持ち主、朋夸(ポンクア)を恐喝して、90頭の牛に相当する賠償を求めた。朋夸はしかたなく親族の助けを求めた。6つの村に住む約60の家の親戚は全員の身の安全のため、朋夸の賠償に同意した。賠償方法は、ラアブの家を「主人」と認め、すべての家庭が毎年1棒(約2両)の黄連か、それ相当の山の産品を納めるというものだった。賠償には期限がなく、子々孫々ずっと賠償し続けなければならず、もし払わない家があれば1人をラアブ家の奴隷として納めねばならなかった。
　こうして梅阿朶3兄弟は多くの牛や羊、奴隷を手に入れた。しかし、その後3兄弟は仲たがいをし、とうとう殺傷沙汰となって、三男が兄たちを殺し全財産

瀾滄江・怒江

を自分のものにしてしまった。三男はさらに手を広げ、40人もの奴隷を持ち、耕作地は300畝あまり、牛や羊は100頭以上になった。こうして彼は貧しい怒江の畔で目を見張るほどの大富豪となった。

　食塩そのものには罪ないが、食塩はしばしば紛争の種となった。史籍にはこう記載されている。かつては滇の人と哀牢が比蘇塩泉を、蜀漢と摩沙夷[11]が定笮（塩源）塩池をめぐって衝突した。清末には杜文秀（トゥウェンシウ）が武装蜂起を起こし、喬后川の塩井を包囲して2つの土城を建てて大規模に塩業を営み、塩を売って得た利益を軍人の俸給に当てた。その後、蜂起軍を包囲した清は楊玉科（ヤンユカ）[12]が軍と塩業についてよく知っていたことから、最初に塩井を攻め、まず敵の経済基盤を断って、これを討伐した。

　チベットの有名な叙事詩『ケサル王伝[13]』の一部に『ジャンリン大戦』があり、64万字以上の全篇を通じてジャン（姜）国とリン（嶺）国が塩海を争った戦いについて叙述している。考証によれば、この叙事詩が物語るものとよく似た戦争は歴史上、確かに何度も起きており、争奪された塩海とは雲南、四川、チベットが接する瀾滄江と金沙江の一帯であった。

　早くも漢代には塩は国家経済の命脈であり、皇帝は権力の及ぶ範囲内で塩と鉄の専売政策をとった。その後、鉄の取引は認められるようになったが、塩はしっかりと中央政府に握られていた。しかし地方では天子の威厳は必ずしも行き届いていなかった。西漢の時代、中央政府は滇池地区の安寧（アンニン）に塩官を設けて、塩の生産と売買の管理に責任を負わせたものの、やはり瀾滄江、怒江までは中原の皇帝の鞭は届かなかった。元明以後、特に辺境「改土帰流[14]」政策の普及にともない皇帝の行政の手が辺境を握った頃には、塩鉄政策は辺境だからといって緩められることはなく、国の税収入の重要な源となった。

　とはいえ、一部の塩の製塩者と商人はあらゆる手段で政府の管理の間隙をつき、利益を求めた。そのため、流域の塩井の食塩に「官塩」と「私塩」の区別が生まれたのである。官塩は民間で塩水を煮詰めて塩とした後、政府に渡し、政府による専売が行なわれたもので、価格も高かった。民間で作られた塩を闇で売ったのが私塩で、価格は官塩よりもずっと安かった。私塩の売買には

註
11…かつて塩源の西一帯に暮らした現在のナシ族の祖先の呼称。
12…第4章2節（181ページ）参照。
13…第2章4節（69ページ）参照。
14…少数民族の指導者が世襲で統治する土司制度を廃止し中国の直轄領に組み込み、中央から漢族の役人である「流官」を派遣して統治する地域に改めること。

塩水をそそぐ娘

リスクがあったが、一般の人々は官塩を買うだけの金がなかったので、やはりこっそり私塩を買った。
　たとえば瀾滄江上流の拉井(ラジン)では、清代末期、私塩を売買して捕まった人はみな、政府によって耳を釘で打たれ板にはりつけとなった。刑罰は重かったが「闇取引」は止まらず、西の関で耳に釘を打たれる者がいれば、東の山では相変わらず裏で私塩を運ぶ者がいた。民国の時期、政府は拉井に塩警隊を派遣した。彼らは機関銃や歩兵銃を装備し、塩場の保護と私塩の摘発に責任を負った。しかし食塩の「闇取引」は増えこそすれ、減ることはなかった。私塩「闇取引」の利潤はそれだけ大きかったのである。
　歴史の歯車は回り、現在では交通の発達と近代的な生産方法の発展により、食塩はそれほど珍しいものではなくなった。大河流域のどの集落にもみな遠方から運ばれてきた十分なヨードを加えた食塩がある。
　今も大河両岸の多くの古い塩井には塩泉が絶えることなく存在する。既にいくつかの古い塩井はヨードがなくなったか、採掘や運輸のコストが高くなったため、閉鎖され、日増しに減ってきているが、それでも流域では伝統を放棄したがらない人々が天の恵みに頼って暮らしている。

瀾滄江

瀾滄江上流のチベットと雲南の境にはチベット唯一のナシ族自治郷があり、名はまさに塩井（イェンジン）という。この名は疑いもなく、瀾滄江一帯の塩の産地から来たものだ。現地のナシ族の人々はみな、1000年前にナシ族の祖先が天から与えられた恵みを加工し始めたのだと考えている。今でもなお塩井は現地のナシ族にとって衣食の源だ。先祖伝来、変わらぬ製塩方式を守り、日が出ると作り、日が落ちると休む。人々は瀾滄江畔にびっしりと木の棚を並べ、棚の上には塩田が広がる。塩を採る人はほとんどが女性だ。毎日、彼女たちは瀾滄江畔の塩井から桶で塩水を汲んで、それを背負い、一桶一桶、塩田に流し込む。太陽がゆっくりと水分を蒸発させると、塩田には結晶となった食塩が残る。

　ナシ族と大河を隔てたチベット族もやはり先祖代々塩を日に晒して生計を立ててきた。このあたりの土壌は赤いため、干しあがった食塩もやや赤く見えるが、チベット族はこれでバター茶を作ることを好んだ。歴史的にチベット族とナシ族は塩田を争奪するための多くの戦いを経験しており、この一帯はおそらくかつて「ジャンリン大戦」が繰り広げられた場所だったのであろう。

　今では2つの民族は大河を隔てて各自の塩田を経営し、なごやかに付き合い、歴史は語られるだけのものになった。

　瀾滄江には今も滋味あふれる流れがある。

# 9──3　石と銅のかがやき

**元謀原人**..........1990年代、ある地図測量技師が『神州の登場──〈山海経〉地理考』という本を著した。この本は雲南省の地形の考証を重ね、『山海経[15]』に記載されているクンルン（崑崙）山は今日のクンルン山とは別の山脈であり、さらに現在の雲南省蘭坪県はかつて古軒轅（シュアンユアン）国のあった場所で、中華民族の始祖、軒轅（シュアンユアン）皇帝[16]はここで生まれたなどと主張した。この意見に学者たちはた

註
15...戦国時代から秦・漢にかけて徐々に加筆にてできた中国最古の地理書。
16...黄皇帝。中国の始祖と考えられている神話上の人物。

蘭坪県の軒轅祠

いへん驚き、慎重な態度が多く示された。だが同時に、十分な証拠を持ってこの大胆な仮説に反駁できる人もいなかった。

　瀾滄江、怒江、金沙江の大河が流れるこの土地には、軒轅皇帝の時代よりさらに遠い古代から多くの人々が生活し、その数を増やしていた。この地域から出土した化石や石器、銅器などはこの事実を力強く裏付けている。

　30年余り前、瀾滄江の東部を流れる金沙江近くの元謀（ユアンモウ）では2枚の歯の化石が世界の注目を集め、「元謀原人」は人類のもっとも古い祖先の1つだと広く認識された。「元謀原人」は170万年ほど前にいた人類だと見られ、「北京原人」よりも100万年古い。この発見は、人類史の新たな章を開き、中国南部における直立歩行の人類の歴史の空白を埋め、人類起源「アジア説」に貴重な1票を投じ

瀾滄江・金沙江

た。また雲南の元謀も「人類幼年のゆりかご」の誉れを得ることになったのである。

　1970年代初め、考古学者は再び元謀原人の歯の化石が発見された地区で発掘調査を行なった。そこからは17点の打製石器、削器、2種類の尖状器が出土した。いずれも作りは荒削りで、元謀原人が作り、使用した工具であろう。またその上下約3ｍの地層からはさらに大量の炭屑や焼いた骨が発見され、元謀原人が火を用いた遺跡であろうと認められた。同時に雲南馬、ウシ、シカ、ゾウ、原始ジャコウジカ、剣歯虎、小型のネズミなど、29種類の哺乳動物の化石が発掘された。中には150万年前から300万年前に生息し、その後絶滅した動物の化石や骨のかけらも含まれていた。哺乳動物の中でもっとも多かったのは草食類で、植物胞子に基づく当時の気候と植生についての推定とも合致する。「元謀原人」は涼しい草原や森で生活し、採集や狩猟に頼ったと見られる。

　金沙江畔の「人類幼年期のゆりかご」は瀾滄江流域に隣接し、早期の人類の足跡は瀾滄江や怒江とも無関係ではなかった。人類の成長には大河の育みが必要で、文明は大河による灌漑を必要とした。大河が縦横に走る雲貴高原では、麗江、西疇、丘北、呈貢、路南、滄源、河口、馬関、羅平、保山など10余りの県の20地点以上で、「元謀原人」よりも新しい旧石器時代の文化遺跡が発見されている。

　その一方、この地域の人類の発展の歩みはひどく緩慢であった。荒削りの打製石器（旧石器）を使用して採集と狩猟、漁業に頼る生活が約100万年も続いた。もし「元謀原人」が本当に170万年前から存在していたのであれば、旧石器時代はこの土地で約169万5000年間続いたことになる（旧石器時代を抜け出てから現在まで、まだたったの5000年である）。この地域では旧石器時代の到来は世界的にも早かったが、その終焉は遅く、黄河や長江の流域に新石器時代が訪れてから数千年が経っても、ここでは旧石器時代の幕は引かれなかった。

### 蒲縹人の文化

……旧石器時代の最後の一幕はおそらく瀾滄江と怒江の間で演じられたのであろう。

　蒲縹（プピャオ）の塘子谷（タンズ）は、保山市の蒲縹壩の東北の角に位置し、怒江までの直線距離は20㎞足らず、保山市までの公路の距離は35㎞だ。ここで雲南の旧石器文化遺

跡の中でももっとも出土品が豊富な遺跡が発掘された。全部で2300点の出土品のうち人類の化石は7点、石核[17]、石片と石器が400点、骨製品46点、角製品71点、牙製品7点、動物の化石1800点余り、人工的に砕かれた動物の骨格200kg余りがあった。さらに魚、巻き貝、カラスガイ、鳥類の一部、柱の穴、平らにした地面、かまどなどが発見された。炭素14年代測定[18]によれば、遺跡は今から6250±210年以前のものだという。人類の化石には頭蓋骨1点、上顎骨2点、下顎骨1点、歯3枚があり、モンゴロイドの特徴を示す4体で、「蒲縹人」と名づけられた。

「蒲縹人」が使用した工具はやや特殊で、河原から長く平たい円玉石を拾ってきて、片方の端を打ち、ハンマーや斧にしたり、凸凹を磨いて砧や臼にした。「蒲縹人」は他の地方の人よりも動物の骨、角、牙を使うことに長けていたようで、シャベル、錐、矛、棒、金槌など、さまざまな道具を作っていた。これは全国で出土した同類の道具の種類の数を優に超えている。また「蒲縹人」は創造の精神にあふれていたようで、彼らが発明した動物の角や骨、牙の道具は石器と比べても見劣りしない。

塘子谷遺跡に続き、考古学者は再び保山壩西北の龍王塘(ロンワン)、施甸の姚関(ヤオクアン)火星山大岩房(タマチュアン)、大馬圏岩房、および滄源県硝洞(シャオトン)などの遺跡において、同類の石器や角、骨、牙の器物を発見した。その文化的特徴は塘子谷のものと同じで、「蒲縹人文化」の範疇に含めることができる。

「蒲縹人」がまだ玉石、角、骨、牙の工具を使用し、採集と狩猟に頼っていた頃、中原や華南の人々は既に製陶、農作物の栽培、家畜の飼育を始めており、つまりは新石器時代に入っていた。

瀾滄江や怒江が流れる土地では旧石器の歴史が非常に長く、別の言葉で言えば一種の停滞状況の延長が見られた。これはなぜだろうか？古参の歴史学者である耿徳路(ガンダル)は、こう解説する。「1つには自然界からの食物が豊富であったためだ。新世から上新世(今から3700〜200万年前)になると、次第に気候が乾燥し、鬱蒼とした森林であった中国の大地に巨大な草原と砂漠が出現した。ただ西南だけはやはり混交林に覆われ、動物群が生息した。中でも塘子谷文化が存在した怒江と瀾滄江の間には低い山が広がり、湖や川があり、気候は温暖で、森林、サバ

註
17...石器を作った後に残る石材。
18...炭素14を用いた年代測定法。過去数万年程度まで測定できる。

ンナ、草原、沼地、水域が果てしなく交錯し、動物が密集して分布し、人類の狩猟、採集の生活の時代は長くならざるをえなかったのだ。2つめには、高い山々と峡谷から形成される横断山脈の地形が外地の先進文化の伝来を緩慢にしてきたためだ」。さらに気候学者の補足によれば、今から7万年から1万年前、雲南では「大理氷河期」が発生し、これも当時の人々にとって外界との往来の障害となった。

　人類の文化の発展は川のように流れる。時空の中、常にみずからの河道を探しだし、山がいかに高くともその絶え間ない前進を阻むことはできない。旧石器時代は数百万年という長い歴程であったが、人類はやはりその段階を抜け出した。原始の人類もまた総括を理解し、発明と想像の力があり、移動を続けた人々は文化と文明を伝播した。打製石器は結局のところ、あまりに粗末で、人々は長い労働の過程で石斧を知り、さらに滑らかに整えれば仕事の能率を上げることができると分かって、徐々に打製石器から磨製石器に替えていった。採集と狩猟に頼る経済には何の保障もなく、人類はついに農業と牧畜業を発明し、狩猟採集経済から生産経済に移行した。同時に製陶技術やその他の手工芸技術も発明された。こうして人類は新たな時代、考古学でいう「新石器時代」に入ったのである。

**双肩石器**..........大河が潤す高原では旧石器時代が長く続き、新石器時代はなかなか到来しなかった。とはいえ最後にやはり新石器時代はやってきた。いったん到来するとその勢いを止めることはできず、流域の各地で展開していった。これまでに瀾滄江、怒江流域で発掘された新石器遺跡は挙げきれないほど多い。

　第2章でわれわれは瀾滄江上流の「カロ人」の文化を見てきた。驚くべきことにカロ人の文化の特徴は瀾滄江、怒江の中下流やその周辺地区でも同様に見られた。また、維西、賓川、元謀などの遺跡が明らかにした文化は、黄河中上流の仰韶文化、斎家文化ともそっくりであった。こうしたことから、自然の河流の上には文化という河流が流れているということは想像に難くない。

　無論、文化の流れは自然の川の流れとは違う。文化の流れは1つの源から1つの方向に流れるものではなく、四方八方に流れ、交わる。瀾滄江、怒江の中下流

カロ遺跡から
出土した石斧と装飾品

　域の多くの遺跡に見出される文化は、黄河流域と長江流域の古文化の色彩に染められてはいるが、東南沿海部や東南アジア地域と似ている部分もある。このことを示す例として、磨製双肩石器の源流について追ってみよう。
　双肩石器は、平らで、形は「凸」字である。上部には双肩部があり、肩部より上は柄を取り付けるための部分か、直接握れる部分で、下は刃身となっている。このタイプの石器は柄付き石器（帯柄石器）とも呼ばれ、石斧、石手斧、石シャベル、石鋤、石鍬などがある。双肩石器の創作は石器製造における飛躍的な進歩であり、それは以前の石器に比べてよりしっかりと木柄に取り付けられ、労働の生産性を高めることができた。双肩石器は広く分布し、今までに中国の中部、西南部および東南沿海部、インドシナ半島5ヵ国、およびインド、バングラデシュ、マレーシアなどで発見されている。この数十年来、瀾滄江中流の雲県忙懐遺跡が発掘されてから、瀾滄江、怒江の流域では双肩石器が多数出土し、特に怒江の龍陵、施甸、昌寧、潞西、福貢の5県では38ヵ所で300点以上が見

瀾滄江・怒江

つかっている。

　この磨製双肩石器の発祥地はどこなのだろうか。東南アジアから伝わったという説もあれば、中国に発祥したという説もある。しかし発見された数がもっとも多く、時代が古いのはやはり中国であり、多くの学者が中国起源説に傾いている。しかし中国といっても広大だ。いったい中国のどこなのだろうか？　北方の草原、中原地区、東南沿海部、西南地区など、どこもそれなりの根拠はある。結局、まだその結論は出ておらず、学者は論争を続けている。しかし現状からはこうした光景を描くことができるだろう。文化の融合は河川の海への流れのようなもので、数千年前の原始時代も例外ではなかった。

　比較研究の中から分かってきたのは、瀾滄江、怒江流域、雲貴高原で発見された双肩石器の形状は、東は広西チワン族自治区、広東省などの東南沿海地区、南はインドシナ半島とマレー半島で発見されたものと近いということである。東南沿海地区での発見は主に珠江流域に集中し、インドシナ各国で発見された双肩石器の遺跡の大部分はメコン河、サルウィン川、紅河、イラワディ川など中国に源流を持つ大河の両岸にあった。ここから、双肩石器の文化は珠江デルタに起源した後、珠江と珠江支流の西江、郁江に沿って西へ伝わり、広西に入り、その後、1つの流れは左江に沿ってベトナムへ下り、別の流れは右江に沿って雲貴高原と滇西地区に達し、その後再び瀾滄江、怒江、イラワディ川、およびその支流からインドシナおよびマレー半島に至ったのだと推測できる。同時にベトナムの西、ビルマの北からインド、バングラデシュなどの国に入っている。おそらく瀾滄江と怒江の流域は双肩石器文化の重要な中継地だったのであろう。

　双肩石器の伝播ルートは、はるか昔の100を越す民族の移動と文化拡散のルートに似ており、おそらく両者の間にはきわめて内在的なつながりがあるのだろう。当然、瀾滄江と怒江流域での出土数の多さを見れば、雲南が双肩石器の発祥地で、その後、2つの大河に沿って各地に伝播したという可能性もある。

　どちらにせよ、伝播における河川の貢献は消し去ることはできない。

## 新石器時代の生活と科学

ここでわれわれはしばし足を止め、新石器遺跡の出土品に目を通し、当時の生活と科学的な知識の水準を覗いてみよう。遺跡から出土し

たものは磨製石器で、農業、手工業、漁業、狩猟などの各種工具があった。石の材料の選定、打製、切り分け、修理、磨製、穴開け、彫刻等の当時の石器製作は高い水準を示しており、多くの力学的な知識も用いられている。少なからぬ数の石器は、1つか2つの穴を開け、木製の柄を取り付けている複合工具であった。大量のやじりの発見は、当時既に弓矢が使われていたことを説明している。弓矢の製造と使用は、人々が動力の運用について既に一定の認識があったことを示している。石、骨、角でできた工具の製造においても力学的な知識が使われている。出土した多くの農具は、当時既に栽培を主とする農業が発展していたことを証明している。賓川の白羊村(バイヤン)と元謀の大墩子では炭化した籾が発見されている。白羊村遺跡には48もの食料貯蔵のための洞窟が存在し、貯蔵にまわせるほど多くの余剰穀物があったことを証明している。

　農業の初期の発展段階を経て、動物の飼育と家畜化も行なわれており、白羊村と大墩子から出土した豚と犬の骨の鑑定から、そのことが証明された。当時はさらに牛、羊、鶏なども飼育されていた。

　また、遺跡から出土した多様な形の陶製紡績機と糸巻き機は、当時の人々が糸を紡ぐ方法を知っていたことを証明している。陶器には大量の縞模様がついており、当時の人々は籠を編む方法も知っていたことが明らかになっている。

　雲南で発見された新石器時代の陶器は多くが砂を混ぜて作られており、当時の工人たちが原料に少量の砂粒を混ぜることで陶器が成形しやすくなるよう工夫していたことが分かる。小さなコップの類の酒具の存在は、当時の人々が発酵についての知識を持っていたことを明らかにしている。

　また建築物の上で土を燃やし、湿気を防いだようで、ここには保健知識への萌芽が見られる。白羊村遺跡の墓では、大多数が東西か南北を向き、人々が太陽や星の位置から方位を確定していたことを説明している。白羊村から出土した丸底の鉢は、巧みに重心の原理が応用され、水中につけた鉢の口から水が入り続けるように設計されていた。

　当時の人々は既に一定の審美観と芸術的な創作の能力を持っていた。大墩子から出土した器物の中では、鶏型の壺がもっとも人目を引いた。壺の形は太った母鶏のようで、背は弧を描き、頭部は自然で、壺の口が首となっており、尾がやや高い。くちばし部分はでっぱり、泥で作った2つの目で飾られている。背中

には羽根のような模様がつけられている。「鶏」の体にも線模様の装飾があり、羽毛となっている。足は短く安定し、身体は立派に太っている。実用的で、美しい壺である。

　鶏型の陶壺の出現は偶然ではない。鶏は人類がもっとも早くから馴化した家禽の1つで、人々の生活と切っても切れない縁で結ばれている。昔の人々が鶏を飼う際には、生活の需要を満たすような、身体が立派で、肉が柔らかく、卵をたくさん産むものを望んだ。鶏型の壺の形にはこのような人々の理想がにじみ出ている。

　素朴で生き生きとした鶏型の壺は雲南で見つかった新石器時代の芸術品の中でもっとも古く、また整ったものであり、雲貴高原の美学史の最初のページを開いたと言える。さらに、陶器の模様や図案、発掘された獣の骨、牙、玉石などからできた装飾品には、同時代の滄源崖画の舞踏、服飾などモチーフとの関連もあり、雲南に暮らした先住民族の美的感覚がうかがえる。

## 青銅器文化

..........ここまで石器について論じてきたので、次は青銅について触れてみよう。

　鉄以外の非鉄金属の中で古代文化の影響をもっとも受けたのは銅と錫だった。銅と錫から作られる青銅は硬く、さまざまな工具や武器を作ることができた。青銅器だけが完全に石器に取って代わることができたのである。人々が青銅の鍛冶技術を掌握してから、歴史は新たな時代に入った。滇池と両江流域の雲南と中原地域には、同じように燦然と輝く青銅文化の時代が存在していた。

　瀾滄江と怒江流域の青銅時代はいつから始まったのであろうか？　一部の考古学者の見方では、上限は剣川の海門口（ハイモンコウ）文化遺跡により時期が確定された紀元前1165±90年までさかのぼれる。学者たちは遺跡から出土した11点の銅器にアイソトープ測定を行ない、11点の銅器のうち9点が人間が意識的に銅に錫を加えて鋳造した青銅器であることを明らかにした。このほか、加工の際、模型から鋳型を取って鋳造する技術を用い、また型芯、支釘も使用されており、鋳造技術が既に銅加工の段階を越えていたことも分かっている。

　近年では、殷の時代における中原の青銅器は雲南一帯の鉱物から作られたものであることが示されており、雲南では剣川の海門口青銅文化よりも前から金

澜滄江下流にある
孟連県のワ族の村の村民が
銅鼓をしまっている

属の採掘と利用が始まっていたことを示している。歴史書にも、西南の濮人が
鉱山開発を始め、かつて周王朝に丹砂[19]を献上し、また大量の鉛を産出したこ
とから「濮鉛」と称されたとある。『禹貢[20]』にもまた、古梁州（今の四川と雲南一帯）
はさまざまな金属を産出すると記載されている。

　紀元前6、7世紀以後になると、現地の青銅器鋳造技術は相当発達し、独特の
風格を備えた青銅文化が出現した。出土した銅鼓、銅釜、銅棺、銅製の家屋や
六畜[21]の模型、貝を貯える器、各種の銅製兵器、工具、装飾品な
ど、どれも驚くべきものばかりだ。化学分析によると、滇人が
これらの美しく精巧な青銅器を作った時、合理的な銅と錫の比率
が既に理解されており、それぞれの器によって変えられていた。
武器には錫の割合が多く、約20％を占め、硬度を増し、鋭利で
堅固なものとしてあった。装飾品には錫の割合は比較的少なく
約10％で、硬度も低く、思い通りに曲げることができた。銅器に
残った痕跡から、複雑な装飾がついた器物には、別々の鋳型から

註
19…辰砂とも呼ばれる。水銀と硫黄の化合物で深紅色。
20…『書経』の中の篇名。夏王朝の祖である禹が皇帝の命で大洪水を治め、国土を整備した時の記録とされているが、正確な時代は分かっていない。
21…馬、牛、羊、鶏、犬、豚の6種の家畜。

澜滄江・黒龍江・怒江

造った部品を繋ぎ合わせる技術（分範合鋳）も用いられており、加工や鋳造技術が比較的高度なものだったということが分かる。

　紀元前2世紀末、漢の武帝の頃になると、青銅器文化の発展は滇池地区で最高の段階まで発達し、鉄器時代への移行を見せ始める。

　雲南で青銅器が発見された場所は、両江流域の広い範囲に及ぶ。現在、雲南省博物館や県の文化館に保存されている青銅器は4000〜5000点に上り、牛虎銅案[22]などは特に有名である。

　大河の流れる赤い大地をそぞろ歩けば、不思議な感覚に襲われる。うっかりしていると、単純明快な現在の空間を超え、不可思議な未開の草原や山地に足を踏み入れる。ここでは過去の時が去らずに、霧のようにあたりに満ち、隕石のように降り注ぎ、大河と交わって、時空と古今の境界が曖昧になり、すべてが一体であるかのような混沌とした感覚に陥る。

　大河の畔で民族調査を行なっていると、古代のものがしばしば眼前に躍り出てくる。それはまるで町の市場に売っている小さな商品のようなものである。河畔の村では、どの家でも薬缶や鍋の中に紀元前の石器を見ることができる。これは人々が「雷楔子（レイシェズ）」、「雷公斧（レイコンフ）」と呼ぶもので、「天から落ちてきたもの」、「神が賜ったもの」という意味だ。現地の人はこの石器を入れて煮炊きをすればどんな病でも治すことができると考えて、家の「宝」として大切にしまい、仲良くならないうちは簡単には見せてくれない。

　ある時、わたしが省の研究者である友人と現地の文化局長で黒恵江の岩画を探していると、何人かの農民が道で「つい今しがた掘り出したばかりのものを見てほしい」と言ってきた。農民たちが袋から取り出したのはなんと紀元前の銅斧で、県の文化局長は大喜びした。

　わたしが瀾滄江下流の思茅市孟連県のあるワ族の村にいた時のこと、村人たちが焚き火のまわりで歌い踊って、新しい家の落成を祝うのを見ていたら、ドーンドーンという重厚な音が聞こえてきた。音のほうを見ると、それは銅鼓だった。鼓の形は高く、薄い。鼓面は広く、中間には太陽紋の図案があり、四方には4つの立体的な蛙の飾りがあった。主人は、これは先祖代々、伝わる家宝だと教えてくれた。

　大河両岸では今も石と銅のかがやきが色褪せてはいないようだ。

註
22... 1972年に出土。祭祀の際に牛や羊などの供物を載せた。

# 9-4 王国に燃える火

**王国の風景**..........雲南省を紹介する読み物を開いてみれば、どれを見ても雲南は「動物王国」と「植物王国」（さらには前述の通りの「非鉄金属王国」）であると紹介しているだろう。もしこの2つの「王国」が倉庫や陳列室を必要とするなら、それは絶対にこの動植物豊かな瀾滄江と怒江の流域になったはずだ。

　瀾滄江と怒江は、高原気候帯、中温帯、南温帯、亜熱帯、中亜熱帯、南亜熱帯、北亜熱帯など7つの気候帯を通る。高度差は3000m余り、高寒高原、高山峡谷、中低山寛谷、丘陵盆地、三角州など、複雑な地理的条件をあわせ持ち、さまざまな動植物の生存に適した自然環境を提供している。雲南省の動植物はあまりに豊富なため、ここでは「王国」の風景すべてを網羅することはできないが、とりあえずは瀾滄江の動植物からいくつか気ままに数えてみよう。

**瀾滄江の動植物**..........まず植物資源について見てみよう。チベット高原の東南部から雲南省境にまたがる瀾滄江流域内の植物の種類は非常に多い。中でも木本植物は5000種を超え、森林を形成できるものは約2000種である。その中には団花樹、三尖杉、油杉、チベット柏、八宝樹、雲南石梓、柚、雲南松、紅豆杉など多くの珍しい樹木がある。商業価値のあるものには、クルミ、油茶、油桐、烏柏、香果、漆、茶、カシア（肉桂）、八角、胡椒、栗、柿、ミカンなどがある。熱帯商業林には籐、油ヤシ、ゴム、コーヒー、椰子、ニクズク、望天樹、パイナップル、檳榔樹、雲南風吹楠、マンゴー、龍血樹などがある。薬用植物も2000種に達し、三七、貝母、夏虫冬草、雪蓮、雲帰、獲苓、天麻、岩白菜、チベット紅花などはすべて漢方薬の貴重な原料だ。観賞植物も2000種を超え、山茶、ツツジ、サクラソウ、リンドウ、ユリ、モクレン、ラン、緑絨蒿（青いケシ）などは国内外でもてはやされている。菌類は150種で、マツタケ、鶏棕、金キクラゲなど20余りの珍しいキノコ類がある。香料植物は300種余りだ。

　野生動物の種類は数えきれないが、既に知られているものだけで昆虫類は1万2000種余り、脊椎動物は1798種（淡水魚類432種、両性類112種、爬虫類152種、鳥類802種、哺乳類300種を含む）が確認されている。その中には蜂猿、滇金糸（獅子鼻）

これは踊り草、
あなたが歌えば
この草は「踊る」

　猿、アジア象、野牛、長尾ザル、灰叶猿、インドシナ虎、南アジア虎、犀鳥、金銭
豹、雲豹など51種類の国家一級保護動物、クマ、クマザル、アカゲザル、センザ
ンコウ（イシゴイ）、ジャコウジカ、小パンダ、緑孔雀、ニシキヘビなど155種の
国家二級保護動物、そして雲南固有種の290種の魚類が含まれる。その他の主
要な動物にはヤク、チベット・アンテロープ、バーラル（アオヒツジ）、オウヨウ（モ
ウコトウレイ）、オオヤマネコ、イノシシ、タヌキ、野ウサギ、カワウソ、アナグマ、
チベット馬鶏や、さらに多くの霊長類、鹿類、亀類がいる。
　根、茎、葉が分化した高等植物は中国全土で2万6000種余りあり、雲南には
そのうち1万3000万種余りが存在し、瀾滄江下流のシーサンパンナという中国
全土の500分の1、全省の20分の1に過ぎない土地に5000種余りが存在してい
る。これは全国の高等植物総数の5分の1、雲南省の3分の1を超える。これら
の植物にはシーサンパンナ固有の希少種もあれば、生きた化石のような古い種
もある。また換金作物と栽培植物の近縁種は、多くが国の保護植物に名を連ね

ている。その中には、たとえば中国でもっとも背の高い植物である望天樹（国家一級重点保護植物）なども含まれる。

　国家重点保護動物に名を連ねる335種の陸生脊椎動物のうち、シーサンパンナには129種が生息し、全国のおよそ5分の2を占める。中国の半数以上の霊長類と霊猫類はほとんどがシーサンパンナに生息しており、中でも最大の陸上動物であるアジアゾウと最小の偶蹄類動物（ウシの仲間）であるジャワマメ鹿、また白頬尾長ザル、インドシナ虎などはすべて国家一級重点保護動物となっている。ここで知られている鳥類は既に427種、全国の鳥類総数の36％以上を占める。

## 怒江の動植物

　さて次は怒江西岸の高黎貢山を見てみよう。この山系は全長600km以下で、平均幅50kmであり、中国全土960万km²のごくわずかな面積を占めるだけである。しかしこの山系は山の麓から山頂まで北熱帯、南亜熱帯、中亜熱帯、北亜熱帯、南温帯の5つの気候帯にまたがり、多くの動植物を育む。中国の植物学者はこれを7つの植物類型に分け、12種の植生亜型と44の群系に分けた。

　これまでに発見された高等野生植物は5000種、その中でも地域に固有の植物は500種、商業的価値のある経済作物は258種、薬用植物は1077種、国家珍獣絶滅危惧種と省級重点保護植物は60種ほどである。高黎貢山保護区の密林には今もターキン[23]、白眉長ザル、黒鹿、雲豹、蜂ザルなどの哺乳動物115種が生息し、そのうち希少保護動物は27種、全国保護動物の5分の1を占める。他にも鳥類347種がいて、そのうち38種は国家重点保護鳥類に数えられ、6種が国際自然保護連合（IUCN）の「レッド・データブック」にリストアップされている。

　この他さらに淡水魚類47種、両性類28種、爬虫類48種、昆虫844種がいて、「南北動物回廊」と「哺乳動物の発祥地」と称されている。これほど多くの動植物資源がさほど大きくない山に集中しているのだから、多くの学者、作家、観光客がここを訪れ、山を「解読」しようとしても不思議ではない。

　瀾滄江、怒江流域は長く商業作物と牧畜にとっても重要な地域であった。瀾滄江上流に位置する迪慶チベット族自治州は、海抜3500m以上、森林被覆率と蓄積量はともに高く、かつては林

註
23……ウシ科の珍獣。分類学上はカモシカに近い

業の重要な基地であり、同時に牛、羊などの牧畜業が栄え、また伏苓（ブクリョウ）、冬虫夏草など有名で貴重な薬用動植物の主要産地でもある。中流域の大理、保山、風慶、雲県、景東などは大多数が海抜1000m以上の中山地形で、亜熱帯気候に属している。生物資源の開発の歴史は長く、茶、甘薯、タバコ、栗、クルミ、ゴム、生ウルシ、油茶、烏柏子、油桐子などの商業作物と商業林の産地である。また牛、馬、ラバ、ロバなど大型の家畜の産地でもある。

　下流のシーサンパンナ、思茅、臨滄は熱帯や亜熱帯の経済作物の産地で、薬材、油料、澱粉、木材、香料、繊維、樹脂、天然ゴムなどが見られる。ある統計によれば、農作物、野菜、園芸花卉品種をのぞき、人工的に優良品種が導入され、開発された熱帯植物は既に131科、804種にのぼる。こうした品種には茶葉、砂仁[24]、パイナップル、バショウ、柑橘、マンゴー、依蘭香、コショウ、コーヒー、カシューナッツ、キナ[25]、油ヤシ、ヤシ、肉桂、龍眼などがある。開発規模が1万畝以上のものも少なくなく、ゴムの作付面積は100万畝を超える。

　野生であろうと人工種であろうと、各種の動植物が次々とこの「王国」に「所帯を持ち、事業を始めて」いる。植物たちは共存する場合もあるが、多くは対立し、生きるか死ぬかの「闘争」が繰り広げられる。ここでは万物の長である人類もまた策の施しようがなく、ただ優良品種を維持、容認するのだ。なぜなら人工的なものであろうと、優良品種は人類の衣食と生存に深く寄与するからである。

**かまどの火**.......... この動植物の「王国」でも、やはり人が君臨している。信じられないかもしれないが、大河流域の山ひだに今もゆらゆらと立ちのぼる青い煙がこのことを確かに証明している。ここで過去数百年、「王国」を支配してきた「火の文化」について見てみよう。

　「王国」の燃える火はどこからやってきたのだろうか？

　やはり、最初は狩猟から来たのだろう。怒江上流には次のような伝説がある。昔、あるリス族の人が3頭の野獣の友人を持った。1頭は「ラマ（トラ）」、もう1頭は「アウディ（イノシシ）」、もう1頭は「アパ（クマ）」といった。彼らは一緒に食事し、遊び、ともに森に暮らしていた。ある日、友人同士で一緒に山を登っている時、

註
24...縮砂密（シュクシャミツ）の種。芳香があり、漢方薬の原料になる。
25...アンデス原産の薬用植物。樹皮から作られるキニーネはマラリアの特効薬。

3頭の野獣たちは人がとても不器用なのを見て、人肉を食べてみたいという悪い考えを起こした。そして、相談の末、人にこう言った。「満月の日になったらみなで山登り競争をしよう。負けた者が自分の心臓を取り出してみなに見せよう」と。満月の日、彼らは山の麓に集まり、いっせいに山頂を目指して走りだした。まもなくトラ、クマ、イノシシが山頂についた。しばらく待っても人はやってこないので、3頭は人の肉が食べられるとほくそえんだ。すると突然、周囲に炎が立ちのぼり、ゴウゴウと燃えはじめた。実は、人は既に山頂のまわりで人の仲間に待ち伏せを頼み、野獣たちが到着したのを見計らって周囲に火をつけたのだった。火が消えた後、人々が山頂に行くと3頭の野獣はみな焼け死んでいた。ぷん、と良い香りが鼻をついたので食べてみると、火に焼かれた野獣は格別においしかった。この時から人と野獣は敵同士になり、人は野獣を見るとすぐに追ってしとめ、火で焼いて食べるようになった。その後、これが徐々に現地の人々の習慣となったという。

　肉を焼いて食べる習慣が生まれたのはいつ頃なのかは分からない。しかし、「王国」でこの火が絶えることはなく、ひと昔前までよく次のような囲い猟の情景が見られた。

　年配の猟師が村の若者たちを連れてまず山を取り巻き、山頂へ通じる道すべてに弓の射手を配置する。山麓で猟犬を放つと、猟犬は野獣を山頂に追い立てる。野獣が山頂に逃げ上ると、射手が弓で射つ。猟が終わるとみなで獲物を集め、年配の猟師が最初にしとめた獲物を確認する。それからみなで火を起こし、獲物の4本の脚を切り取って焼き、9つの小さな肉の塊とする。まず塊を村以外の3方向に1つずつ投げて山の神に感謝し、3つを火に入れて火の神に感謝する。残りの3つの塊は帰る際に途中の道端に投げ、野鬼が家までついてくるのを防ぐのである。

　その後、全員で焼いた肉を分けて食べる。肉を食べながら酒を飲み、思いのまま歌い、踊り、喧嘩をし、ふざけあう。食べ終わった後、残された獲物は均等に分け、内臓は猟犬に与える。頭と脚と毛皮は獲物を射止めた人のもので、最後に一部を猟の神のために取っておく。

　村に帰った後、猟の神にとっておいた肉を祭神の場所で煮て祭る。荘厳な祭祀活動は年配の狩人によって取り仕切られ、高い声で祝辞が述べられる。

山に火と煙があがる

「偉大な狩猟の神よ、われわれは手ぶらで山に登り、今、背には新鮮な動物を得て帰ってきました。召し上がり下さい。そしてどうか、またわれわれのために動物を狩り場に来させ、待ち伏せしているところまで追い立てて下さい。われわれは代々あなたを敬ってきました。どうぞご加護を」

祭祀が終わると、全員で供えた肉を分けあい、各自で持って帰ると、自分の家のかまどに入れるのだった。

現在、野生動物の保護のため、囲い猟のような狩猟方式は途絶え、人々の猟銃は接収された。しかし、山地民族の家のかまどには今も、消えることのない火がきらめいている。

かまどは山岳民族の暮らしに欠かすことのできないものだ。食事の用意をし、暖かい家の環境を整えるかまどの火は、山の民が寒い冬を乗り越えて長い年月を過ごす間、常に生活の中にあった。かまどの火は昔から今日まで生き延びてきた生命であり、民族の文化を伝えた。しかし、かまどで火を使うことは山地民族の近代化の過程における通過点であり、そこにずっと留まることはできない。火の文化はあまりに高いコストを必要とする。

　流域ではどのような村でも一歩足を踏み入れれば、村の豊かさに関係なく、一様に大きな薪の山が目に入る。たいてい村人は毎年の冬の終わりから春が訪れる前に、1年分の燃料である薪を採ってくる。現地では「排」という単位で薪を計算する。「排」は人の背の高さで両手をいっぱいに広げたくらいの薪の量で、この量1回分を1排と言う。1つのかまどが1年に10～20排の薪を焼くのはよくあることで、重さで量れば少なくとも5000kg以上になるだろう。貧しい村では人々の家には何もなくとも、門の前には高々と薪の山が積み上げられてある。

　わたしは多くのこうした村の調査をしたことがあるが、そこにはみな共通点があった。村人たちはかつて村のすぐ近くで薪を採っていた。しかし次第に村の近くの林は切り尽くし、薪刈り場所は外へと広がって、今では半日がかりで遠くまで歩いていかないと薪を手に入れることができないのだ。

　これ以上、薪を取り続けることができるだろうか？

　これは何もいまに始まった問題ではない。何年も前から流域の少なからぬ地域はガスの使用を推進し、かまどを改良して薪を節約し、ガスや電気を薪の替わりとしてきた。しかし、わずかな成果はあったものの、客観的に見れば効果はそれほど明確ではない。動植物の「王国」では依然としてかまどからもくもくと煙が上がっている。原因を突きつめれば、政府のやる気や対策としてとられた措置などの要因以外に、村人たちの経済力と文化への適応の問題があるだろう。山の民は先祖代々、かまどの火を使った生活をし、独特の生存方式──「火

> 高黎貢山では
> 今でも植え付け棒を使って
> 働く人々が見られる

　の文化」を作りあげてきた。彼らにこの火をすぐに消せというのは、容易なことではない。

　もちろん「火の文化」の中で涵養されてきた多くの山地民族の伝統文化を乱暴に断ち切ってはならない。しかし、かまどの火はやはり徐々に小さくして消えてゆくのが望ましいであろう。これは各レベルの政府および開発関係者が面している難しい問題だ。

**焼畑の火**..........古くから「王国」にはまた別の火が蔓延していた。これはかまどの火よりもさらに高く燃えあがり、火勢も強く、燃やした面積も広かった。それは草木を焼き払って灰にし、肥料として作付けをするための火であった。

　西南地域の焼畑農業について研究している伊紹亭氏（イシャオティン）は「雲南はしばしば植物王国、動物王国、非鉄金属王国だと言われるが、もしさらに何か別の王国の称号をつけられるとしたら、わたしは『焼畑農業王国』とつけたい」と述べてい

る。伊氏は1991年に発表した専門書『ある争議にみちた文化生態体系』の中で、「雲南の焼畑農業は人口の増加と森林資源の急速な減少によって、既に衰落の段階に入っている。とはいえ、現在、依然として広く焼畑農業が残る地域もある。それは滇西北、滇西、滇西南と滇南一帯のビルマ、ラオス、ベトナムと接する半月型の亜熱帯地域である。総面積38万km²余りの雲南省には、全省の4分の1に相当する約10万km²余りの焼畑が存在する。この10数万km²の中に、およそ4万km²の森林と2000km²の焼畑農地がある。1982年の統計によると雲南省の総人口は3255万人で、現在焼畑農業に従事している人口はまだ100万人余りいる」と述べている。伊氏が描いた焼畑農業が分布する半月形の地域は、主に瀾滄江と怒江流域に位置し、臨滄、思茅、シーサンパンナに集中していた。

　焼畑農業は一般の人々が想像するほど単純なものではない。それはただ森林を焼いて開墾することではないし、火をつけ、開墾し、切り倒して焼き払った後に種をまいて来年の収穫を待てばできあがり、というほど簡単なものでもない。それは実際のところ、山地民族が作りあげてきた大自然との交流を通じた生活の方式であり、狩猟や採取と比較すると生産形態の上では大きな進歩であった。かつてはこれを原始農業時代における第1次生産革命と呼ぶ人もいた。

　当時、焼畑農業は「多くの目的を同時に実現させる複雑な耕作方式の農業システム」であった。焼畑を行なう民族はすべて、こうした生産様式に適合した耕作制度と文化形態を持っていた。たとえば焼畑農業の休閑輪作制は一般に、ある土地で2〜8年耕作した後、その場所を10〜30年荒地にして土地を回復させ、山林を復元するものであった。

　伊氏は、かつての焼畑農業は必ずしも生態環境を破壊するものではなかったという。

　「かつても今も、もしその地域の森林資源が十分にある場合は、木は自然に自生し、また朽ちていく。そうした場所で人々が生存のために焼畑農業に従事し森から食糧を得ることは合理的であり、責めるべきものではない。人口が少なく森が豊かな環境で山地民族の伝統と計画的な休閑を含む焼畑農業を行なうことは、生態環境にそれほど悪影響はもたらさない。森林資源が乏しく、環境が既に深刻な破壊を受けており、人口圧力を支えられない地域で焼畑農業によって食糧を生産するのであれば、当然、得るところよりも失うものが多く、適当

ではない」

　このように考えていけば、再び人口の問題につきあたる。一般的に山地で1k㎡あたり15人を越えると、人と土地の関係は徐々に緊張状態に向かい、焼畑農業の合理性が問われ、やがて森林の生態系を破壊するようになる。現実に、かつては広々した土地であったところに今では人がぎっしりいる、という状態だ。

　怒江リス族自治州を例にとると、1957年における農業人口は20万5800人で、1人あたり耕作地は3.66畝、1畝あたり28人を養っていた。ところが40年以上経った今日、州の農業人口は40万人を突破し、およそ倍となった。人口増加はすなわち土地への負荷の増加を意味する。全州の99.9％以上が山地や峡谷という場所では76.6％の土地が国が耕作を禁じている25度以上の傾斜地である。この一律の政策によって、どれほど崖のようなところに田畑を切り拓くのに長けた民族であっても、農民たちは十分に土壌のある山でも「壁耕ビーケン[26]」のための土地を見つけることができなくなった。

　わたしは焼畑農業についてこれ以上は詳しくないため、地方政府がずっと焼畑を禁ずる努力をしていることしか知らない。また、10年来「半月形」の山地で行なわれてきた焼畑農業の火が、結局のところどれほどの森林を灰にしてきたのかもはっきりと言うことはできない。しかし1年前、わたしは瀾滄江下流と怒江上流の山林にやはり同じように燃える火とゆらめく煙を見た。広く開墾された焦土の土地で、人々が「植え付け棒」をふるっていた──こうした木製の農具はこれらの民族に数千年間も伝わってきたものなのである。

# 9──5

# 招かれざる客のご愛顧

**地震多発帯**..........瀾滄江と怒江が雲南省を流れる部分では、川沿いのほとんどの場所に公道が通っている。車に乗って2本の川の上流域の険しい山々に分け入る頃には、絶対に居眠りをしてはならない。特に雨天の時は絶対に目を見開いて崖を見あげ、上から落石がないかよく見ていなければならない。気を抜けば、大きな岩が落ち

註
[26]...地面から垂直に切り立った山の斜面を開墾し、畑にすること。

瀾滄県に立つ
抗震記念碑

てきて、人を乗せたまま車ごと川へと突き落とされてしまうかもしれない。しかし、当然これは何ということのない災害で、自然が小さな悪戯をしたにすぎない。本物の災害は「招かれざる客」だ。瀾滄江、怒江流域にはしばしば「招かれざる客」がやってくる。

　自然災害の中でもっとも恐ろしいのが地震だ。地質学者によれば、瀾滄江と怒江が流れる雲南省はユーラシア大陸プレートの淵であり、インド洋プレートと直接影響しあう地震多発地帯である。

　記録によると、886年から1985年の1100年間に雲南では405回の震度5級[27]以上の地震が発生した。1970年から1976年のわずか7年間で3回もの震度7級以上の地震が起き、1万7129人が死亡、中国国内では唐山（タンシャン）大地震に次ぐ死者が出た。

　地震はある一定の活動帯を持ち、地震活動帯は地理的には帯状に分布する。雲南西部の地震帯は南北に走り、瀾滄江、怒江の流れと一致している。2本の大河流域のほとんどがその地震帯に属し、中甸・大理地震帯、騰衝（タンチョン）・耿馬（リエンマ）地震帯、思茅・ライチャウ（ベトナム）地震帯など3大地震帯がこれら2本の大河と並行している。ここ数十年来、この3大地震帯で発生した7級以上の大地震は以下のとおりである。1925年の大理地震（7.0級）、1976年の龍陵、潞西大地震（7.3〜7.4級）、1988年の瀾滄（思茅市）、耿馬（臨滄市）地区で12分間のうちに発生した7.2級と7.6級の2回の大地震、1992年の麗江地震は7級以上だった。

　地震が多いというのは、2本の河川流域の地質が変化し続けていることを示している。たとえば1988年、瀾滄・耿馬の2回の大地震後、震源地の地表は大きく裂けて、耿馬県の街にもたくさんの裂け目が現れた。孟省鎮と雲砍村の地表に20km以上にわたり幅40cm以上の大きな亀裂が現れ、50cm以上の地盤沈下が起きた。地震後には多くの場所で噴水、噴砂、地滑り、山崩れ、山の移動などの現象が見られ、道路、橋梁、水路、ダム、通信ネットワークなどにさまざまな被害をもたらした。今回の地震は瀾滄・耿馬を震源として地震波が瀾滄江を上下左右に拡散した。思茅、臨滄、保山、徳宏、シーサンパンナの5つの州・市と19の県はさまざまな被害を受け、被災人口は517万人にのぼった。

　われわれはこうした不幸な人々に対して深く同情すると同時

註
27…中国の震度階区分の級は改正メルカリ震度階に近く、2で割って1を足すとほぼ日本の気象庁による震度階区分の震度になる。

に、大自然に対してさらなる畏敬の念を抱かざるをえない。もしかしたら地震とは大自然が地震の力を知らしめるため、地球上の思い上がっている一切の生き物に対して警告しているのかもしれない。大自然の前にはどのようなものもみなちっぽけにすぎない。白亜紀やジュラ紀の恐龍たちも、大きくなりすぎて絶滅する運命を免れることはできなかった。人類は地球上で今まで唯一、自然の循環システムを大きく破壊することを可能とした生き物だが、それでも自然の前で大言壮語する資格などない。おとなしく自然に従うことによって初めてみずからの生存環境を改善できるのだ。

　川と大地は支えあっている。地震は地質の変化をもたらすが、瀾滄江や怒江の歩みを止めることはない。大河は両岸の山が緑の衣装を失うことを恐れ、山が緑の衣装を失えば、大河は気まぐれで粗暴になる。大自然は宇宙の道理を知っており、知恵のある存在だ。大自然は恩が報われる、ということを知っており、また悪には悪をもって対処する。

　大自然が悪をもって悪に対処することはしばしば災害に体現される。地質学者は地滑り、土石流など自然災害の原因の1つは森や植物被覆の破壊だと言う。多くの（もちろん、すべてではない）自然災害の原因を作り出してきたのは他でもなく、しばしば人間自身である。この2本の河川からさほど遠くないところに有名な「土石流博物館」、この地方では東川(トンチュアン)と呼ばれる場所がある。もともとここは地州[28]レベルの市であったが、現在では雲南省の省都である昆明の一地区となっている。東川は大自然の恩寵を受け、その地下に埋蔵されている豊富な銅や鉱石によって古くから「天下第一」の銅の都であった。東川の採銅は早くから行なわれ、銅鉱を発掘し、銅を精錬するため近視眼的な人々が斧ですべてを伐採していった。ある人の計算によると、1トンの銅を精錬するたびに10トンの木炭が必要であり、10トンの木炭を作るのに100トンの薪が必要とされる。つまり、1トンの銅が精錬される度に100トンの薪が切られてきた。数百年におよぶ不断の開発、伐採、焼却が、緑の山を禿げ山にしてきた。緑の衣装の保護がなくなり裸になった山は、2度と元には戻らず、土石流が東川を流れるようになった。1985年の夏に起きたたった1度の土石流で121人が死亡し、経済的損失は1000万元以上にのぼった。

　現在、東川区は107本の土石流に囲まれ、壮観な「土石流博物

註
[28] 省以下、県以上の間の行政レベルで、地区、自治州など。

瀾滄江・怒江

館」となっている。そこで暮らす数万の東川の人々は終日、恐れている。災害はいつどこに訪れ、死神がどこで笑っているか分からない。

　瀾滄江、怒江の両岸でも地滑りと山の崩壊が頻繁に起きる。瀾滄江上を西南シルクロードにつないでいた著名な橋——霽虹橋は、その数百年の歴史を経て、1986年に発生した地滑りによって崩れ去った。

## 土石流
## 災害

　客観的に言えば、2本の大河流域で起きる自然災害は半分が自然に、もう半分が人に起因している。2本の大河とその多くの支流は水量も多く、浸食の速度も速い。地形は高低差が大きく、斜面は急だ。降雨の分布は不均一で、局地的な暴風雨が多く、瞬時に河川の流れが増大することによって山の斜面が急激な圧力を受け、容易に地滑りと土石流を作り出す。これが自然環境や地質面の原因だ。過度の伐採、焼き林、開発などは災害の人的原因だ。これら両者が相まって、2本の河川流域を災害の頻発地域としている。

　地質学者は、2本の大河周辺で近年に発生した災害地点の分布などに基づき、災害発生地域を6つに整理した。瀾滄江流域は4つ、怒江流域は2つである。それぞれ以下の通りだ。

### 1.瀾滄江中上流域

一帯には約150ヵ所の災害発生地点があり、特に大規模な地滑り、土石流が発生したのは70ヵ所余りである。主に徳欽から塩井、巴洛から維西、営盤から蘭坪、雲龍から功果、杉陽から水寨、小湾から漫湾、雲県までだ。1965年に功果橋(コングチャオ)で発生した土石流では21人が死亡し、30万元以上の損失が出た。1977年に旧蘭坪県の県城(県庁所在地)であった西城で発生した土石流は市街にまで達して100万元以上の経済的損失を出し、県城を金頂鎮に移転させた。2000年8月から9月にかけて蘭坪県では連続3回の大規模な土砂災害が起き、経済的損失は5億元以上にのぼった。漫湾発電所のすぐ近くには19ヵ所で災害が発生し、体積1800万m³のダム区に悪影響を与えている。

註
29 景臨橋は臨滄市臨翔区と思芽市景谷タイ族自治県の境、思瀾橋は思芽市の思芽河に架かっている。

### 2.瀾滄江下流域

景臨橋の南から思瀾橋[29]の北にはおよそ17の災害発生地点があ

り、10ヵ所以上の土石流発生帯がある。中でも下允河(シャユン)の土石流は毎年のように頻発し、河谷が砂礫化して、しばしば農地を破壊し、数百の農家が被害にあっている。1986年8月、下観音河の西側の山地10ヵ所が崩壊し、地滑りと土石流の危険は鎮源県にまでおよんだ。

3. 南汀河(瀾滄江支流)流域

南汀河流域では臨滄、雲県、鳳慶、永徳、鎮康などに大・中型の土石流帯が100ヵ所以上あり、地滑りは100回以上あってこれまでに毎年、100人以上が亡くなり、直接の経済的損失は2000万元を超える。1986年の夏、一帯では土石流が暴発し、地形を変えるほどで、実際川底が5～7mも高くなった。また羊頭岩から永徳の道路も7ヵ月断たれ、発電所1基が破壊され、農地3000畝[30]以上が埋まり、十数kmの河谷が砂礫化した。

4. 漾濞江(ヤンビ)(瀾滄江支流)流域

蒼山を中心として、維西、剣川、洱源、大理、漾濞、永平、巍山などを含む面積6000km²の一帯は赤い地層を主とし、岩石が比較的軟らかいため、地盤は崩れやすい。土石流は80ヵ所余り、地滑りは100ヵ所余りで発生した。中でも1966年に発生した沙坪谷の土石流は田んぼ970畝を破壊し、交通を遮断した。清水谷と雪山河2ヵ所の土石流で何度も農地と家屋が破壊され、数百万元の損失をもたらした。老街子の土石流は1985年以来、毎年のように暴発し、農地400畝余りを荒廃させ、老街子の村人たちの安全を脅かしている。

5. 貢山・六庫(怒江沿い)

主に怒江流域に分布し、北は貢山から南は六庫まで、面積は約2500km²である。雲南省における怒江上流の峡谷の両岸支流では多くの場所で土石流が発生しており、その数150ヵ所以上である。中・小型が主で、支流の河口には大量の砂礫が堆積している。被害が大きかったのは茨開河、段家寨、中元河の土石流、碧江(知子羅)、貴家坟、老窩河の地滑りなどである。怒江両岸は切り立った地形で、多くの場所では傾斜が50度以上あり、露出した地層は高黎貢山の変成岩系である。茨開河には混合岩、石灰岩、大理岩などがあり、岩石が砕けて林を破壊し、荒廃を深刻にし、災害を招いた。1952年の

註
30…約200ha。

怒江

茨開河土石流により貢山県では20人が死亡した。碧江県城は地滑りで1億元近い経済的損失をこうむった。貴家墳の地滑りでは流れ出た土砂は252万m³にのぼり、六庫の町に脅威を与えた。1976〜86年の10年間で、雲南怒江州は地滑り、土石流によって、204人が死亡、88人が負傷、農作物の被害面積は18万畝に達した。1979年に老窩・六庫、老窩・蘭坪口中の交通が2ヵ月間遮断され、経済的損失は1000万元にのぼった。1985年、この地域では再び深刻な地滑りや山崩れが発生し、2年近く交通が遮断され、経済的損失は3200万元余りにのぼった。

## 6. 怒江中下流域

六庫より南の災害発生地点には施甸、昌寧、龍陵、保山南部、永徳、鎮康西部などがある。災害地点の分布は47ヵ所で、地滑りがあったのは25ヵ所である。土石流は22回あった。特に深刻な場所は昌寧県の励通河、柯街河、永康河、龍陵808ダム、象達、平達などで5000畝以上の農地荒廃を作り出した。勘通川では土石流群は毎年200〜300畝の速度で拡大している。この川の流れる永康盆地の面積は10km²足らず。周囲にはたった5本の土石流溝があるだけで、その上流の土砂崩れの範囲は15km²におよび、大量の泥土が堆積して河川整備に影響し、数千畝の土地を耕作不可能にした。

## 福貢県の災害

……実際のところ、すべての災害の状況についてはとても書ききれるものではない。たまたま手元にあった資料から、怒江付近の福貢県で20世紀後半に起きた土石流災害について列挙してみよう。

註
31…1958年の人民公社成立後、管理システムとしては公社管理委員会、生産大隊、生産隊の3つのレベルに分けられた。生産隊はグループ活動の最小単位であり、いくつかの生産隊が集まったものが生産大隊、略して大隊と呼ばれた。

| | |
|---|---|
| 1952年 | 10月、利沙底(リシャディ)、鹿馬登(ルマダン)の2ヵ所における暴風雨が土石流を生み、100軒余りの人々が犠牲になった。死者85人、損害を受けたトウモロコシ畑5398.5畝、流された水田は70.5畝であった。 |
| 1962年 | 土石流が3軒の家を押し流した。 |
| 1975年 | 4月、達普楽大隊[31]で発生した土石流では、1人が死亡、3軒の家が破壊された。 |

| | | |
|---|---|---|
| 1977年 | 8月、利沙底公社[32]では土石流によって7戸、36人が押し流され、31人が死亡した。 | |
| 1979年 | 9月、山崩れが土石流を引き起こし、390戸が暮らす県内4つの公社において、倉庫8つ、公道の橋梁6つ、作物1万1841畝、商業林993畝、死者32人、重傷者25人の被害を出した。 | |
| 1980年 | 10月、暴風雨による土石流が施底発電所の堰堤を越え、農作物514畝を破壊、6234人が被災した。 | |
| 1981年 | 7月、臘甲木底河(ラジャムディ)の水があふれ、中学の分校舎が被害を受けた。また土石流によって公道の橋梁1本、水田8畝が破壊された。 | |
| 1983年 | 土石流によって水田209畝、棚田と坂地535畝、経済林[33]224畝が被害を受け、破壊された家屋は19戸、損失を受けた家畜は650頭以上にのぼった。 | |
| 1985年 | 5月、鹿馬登の麻甲底郷(マジャディ)の土砂崩れは耕地77畝、林木155畝、人馬の道3本を破壊し、47戸、250人の生存を困難にした。 | |
| 1986年 | 6月、倒壊した民家18軒、施底(シディ)発電所の水路が100m水に押し流された。 | |

……

数字は味気ないが、鋭い人ならば福貢県の土石流が頻繁に、ますます危険になっていることが分かるだろう。災害の原因が自然と人の両方の要素によるのだとしたら、このように災害の頻度が増加するのは、人の要素の比重が大きくなってきているからだと考えなければならないだろう。

　統計によれば、怒江リス族自治州は227年〜1951年の1724年間、森林被覆率はおよそ50%以上で、大規模な洪水や土石流はほとんど発生しなかった。ところが1950年代の「大躍進」と60年代の「文化大革命」以後、州全体の森林被覆率は40%以下にまで落ちこんだ。脆弱になった地質によって、洪水と土砂崩れが毎年頻発するようになったのである。濾水県の維拉羅の3隊も犠牲と

註
32…公社は人民公社の略称。1958〜78年に組織された郷レベルの組織。
33…経済林とは、果物や油が採れたり、工業や医薬品の原料となる森林のこと。

なった。1958年に村の裏山の森林がすべて伐採され、山の斜面には棚田や棚地が開墾された。食糧は数年間、大いに増産されたが、1979年になって突然、土石流が発生し、38世帯が住む村すべてを押し流し、27人の生命を奪ったのだ。

　この土石流と土砂崩れが起きた一帯は山の緑の衣装が剝ぎ取られ、森林の保護がなく、大地の土と保水能力もほとんど失われていた。ここで生活を送っていた人々は、まるで虎の口の前で生きているのも同然だった。

　もし先ほどの無味乾燥な数字がつまらないと感じられても、ある街を無視することはできないだろう。みなさんにはわたしと一緒に怒江上流の廃墟となった街を歩くのを我慢してもらわねばならない。

## 消えた知子羅

　知子羅（ジズルオ）、かつて燦然と輝いていたこの街は、怒江の川面から1000m登った碧羅雪山にあり、怒江をはるか頭上から眺めていた。20世紀初め、ここは国民政府の殖辺公署[34]とされ、碧江から怒江地域（その後、怒江州となる）の政治文化の中心であった。1949年以後、ここに怒江州最初の人民政権——碧江県政府が成立し、1954年、正式に雲南省怒江リス族自治州の州都所在地となった。以後20年、国は大量の人的・財政的投資を行なって山の上に街を作りあげ、さらにそれを都市の規模にまで拡大させていった。山の斜面は平地にされて、建物が聳え、つづら折りの盤山公道が怒江の谷に向かい、そこからさらに遠くまで繋がっていた。行政機関、学校、病院、商店、銀行、工場を備え、大通りにも路地にも人がひしめき、人口密度のけっして高くない怒江州の中でこの1km²に満たない街はもっとも人口密度の高い場所となった。1974年に怒江州府は知子羅から移動し、政府機関の人も一部は移ったが、碧江県の県都であることには変わらず、怒江上流ではまれに見る繁栄を維持していた。

　この繁栄がただ1度の大雨によりすべて奪い去られることになると誰に予想できただろう。

　1979年9月から10月かけて16日間降り続けた大雨は、洪水と土石流をもたらした。知子羅の南と北の激しい山崩れにより、数十軒の家、1000人近くが直接の被害を受けた。死神の叫びを聞いて、恐怖と混乱が街全体を包んだ。

　唯一の解決法は迅速な遷都だった。県の中枢機関の引っ越し

註
34…中華民国政府が辺境の管理のため設置した政府機関。

は町全体の引っ越しに等しかった。まず怒江畔の子里甲(ズリジャ)に引っ越し、その後、版納瓦底(バンナワディ)に移り、1年もたたない間に2回も移動を迫られた。しかし調査により、2つの場所はどちらも県都を建てるべき場所ではないと分かった。わずか1550㎡の土地には県都にするための平らで基礎のしっかりした場所はなかったのだ。省は資金を出して知子羅を整備し、地表に数千mの排水溝や数百mの砂防壁を建設したが、県都の崩壊を止めることはできなかった。地質が破壊され、岩の風化は悪化する一方で、土砂崩れがひどくなっていった。では、どうしたらよいのか？ 80年代半ばまでは、地質学専門の省長や数人の研究者が次々と訪れては現地調査を行なったが、調査を終えて戻る時には、みな溜息をつき、頭を振って出ていった。

　1986年9月24日、国務院の決定を経て、碧江県は廃止され、この地域は福貢と瀘水の2県に組み込まれることになった。これ以後、1つの県が中国の地図から消え、街の人々は散り散りになった。山城はもぬけの空になり死気が立ちこめた。10万㎡近くの数百の建物は深い山里の民が1銭も払うことなく引き取った。怒江畔の公道はデコボコで、わざわざ行って修復しようとする人もおらず、ましてや車のクラクションを聞くことなど滅多にない。聞こえるのは時折伝わってくる馬の蹄のトコトコという音だけだった。

　歴史上、中国西北の楼蘭、イタリアのポンペイなど多くの著名な古城が天災や人災によって消えたが、知子羅もまた同じ運命をたどりつつある。ただ知子羅はまだ完全には土に埋もれていないだけである。

　知子羅の衰退と碧江県の消失は自然環境に起因し、大河と山がもたらしたものだが、人と無関係というわけではない。これは少なくとも人々に、人と山河の関係について考えさせ、眼を覚まさせるものであった。

　山河は美しく善良なものだ。山河は人に恨みも仇もなく、故意に災害により人に報復することはない。山河は寡黙にして多くを語らないが、けっして人に支配されるのを許さない。もし誰か自然を敬わない人がいたら、山河はちょっと暴れてみせて、人を混乱におとしいれる。人の世で起きる災害は山河の望むところではなく、善良な山河は人を苦境におとしいれたいわけではない。しかし人はみずからの近視眼によって、自分自身に危害を与え、子々孫々にまで影響を及ぼす。人はしっかり道理を覚えておくべきである。自然を大切にするこ

とは、自分自身を大切にすることだ。
　古くから大地と人を育んできた瀾滄江と怒江は、それぞれの方法で人を目覚めさせ、人に黄信号を出してきた。

## 大平山の崩壊

　1985年8月21日0時30分、怒江大峡谷の東壁、怒山支脈の大平山が突然、崩壊した。あっという間に40万㎡以上の岩の塊が200m以上の高さの崖から川に崩落し、45分間、川を完全に堰き止めると、下流の水位は数時間で3m余りにまで下がった。流れを堰き止められ、激怒した狂龍は、左にぶつかり、右にぶつかり、前へ後ろへと大暴れをした。落ちてきた岩と土砂は川に巨大な石の堰を作っており、狂龍は洪水となって溢れ出た。土石流が1000畝以上の水田や畑、牧場を覆った。川岸には500本も根こそぎにされたキワタノキがひっくりかえり、100トン以上の岩が西岸から500mも外に飛び出していた。川から溢れ出た水は、およそ1㎢以内の樹木や水田をめちゃくちゃにした。
　それから1年後の1986年10月12日、今度は瀾滄江峡谷でも同様の地滑りが発生し、数万㎡の土石流が瀾滄江に崩れ落ちて、流れを堰き止めた。15分後、狂ったような川の水が川底の泥土や石を掘り崩し、水勢を増して雲南省の一級重点保護文化財であった霽虹橋を木端微塵に打ち砕いた。あっと言う間に18本の巨大な鉄鎖に支えられた美しく壮大な橋は姿を消し、両岸の袂のみが残った。「世界最古の鉄索橋」は幻となり、ただ西岸の崖に残った石刻文字のみがかつての霽虹橋の絢爛たる歴史を伝え、奪い去られたその雄姿と自然災害の非情さを思い出させるのだった。
　怒江と瀾滄江の青い水は怒ったようにザアザアと流れる。2本の大河がこれほど重大な自然災害を起こしたことは史上まれに見る出来事だった。専門家によれば、大河の断流と自然環境には関連があるという。山の森林被覆が破壊されたために岩がだんだんと削られ、断層の両側が剥き出しになり、地表の水が大量に滲み込んで、岩と岩の隙間を洗い流す。これに加えて何日も続いた雨が地下水の圧力を増大させ、危険な状態になっていた平衡を崩し、異常なほど猛々しい土砂崩れを引き起こしたのだ。
　大河の警告はけっして笑いごとではない警戒しなければならない！
　わたしのノートにはかつて書き記したこんな言葉が残っている。『人は万物

の霊長』といえども、万物と同様、陽光や雨露、大気による保護によって初めて生命を維持することができる。川のほとりの土地や食物連鎖によって初めて生きてゆくことができる。人はただ自然の規律に適応する限りにおいて、生存し、生活条件を改善することができるのだ。自然の規律に背くことなどできない。『自然の征服』『天地と争う』『人は天に勝つ運命』という考えがいかに貧しく、でたらめな話であることか。

## 9-6　オアシスと砂漠の対話

**中国の砂漠化**..........ある場所で、人々の生計手段が変遷することをこう表現することが流行っていたことがある。

「曽祖父が猟によって生計を立て、祖父が木材を売って生計を立て、父親が薪と山菜採りで生計を立て、息子が植物の根を彫刻の原料として売って生計を立てているとすれば、孫はただ黄砂を売って生きるしかない」

まさかこれがわれわれ人類の進化の歴史ではあるまい？　いや、これは環境の悪化をよく表しており、人と自然の繋がりが消失することによる恐ろしい結末なのだ。これは自然から人への警鐘だ。

大自然は常に局地的な懲罰というかたちで人類に警告している。より多くの緑を残さない限り、想像に耐えない恐ろしい結末にいたるだろう。

最近の統計によれば、中国の960万$km^2$の国土で砂漠化した土地は262万$km^2$にのぼる。これはつまり、国土の4分の1が生命と逆方向に追い立てられたということである。

もし寓話によって自然世界の変遷をイメージすれば次のようになる。オアシスと砂漠は仇どうしで、昔から絶えず戦い続けてきた。はじめオアシスの勢力は非常に大きく、領土も広大だった。砂漠の勢力は小さく、片隅でかたくなに戦い、オアシスの無数の包囲から逃げるのみであった。その後オアシスでは腐敗が起き、政務をおざなりにし、軍備はゆるみ、次第に攻撃力を失っていった。防御力も大幅に弱まり、砂漠に攻め入られた。兵隊は雪崩のように敗走し、領土を失い雲散していった。最後にしかたなく座りこみ、砂漠との話し合いをす

保山の瀾滄江畔で
砂を背負う女性たち

　ることになった。このとき砂漠はオアシスの頭領である人類を処罰させろと強硬に迫った。オアシスはほとほと困り果て、今も話し合いは続いている。しかし砂漠の攻撃は日増しに強まるばかりで、オアシスの失地は拡大している。

　この寓話にはまだ結末がない。オアシスを支配していた人類は、みずから両手をあげて砂漠に投降するのだろうか？　それともここへきて目覚め、しばしの休息の後、オアシスを発展させ、銅鑼や旗を立て直すと、凶暴な砂漠に戦いを挑むのだろうか？

　人類は、みずからの行動をもって、続きを書いていかなければなるまい。

## 流域の森林
　..........他の地域と比べれば瀾滄江、怒江流域にはまだ多くのオアシスが残されており、不幸中の幸いと言えよう。一般に地域の自然環境が良好に維持されるためには、森林被覆率は最低でも30％なければならないという。ある環境科学研究の資料によれば、20世紀末、瀾滄江流域の森林被覆率は32.5％だっ

遠くから薪を採ってくる女性たち

た。15年前の24％からおよそ8％回復し、ようやく警戒線を越えたばかりと言える。瀾滄江流域全体の森林被覆率はまだ大丈夫だが、砂漠の脅威は依然として存在している。

　上流の経済発展と自然保護との対立はますます大きくなっている。中流域の森林破壊は深刻で、被覆率は低く、土壌浸食も深刻だ。下流で1年間に川が押し流す土砂の量を60年代と比較すると45％前後上昇しており、既に水力発電プロジェクトと水運に悪影響を与えている。

　怒江の状況も瀾滄江とさほど変わりはない。地方によっては森林被覆率は20％以下に落ちこんでいる。1986年に出版された『怒江リス族自治州の概況』には以下のように書かれている。

　「調査によれば州全体の森林は740万畝余りで、森林被覆率は33.6％、そのうち成熟林と過成熟林は約70％を占める。これは雲南省内の森林被覆率は比較的高く、まだ開発されていない原生林が多いということだ」

ところが、1983年に出版された『横断山考察選集』では、中国科学院の学者が次のように記している。
　「(怒江)地域の森林被覆率は20年来、過度の伐採によって減少している。福貢の森林被覆率は18.4％だ。一方で、耕地面積は急拡大している」
　2つの文献にある数字の差がこれほど大きいのは、おそらく統計の手法が異なることと、森林被覆分布の不均衡という実際の状況があるのだと思われる。しかし全体的には怒江の生態系の問題は楽観できない。2本の大河流域の生態系を比べてみれば、不安で心拍数が直ちに上昇するだろう。1942年に出版された『雲南経済』には以下のようにある。
　「瀾滄江、潞江流域では南は保山、騰衝から、北はチベットと接する地域まですべて天然林だ。9年前は縦断するのに7〜8日、横断するのに2〜3日かかる大きな森が3、4ヵ所あった。森林密度の高さはひとめで分かった。大きな樹木は直径4〜5mあり、年輪を数えると少なくとも1000年以上のものだった。直径1〜2mのものは数えられないほどだった。また10km²余りの大きな森がいたる所にある」
　これは抗日戦争前夜の景観だ。抗日戦争の間、瀾滄江、怒江の森林は砲火の破壊にあい、同時に怒江以東への日本軍の侵攻を防ぐため、2本の大河流域の木材資源を提供した。ある統計によれば、戦争を支援するための木材は2年間で1.2万トンに達し、木棺1万3350箱、電柱5494本、方形板7万8000m²、木製家具6万8000点を数え、その他にまた怒江東岸で工事を行なうための木材が大量に使われた。戦後、怒江東岸には禿げあがった山が現れたが、それでも流域は基本的にはまだ植物に覆われていた。民国35年(1946年)、怒江の森林資源についての文書にはこう記載されていた。
　「怒江両岸は、山が連なり森の密度は高く、木の種類も多い。樹齢は10年から数百年までで、すべて原生の天然林である」
　1950年代初期の統計によれば、瀾滄江流域の森林被覆率は57％で、怒江流域の森林被覆率もまた50％を超えている。
　半世紀というわずかな時がたった今、このような景観は、一部の自然保護区を除いて、見ることが難しくなってしまった。怒江上流から下流までずっと禿げ山であり、保山隆陽区の芒寛郷と潞江郷が交わるところには20畝余りの森林

遠くから水を背負ってくる
女性たちと子供

を見ることができるだけだ。林業の専門家によると、もはや怒江に最後に残された熱帯林だと言う。これが人を悲しませないでいられようか？

　20世紀後半はおそらく有史以来、大河流域の森林が遭遇した中でももっとも破壊が深刻な時期であったであろう。これは大河にとっても人類にとっても災難であった。怒江河畔でわたしはある自然保護区の科学者に出会った。彼は自然科学が専門だが、社会問題を考えるのもまた好きだった。話し始めると、初対面なのに、われわれはすぐに昔からの友人であるかのように意気投合した。彼はわたしに教えてくれた。

　「1958年から20世紀末までの40年余りの間に、2本の大河両岸の山は4回の大災厄を経験した。1回目は当然1958年の大躍進政策だ。当時、家という家がすべて鉄鍋までを持ちより、村々には小さな高炉が作られ、山をつる禿げにして鋼が作られた。2回目は60年代末から70年代初めの『文化大革命』だ。人々の狂気は都市から郷村に伝染し、闘争の標的は社会領域から自然へと拡大して

いった。闘争は人々の口に大声で叫ばれた。人々は誰もが闘いの中にいた。『人との闘い、その楽しみ限りなし』。同時にやはり『天地との闘い』が求められた。『天との闘い、その楽しみ限りなし。地との闘い、その楽しみ限りなし』。大河両岸の山もやはり『闘争』の成り行きから逃れることができなかった。それが『山を丸裸にして棚田を作ろう』というスローガンであった。それらの『手本』にならって、伐採が多ければ多いほど、『荒廃』させればさせるほど、得られる賞状も増えた。みなが先を争って山に殺到したのだから、山が災難にあわないわけはない」

　彼はまだ何か言いたそうだったがふと止めて、頭を垂れ、黙々と南へと流れる大河を凝視した。

　「その後の2回は？」わたしは我慢できずに尋ねた。

　「その後の2回は、一般の人々の不注意による乱伐だ。あえて言う必要もないが、あなたもわたしも2人とも科学をやってきた人間だ、事実は避けられない。1度は1983年前後の土地請負制度[35]だ。当時、土地は請負の対象だったが、山林は含まれていなかった。人々は自分の土地を少しでも大きくするために、許可なしに山に入って山林を開墾した。『荒れ山から耕作地へ』という美名の下でね。その頃、およそ作物の植えられていない山地は、草があろうとなかろうと、樹木が生えていようといまいと、すべて荒れ山と呼ばれた。考えてもみてくれ、これに山林が耐えられただろうか？　あとの1回の大伐採は、今からそんなに昔のことではない、まだ6、7年たっていない。その頃は、上のほうの手はずで、荒れ山が投げ売りされた。今度は、人々は荒れ山とは木がないものだと理解したが、少しでも多くの『荒れ山』を投げ売りするために、なんと樹木のある青い山に大鉈を振るって森を伐採し、地を削って『荒れ山』を作り出したのだ」

　科学者の話はわたしの心に言いようのない苦い思いをもたらした。そう、もしも科学の発展が1日1000里の速度で進むのだとすれば、人の社会の理性の速度は山の坂で老牛に車を引かせるようなもので、少し気を抜くとすぐに後退してしまう。

　わずかな慰めとなるのは、瀾滄江、怒江は今もまだ砂漠になってはいないということだ。聞けば瀾滄江下流のシーサンパンナの原生林は、北回帰線上に残された唯一のオアシスだという。現

註
35...1970年代末以降の農村改革により、土地が集団所有から個人の使用権が認められるようになったことを指す。

地の人はドンと大きく胸を叩いて言える——われわれはオアシスの主人だ。確かに地図を広げてみると、シーサンパンナと同一緯度上、すなわち北緯20度から25度の間に、アフリカではサハラ大砂漠、中央アジアではルブ・アルハーリー砂漠、西アジアではタール砂漠が広がっているのが分かる。これらも元はすべて草原や森林だったのが、地質構造と大気循環、さらにまた人的要素によって次第に砂漠へと変化していったのだ。1960年代、周恩来総理がこの土地を訪れた際、鋭くこのように言ったという。「シーサンパンナは第2のサハラ砂漠にはなるまいな？」

砂漠はいつでもオアシスに向かって警告を発している。つい最近、まるで煙のように中国北部を襲った黄砂の嵐は、まるでおそろしい薄笑いを浮かべながら砂漠が遠くから呼びかけているようだ。

オアシスと砂漠の対話は今もまだ続いている。もしもわれわれがオアシスの良き主人として振る舞うことができなければ、最後には荒廃した砂漠に向かって手を合わせ、命請いをするしかなくなるだろう。

## 9……7 瘴癘の恐怖は過去のものとなり

**孟連宣撫司署**………かつて上流の峡谷では、「瘴気」が人々を脅し、この地域への誤解を生んできた。実際、これは上流の峡谷だけではなく、長い間、ずっと西南のイメージをゆがめ、西南の歴史に影を落としてきた。その影は暗く、人々は西南で歩くことをまるでトラを恐れるように恐れた。

瘴癘(しょうれい)は瘴気が原因で、時にこれらは同義語であり、また、時に瘴気の結果を示した。瀾滄江、怒江流域はかつて遠近を問わずに有名な「瘴癘地区」であった。大河の流域に行く者は誰であれ、「壮士（屈強かつ勇敢な若者）は行けば二度と戻らない」という悲壮感を抱いていた。「××壩へ行くなら、先に妻を嫁がせろ」という冗談は、どこででも通用した。「×」に現地の名称を入れさえすればよい。たとえば「潞江(ルジャン)壩へ行くなら、先に妻を嫁がせろ」、「保山壩へ行くなら、先に妻を嫁がせろ」、「橄欖(カンラン)壩へ行くなら、先に妻を嫁がせろ」……この冗談は瀾滄江、怒江両岸ほとんどすべての壩子(はし)で流行った。どうして「妻を嫁がせる」必要

があるのか？　なぜならこの地方の瘴癘は残虐で、一度行けば永遠の別れとなるかもしれない。それよりは先に愛する妻が帰る場所を見つけておくのが、1日でも共に暮らした夫婦の情ではないか、ということだった。また清代の『潞江謡』には「3月4月には瘴気が立ちこめ、訪問客は次々と死ぬ。今年は特に多く、風が吹き荒れ、新鬼、旧鬼がぞくぞくと集まる」とある。

　瘴癘の極悪非道ぶりは見過ごせない。西南の片隅で瘴癘が起き始めたのは早く、少なくとも1000年の歳月がたつだろう。『三国志・蜀志』には、かつて南方は野蛮の地であり、諸葛孔明みずから制圧しに行こうとしたが、「この不毛の地、疫病が多く、一国の望みで危険を冒すのはよくない」と諫められたとある。しかしその後、やはり諸葛孔明は危険を冒して「5月に瀘を渡り、不毛の土地に深く入った」。その結果、多くの兵士が瘴癘に感染し、諸葛孔明はしかたなく「瀘水を祭って瘴気を消した」。

　西暦303年頃に書かれた『永昌郡（保山）伝』も、「永昌郡東北80里には瀘蒼津(ルツァンジン)があり、瘴気があって、3月にここを渡った60人が悶死した」と記す。ここで言う「瀘蒼津」とは瀾滄江のことであった。

　唐の南詔時期の『蛮書・山川江源第二』には次のように記されている。「高黎共（貢）山は永昌西にあり、下に怒江を臨み、左右は平原である。この地域は穹賧(チョンダン)（現在の保山市道街）と呼ばれ、湯浪、加萌などの部族が暮らす。草木は枯れず、瘴気がある」

　元代にマルコ・ポーロがこの地域をめぐった際にも、瘴気の残虐さや祈禱師が人々を騙す様子など、奇妙でけばけばしい現地の社会生活を記している。

　『雲南通志』[36]には宋の徽宗大観2年（1108年）から清の高宗の乾隆24年（1759年）までの651年間についての記載がある。この間、雲南では16年の大疫病が発生し、そのうち9年の大疫病は洱海盆地とその周辺で発生した。明の万歴年間には、猛卯（現在の瑞麗）での築城と屯田が、瘴癘のために失敗した。

　清の高宗がビルマを制圧するために軍を派遣した時も、やはり瘴癘のために成功しなかった……この地域に関する古籍の中で、「瘴癘」はおそらくもっとも頻出する語句の1つだろう。

　瘴癘とは結局のところ、何であろうか？　われわれもこれまで民間の見方、政府の見方などを研究してきた。言ってみれば、こ

註
36…清朝の大学士アルタイなどが監修した雲南の歴史・風物・地理書。1691年に編集が始まり、1736年に完成。

れは一種の地方性の伝染病である。この地方では川は縦横に流れ、地形は複雑で、気候は温暖、雨量も十分あり、草木が群生し、毎年、春と夏と秋には湿気と熱の多い環境となる。そのため多くの自然発生する伝染病が生まれ、虫を媒介として病原体が動物に宿り、昆虫を媒介として繁殖する温床となったのである。外から来た人が現地の水土に合わなかったり、現地で抵抗力の弱い人が病原体にまとわりつかれ、命の危険にさらされた。かつては医学が発達しておらず、特にこうした辺境にあっては医療も薬も不足しており、瘴癘は霧のように充満し、いつも死神が笑っていた。そこで人々の瘴癘への恐れはますます強くなり、なにやら神秘的なものとして伝えられてきたのだ。

　ある人が過去の民間の瘴癘類型や症状の区分に従って現代医学の分析と対応したことがある。それによると、瘴癘は少しも神秘的なものではない。いわゆる「冷瘴」は、現代のマラリアと関連し、「熱瘴」はチフス、パラチフス、悪性マラリアや多くの急性伝染病の高熱と似ている。「唖瘴」「交頭瘴」は黄疸性の肝炎、黄疸出血型の鉤型スピロヘータ病、十二指腸病およびマラリア貧血病などに相当した。もちろんこれだけではないが。

　瘴癘と呼ばれる各種伝染病の中でも、マラリアとペストが西南の地でもっとも広く流行し、最大の被害を出した。記録が残る1772～1955年の184年間で雲南では169回もペストが流行した年があり、87県に波及し、100万人近くが死亡した。マラリアの被害の数や人数にはさらに多く、人数を把握するのも困難である。かつて多くの地方で流行した次のような民謡があった。「穀物は黄色になり、病人は倒れ、マラリアは野獣のように恐ろしい」

　瀾滄江下流の人で1919年から思茅でマラリアが大流行したことを知らない人はほとんどいない。たとえそれが間接的な話であったとしても、その惨状が話題になれば、しばらく途切れることはなかった。まさに地方誌に記載されているとおりである。

　「……市内では、通り全体が死に絶えた場所も多く、少なくとも人口の3分の2が死んだ。郷村にいたっては言うに耐えず……きわめて凄惨であり……死亡者も荒地も増え続け、農村は荒廃し、都市は朽ち果てた」

　当時、思茅は蔓草が生い茂る荒野となり、トラが街の中にまで入ってくるという奇妙なことまで起きた。どの家庭にも病人、死人が出て、多くの政府の役

人もこれをまぬがれず、人口は激減し、この地方の事務を行なう人員にまで事欠き、花、茶、絹の類の税務もすべて止まってしまった。もともとは1級の大きな県であったのが、みるまに3級の小さな県となってしまった。もとは数万の都市であったのが、1949年には2000人に満たない人口が残っているだけであった。

『雲県県誌』の記載では「民国22年（西暦1933年）以来、疫病が流行し、100里が閉ざされ、万を超す人々が死亡した。今年秋の疫病では、かつての倍の深刻さであった。多くが患ったのは悪性のマラリアであった。症状はさまざまに変化し、郡医は足りず、薬は不足し、適切な対応ができなかった。死亡者数からは街への危険は大きく、1000足らずの家庭が患者を出し、40日間で疫病の犠牲者は506人にのぼった。これは桁外れの大きさで、人々はみな白い喪服を着ていた」とある。1933〜40年の7年間の統計によれば雲県では3万人以上の人が死亡した。

それでは、怒江西の芒市（徳宏タイ族ジンポー族自治州潞西）について見てみよう。もともとここは3000人ほどの豊かな鎮であったが、悪性のマラリアの流行により、解放前夜には1800人ほどしか生き残っていなかった。老人たちは、破れた服を着た病人たちが身体を丸め、ある人はうめきながら、ある人は太陽の動きに合わせながら暖をとっていたと回想する。鎮の多くの商店は閉鎖され、棺桶屋だけが需要の多さに対応できないほどもうけた。商売をしようと馬に乗って芒市に来る人は冬だけやってきて、マンゴーの花が咲く前にそそくさと立ち去った。国民政府の設置した政府機関も冬だけ政務を執った。

瀾滄江、怒江の中・上流域での疫病の状況が、下流に比べてましだったわけではない。瀾滄江畔にある蘭坪県（怒江リス族自治州）の疫病記録を見てみよう。

> 民国7年（1918年）冬、瘴気が徐々に頭をもたげてきた。11月10日の夜、風が怒号し、翌日の明け方には伝染病が大流行した。人々はみな病に倒れ、巷には人がおらず、死者は放置された。12月末までに、全県民のうち約6000人が死亡した。
>
> 民国8年（1919年）正月、再び伝染病が大流行し、人口の8〜9割が病にかかり、全県に伝染した。県内には病にかかっていない人

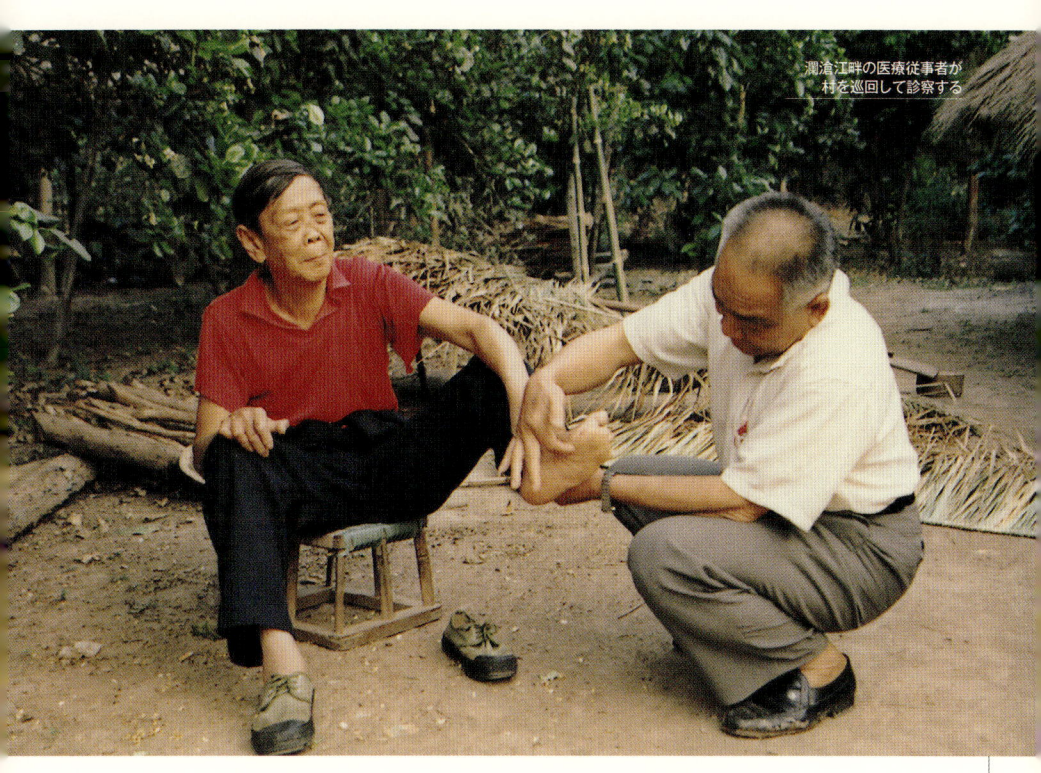

瀾滄江畔の医療従事者が
村を巡回して診察する

はいなかった。県知事も感染して病床に伏していた……この時の疫病による死者は数百人を下らなかった。

民国15年（1928年）の夏、瀾滄江一帯ではマラリア、赤痢による死者が相次いだ。乳幼児の死亡がきわめて多く、多くの郷や鎮で子供がいなくなった。

同年8月、通甸里の各村では、伝染病に感染した人が約1000人、死者は約300人となった。

民国25年（1936年）5月、兔峨鎮では天然痘が流行し、多くの人が死亡した。怒地郷二保干本村（建国後には碧江県に属する）では瑪利の一家5人が天然痘に感染し、全員が死んだ。

『怒江文史資料選編・第20編』

怒江上流両岸の福貢もまた類似の記録に事欠かなかった。

民国2年（1913年）、福貢内で百日咳、脳膜炎が流行し、300人余りが死亡した。

民国8年（1919年）、上帕区達普楽村にチフスが流行し、10人余りが死亡した。

民国9年（1920年）、全領域に疾病が流行し、鹿馬登村だけで20戸のうち30人余りが死亡した。

民国14年（1925年）、上帕、腊鳥、腊土底などの村で天然痘が流行し、60人余りが感染し、30人余りが死亡した。

『福貢文史資料選編・第4編』

疫病は平常時にやってきて禍をまきちらしたが、戦争や自然災害などの特殊な出来事があるとさらにその残忍さを増した。古人の言った「大兵の後、凶年あり」という言葉は正しい。『濾水誌』にはこう記されている。

「民国15年（1926年）、濾水地方は『保安軍』の乱に遭った。その年、秋の穀物の収穫は減って、米は宝石のごとく高価になった。また疫病が流行り、おびただしい数の死者が出た」

1942年5月4日、保山は日本軍による空襲を受け、無差別爆撃の後、疫病が随所で流行した。砲弾の爆撃によって死亡した人々は埋葬されず、犠牲が続いた。壩子の各村では、日本軍の砲撃をまぬがれたとしても、伝染病からはまぬがれることはできなかった。少なからぬ村で人口の半分以上の死者が出て、生者は四方へ散った。すぐにコレラが広がり、瀾滄江、怒江のほぼ全流域に蔓延して、軍の宿営地の兵士でさえも多くが発病した。疾病は家禽に波及し、おびただしい数が死んだ。

## 瘴癘と民族

瘴癘の病原菌は生き物の死だけでなく、多くの奇妙な民族の習慣と社会問題を引き起こした。チベット族の「沐浴節」、ナシ族の「清明挿柳」、チーヌオ族の「送瘟節」、怒族の「駆尼主」、プミ族の「祭薬王石」、イ族、ペー族、リス族などの「火把節」や川沿いの多くの民族が持つ「認長輩」「拉干爹」「招魂」「叫魂」「駆鬼」などの習俗は、みな疾病から逃れ、健康を祈求するものだ。当時は医薬が進歩していなかったため、人々は疾病に打つ手を持たず、両江沿いの多くの民族はみな、疾病は鬼神の祟りが作り出したものだと考えていた。人々は毎年、大量の豚、牛、羊、鶏を屠って神の魂を祭り、それが「天牛節」「祈天祭」

などの大規模な祭祀活動にまで発展した例もある。

　ある地方では、伝染病が発生すると、人々は発病した人がみずから病魔を引き寄せたのだと考える。怒江上流では次のような古いしきたりがあった。ある家で伝染病によって病死した人が出れば、その家族が「屍骨銭」を払わされる。この「屍骨銭」は、しばしば家と家、氏族と氏族の争いや惨殺を引き起こした。

　民族の間では、瘴癘への恐れから多くの荒唐無稽な悪夢が生み出された。漢族の「放蠱」、イ族の「放歹」「使鬼」「養薬王」、タイ族、ダアン族の「琵琶鬼」など、すべてこの類の荒唐無稽なものだ。1960年代、中国の一部で『摩雅タイ』という映画が上演されたが、これは、平穏無事な日々を過ごしていた人がある日「琵琶鬼」とされて村を追い出され、辛酸をなめる、というストーリーであった。かつてはこのような出来事が現実の生活でも当然のように起きた。

　瀾滄江下流の橄欖壩(カンランバ)近くには、美しいタイ族の村があった。村にはビルマ寺ではなく、十字架が高々と聳え立つキリスト教会があった。ここのタイ族の村人は水かけ祭りを行なわず、ただクリスマスを過ごすのである。この特殊な村がわたしの関心を引き、何度もこの村に入って調査を行なったが、毎回わたしは似たような痛ましい物語を聞かされることになった。

　村はできてからまだ60年余りしか経っていない。以前、地元の人々はみなこの村人を「琵琶鬼村」と呼んだ。1937年、壩子一帯に暮らすタイ族の6家庭が「琵琶鬼」とされた。疫病に感染したかのように、誰も彼らとつきあおうとはせず、家中の家畜は持っていかれ、家屋は焼き払われ、村から追われ、帰る家も失った。彼らは逃げてゆく途中で景洪のキリスト教宣教師の助けを受け、壩子の周辺にたどりついた。平地を探し、村を起こし、キリスト教会を建てた。その後、同じ運命に遭った「琵琶鬼」が、自分たちの村を追われた後に次々とここへ来て、居を構えた。村民たちは長期にわたる差別と白眼視を受けた後、努力によって現在では歴史の影から抜け出た。100軒以上の家はこのあたりでもっとも裕福な村になり、500人以上の村人が平穏に健康な暮らしを送っている。

　わたしは村に何日か滞在して、村民と仲良くなり、ようやく人々から「琵琶鬼」と呼ばれた原因を聞きだすことができた。その答えは大部分が病と関係していた。以前タイ族の人々は、人が病気になるのはしばしば琵琶鬼が人の体内で悪さをするからだと考えていた。村で高熱を出す人が出るたびに、村人たち

はその人に「誰がおまえの身体に入ったのだ」と問い詰め、村の偉い人間や宗職者が鋭利な虎の歯を病人の腹の皮に押し当てる。病人はその痛さに耐えられずに、口から出まかせに誰かの名前を言う。そうするとその人が「琵琶鬼」となり、今度はその一家がひどい目に合うのだった。財産を没収されたり村を追い出されたりするのはまだましなほうで、ひどい場合には生きたまま焼き殺された。

　20世紀後半以降、西南の人々は瘴癘との闘いにようやく勝利をおさめ、この地域のイメージをくつがえした。20世紀も終わりの頃、映画界の友人がわたしをさそって「世紀を振り返る」というドキュメンタリーを作ろうと計画した。わたしが真っ先に思いついたのは「瘴癘が人々を遠ざけた土地から観光地へ」という題材だった。わたしは彼に、20世紀にこの地域で起きた最大の変化は西南の赤い大地が本当に面目を回復したことだ、と教えた。「瘴癘」はもはや影をひそめ、今では「健康」、「美」、「神秘」というイメージが瀾滄江、怒江を擁する西南の空にかかっている。

# 9……8 夕陽にそびえる土司の威光

**孟連宣撫司署**（ぱんえんしょうう）………蛮煙瘴雨に覆われた悠久の歳月の中、瀾滄江、怒江流域はどこもかしこも荒れ果てていたわけではない。やはりかつても高楼や立派な建築物がそびえ、いかめしい絵画や厳しい法の執行があり、楽器の演奏や宴の舞、詩歌の吟唱があったのだ……。

　思茅市孟連（スマオ・モンリエン）タイ族ラフ族ワ族自治県にある南壘河（ナンレイ）畔の古城には今もかつての土司衙署（役所）の建築群が残っている。荘厳な門、広々として立派な大会議場、正面と後ろの大広間、正房[37]、門わきの小部屋、穀物倉庫、台所、監獄……すべてが揃っている。そりかえった伝統的なつくりの屋根は雲を指し、精緻な模様で飾られた柱が並び、美しい姿を留めている。タイ族風建築の特徴を色濃くそなえているが、漢族風建築の特徴も融合している。公務を執り行なったと見られる場所には、亜熱帯特有のパイナップルの木が1本生え、大きな果実が実を結んでいる。聞けば思茅で最大

註
37… 母屋前方の両側の棟。

のパイナップルの木で、既に300年の歴史を持つという。

　ここは比較的完全な形で保存されている土司衙署——孟連宣撫司署である。現在は博物館になっており、内部を見物できる。夕陽に向かって庭に出ると眩しくて両目を細める。大会議場に入れば今度は薄暗く、大きく目を見開かなくてはならない。タイ族風の仏壇は立派だが、中の火は既に消えていた。仏壇の下には当時使われた肘掛け椅子と長テーブルがあり、褪せた漆の色に時の流れを感じる。両側にずらりと並んだ刀、刺股(さすまた)、矛などの武器が陰気である。上階に行けば、清の皇帝が土司に賜った公印、金の大蛇模様が刺繍された礼服、官服、錦の帯、色とりどりの旗、金の傘などが陳列され、土司の権威が中央皇帝の支持に支えられていたことを告げている。

　明の永楽4年（1406年）、孟連土司は京城（現在の北京）で皇帝に地元の特産品などの贈り物を献上し、「孟連長官司」に封じられて、ここに正式に土司制度を確立した。土司は毎年、宝や象などの方物(ほうぶつ)を皇帝に貢いだ。清の康熙48年（1709年）、第14代孟連土司の刀派鼎(タオパイディン)は京城で清朝の皇帝に拝謁し、特産を献上して、「孟連宣撫司」と冊封された。彼は13の勐(モン)を管轄する権限を得て、黒い絹地に胸部には金の糸で鴛鴦(おしどり)、太陽、雲、波などがあしらわれた朝服と、胸と背中の部分に大蛇、下部には海の波と七色の羽があしらわれた青い礼服が与えられた。想像してみたまえ、宣撫土司は刺繍のされた礼服を身にまとい、多くの兵が槍を持って高い城壁に登って山河を指差し、人々は地に伏してそれを見上げて、震えていた——遠く離れた中央王朝より地方を任された土司はなんと威厳に満ち、立派であったことだろう。

　孟連宣撫司署は中国南方の少数民族地区において続いてきた700年余りの土司制度の縮図に過ぎない。

　土司制度は元代に始まり、明代に栄え、清代まで続いた。民国時代にもその名残があったが、1950年代に完全に廃止された。土司制度とは、中央王朝が帰属した遠方の少数民族地域の管理のために採用した漢族地域とは異なる統治方式のことである。中央王朝は、土着の指導者に爵位と俸禄名を与えて、その土地の昔ながらの管理を通じて少数民族地区への間接統治を行なった。地元の指導者たちは土司になることにより必ず中央王朝の指導に従わなければならず、政治、経済、軍事などの面で一定の義務を負い、定められた貢納を行なわねば

瀾滄江・怒江

ならなかった。

　土司制度には宣慰、宣撫、安撫、招討、長官諸司などの官職名があるが、これらは唐宋時代に始まり、元代には完全に整った。明代にはもっぱら少数民族地区に限って用いられる官職名となり、さらに土酋職を加えるなどした。辺境になるほど中央行政の手が届かず、土司による統治に頼る必要があり、しばしば高位を授けて繋ぎとめた。明代に広西、貴州、四川、湖広、雲南などの諸省に最上位の官職である宣慰司が13設立されたが、うち8ヵ所を雲南が占め、また9つ設立された宣撫司のうち4つを雲南が占めた。瀾滄江、怒江流域はほとんど大小の土司が統治し、土司衙門（役所）が林立した。客観的に見て、土司制度は西南辺境を安定させ、封建王朝が続くために少なからぬ作用を果たした。

　明の中後期になると、中央政権は徐々に強固になり、土司を弱体化する政策を始めた。主な措置の1つは「裂土衆建」[38]で、もう1つは「改土帰流」[39]だった。統治者は昔の教訓に学び、「土地の大きいものは跋扈しやすく、弱者は秩序を守る」という道理をふまえ、「多くの諸侯を作ってその勢を分け」、平和的な手段で各土司の勢力範囲を制限した。同時に中央に従わない土司や後任のいない土司から統治権を剥奪し、中央朝廷から流官[40]を派遣して代わりとした。しかし当時は条件が熟しておらず、改土帰流は得るものが少なかった。土司らの強い抵抗にあい、明の統治階級の内部からも少なからぬ反対者が出た。明代の沈徳符（シェンダフ）は「現在、雲州と順寧府には流官を送り統治しているが、毎年のように派兵するための莫大な費用はすべて現地の負担で、府の金庫に金は入らず、雲南の人はこのことを恨みに思っている」と言った。

　清代になると、南明[41]政権を滅亡させるためにも、土司問題の重要性が認識された。清は土司に対する懐柔工作を強化し、「まだ清に帰順していない者は今から帰順すれば、これまで支配していた地域の支配を認める。また子孫への継承も認める。南明の反乱軍を捕えた場合は褒美を与え、身分を与える。既に帰順している者は功があれば現地の規定に従って昇進させる」という命令を出した。呉三桂[42]は南甸（ナンデン）（現在の徳宏タイ族ジンポー族自治州梁河県）、隴川、于崖（盈江県）、盞達（盈江県）、車里（景洪）などの土司を

**註**
38… 辺境地域で広い範囲を支配した大土司の勢力を分割して小土司に分けた政策。
39… 少数民族の指導者が世襲で統治する土司制度を廃止し中国の直轄領に組み込み、中央から漢族の役人である「流官」を派遣して統治する地域に改めること。
40… 中央から少数民族地区に派遣された科挙官僚。
41… 明の皇族によって華中、華南に樹立された亡命政権。
42… 明末、清初の漢人の武将。清と対立していたが、明が滅ぶと清に下り、清朝の中国統一に尽力して平西王に封じられ、雲南を治めた。

懐柔することを上奏したが、その後、清に反乱を起こし、一部の土司を巻き込んで、有名な「三藩の乱」[43]を起こしている。これに対して、清朝は土司への工作を行ない、呉三桂は挟み撃ちにあって、またたくまに歴史の屑籠に葬り去られた。

　清政権の基盤が固まると、少数民族地区の経済と文化は一定の発展を見せ、交流が増えてくると、次第に土司制度の弊害が明らかになり始めた。そこで、清朝は明を手本として「改土帰流」を始めた。雍正4年（1726年）、清は鄂尔泰（アルタイ）を雲南、貴州、広西の3省の総督に任命し、改土帰流に責任を負わせた。この朝廷の重臣は厳格かつ迅速に大鉈を振るい、わずか5、6年で3省の改土帰流をほぼ完成した。また貴州のミャオ族、ヤオ族など2000村余りを配下に置き、広西の土司である公印に武器2000点余りを納めさせ、雲南には普洱府を設置した。「蛮人はすべて改流し、苗（ミャオ）は帰化した。反逆もあったがすぐに平定した」という。

　清は同時に、個別の問題にそれぞれ適した対処をする必要があることも理解しており、改流事業については紋切り型の措置を行なうことはなく、内地と辺境の情況の差を認識し、優先順位をつけながら進めた。内地の土司は漢族地域の影響を強く受けていたので、改土帰流は容易だった。またいずれも重要な場所にあり、問題が起きれば王朝統治への直接の脅威となるため、優先的に取り組む必要があった。

　他方、辺境の土司については清の鞭も及ばず、しばらくはこれまでの政策を保存する籠絡政策が続けられた。これは彼らの勢力を地域ごとに分散する役割も果たした。清の官僚だった倪蛻（ニトウイ）は『土官論』の中で、滇西辺境で「改流」を行なうべきでないと述べている。「ビルマと境を接する土司は、やはり従来の方法を継承するべきで、軽率に変えるべきではない。それはたいへんだからという理由ではなく、病気が流行る辺境の地で、官員（官僚）も現地の風俗習慣を理解していないからだ。兵も現地の状況が分からない。やはり現地の土司に任せるのがよいだろう。かつて諸葛孔明もそのように支配した」

　鄂尔泰（アルタイ）は瀾滄江を境として、内外を区別した。彼は清へ次のように上奏している。

「滇西南は瀾滄江の外が車里、ビルマ、ラオスの諸土司で、内には鎮沅、威遠、元江、新平、普洱、茶山などの諸夷がいます。彼

註
43… 清代に雲南の呉三桂、広東の尚之信、福建の耿精忠など漢族武将が起こした反乱。この3つを三藩という。

らは洞窟や木の上に暮らすなど原始的な生活を送っています。この地は平和な時はよいが、戦争があれば外国と通じます。元代にも明代にもここは脅威でありました。瀾滄江の外はやはり現地の土司に支配させるのがよく、内地は内地の官員に管理させるのがよく、これが雲南の少数民族を管理するのにもっとも適した方法だと考えます」

雍正6年（1728年）、「内地全改流」により、大河の外側の土司制度は保留されることになった。新中国成立後、土司制度は完全に廃止された。土司制度の葬式は、瀾滄江、怒江流域で行なわれたと言うことができる。

土司をどのように評価するかはたいへん複雑な問題である。かつて中国では極「左」思想の影響を受けて、単純化した土司制度に「反動」「腐敗」「没落」などのレッテルが貼られ、完全否定がなされた。土司も「搾取」「暴虐」「愚昧」などの言葉と同義に扱われ、風刺画の中では牙を剝いて人を食う魔獣のように描かれた。実際には土司制度は歴史的な限界を持つものの、積極的に評価すべき面もあった。土司もまた人であり、良い人もいれば、悪い人もいた。彼らは搾取圧迫階級という面ももっていたが、民族の団結と安定を維持し各民族から支持されていたという面もあった。

もちろん土司が私利私欲のため人々を苦しめ、流血の対立を引き起こしたことも珍しくはない。近代史の中では、徳宏の盞西土目(ジャンシトゥム)[44]と南甸土司の1751年から1887年まで130年余り続く「100年戦争」が起きており、イギリスとフランスの「100年戦争」より長い戦争となった。南甸土司は土目司よりも官位が高かったにもかかわらず支配する土地は狭く、盞西土目は官位は低いが広い土地を支配したため、お互いの土地争いが絶えなかった。統治者同士の激しい戦いのため、多くの庶民が不幸な目にあい、地域の村が焼かれた。

当然、土司の中には中央王朝に忠実に仕え、政治の先見性を持った少数民族の指導者も多かった。明から清への移行期、元

註
44…盞西は徳宏タイ族ジンポー族自治州盈江の盞西鎮。土目は土司制度の中で土司の下のレベルの役職。

叶枝土司衙署は
すでに省級重点文化財と
なっている

江タイ族土司の那嵩(ナゾム)が兵を連れて皇帝に仕え、呉三桂を非難して、最後には呉三桂によって楼もろとも焼き殺された。19世紀末、文山の「ミャオ族の王」項崇周(シャンチョンジョウ)は抗仏武装闘争を繰り広げ、幾度もフランス軍の侵入を退けた。干崖土司の安仁曽(アンレンツァン)は兵を率いて銅壁関(盈江県)でイギリスからの侵略者と戦い、その後、同盟会[45]に入って革命に身を投じ、孫文から「辺境の偉大な男」と呼ばれた。20世紀初め、怒江土司の備左孝臣は軍を率いてイギリス軍に抵抗し、最後は国に殉じた。抗日戦争期、日本軍が怒江沿岸の土司の領地にまで侵略してきた時には、大多

註
45…1905年8月に
清朝打倒を目指して
東京で結成された革
命組織。

瀾滄江・怒江

数の土司は家財を持ち出して逃げるようなことはなく、金があれば金を出し、権力があれば権力を提供し、民兵を組織して敵と渡り合い、あるいは後方支援によって前線を助け、難民を収容し、社会秩序を維持した。たとえば怒江畔の魯掌土千総であった茶光周は濾水に自衛軍と遊撃隊を組織して、山間で日本軍とのゲリラ戦を展開した。さらに古炭河に招待所を立て、ビルマから逃げてきた大量の華僑難民や、ビルマを失った後に帰国した中国軍の官兵を収容、救済した。また、荷馬による輸送隊を組織し、食糧や弾薬を前線に運んだ。平時には土司は国境を守り、秩序を保ち、辺境の開発に貢献した。

　清代まで怒江上流には土司は置かれず、一帯は無政府状態で、民族間でも弱肉強食の動乱が続いていた。この時期、瀾滄江地域の土司は現地の弱小民族の帰属を通じて怒江上流地域に支配を広げ、弱きを助け、強きを抑え、民族紛争を調停した。当時、独龍江地域に住んでいたドゥロン族は弱小民族であり、しばしば奴隷主の搾取にあい、民族消滅の危機に面していた。独龍江を管理していた叶枝土司は貢山のヌー族、リス族の代表と奴隷主、ドゥロン族の代表を怒江支流の普拉河畔に召集して、3日間談判し、次のような協定を結んでいる。

　第1にドゥロン族に対する略奪や殺害の禁止。第2にドゥロン族の売買や奴隷化の禁止。第3に民族は互いに通婚し、友好関係を保つこと。叶枝土司は各代表に「鉄の矢じり」を渡し、もし一方が協定に反すれば、他の二方は連合して懲罰できると宣布した。続いて3者は普拉河の岩に刀で3本の跡をつけて「勒石の盟」を結び、天に誓った。こうして、現地の民族紛争は望ましい解決を見た。

　このほか土司は民族文化の保存、儒学の振興、先進文化の伝播という面でも重要な貢献をしている。明の初年、辺境民族地域を武力平定した明の統治者は「教化」の方針を重んじ、教養と徳により懐柔する政策を採用して、帰属している土司の子弟を、当時の最高学府である国子蘭で学ばせ、中原文化の薫陶を受けさせた。その後、一部の土司は自分の管轄地方に儒学の学舎を設立し、子弟の中の秀でた者をそこで学ばせた。中には入学しなければ土司の職位に就けないと定めたところもあった。山から出て学び、科挙の門をくぐって中央朝廷に仕えた少数民族の子弟もいた。

　麗江の古城である大研鎮の山に最近、「万巻楼」という立派な建物が再建された。これはもともと明代にナシ族の木氏土司の書庫であった。明の洪武15年

(1352年)、明軍が雲南に侵入すると、ナシ族の指導者であったアジャアは民を率いて帰属し、征伐に貢献があったことから「木」の姓を与えられ、世襲の土官知府に任命された。木氏は漢文化を崇拝し、同時に積極的にチベットやペーなど周辺民族文化も吸収した。各種のチベット典籍や書物はたいへんな数になり、専用に「万巻楼」を建てて大切に保管した。

木氏は民族社会に、学問と礼儀を重んじる儒家の気風を普及させたのみならず、みずからの一族にも教育を施し、何代も続いて学者が現れることになった。その6名——木泰、木公、木高、木青、木増、木靖は「木氏六公」と呼ばれている。彼らはみな、富を蓄え、生き生きとした詩を作った。木公は『辛巳歳書懐』という詩で「夜、戦の音や人の泣き声が聞こえる。わたしは部屋の中で本を読みながら、溜息をつく。いつになったらこの乱世が治まるのであろうか」とうたっている。『明史・雲南土司伝』で「雲南諸土司は詩書を知り、義をよく守り、中でも麗江の木氏が筆頭である」と称賛されているのもうなずける。

大河が流れるこの土地に土司が多少の文化的色彩を加えたのを認めないわけにはいかない。だが、社会の転換期に外来の風俗が大河両岸に染みこんでいくに際して真っ先に衝突したのも、封建制の要塞である土司府邸であった。土司はしばしば新旧文化の接点に位置していたため、複雑で矛盾し、いくらか滑稽とさえ言える土司の人々も現れた。

潞江土司は21代にわたって世襲していたが、民国の時代になると、正副の土司を継いだ線光天、線光宇の兄弟が、一方で『子曰詩雲』の類の古典を読みながら、もう一方では西洋文化を渇望した。彼らはタイ族の伝統的な竹の子と魚の飯やもち米の酒を好みながら、一方ではナマコ[46]を味わい、ブランデーやウィスキーなどの洋酒を飲んだ。普段はタイ族の服装をしたが、先祖伝来の服装は「見てくれが悪い」と公言してはばからなかった。年越しにはさまざまな服装をし、長袖長ズボンの時もあれば、中山服[47]の時もあり、また西洋風のスーツに革靴の時もあった。彼らは馬に乗り、車に乗り、滑竿[48]に乗ったが、決まりきった伝統に満足することはなく、1948年以前に中国ビルマ国境で小さな乗用車を買っている。しかし、現地の潞江壩には当時まだ公道が通じていなかったため、小さな乗用車は臣民が肩で担いででこぼこの山道を運んでいく

註
46... 漢族の典型的な宮廷料理。
47... 孫文［中国では孫中山と呼ばれる］が好んで着た縦襟長袖を特徴とする男性の中国服。
48... 山で使う竹で編んだ乗り物。

怒江

孟連宣撫司内の
議事堂

しかなく、人々から「車をかついで行く」と笑いものにされた。
　わたしはかつて潞江（保山市）にある土司衙門旧跡のタイ族の村に数日、泊まりこんだことがある。現地の村人、特にかつて線家兄弟が保山、徳宏一帯で最初に建てた民族小学校で学んだという土司の親戚は、土司について複雑な印象を持っているようだった。
　だが、かつて土司と同じ村にいた村人はやはり自慢に思っており、得意げに教えてくれた。現地のタイ族の人は解放前まで略奪結婚の風俗を持っていたが、この村には土司がいたため、小さな特権があった。村の若者は、見初めた外の村の娘がいれば、かまわず村に「さらって」きて、そのまま夫婦の部屋に連れ込むことができた。他の村の若者が略奪結婚をする場合は、まず娘の父母の同意が必要だったのである。
　村人たちがある笑い話を教えてくれた。かつて村の東北の怒江畔には巨大な

澜滄江畔の
兎峨(蘭坪県)土司府

マンゴーの木があり、高さ数十m、幹は太く真っ直ぐで、葉は巨大、毎年、実がたわわに実った。伝えられるところではこれは早期の土司が植えたもので、かつては土司の権威の象徴だった。1964年、この村が2つの生産隊に分けられた時、この木の所属をめぐって決着がつかず、仕方なく木を切り倒して板にし、それぞれが半分ずつに分けたという。これで円満解決！というわけだった。

# 9……9

# ケシの花咲く大地

半世紀前、2本の大河流域のある地方では、大量にアヘンを吸えば瘴気を除くことができると言い伝えられていた。これが悪魔による宣伝であったかどうかは分からないし、こうした言い方がアヘンの毒をはびこらせる上でどれだけ

澜滄江・怒江

作用したかも定かではない。しかし、大河両岸にかつて魔女が運んできたケシの花が咲き誇っていたことは歴史の事実として認めるしかない。

　ケシはもっとも早くには小アジアと地中海東部の山に生育していた。紀元はじめにインドに伝わり、6、7世紀には中国と周辺のビルマなどに伝わった。昔の人はアヘンを「福寿膏」と呼び、一種の薬として少量の栽培を行なっていた。18世紀にイギリスがインドを占領した後、すぐに西洋の植民地主義者によるアジアでのアヘン販売の幕が開いた。19世紀以後、イギリスは武力によって今度はビルマの門をこじあけ、一歩一歩入ってゆくと、前後して3回のビルマ侵略戦争を行ない、最後にはビルマ全体を大英帝国の植民地とした。

　最初にイギリスはサルウィン川を訪れ、この大河とその上流の怒江流域はアヘンを生産するのに理想的な地だということを発見した。そして先進的なケシ栽培とアヘン加工技術を持ち込み、大々的にアヘン吸引を広めた。その後、イギリス商人はビルマ東北部とタイ、ラオスが接するメコン河も同様にケシ栽培に優れた条件をそなえているのを発見し、ケシ栽培技術を伝え、山の人々が大量に栽培するのを強制、奨励した。販売網を組織し、飴とムチを用いて山の人々に甘い思いをさせながら、同時に彼らに服従を強いたのである。またフランスの植民地主義者が占領したベトナムから、その後占領したラオス一帯にも、お決まりの手順によってアヘン毒が伝播した。こうしてパンドラの箱から悪魔が放たれ、災いの水が氾濫しはじめた。

　あっという間に、ケシの悪魔は大河に沿って中国の西南地方にまで歩を進めた。

　清の道光11年（1831年）、雲南貴州総督の院元（ユアンユアン）と雲南巡撫の伊里布（イリブ）は上奏文の中でこう述べている。

　「滇省は辺境にあり。民の風俗は純朴で、ベトナムに接し、粤省（広東省）に近い。アヘン煙が滇境から流入しており、その効きめは吸食による。川沿いの夷民は現地の気候が温暖でケシ栽培に向くことから、花の液を採取して煎じて売り、名を芙蓉と呼ぶが、これはアヘンを偽っているものである。内地の人民はケシから油を搾るという口実で実を得て、それを栽培をして利益を得ている」

　中国の大地はアヘン戦争の頃、深くアヘンの毒に冒されており、朝廷はアヘンを禁絶せねばならないと決意した。問題は、これらの土地は遠く交通が不便

であったために、多くの禁令がしばしば空文化したことだった。当時の「雲土（雲南の土薬＝アヘン）」は既に遠近に名を馳せていた。清光緒33年（1907年）、雲南貴州総督の錫良(シリャン)が任に着いた。清朝は10年を期限に雲南のアヘン(アヘン)を禁絶すべしと命じた。錫良は迅速に禁煙局を設立し、官吏がアヘンを吸うのを厳しく禁じることで処理しようと考えた。しかしその錫良がすぐに欺かれ、アヘンは変わらず氾濫し続けることになるなど誰が想像できただろうか。3年後、錫良は勤務地を移され、かわりに雲南貴州総督となった李経義(リチンイ)は大のアヘン吸いで、彼が着任すると禁煙局は自然に解散してしまった。辛亥革命以後、中華民国政府も禁煙令を発布し、各県に巡査要員を派遣した。しかしムチの長さははるかおよばず、辺境のこの地域には依然としてケシの花が咲きつづけた。

　1916年になると北洋政府[49]はイギリス英国政府とともに雲南へ来て調査を行ない、もしこの地で既にアヘン栽培が中止されていると証明されれば、インドのアヘンは雲南には輸入しないということになった。しかたなくアヘンの取り締まりを断行して、共同調査が行なわれることになった。共同調査が終わると、一度はおさまった問題が再燃した。1920年になると、四川と雲南に駐屯していた軍の失敗で、兵士の給料など軍隊の費用を集めることが困難となった。軍が雲南を奪回し地位を脅かされることを恐れた唐継堯(タンチヤオ)は、毒を飲んで渇きを止める[50]方法をとり、アヘン解禁によって資金を集めた。一方では広範なアヘン栽培を強制し、一方では大々的な「罰金」を徴収したのである。まだアヘンを栽培していない農民には、「栽培を怠ることに対する税金」を納めることを命じた。一時、アヘン毒は潮のように悪化し、その害はあちこちに及んだ。全省130の行政区域の中では阿墩子(アトゥンズ)（現在の徳欽周辺）の1ヵ所をのぞき、どこでもケシの苗が植えられ、年間の生産量は約5000万両を下らなかった。

　1935年になって、アヘン毒の影響が深刻になりすぎたため、政府は仕方なく、目くらましのように場所と時期を限定したアヘンの栽培禁止を実行した。開始から2年、栽培が禁止されたのは人口が稠密で交通が便利な場所に限られていた。そのため瀾滄江、怒江流域の大部分の辺境地区は1937年になるまで「栽培解禁区」と定められ、それまでの2年間は多くのケシ栽培を行なうことができた。しかし花の液をとった後には、毎畝5両の「懲罰煙」を納め、政府

註
49 ... 1912年〜28年、北京にあった中華民国政府。袁世凱の指揮下で編成された北洋軍閥による政権。
50 ... 一時の急を免れるために大害を顧みないこと。

瀾滄江・怒江

公安の辺境防衛戦士は
怒江畔で
麻薬の検査所を設けている

の統運機関に必ず売ることが定められた。こうしてケシを栽培した農民には何の利益ももたらされず、役人と地方の豪族が莫大な利益を得て財をなした。

「解禁」期間後には、当時、騰衝督察公署専門員の龍大公子が保山の蒲縹で18の土司を召集して、「解禁」期間を継続することとした。なんと、この1年に省政府が派遣した3名の禁煙委員が現地でケシを掘り取ってアヘンが作れなくなったことで龍大公子が大いに怒り、土司を拘留し、期限を切ってアヘンと交換させ、新しいアヘンが出せないとなると古いアヘンを出させたという。多くの家がつぶれ、人が死んだ。

歴史を振り返れば、当時の多くのいわゆる「禁煙」はすべて詭計を弄されており、利益を得たのは政府役人など権力者で、被害にあったのは一般の人々であった。これはあのケシの花と非常に似ている。人を魅惑する見かけの裏に人を害する毒汁を隠しているのだ。

**解放以後**..........中国の他の大多数の地区と同じように瀾滄江、怒江の土地から本当にケシ栽培が禁絶されたのは1949年以後だった。中華民国政権の更迭にともない、新政権はわずか3年で瀾滄江、怒江両岸から徹底的にケシの花を消し去った。もともとケシの地であった場所には緑のつやつやとした小麦とトウモロコシが育てられた。同時に10万人とも言われた「アヘン中毒患者」もそれほど時間を経ずに悪習を戒められ、生まれ変わらされた。この点では誰もが新政権の胆力に敬服しないわけにはいかないだろう。

中国領内の瀾滄江、怒江地区からケシの花がなくなった後、国境外のメコン河とサルウィン川地区ではケシ栽培とアヘン貿易がかえって日増しに盛んになっていった。

イギリス東インド会社の長期経営を経て、ビルマ北部のアヘン生産は既に世界の資本主義市場の重要な産業として発展していた。ビルマ北部のコーカン[51]はアヘンの集散地となって、毎年アヘンが市場にでまわる頃には国際的な「煙会」が盛大に催された。インドからやってきたイギリス人がその最大の顧客で、彼らは毎年そこから100万トン以上のアヘンを買っていった。

第2次世界大戦以後、再びラオスに戻ったフランス人は大量のアヘン買い付けをエサに現地の部落の指導者たちに対して共同で共産党に立ち向かうよう使嗾し、ラオスにおけるメコン河両岸でのケシ栽培とアヘン貿易を促進した。

1954年のディエンビエンフーの戦いの後、今度はアメリカがフランスに代

わってラオスをコントロールした。しかし冷戦という時代の背景下で「毒を支えて共産党を討伐する」という政策は何も変わらず、麻薬生産もますます増大した。

　雲南解放以後、国民党第8軍と第26軍の残党がビルマ領内に敗走した。敗走軍はメコン河に沿ってタイ、ビルマ国境に到達すると、営舎を設営し、陣地を構築した。その勢力はメコン河から西のサルウィン川までの一大地区に拡大した。1950年後半、ビルマ政府軍との最初の戦いの後、彼らはタイ、ラオス、ビルマの3国が接する「ゴールデン・トライアングル」に腰を据え、「国の中の国」を打ち立てた。台湾とアメリカからの短期で限られた「輸血」を除けば、主にアヘンがこの独立王国の経費を支えた。彼らは一種の関所をもうけて徴税を行ない、ケシの栽培を奨励して、兵にアヘンの輸送と販売を行なわせた。これにより「ゴールデン・トライアングル」のケシ栽培面積は次第に拡大し、アヘンの生産量も急速に増加していった。本来、金を算出することによってついた名前「ゴールデン・トライアングル」と麻薬は切り離すことのできない関係にあった。その名は日増しに高まり、世界の注目するところとなり、世界の禁止薬物の重要な供給地の1つとなった。

　以後、西側の勢力が衰退し、国民党残部が解散して、権力者が幾度となく入れ替わった。しかしゴールデン・トライアングルの麻薬生産は途絶えることなく、ここから生産された「双獅地球銘柄（X.O.グローブ・ブランド）」の麻薬は世界的に有名になった。1980年代、欧米の麻薬市場のヘロインの60％以上がゴールデン・トライアングルから来たものだった。

　時間の経過とともに、麻薬生産のゴールデン・トライアングルの範囲はますます広がった。それは次第に北へ拡大し、瀾滄江と怒江流域の中国国境あたりにまで達した。2001年末になってこの地域のケシ栽培面積は140万畝を超え、精製可能なアヘンは1800トン、生産されるヘロインは150トン以上となった。

　瀾滄江とメコン河、怒江とサルウィン川の境界線はほぼケシ栽培区域の開始線であった。毎年、冬と春になる頃、ひとたび国境線を越えれば、山に満ちたケシの花が人々の眼下に広がる。赤や白の花がなまめかしく輝き、その美しさは蒲松齢の『聊斎志異』に登場する人を迷わせる美女を思い起こさせる。

　前世紀終わりの春、ケシ栽培の中心地域の代替栽培の状況を調査するため、

われわれはミャンマー北部のケシ栽培地に足を踏みいれた。一面に輝くケシの花の海に持ち主のいない建物が建っていた。それは西洋式建築と東南アジアの仏教建築様式が混じった砦で、イギリス植民地主義者が残していったものだという。砦はケシに足元を取り囲まれて山頂に高くそびえ、あたかも幾たびかの世の転変を経験して疲れきった老人が吹く山風に身をまかせ、かつて悪果を撒き散らした西側の植民主義者をあざ笑っているかのようだった。植民地主義者が東方でまいた災いの水が最後にはみずからの家に大量に流れこみ、全世界が抜け出しがたい深刻な病となったのだ。

　砦下のケシの大地には烈日がまるで火のように赤々と降り注いでいた。松の木と枝には1枚の布がかけてあり、揺りかごの代わりになっていた。布のなかでは子供がぐっすりと眠りこみ、かたわらでは民族衣装を着た女性たちが、とがったナイフと三日月型の小さなカマを手に、いそがしそうにケシを収穫していた。ふくらんだケシの果実にナイフでそっと3本の切り込みを入れると、たちまち乳白色の液があふれ出て、すぐ黒色に変わり、半凝固の状態となる。しばらくすると彼女たちは三日月型のカマで1つ1つそれらを削り、新たな切り込みを入れると、次の収穫を待った。彼女たちが削った液は1ヵ所に集まってかたまりとなり、少し乾かせば、アヘンとなる。

　1畝で生産されるアヘンは1kg前後で、アヘン貿易税と人頭税を除くといくらも残らず、1軒のアヘン農家が苦労して1年間生産しても、やっと衣食に足るかどうかという程度だ。大多数のアヘン農民はみな貧しく純朴で、あたかも「太古の民」のようだった。

　毎年、ケシが取れる季節になると、アヘン生産地帯の周辺にできた市場は格別の熱気を見せる。アヘンの小売りは三角の棚を出し、上から簡易な天秤をつるしてアヘンを売りはじめる。天秤のおもりは電池や銀貨幣などで代替される。アヘンはヘロインなど多くの麻薬の主要な原料で、これらのアヘンが市場にでまわると同時に、それらは堕落、犯罪、貧困、疾病、死亡などと関係してゆくのだ。

　麻薬は流通するうちに罪悪と災難を生み出すが、一面ではまた暴利を生む。1000kgのアヘンは産出される地区の市場で人民元にして2000元前後[52]で取り引きされる。だがヘロインに加工され、アメリカに到着するころには5万ドル

で売られる。こうして、多くのやぶれかぶれの不法分子が生み出される。販売元締めとアヘン密売人だ。彼らは今も集まってグループを作っている。

　ゴールデン・トライアングルで生産された麻薬は必ず外で流通する。また流通ルート上では、常に消費マーケットが開拓されてきた。国境を越えたあとはどの国も例外なく消費国となった。最近は国際的な麻薬売買グループがゴールデン・トライアングル周辺の国々に全方位的な麻薬販売ルートを広げている。南はミャンマー・タイ国境からタイに入り、あるいはヤンゴンやモールメンを経由してマレーシアまで運ばれる。南東はラオスを経由してベトナムや、カンボジアへ転売される。北西は中国・ミャンマー、中国・ラオス、中国・ベトナム国境から中国内陸に入りこみ、香港や広東などの地へ転売される。西北はインドへと売られていく。アヘン販売者から見れば、麻薬原産地に隣接する瀾滄江、怒江流域は重要な通り道である。

　20世紀後半以来、瀾滄江、怒江はケシ栽培地区から麻薬を拒む柵へと急激な変化を遂げる努力をしている。中国の国境警備隊は怒江と瀾滄江上にアヘン取り締まりラインを築き、怒江上の六庫、東風橋、曼海大橋、紅旗橋[53]など多くの渡し場に中国のアヘン取り締まり隊員の勇姿を見ることができる。また中国政府はラオス、ミャンマー、タイ政府と協力し、予防教育や中毒患者の治療、薬品管理、代替生活手段の開発に力を入れている。

# 9——10 水が奏でる生活の調べ

**水の民、タイ族**..........瀾滄江が景洪壩を通りぬけると広々とした水面は銀色に輝き、水流はゆったりと穏やかになる。早朝、薄靄が川を渡り、渡し場にはぼんやりとした人影が竿を持って筏で往来し、細波（さざなみ）が立つ。鋤をかついだ農夫が水牛の背にまたがり、川面に歌声を響かせる。黄昏どきには家へ帰る年老いた水牛が牧人を乗せて川の浅瀬を逍遥している。水牛は人を舟に乗せ、人は水牛に水浴びをさせる。河畔ではタイ族の少女が巻きスカートをつけたまま、気ままに沐浴する……。これは20年以上も前、わたしが初めてシーサンパ

註
52...約3万円。蛟龍。
53...東風橋は保山市壩湾郷にあり別名恵人橋、曼海大橋は保山市潞江タイ族郷にあり別名三達地怒江大橋、紅旗橋は施甸県と龍陵県の境にある。

ンナを訪れた時、瀾滄江の河畔でもっとも強い印象を残した情景である。当時、まだ学生だったわたしは夢見心地にさせてくれるシーサンパンナの地で報道記事執筆の実習をしており、ある運送会社の運転手のインタビューをした。上述の情景は、彼のトラックの上で3日3晩揺られていた時に目にしたものである。もしかしたら、この情景のおかげでわたしはその後、長らくこの2本の南流する大河に惹かれ、川の流れに沿って歩み、その秘密を探求する旅を続けることになったのかもしれない。

　最初、わたしは外から来た旅行者の目で心を愉しませる風景を見ては楽しんでいた。その後、徐々に歴史についての知識が増え、大河への理解が深まるにしたがって、次第に「文化というメガネ」を会得していった。それは、ただ傍観するのではなく、それが人々の生活であり、彼らの生存様式なのだと理解することだ。

　瀾滄江、怒江両岸では上流から下流まで川の水しぶきが絶えることなく「生活の調べ」を奏でていた。ここで生まれ育った人々は、大河の流れに対して独特の理解を持っている。岸辺の住民には、川を遠く感じる者もいれば近く感じる者もいるし、畏怖を持つ者も依存する者もいる。

　2本の大河の中下流の平地には、多くのタイ族が水辺で暮らす。タイ族は早くから川と密接な縁で結ばれ、「水の民」と呼ばれてきた。川がタイ族を作りあげたように、彼らの性格はまるで水のようだと言われる。タイ族の人々が川と関わってきた歴程は、タイ族の男性の身体に象徴的に刻まれている。タイ族には刺青の習慣がある。足にみずち[54]の鱗を描くとみずちの害を避けることができるとされた。また腰にはハスの花を描き、まるでハスの花が水面に浮かんでいるようで、水に溺れるのを防ぐとされた。刺青の由来と言われるものは多いが、中でも次のような伝説がある。

　水には「ピア」と呼ばれる怪物が住み、川の中で波を起こしては、魚を取ったりエビをすくったりする人に危害を与えていた。人々はピアを恐れて水に入らなくなった。やがてヤンビチェと呼ばれる若者が現れた。ヤンビチェは家が貧しく老いた母は病気だったので、母親に栄養をつけるため危険をかえりみず川で漁をし、偶然、龍王の幼女が変身していた鯉をつかまえた。ヤンビチェはその鯉が龍女だと知ると、すぐに龍宮

註
54…水中に住む蛇に似た想像上の動物。蛟龍。

瀾滄江

シーサンバンナの瀾梭河で
魚を捕る人

へ戻してやった。龍宮から龍女を救うために派遣された大臣は、それを知ると、ヤンビチェの胸と背中に花模様を刻んで、龍宮に連れていった。水中のピアはこの花模様を怖れ、逃げていった。その時から、刺青はタイ族男性の「護身符」となり、その後、力と美を表すものとなった。

タイ族には「カエルの脚に刺青があるのに、どうして男の脚に刺青なしでいられよう」という古くからの警句がある。タイ族の卜冒(ポマオ)(男性)は刺青を繁栄の証とし、タイ族の卜紹(ポシャオ)(女性)たちは特に身体に美しい刺青のある卜冒に愛情に満ちた眼差しを送ったのである。

水はタイ族の楽しみの源である。水かけ祭りはタイ人がもっとも好む時だ。彼らは清潔な水で古い年の「悪鬼」に別れを告げ、新しい守護神を迎える。人々は水で互いに吉祥を祝いあう。瀾滄江や怒江の畔でわたしはかつて何度もタイ族の村人と共に経を聞き、読誦し、順調な天候と五穀豊饒を祈った。また、水をすくって仏像を洗い、村人と山で花を摘み、砂の塔を積み、孔明灯(小気球)を空

に放ち、水をかけあい、幸福と吉祥を祈りあった。ここを訪れるたび、わたしは町では得られないような寛ぎと楽しさを感じ、乾いた木の苗が水を得たように感じた。これが生命の潤いというものだろう。もっとも感動したのは、1年ほど前に潞江壩の古い村で、わたしがもっと怒江を楽しむことができるよう、村人たちが河畔に集まり、銅鑼と太鼓を打ち鳴らし、タイ族の伝統舞踊を舞い、水かけ祭りを行なってくれたことだった。澄みきった川の流れに歓びの水しぶきが立った。

わたしが体験した瀾滄江下流の水かけ祭りの中でもっとも忘れ難いのは、ドラゴン・ボート(龍船)の競争だ。河岸は競争を見ようと黒山の人だかりで、絶えず歓声が上がっていた。川には船首に龍の頭を彫った舟があり、銅鑼がスタートの合図をすると、いっせいに矢のように飛び出す。競う人々はわれさきにと櫂を漕ぎ、水しぶきが舞った。シーサンパンナのドラゴン・ボート競争の催しには長い歴史がある。歴史書にはこうある。

「車里(景洪)の宣慰司は、龍船の競争を行なう。人々は黒山のようにたかり、狭い道にひしめき、高々とはしごが掛けられ、澄んだ歌声が川面に賑やかに響く。なんと楽しい催しだろう。勝者は宣慰使から銀杯で表彰され、敗者は竹を切って銀杯の形にしたものを首にかけられる。竹の葉が首や頬にチクチクとあたって、敗者は敗れた悔しさを嚙みしめる」

こうしてみると舟の競争は単なる娯楽ではなく、生きる力を鼓舞するものなのだ。

瀾滄江のタイ族のドラゴン・ボートは、長江のもののように長く、珠江で端午の季節に行なわれるドラゴン・ボートにもよく似ているという。しかし長江のものと違い、屈原[55]を偲ぶために始まったとされているわけではない。タイ族の伝説では以下のようだ。

ある年、モンバラナシ(勐巴拉納西)に暴君が出て、手下の大臣をまるめこみ、ある少女を宰相の息子に嫁がせようとした。しかし少女は狩人の青年ヤンホンウォを愛していた。そこで国王と宰相は、その若い狩人を瀾滄江の舟の大会に出させ、国王の大船をぶつけて入り江へ衝突させ殺してしまおうと考えた。太陽の子である瀾滄江は暴君の謀略を知り、無力な若者を助けようとした。大会の当

註
55…紀元前3世紀ごろの楚の国の詩人。その人気をねたむ人たちの告げ口により追放され、長江に身を投げた。5月5日はその命日とされる。

瀾滄江

河岸の水かけ祭りに
興じる人々

日、瀾滄江は突然、風を起こし、波を立てた。大船は大波にさらわれ、国王と宰相は何が起きたのかも分からぬうちに川底へ引きずり込まれて、死んでしまった。しかしドラゴン・ボートに乗ったヤンホンウォは無事だった。そこで、瀾滄江が暴君を排除したことを記念するため、タイ族の人々は毎年、瀾滄江でドラゴン・ボートの大会を行なうのだという。ドラゴン・ボートには、暴君を拒み、自由を求める人々の願いが込められていることが分かる。

**水と民族**..........臨滄市の滄源、耿馬などのワ族は毎年必ず祭水、つまり水を敬い新たな水を迎える行事を行なう。ワ暦の格端月[56]になると、村では全戸の男子がみなで竹の水槽をかついで水源に集まる。指導者は鶏を殺して邪気を払い、言葉の力を使って神を呼び、水源を清める。その後、祭りを取り仕切る人が竹の水槽を取り替えるため村まで行き、水を管

註
56...現在の12月頃。

潤滄江で行なわれる
ドラゴンボート競走

理する家の人々と一緒に食事をとる。夜には全村で焚き火を起こし、踊り、歌って、時を過ごす。

　プーラン族とジンポー族も祭水の習慣がある。人々は井戸と川の傍らには水神がいると信じ、水神と村の人畜の生命はつながるとされていたので、毎年、必ず祭りを行なって、水神に村の保護と平安を祈った。

　年の初めに新しい水を迎える習慣があるという村もある。人びとは鶏のその年の朝一番の鳴き声を聞くと先を争って水辺へ行き、紙の香を焚いて水神への祈りの言葉を唱え、1年の幸運を祈る。

　雲南省北西部の貢山県には、怒江が最初に大きくを曲がった後にまた美しい湾曲部がある。ここは怒江の囲む部分が桃の形をしているため「桃花島」と呼ばれ、島には桃の木が植えられている。旧暦(農暦)2月8日、桃が満開になる頃には、島のヌー族は桃花節を祝う。かつては、この季節にはしばしば怒江の水

怒江

怒江畔の
田園風景

位が上がって島を水没させ、作物が壊滅したり、多くの人が溺れたりしたからである。村の人々はこれを水神のしわざだとして、毎年、桃の花が咲く頃に祭りを行ない、桃の木を植えて水神を祭った。祭りの時には小麦粉で大きな「かかし」を作り、その他の祭礼品と一緒に入り江に流して水の魂を敬い、家族の平安と怒江の流れの穏やかなことを祈った。

　水の魂はヌー族の人々の心に崇高な地位を占め、生活上すべての災いと福が水の魂と関連づけられている。怒江峡谷に住むヌー族の氏族である虎氏の人々は、長い旱魃により雨が降らないと、水の魂を祭る雨乞いの儀式を行なう。村人たちは食べ物を祭礼品として持ち寄り、池の畔に集まって、祈禱師による「ダシ（達施）」の儀式を行なう。祈禱師は鋤を使いながら次のように唱える。

　　　　　今日、金の鶏、銀の鶏を捧げる
　　　　　これはわれわれの先祖の習慣だ

………
　先祖が空を開き、大地を開いたあの日
　大地を開墾したあの日
　邪悪なものはみな川へ追いやり
　不吉なことはみな山へ持っていった
　今日、同じように邪悪な病魔を追いやる
　今夜、すべての不吉なことを追いやる
　疫病を川へ投げ捨て
　邪悪を川へ投げ捨てる
　動かぬ石を川へ投げ入れ
　動かぬ木を川へ投げ入れる
　災難はみな川から流れ去るだろう
　不幸はみな川から流れ去るだろう
　川はすべて押し流し
　川はすべて運び去る
　川が逆流しても
　疫病を戻さないで
　川が逆流しても
　邪悪なものを戻さないで
　今日、金の鶏、銀の鶏を捧げる
　四方の福がわれわれのところへ来るように
　………

——『ヌー族祭祀歌』

　祭祀から戻ると、人々の先頭にいたダシが、蓑の衣を着け、銅鑼を持ち、雨乞いの言葉を念じて、村の入口に立つ。路肩の村人たちはお盆を持って、雨乞いに参加した他の村人に清水をかける。これは一種の模擬巫術で、水をかけることによって雨の真似をして、水の魂に降雨を感じさせようとしているのである。おそらくいくつかの少数民族の水かけ祭りはこうして徐々に変化してきたものなのだろう。
　大河上流の瀘水と蘭坪では、リス族やプミ族も「新しい水を争う」習慣を持っ

ている。娘たちは朝早くから水桶と祭りの品を準備する。「年を告げる」最初の鶏の鳴き声を聞くと、彼女たちは香を燃やし、昨年の神船を持って、村の池や井戸に行く。そして、そこから汲んだ水を水桶に入れて担ぎ、新しい1年の吉祥を「水の仙人」に願うのである。「水の仙人」は龍王の孫娘で、彼女は龍王の命を受けて水源地の鎮守となり、邪な魔物が水源を絶ったり、水中に毒を投げて人々を害したりするのを防いでくれる。新年には、水の仙人は人に吉祥の水を撒いてくれる。この水はまるで油のように水面に浮かぶと言われるが、人の眼には見えなかった。もしこうした吉祥の水をすくえば、その家は新たな年に豊作となり、牛羊が厩に満ち、鶏の巣が満杯になる。また、最初の水を得た娘は村でもっともよく働き、善良で、純潔な女性と見られた。しかし多くの場所で「新しい水」を争う習慣は既に儀式となっており、楽しむべき祭りであった。水桶を担ぎ、着飾った娘たちが川沿いの小道を追いかけっこしながら、笑い、歌を響かせ、新しい年のために狂喜している。

怒江峡谷の瀘水、雲龍一帯で暮らしているリス族は、「春浴」の習俗を持つ。およそ温泉がある場所では人々は遠近を問わず、荷物と食糧と美酒を持って温泉近くに泊まり、温泉の畔に集まって歌い、踊り、温泉で身体を洗った。「澡塘会」(温泉祭り)である。温泉祭りは一般に潤時節[57]と春節に行なわれた。リス族はこうした時には山の神が温泉で沐浴して身を清めると考え、それにならって身体を洗い、1年の疲れや苦労を洗い流す。1年の汚れ、不運、疾病などを取り除き、免疫力を増強し、新たな1年において病気がなく、幸運が来るよう願うのである。

怒江州六庫(瀘水)の近くには「峡谷16湯」があり、温泉祭りのためにこの上ない場所を提供している。伝説では、最初にここに暮らしていた美しいリス族の姉妹が、自由な結婚を求め、権力をかさに迫る男を拒絶して、高黎貢山の岩から深い谷に身を投げたという。その姉妹の熱い血がこんこんと湧く温泉になり、ここでは100年にもわたって温泉祭りが開かれてきたそうである。

毎年、1月2日から6日まで、山と峡谷に住むリス族は一家全員でここに集まってくる。もっとも遠いところでは100里もの山道を来る人もいる。彼らは温泉の畔に臨時のテントを立て、お互いに知っていようがいまいが、みな兄弟姉妹のように親しむ。疲

註
57…旧暦12月初旬から翌年正月。1990年から現在の12月20日を法定の「潤時節」とした。

れれば服を脱いで温泉に飛び込み、腹が減れば持ってきた食べ物を分けあう。友と会えば杯を傾け、興がのってくれば歌と舞いの人波に加わり、声を張り上げて歌い、手足をひらひらさせて踊る。

暖かな湯気が川面に満ち、冬の寒さを追い散らす。このような時、怒江はもはや冷たく無情な怒江ではなく、人々にえもいわれぬ暖かさを与える。

瀾滄江、怒江流域で川に頼る民族はみな、川の流れで生活の調べを奏でている。

## 9……11 共に川を分ける人々

**両江人**..........瀾滄江と怒江の中国国内における流域面積はおよそ30万km²である。2本の大河流域には20以上の民族、1000万人近い人々が暮らしている。これら1000万人の人々について語るため、ここで新しい名詞を作ってみよう——「両江人」はどうだろうか。「両江人」には中国西部の人々(主に西南の人々)の性格と特徴が表れている。

両江人の特徴には多元的な文化がある。地理的には2本の大河流域は中国大陸と不可分である。

交通が未発達の時代には、ここは外部との往来が限られた状態だった。しかしアジア大陸においてユニークな位置にあったため、儒教、道教、仏教各文化が南下し、南アジア大陸仏教文化とイスラム教文化の東来、東南アジア上座仏教文化の北上、西方キリスト教文化の伝播を見てきた。そしてチベット雪域、東南沿海と巴蜀などの地域文化が拡散し、大河流域各民族の伝統文化が両岸を行き来し、ぶつかった。高い山と大河による隔絶と繋がりという特殊な地理環境の中、古代においては「蜀身毒道」、「茶馬古道」が開拓され、最終的には「西南シルクロード」に多元立体的なネットワークを形成し、南アジアと東南アジアの民族の長期的な行き来により、ここにはさまざまな形の文化の姿が形づくられてきた。

特殊な文化は特殊な集合体を作り出す。これらの民族集団はまるで大河両岸の大山のように剛毅に生き、みずからの道を守り、前進を恐れなかった。

各地方の歴史を専門的に研究している友人がここは一片の浄土だと言ったことがある。「浄土」で暮らしている人々は汚れていない、という。おそらく彼の言うことは正しいのだろう。両江人の魂には子供のような純真さが残っている。ある村ではつい最近まで、買い手と売り手がまったく顔を合わせない交易方式が残っていた。売り手は商品を路肩に置き、買い手は任意にそれを手に取り、自分が同じくらいの価値だと思う物を残してゆく。多く残すか少なく残すかはすべて心の中で決められる。

　おそらくこうした方法を鼻で笑う人もいるだろう。原始的すぎる、と。しかし、交易方式が原始的であることは、心が原始的であるということとは違う。原始の心性は、不公平な競争の時代の商業的な心性や現代文明とは非常に遠い距離にある。今では前時代的な交易方式は歴史の中へと過ぎ去ってしまい、両江の大地にもまた市場経済がすさまじい勢いで広がっている。しかし、両江人の心にはやはり多かれ少なかれ、そうした原始の交易方式の名残がある。改革開放以来、少なからぬ外地の人々がこのあたりの土地に越してきた。理由を尋ねれば、人々の答えに2つの共通点があることがわかる。1つは現地の気候に魅せられて、2つめは現地の人々の純朴で情の厚いところに魅せられて、だ。

　両江人はよく次のように言う。「わたしは竹を持って町に入る」。つまり、まっすぐにしか進むことができない、というのだ。これは彼らにとって不文律の行動規範のようなものだ。家でも、ビジネスでも、裁判でも例外はない。現在、外の世界の人々が知っている両江一帯の有名人といえば、おそらく三国志の孟獲だろう。孟獲はたしかに両江人だったようだ。外からやって来た諸葛孔明の謀(はかりごと)によって何度も騙され損をして、最後にはとうとう「われわれ南人はこれ以上反抗できない」と叫び、その言葉通り誠実に従った。このように両江人の性格では深遠な謀をめぐらしたりはできない。あなたがわたしに良くしてくれるなら、すぐにでもわたしの心臓を取り出してあげよう、という態度だ。友人や仲間と接する時もまるで娘や老人に接する時と同じ。また、曲げるべき時にもけっして曲げない。そのため両江人は官の場面では足を引っ張られ、ビジネスの場面では騙された。しかし両江人はたとえ騙されても、情をもって事にあたるという本性を変えることはなかった。

　上海人と比べると、両江人は理性と契約の精神に欠けるかもしれない。広東

人と比べると、両江人は親兄弟にも帳簿をつける冷めた心がないかもしれない。北京人に比べると、両江人にはすべてをねじ曲げ全局を取り仕切る気迫に欠けるかもしれない。しかし両江人は山のように剛直で、強靱なところは誰にも負けない。

　両江の流域は、全国でも少数民族がもっとも多い地域である。20余りの民族が仲むつまじく暮らしている。各民族の風俗、文化、歴史、心理と行動様式は互いに違ったとしても、大多数の民族が共通点を持ち、「酒があればみなで飲もう、困難があればみなで助けよう」という処世術を持っている。まるで原始共産主義の名残のようだが、客観的に見ればやはりこのグループの個性だと言えよう。

　フィールドワークをしているとたびたび次のような場面に遭遇する。ある少数民族居住地域のそれなりに市場経済が発達している村で、田を耕して貧乏に甘んじることに嫌気がさした人が資本を集めて、飲食店あるいは小さな雑貨店を開くが、たいていは期待通りには運ばない。これまでずっと「酒があればみなで飲もう」と共に分け合ってきた民族兄弟がどうして金を払って飲む気になるだろう？　酒を飲みたければ茶碗を2つ持って訪れ、肉を食べたければそこにある肉を切り、煙草がなければ棚から勝手にとっていく……金を払うか払わないかは兄弟友達の間では取るに足らない「ちっぽけなこと」にすぎなかった。そこで、まもなく店主は看板を下ろさざるをえなくなる。こうした民族の性格は現実の生活の中で「諸刃の剣」となった。民族社会の幸福と融合を助けたが、他方、それは市場経済の障害となったのである。

　このようなことは当然、山岳地帯で多く見られ、市街地の商業センターなどの近くでは人々の商品経済についての意識は急速に内地化している。しかし両江流域では山地面積は少なくとも95％以上であり、こうした山里の人々がやはり大多数を占めていることは知っておかねばならない。

　山は両江人を作り、彼らを高所に暮らさせた。山は高く皇帝は遠く、あなたはあなたの広い庭で、わたしはわたしの山地を耕す。「都を打って皇帝の地位を得よう」などという考えは浮かばなかった。そのため両江流域では天下が第一という人物が現れなかったのだ。

　両江人は山のように空に向かってしっかりと地に立つが、内も外も山のよう

保山路江壩で歌い踊る
ダアン族の人々

にまっすぐにそびえているというわけではない。心理的にはまた相反する面を持つ。ある人は、両江人の性格は両江にある壩子の天気のようで「1つの山に四季があり、10里を行けば天気が異なる」と言う。何をするにも楽しみにまかせ、熱しやすく冷めやすい。またしばしば冷めもせず熱くもならず、たとえ天が落ちてこようとも自分とは無関係だ、もっと高い人に当たって自分の頭には当たらないだろう、と考える。こうした性格はよく言えば教養のある態度だが、悪く言えば、生ぬるい水を飲むよう、積んであるだけで火のつかない湿った柴のようなものだ。これが両江の気候や山河とどれほど関係があるのかははっきりしない。が、とにかく天の恩恵が厚く、身のまわりは良好な自然条件に恵まれ、資源が豊富で、大した努力を必要としないでも基本的な衣食には困らないということは言える。

　ある外国人が雲南省西のある景勝地を旅行し、山道を行く人々はまるで牛と

潞江壩の
イ族の人々

　一緒に遊んでいるようだと思ったという。
　貧しいといえば貧しいが、多くの人は楽しく暮らしているようだ。わたしは雲南省西南のある民族の村でフィールドワークを行ないながら、竹竿で作った家の光景に目を奪われた。その家にあるもっとも高価なものは鉄鍋だった。わたしはそれを目にしただけで胸が痛くなった。われわれがその貧しさに溜息をついている時、その家の老人は夢中になってオウムと遊んでいるのだった。翡翠のような羽を持つオウムに老人が竹竿に刺した豚肉を食べさせると、オウムはその肩にとまり、あたかも親密な友人同士のようだった。老人は白色のTシャツを着て、胸の前には「紅楼夢」という目をひく大きな文字がプリントしてあった。おそらくこれは都市の人々がくれたものだろう。
　等しく貧しい生活を過ごすのに慣れた両江人の多くは、まるでまだ過去の観念を持ち続けているようだ。彼らはしばしば「貧しくても楽しい、富めば慌し

オウムと遊ぶ
村の老人

い」と言う。彼らにとって楽しさの追求のほうが、富への渇望に勝っているのだ。これはおそらく両江人が長く貧しさを抜け出せない重要な原因であり、しかしまた愛すべきところである。両江人を見れば、人類固有の惰性、生命力の頑強さ、人類が追及すべき多様性というものを理解することができるだろう。

　両江人はたいてい貧しく、富める者は少ないが、しかし一般的にみな客好きである。両江流域は土地が広く、人はまばらで、山は高く、道は狭く、外界との行き来が困難で、本物の友情をとても大切にする。家に友が訪れると、どれほど大変でも必ずあるものをすべて出して、自分の持っている最上のもので客をもてなす。自分が火のそばで寝ずの番をし、客が一番良いベッドで安心して眠れるようにしてくれる。

　両江人の心は温かな人情味にあふれ、「世の中みな兄弟」という考えが彼らの骨にまでしみついているのだ。人と人の間では友と認めれば友になり、友と友の間では兄弟になり、兄弟姉妹の間では何が互いを分けるというのか？両江流域の民族はどれほど種類が多くとも、感情の世界は民族間でそれほどはっきり分かれていない。いくつもの異なる民族が1つの山の村に暮らし、仲良くしている。違う民族の者が結婚して、家族となり、親密に暮らす。これは、両江の中下流ではよく見られる風景である。社会学者の費孝通（フェイシャオトン）氏は、中国の多元一体の民族間の関係は、両江の民族のもっとも典型的に見られると結論づけている。

　さらにそのルーツをたどるならば、両江の民族のこうした文化や心理はさらに昔にさかのぼることができる。両江の多くの民族は、もとは祖先を同じくして、相互に兄弟関係にあるという神話を持つ。よくある物語は、洪水に襲われ多くの生命が奪われるが、天の神がそれを惜しんで一組の善良な兄妹を救ったというものだ。彼らは山の洞窟に隠れたりひょうたんにしがみついて流れたりして生き残る。災いが去ってから、山河が再び生まれる。山から投げおろした箕（み）が重なったり、針と糸とを投げると空中で糸が通ったりすることで天意を確認し、2人は結ばれて子供が次々と生まれる。この子供たちが、それぞれの方向に去っていって、各民族の祖先になったという。

　各族が同祖であるという話の中で、自分たちを長男だと考える民族はきわめて少ない。みな同じ源から生まれた兄弟だが、自分がみなを率いる資格がある

チャムドを流れる
瀾滄江畔の
チベット族の人々

わけでもない。お互い出会ったならば、1000年以上前の祖先からの縁がある仲間であり、客としてもてなすのに何を惜しもうか。

　客好きであることと関係するのだろうが、両江人はみな酒好きである（当然、宗教上の禁忌などで酒を飲まない民族グループを除く）。両江人の客好きと豪快さは酒の席で大いに発揮される。客が来たり友人が集まったり祝いごとのある時は、いつも大きな椀で飲み、「感情が深まれば一杯飲み干す」「たとえ身体を傷つけても感情は傷つけられない」と叫ぶ。客がたくさん飲めば飲むほど主人は喜

リス族の男性

び、客が酩酊すれば主人の心もまた陶酔するのだった。各地域の民族の飲む酒はそれぞれ異なり、飲み方も異なるが、酒を感情を表す手段とするところは同じである。酒を飲むことを人と人のコミュニケーションとし、人と神の橋わたしとすることは同じである。数人の両江人が集まって酒を飲んでいるのを見ると、いつも、彼らの牛のような豪快さが伝わってきて、避けたくても避けられず、逃げたくても逃げられないような気がする。わたしはしばしば、両江人が酒の席で表すあの豪快で、執着し、厭くことを知らないエネルギーが日常生活

怒江畔で踊る
リス族の人たち

　の生産と社会の発展競争の中にも発揮されていたら、どれほどすごいことかと
思う！
　両江流域には多くの特別な場所があり、まるで折れ曲がった長い回廊のよう
で、独特の文化が次々と現れる。流域には「10里違えば異なる風俗」という言
い方があり、文化の多様性は自然と両江人の性格の多様性を形づくった。もち
ろんわたしが言うところの「両江人」は多少、無理のある捏造であり、系統だっ
た概念ではない。実は「両江人」はさまざまな角度から、さらに細かいグループ
に分けることができる。青西人(青海省西部の人)、蔵東族(チベット東部の人)、滇西
人(雲南省西部の人)はそれぞれみな違う。チベット族、モンパ族、ナシ族、リス族、
ペー族、プミ族、ヌー族、ドゥロン族、イ族、タイ族、ワ族、ラフ族、ハニ族、プー
ラン族、ダアン族、ジンポー族、アチャン族、チーヌオ族、フイ族、
漢族……民族グループはみな、自らの性格と特徴を持つ。たとえ
ば、チベット族は山のように剛毅であり、タイ族は水のように柔

註
58…ここでは文化大
革命により農村に下
放された学生の意。

らかで、ナシ族は強さの中にやわらかさを秘め、ペー族はやわらかさのなかに強さを秘める……やはり一言で両江人をまとめるのは難しそうだ。

　時代が進むにつれ、社会もまた変化し、両江流域も発展し、両江人も当然、絶えず変化している。特に近年の市場経済の波はこれらの変化をさらに急速に、複雑にしている。

　両江とその周辺地域で知識青年[58]として過ごした人は、興味深そうに話す。この地に来たばかりの頃、現地の農民たちはみな夜でも戸に鍵をかけず、道で拾った物を自分のものとすることもないことに驚かされた。どの人の心もまるで水晶のように透明で、その宝石のような心をのぞくことができた、と。その後、籠の中の鶏を失い、商売で騙されて損をし、やっと彼らは気がつくのだった。ああ、世の中にはこのような人もいるし、このようなこともあるのだな、と。しかし、幸いなことに、こうした地域はまだ完全に内地と同じようになっているわけではない。確かに、昔のように子供や老人でも欺かれることのないような社会は、ビジネスの環境ではなかなか見られないが、あなたがもしそこの主人がいない時に勝手に竹の家や木の家、土の家に入り込むことができたとしても、現地の人々はやはり鍵をかけず、防犯設備について尋ねることもないだろう。こうした都市のものがこの「楽園」に届く必要がないことを願うばかりである。

　心ある人はまた、山の民族社会が博物館の骨董品のように陳列され、過去の歴史を展示し、人に懐古の念を抱かせることによって、自身の価値を確認するようなことにはなってほしくないと思うだろう。わたしは、より多くの山里の人々が山から出て、世界へ向けて足を踏み出し、心もまた歩き出してほしいと願っている。世界は複雑なものだと知るべきであり、われわれもまた少しは複雑にならねばならず、永遠に赤子のようなままでいることはできない。われわれは進歩し、豊かになり、みずからを発展させる努力をするべきであろう。

　だが、わたしは、両江人がどこへ行こうともその美しい感情と水晶のような心を保ってほしいと願っている。わたしは、社会発展がどのような段階に達しようとも、こうした美しさは人類にとって必要であり、また重要であると信じている。いつか人類社会の道徳の秤から彼らの重りがなくなってしまうということなど、けっして想像したくない。

ケシをとる
黄金の三角地帯の
農民

山を下り、故郷を歩き、とうとう別れの時が来た。
あなたは振り返りながら、ゆっくりと境界に向かうだろう。
だが流れる水は慌しく、日夜、休むことはない。
古くから、別れを惜しんだ人々は、
車輪が四角であったなら、川の流れを止められたなら、と願った。

# 第10章 海への別れ

川との最良の別れ方は、
川を自由に流れるままにしてやることだ。川は本来、自由に流れる魂を持つ。
川は通り抜けてきた山河や
原野すべてを別れがたく感じるが、どのような狭い陸地にも属さず、ただ海に属し、
世界に属するのだ。
川は海に入る前にはけっしてその歩みを止めようとはしない。
「青山は見飽きず、流水の趣はいかに大きいことか」
瀾滄江と怒江、互いに見送りあう姉妹は、千山万水を一路通りすぎ、
さまざまな苦労や世の変遷を通りぬけ、心中の「白馬の王子」のため、しかたなく手を振り、
ここで別れを告げる。
その後、故郷を跨ぎでて、名を変え、
ひとりは太平洋へ、ひとりはインド洋へと向かう……。

―・―・― 国境
――――― 省境
………… 山脈

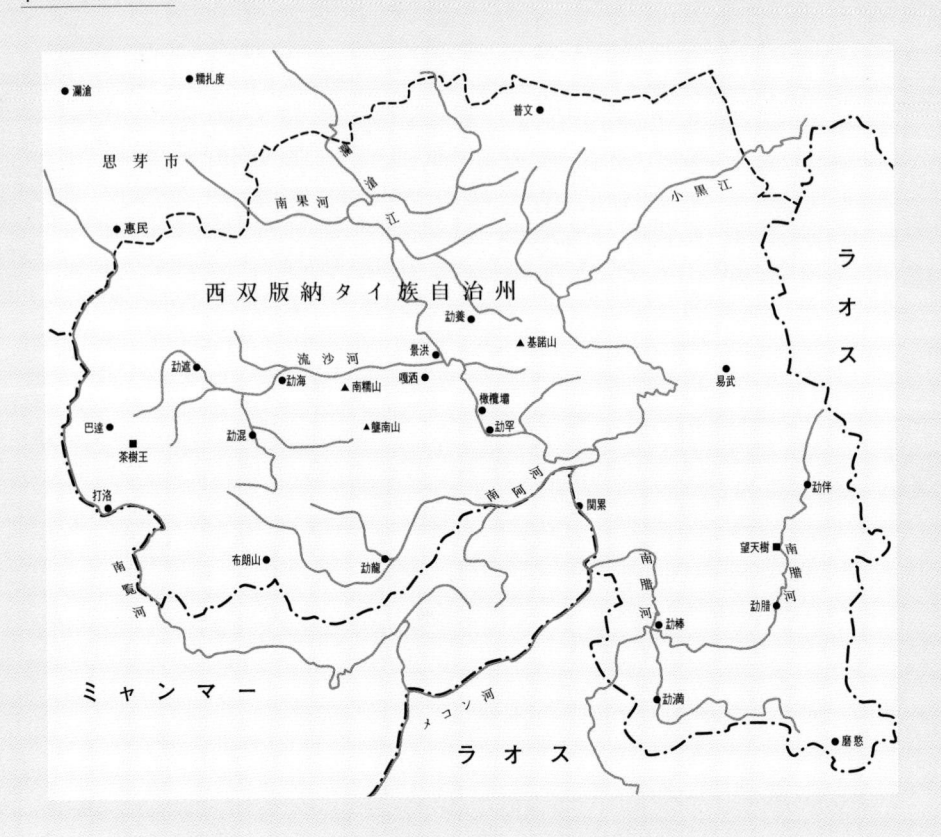

第10章 …… 海への別れ

# 10―1

## メコン河と抱き合って

**メコン河へ**..........両岸に林立する石が消え、川に激流や険しさが消えると、瀾滄江の心穏やかな景洪壩と橄欖壩に到着する。船や筏が行き交い、川は美しい両岸を鏡のように映し出す。水田、果樹園、ヤシの林、ゴム園、タイ族の竹の家、ビルマ寺、新設の霊長類動物飼育基地……。川岸の砂浜ではタイ族の少女が上半身を半ば露出しながら、長い髪を垂らして沐浴している。

　平地を通り過ぎると瀾滄江は再び密林に入り、川床は広く狭く変化する。しかしもっとも狭い場所でも川幅は50ｍ以上あり、150トン級の船の通年航行が可能だ。川は曲線を描きながら西に東に折れ曲がり、最後にはやはり南へ向かう。景洪と勐腊の境で川は東北へ折れ、2番目に大きな支流、小黒江を迎える。そして、再び真南への進路を探す。ほどなく川は中国とミャンマーの国境の川となる。

　国境に沿って関累港を過ぎると、瀾滄江は中国、ミャンマー、ラオスの接する場所にやってくる。ここで支流がやや北よりの東から合流する。川は勐腊北部の象滾塘后山と大青樹梁子から来たもので、南腊河という。「ナンラー」はタイ語に由来し、「茶水」あるいは「茶の汁」という意味だ。伝説では仏教の祖、釈迦牟尼が通りすぎた時に法を施して茶水を川に変えたと言われている。芳香あふれるこの川は、美しい神話や伝説を載せ、激情を翻しながら一気に瀾滄江の懐に飛び込む。川は想像もしなかっただろう。この時、この場所から、永久不変の標識を得るのだ。瀾滄江は名を変え、メコン河となる。瀾滄江とメコン河はしっかりと抱き合い、ここで融合して一体となる。

　南腊河が瀾滄江―メコン河に流れ込む場所には、川の中に長さ120ｍ幅10ｍ余りの岬がある。水面から4〜5ｍの高さにあり、「玉三角」と呼ばれる。毎年、春が来て暖かくなり花が咲く頃、この「玉三角」に登れば、川の魚が嬉しそうに飛び跳ねながら先を争って南腊河口に集まり、産卵するのが見られるだろう。川面は喜びに沸き、現地のタイ族の人々はここを「魚のたまり場」と呼ぶ。魚はあたかも瀾滄江に惜別の式を催し、メコン河に誕生の祝いをするために集まってきたかのようである。澄みきっ

註
1......唐の詩人、李白の琴詩。

た南腊河の水と濁った大河、瀾滄江—メコン河の本流はここで境界線を引いたようにはっきりと色分けされる。

　メコン河とは「母なる河」という意味で、瀾滄江に代わって新たな歩みを始める。大河は5ヵ国を潤し、東南アジアの数多くの民族を育てるという重責を負う。

　瀾滄江—メコン河は「東方のドナウ」とも呼ばれる。ヨーロッパのドナウ川のように、さまざまな国を突っ切って流れているからだ。中国、ミャンマー、ラオス、タイ、カンボジア、ベトナムという6つの東方の国々は、瀾滄江—メコン河という吉祥のリボンで結ばれている。この大河は沿岸の2つの首都、1つの国際港、20の都市、流域面積81万1000km²を通りぬける。瀾滄江—メコン河の全長は4880kmで、中国の瀾滄江部分は2161km、ラオスを流れるメコン河は1987.7km、タイは976.3km、カンボジアは501.7km、ベトナムは229.8kmである（出典によって数字は違うが、ここでは雲南地理研究所が出版している地図資料を参照した）。ラオス・ミャンマーとラオス・タイの国境域では川が国境となっているところが多く、別々に各国を経ているものとして計算すると累計では6000kmほどになる。

　川全体について言えば、中国部分の瀾滄江は、瀾滄江—メコン河の上流部にすぎない。「われわれは川の源流に暮らし、君たちは川の河口に暮らす」と、かつて中国外交部長の陳毅（チェンイ）は古い詩によって中国と瀾滄江—メコン河中下流の国々の関係を表した。

　源流と河口に住む人々が「同じ川の水を飲む」ことは、人々に多くの共通言語を持たせる。もともと同じ民族で、国境線が人々を隔てたにすぎず、親戚関係にある人々も多い。異なる民族でも起源は同じであるため、民族の言葉に身振りを加えれば意志の疎通ができる人々もいる。同じ大河の上下流で生活していたため、共通の歴史や文化により、多くの類似点を持つ人々もいる。

　歴史の記述を見れば、川の上下流の各民族、各国は長い年月にわたり往来し、交流してきた。だが、過去における数多くの往来において瀾滄江は人々にそれ

瀾滄江——メコン河国際航路上のフェリー

ほど交通上の利便を提供してはこなかった。20世紀中葉の『新纂雲南通史』にこのような記載がある。

「瀾滄江は北部を横断し、西東から県境（当時の車里県を指す。今の景洪市）へ東流するが、岩礁が多く、水は浅く、水面の変動が均一でないため、航行には不便で、往来する船はない。街の北には渡し場があり、渡し賃を払って対岸へ渡る。小舟で渡る人や動物は比較的冬と春が多い」

確かに半世紀前まで瀾滄江には渡し場の小さな渡し舟か竹の筏以外、ほとんど船の姿を見ることはなかった。1952年頃、4人の景谷の人が景谷の威遠江か

澜滄江の
景洪のあたり

　ら2艘の船に塩を積み、流れに沿って景洪まで下った。苦労をしたが、大金をもうけたようだ。その後、水力発電調査のため楊偉真(ヤンウェイジェン)の一行が小舟で澜滄江を遡行した時は、現地の人々がこの珍しい風景を見るために河岸に走ってきたという。現地の人にとって、初めて目にした船だったのだろう。

　1920年代、フランス人が乗った小さな汽船がメコン河から澜滄江に入った。しかし中国の国境から120kmの付近まで来た時、激流に遭遇し、それ以上さかのぼれず、仕方なく撤退した。

　澜滄江とメコン河が接する部分を初めて航行しきったのは中国人で、その後アモイ大学で教鞭をとった陳碧笙(チェンピション)だと言われている。1935年、27歳の陳碧笙は景洪に至り、簡素な竹の筏と丸木船で澜滄江からメコン河に入って激しい波の中を8日間航行し、航程200km余りを経て、かつてフランス人が遡上を止めた地点に到達した。陳氏は述懐している。

　「もし澜滄江を航行できれば、水運によって思茅(スマオ)や普洱(プーアル)の豊富な物産を安く、

素早く利用できるようになり、直接国外に輸出すれば、鉄道や道路を建設するより、ずっと多くの労力を省くことができる」

　当時、佛海県(フォハイ)(現在の勐海県)の県長を務めていた梁宇皋(リャンユガオ)は、瀾滄江—メコン河の航道を開通するため、東南アジア各国を奔走した。しかし、その声は戦争の砲火の中で聞き取れないまま埋もれていった。

　だが、新しい時代になり、大河の波音は人々の交流への渇望を呼び覚ました。シーサンパンナ瀾滄江航運管理局で働く年配の職員の記憶では、瀾滄江の航運管理機構は1957年にできたという。当時はやっと小さな木の舟を作り始めた頃で、労働者が手で漕いで景洪から橄欖壩の短い距離を航行していた。1961年4月の水かけ祭りになって、「瀾江号」という名の木製の小型船が瀾滄江で有史以来初の汽笛を鳴らし、瀾滄江における水上運輸の始まりを告げた。しかしこれもまた国内河川の短距離運輸にすぎなかった。第2次世界大戦以後、メコン河沿岸の各国はさまざまなレベルで河川交通を開発、利用してきたが、その大部分が自国内にとどまり、境界は明確に存在していた。互いが鎖国し、防衛しあっていた時代のことだ。瀾滄江とメコン河はつながり、川の水は流れていたが、天然の障害以外にもやはり無形の「壁」が存在していた。

　瀾滄江はメコン河へと流れ、メコン河は海へと流れる。これは誰か1人の意識で変わるようなものではない。瀾滄江—メコン河の国際水上運輸はおそらく川の上下流の人々が待ち望んできたことであろう。国際情勢が緩和され世界の冷戦構造が終わりを告げたこと、中国の改革解放が進んだこと、中国と東南アジア各国の友好関係が深まったことなどが瀾滄江—メコン河の国際航運を後押しした。

　1980年代末、瀾滄江—メコン河の国際航運の開発が具体的な日程にのぼった。1989年11月、雲南省政府は初めて「瀾滄江—メコン河国際航運に関する検討会」を開催した。12月には雲南省政府とラオス政府がメコン河ルアンパバーン以北の航路を共同調査することを提起し、1990年4月、『中国雲南省とラオス交通部のメコン河一部航路調査についての第1回会議議事概要』に署名、その後すぐに合同調査団を立ち上げ、南腊河口以下、ラオスのルアンパバーン市まで632kmのメコン河の調査を行なった。1993年以後、ミャンマー政府とタイ政府が瀾滄江—メコン河国際航運開発の動きに加わり、4ヵ国が共同で行な

瀾滄江

う港、埠頭の建設、および航路の整備が開始され、より大型の船が通航できるような動きが始まった。

2001年6月26日、シーサンパンナの州都、景洪市において中国、ラオス、ミャンマー、タイの4ヵ国が共同で瀾滄江—メコン河国際航路の正式な開通式典が行なわれた。景洪港中央の緑化区では、四国友好協力の象徴と今後の繁栄を祈念するものとして菩提樹が植樹された。その後、内外の来賓は景洪埠頭から乗船し、10隻以上の客船、貨物船が川を下ることで、瀾滄江—メコン河国際水上運輸が始まった。式典の開催は、4ヵ国政府が2000年4月20日に署名をした『中華人民共和国政府、ラオス人民民主共和国政府、ミャンマー連邦政府、タイ王国政府による瀾滄江—メコン河商業航行協定』の正式な発効を告げるものであった。

これで4ヵ国の商業船は中国の思茅からラオスのルアンパバーン港までの897kmの航路を自由に航行できるようになった。航路には中国の思茅、景洪、勐罕、関累、ラオスのバーンサイ、シェンコック、マンモー、ワンバルン、フエイサーイ、ルアンパバーン、ミャンマーのワンチン、ワンパン、タイのチェンセーンとチェンコーンなど14の埠頭港がある。自由に停泊や荷物の積み下ろし、旅客の乗降ができ、税金は一切かからない。出港手続きや支援業務について相互に優遇措置をとり、共同で開発を行なって共に利益を得ることを目標としている。

瀾滄江—メコン川の国際水上運輸は、中国政府にとっては国際交流、平和の促進、貿易、西部開発、また雲南省が推進している「国際大通路」、「緑色経済強省（エコロジー経済の盛んな省）」「民族文化大省」の建設という3大目標の実施などの面で具体的かつ長期的な意義がある。また中国西南の思茅港、景洪港から瀾滄江—メコン河の水運を利用すれば南シナ海沿いの道路を経由するのと比べて3000kmを短縮することでき、少なくとも輸送費と時間を半分以下になるという。

だが、大河全体で見れば海に入る道はまだ通じてはいない。中国の瀾滄江部

国境を越える前の瀾滄江は
水流も穏やかで、
別れを惜しむかのようだ

　分では思茅港より上流は通航できない。さらにメコン河では、既に通航しているところでも多くの場所がまだ天然の河川のままであり、浅瀬が多く岩礁だらけだ。ラオスとカンボジアの国境線上には広さ10km、落差は17.4～22.3mの巨大なコーンの滝があり、これも船の航行には大きな障害となっている。滝より下流ではカンボジア内の川底が狭く、水流が急なため、商業船の航行はきわめて困難である。

　瀾滄江─メコン河をいかにして真の「国際黄金水道」にするのか。これは瀾滄江─メコン河沿岸各国の難問であり、河川の両岸に暮らす人々が手を携え協力して解決しなければならない問題だろう。

瀾滄江

# 10──2

## サルウィン川の手をとって

**サルウィン川へ**..........怒江─サルウィン川の組み合わせは、瀾滄江─メコン河と同様の関係にある。この2つが手をつなぐのは中国とミャンマーの国境上だ。

　怒江はごうごうと沸き立ちながら大峡谷を切り開き、壮麗な山水回廊を作りあげる。流れがゆるやかになると川はずっと穏やかになり、やるべき仕事は終わったとでも言うように一路、楽しげに南下し、河谷と盆地を通り過ぎる。保山と臨滄の交わる場所の手前で川は大きく曲がり、まず東北に向かう。そして支流の勐波羅河（マンボロ）と合流した後、180度曲がって南西へ流れる。雲南省の保山市と臨滄の境界線を形成した後は、再び中国とミャンマーの国境線となり、滔々と流れていく[2]。

　13kmにわたる国境線を引いてから、怒江は雲南省徳宏タイ族ジンポー族自治州の潞西市中山郷芒丙村（マンビン）の畔に至り、西北の中国・ミャンマー辺境上を斜めに走る支流と交わる。この支流は芒信河（マンシン）（また「南信河」あるいは「曼辛河」とも書く）と呼ばれる。芒信河と怒江は、瀾滄江と南腊河の関係に似ており、芒信河が怒江の胸に飛び込む時、大河には虹のような無形の標識が現れる。標識は終点を示し、同時に起点を示している。ここで怒江は全長2013.4km、広さ12万4830km²の流域を潤してきた旅を終え、サルウィン川にバトンを手渡す。いや、怒江─サルウィン川は本来1つの川であり、人が別の名前をつけて分けたにすぎない。

　芒信河と大河の交わる場所に立つと、現地の人がわたしにこの場所は「三江口」と呼ばれるのだと教えてくれた。わたしは周囲を見回した。だが、おかしい。明らかに2本しかないのにどうして「三江」なのか？　わたしはキョトンとしていたが、あっと気が付いた。芒信河、怒江、サルウィン川、これが「三江」ではないだろうか？（その後、地図を見ると、それほど遠くないミャンマー側にさらに支流を見つけたが、これが「三江」の名と関係するのかどうかはは分からない）

　2001年4月末にわたしが「三江口」を訪れたのは、まだ雨季が到来する前であった。芒信河の水は少なく、河床から多くの丸く滑らかな巨岩が突き出て、川の色に変化を添えていた。岩は大きく長く、前方が広がり後方は狭く、船のようだった。穏やかになっていた流れ

註
2..........第7章の地図（299ページ）参照。

も岩礁の周囲では再び激しく沸き立ち、白雪のような波が立っていた。まるで最後に怒江が人々にその暴れん坊の性格を示しているようでもあった。

河岸には空き地があり、第105号中国・ミャンマー国境碑が立っていた。片面は中国語、もう片面はビルマ語である。対岸のミャンマー側にも国境碑が立っているという。

サルウィン川というのは英語の音から来た呼称で、ミャンマー人はタンルウィンと呼び、さらに上ビルマ[3]と下ビルマではそれぞれ別の呼び方をするところもある。サルウィン川はミャンマー領域内で1046kmを流れ、カヤー州、シャン州、カイン州、モン州を通り、最後にモーラミャイン付近からインド洋アンダマン海モッタマ湾に注ぐ。カイン州にはミャンマーとタイの国境線があり。そのため怒江—サルウィン川は3ヵ国を流れる国際河川なのである。

上ビルマに入った後、サルウィン川は多くの山を通りぬけ、再び大きな落差を作る。川はやはり急流で、滝もある。下ビルマのカルンバンに入った後、地勢はやっと開け、水流も穏やかになり、通航が可能となる。

抗日戦争の初期、日本軍は蒸気船に乗ってミャンマーから怒江—サルウィン川をさかのぼり、「三江口」の「老鴉響（ラオヤシャン）」と呼ばれる場所にやってきた。ここには岩礁が林立し、折り重なったくぼみがあった。激流は潮のようで、水は岩にぶつかり、鴉の鳴き声のような音を立てる。日本兵はそれ以上、上流へは行くことができず、しかたなく船を捨て、陸路で畹町から中国を攻めた。

瀾滄江—メコン河においては国際航行が開始され、大きな注目を集めているが、怒江—サルウィン川の国際航行を呼びかける声はまったく聞かれない。その原因は、1つには怒江—サルウィン川の自然条件の厳しさが他に例を見ないものであり、航路整備のために浚渫するにはあまりに障害が多く、困難だからだろう。2つめには、ミャンマー政府の経済開発の重点はイラワディ川流域にあり、サルウィン川流域（特に上ビルマの部分）は開発が遅れていることがあげられる。そのうえ中国・ミャンマー国境は多くが異なる地方政府の管轄下にあり、中国とミャンマー双方の政府が怒江—サルウィン川を国際商業運輸に使う切迫した需要がない。このため「三江口」では依然として1艘の船も見かけることはないのだ。

歴史的にも怒江とサルウィン川はずっと友好の紐で結ばれ、

註
3……上ビルマ、下ビルマというのはイギリス植民地時代にできた地理的・行政的な概念で、ヤンゴンあたりがその境界。

怒江

中国とミャンマーの国境105号の境界碑。ここで怒江がサルウィン川となる

　同じ川の水を飲む中国、ミャンマー、タイの人々は長い間、兄弟のような関係にあった。明代、西南地域は貧しく、雲南巡撫[4]は8つの関所と24の屯田を設けてこれを解決しようとしたが、関や屯田はほとんどすべてイラワディ川流域に設けられ、怒江流域にはそれぞれ1ヵ所ずつ置いただけだった。これは怒江が天険の地である上、19世紀末の中国・イギリス領ビルマ国境交渉の前、この広々とした山河はすべてムバン宣慰司が、その後はモンバン土司千総[5]が管轄したことが原因にあった。当時の雲貴州総督は次のように述べている。
　「モンバン地区は、古くはムバン部族の下にあり、指導者の蔣金龍(ジャンチンロン)は広西出身の家系で、先祖がビルマ征服に功をあげ、この地を守ってきた」
　これは大河の上下の人々が深い関係を持っていたことを説明している。ムバン部族であろうとモンバン千総であろうと、中国に帰順し、中国と友好関係があり「十分、中国のための防壁となりうる」存在であった。その後、中国とビルマが正式に国境線を画

註
4……明代、清代に中央から派遣されて地方を管理した役人の官職名。
5……1000人を担当した指揮官の職名。

商売のため荷物を持って
川を渡るのを待つ人々

定して以後、多くの同胞が違う国に属するようになったが、人々の兄弟のような情は国境線によって隔てられることはなかった。

　国境線は大河両岸の往来に多くの不便をもたらしたが、人々は常にさまざまな知恵と方法で両岸の意思疎通を図った。

　2本の鋼のケーブルが怒江─サルウィン川の上空を跨ぎ、それには滑車が付いている。滑車から下ろされたケーブルの先端は川面の竹の筏に繋がれており、人びとは竿や櫂ではなく両手で川を横切るロープを引っ張って竹の筏で大河を渡った。両岸にはいつも大きなリュックや小さな籠を背負った人々が首を長くして順番を待っていた。

　わたしは川を渡りコーカン[6]に行って商売をしようとしている中国辺境の商人に出会ったが、みな女性だった。彼女たちは背中に背負った籠や紙箱に中国産の砂糖やタバコ、副食品などをぎっしりと詰めていた。情熱的で、鷹揚で、何か尋ねれば先を争って

註
6......シャン州のサルウィン川と雲南省の間の漢族が多く住む地域。

怒江

答えてくれ、商売の状況などすぐに知ることができた。彼女たちは毎日、夜が明けるとすぐに家を出て、山を越え、峠を越えて郷の市場にやってくる。渡し場に到着するのはたいてい午後3時をまわっており、急いで川を渡るとミャンマーの村に入り、品物を売る。ミャンマー側は交通が不便なため、商品に乏しく、商売はまずまずだ。小さなインスタントラーメン1箱で、2～4元稼ぐことができ、ポン菓子は1包みで8角を稼げた。春城ブランドのタバコで3元、卵1個で4角の収益だった……そこで川を渡るための「通行費」を払っても、良い時には1日何十元も稼ぐことができた。

話してくれる人が指すほうを眺めると、渡し場の対岸に多くの人、馬、荷物が集まっているのが見え、にぎやかだった。人や荷をいっぱいに積んだ馬が渡し場にやってくる。山に向かう馬もいる。渡し場にはまだたくさんの人が待っていた。竹筏が急がしそうに往来し、毎回、乗り切れない人や荷物が残された。潞西市中山郷の川辺には4つの渡し場があり、2つはジンポー族に、2つは漢族によって経営されているという。市の日は特に渡し場は忙しかった。

渡し場の両岸ではどこも道が遠くまで延びていた。人々が建設した道もあれば、踏みならして出来たものもある。広い道は車輌の通行も可能であり、狭い道でも荷馬の群れは通ることができる。このくねくねとした山道と、山道を往来する人波、物流を見ていると、不思議な感覚に襲われる。これは道ではなく、大河の流れであり、流れているのは水ではなく、人ではなく、物ではなく、大河流域の人々を結びつけている細い絹糸のようなものだ。その中には歴史、文化、地縁が含まれ、現実に必要なものから未来への憧憬まで、さまざまな要素が含まれている。細い絹糸は目に見えず、触れることもできないが、しかし確かに存在し、流れ、力を持ち、断つことはできない。わたしはこの絹糸のようなものについて適当な言葉を見つけることができなかった。

その後、わたしは瑞麗市に戻り、中国とミャンマー両国の人々ともに「胞波節[7]」に参加した。その時、巨大な赤い布の「胞波情誼万古常青」[8]という大文字にわたしははっとさせられた。

そうだ。「兄弟のようなよしみ」、これこそあの真実のようでも、幻のようでもある大河に流れる水のような、永遠の「絹糸」ではあるまいか？

註
7……2000年に始まった雲南省瑞麗市とミャンマー側との交流事業。胞波というのは兄弟という意味のビルマ語を中国表記したもの。
8……兄弟のようなよしみは昔からずっと変わらない。

# 後記

　幼い頃から、わたしの心にはある烙印が押されていた。水は好きだけど、でもやはり水は怖い！

　わたしが物心のつかない子供であった頃、家に突然の不幸があった。父が病死し、母——この世でもっとも善良な医者は、涙も乾かぬうちに、不条理にも右派として拘束され、ときたま家に帰って来られるだけだった。家では母方の祖母だけがわたしたち兄弟3人を引き受け、終日、小心翼々と過ごしていた。ある日、わたしは友達について近くの池に泳ぎに行った。とはいえ実はわたしは少しも泳ぐことができず、ただ池のほとりの浅い場所で水と戯れていただけだった。家に帰って祖母と母がこれを知ると、彼女たちはそんな無茶なことをするものではない、とわたしを叱った。当時、人が溺死する事件が時々起きていたからだったが、最初、わたしはこれに納得できず口答えしていた。ところが突然、母の目が潤み、涙があふれ出るのに気がついた。おそらく、この時からわたしは少しずつ物事を理解しはじめ、早くも幼年時代と別れを告げたのだった。

　それからは、わたしは家の玄関に立ち、友達が連れ立って浮き輪や水遊び用の車のタイヤをかつぎ、指で水泳パンツをくるくるまわしながら近くの大観河、盤龍江、やや遠くの池へ行くのを悔しそうに見ているだけであった。わたしは羨ましくて仕方がなかったが、ついて行くこともできず、誘われても遠まわしに断った。もちろん、時々は水の誘惑に耐えきれず、泳ぐ人について水辺に来ることもあった。友達が水の中で泳いでいる間、わたしは岸辺で衣服を見守り、滔々と流れる水とキラキラ光る波を前にぽかんとしていた。

　心の奥には、つねに波に飛び込んでいきたい衝動があった。しかしそれを行動に移したことはなく、今でもやはり本当には泳

ぐことはできない。成人し、人の父となり、息子がわたしの欠点を補い「波をきって泳ぐスイマー」になることをずっと望んでいた。当時、あるニュースの報道で、人類は水から生まれ、胎児は母体でも水中に浮かんでおり、幼児は本来泳げるので水中に投げ入れさえすれば泳ぎをマスターできるようになる、ソ連では多くの子供が歩く前に泳ぎの「達人」になる、と言っているのを見た。そこでそれを真に受け、まだ息子が股の開いたズボンをはいている頃から何度もプールに投げ入れた。誰が、息子がむせて何口か水を飲んだ後、水を怖がるようになり、いくら叩いても水に入らなくなると予想したろうか。その後、わたしはまた息子を水泳教室に入れてマスターさせようとしたが、彼は泳ぎに関心を持つようにはならなかった。この事を思い出すたび、いつも息子に対してすまなく思い、またいくらか残念に思う。

　水は、わたしにとってことのほか神秘的で、魅惑的な力を備えている。特に、川の流れはいっそうわたしを惹きつける。鄭州に行った時は、わざわざ遠くまで足を運び、黄河を見た。広州では珠河の岸辺をそぞろ歩き、長くその場を離れることができなかった。重慶では長江を見た途端、汽車の切符をキャンセルして船に乗り、川沿いを下ることに決めた。三峡を過ぎ、武漢を通り、九

江を下り……しかしこれらの川については、わたしもまたわずかばかりを目にしただけだ。波の光と雲の影、水鳥の乱舞、多くの船が競いあう風景、子供たちの水との戯れ……しかし川と本当の意味で近づくことはできなかった。

　わたしと川とのつかず離れずの微妙な関係と特別な感情は運命のようだった。都市の喧騒に疲れた時、わたしはいつも川の流れを見に行きたいと願った。そして大河の流れを見ると、心の底から湧き上がる高ぶりを抑えられなかった。

　その後、民族研究で生活の糧を得るようになり、さらに多くの大河を見て歩く機会と理由を得た。瀾滄江、怒江はもっとも多くを見て、歩いた時間も長かった2本の大河である。かつてわたしはズボンの裾を捲り上げ、暴風雨のなかを河床に沿って歩いたが、なぜか風邪をひかなかった。竹の筏に飛び乗り、老船乗りに全てをあずけ、半ば目を閉じて、船頭が激流や岩の早瀬を長竿で漕いでいくのにまかせたこともあったが、無事、目的地にたどり着いた。雨のように落石の降る河岸の道を車で危険をついて進んだこともあったが、怪我など少しもしなかった……歩きまわり、見てまわるうちに、わたしは自分と瀾滄江、怒江が本当に近しくなり、特別な縁で結ばれていると感じるようになった。わたしの生命は、大河の激流と分けることのできないもので、大河の身から多くの生命力と魂を汲み取ったようであった。

　瀾滄江、怒江は、影のようにいつでもわたしの生命のなかを流れ、どこへ行こうとも、けっして2本の川がわたしの視野から離れることはなかった。5年前、滇西民族文化について研究、観察したことをある本で書いた。本は大河そのものには言及していないが、わたしは少しも躊躇わずその題名を『大河が国境を越える前までの振り返り』とした。これは次のような感覚をあらわしたかったからだ。南へ行く大河はわたしの胸中の激動となり、南へ行く大河の視点はわたしの観察、思考を助けてくれた。幼い頃から「大江東へ去って」の類の詩を諳んじ、かつてはわたしも中

華民族の歴史はすべて東流する大河の両岸で演じられてきたと思っていた。その後、瀾滄江、怒江畔を何度も歩き、少なからぬ口承伝説を聞き、若干の文献・資料を読み、しだいに中原を中心とし「中華と野蛮を区別する」伝統的思考法の思い込みを捨てると、瀾滄江、怒江の叫び声に耐えられなくなった。大河は南へ行くのだ！

　その後、ある日、友人の文京氏が電話で「大江大河伝記叢書」のアイディアを話し、彼の読んだ『ナイル川伝』上下巻を送ってくれた。わたしは興奮を抑えられず、大手を振って瀾滄江、怒江のために声を上げる時がやってきたのだと感じた。

　そこで、ザックを背負いわたしはふたたび瀾滄江、怒江へと向かった。歩きながら、つれづれに詩を書き、足跡を記録した。下手ではあるが、一首その証としよう。

　　来世未占尚遠游、
　　平生幾度渉江流。
　　山川有険添能量、
　　波浪无痕阻寇豺。
　　沿岸拾拓多故事、
　　回眸瞻顧少煩憂。
　　此行又遭花潮涌、
　　雲水蕩胸念悠悠。

　実のところ、これは魂の巡行だった。足だけでなく、魂で歩き、単なるフィールドワークにとどまらず、多くの先人による蓄積の助けも借り、外から内へと入っていった。今、こうしてできあがったこの不器用な文字は、どうみても2本の大河にふさわしいものとはなっていないと分かっている。しかし畢竟、これはわたしの長年のフィールドワークと、魂の旅の、心の道の記録である。

　この本の原稿が完成した1年後、出版社の編集による出版も

499

間近に迫った2003年7月3日、心を躍らせるニュースが伝わってきた。瀾滄江、怒江、金沙江が流れる雲南省西北部の「三江併流」自然景観が、長く地球が変化してきた過程で形成された典型的で独特な地形と豊富な自然資源（加えて、当然、世界でまれにみる多様な文化資源）のため、ユネスコの世界遺産委員会第27期会議で正式に世界遺産のリストに上るというのだ。これは「三江併流」が、雲南だけにとどまらず、中国の、そしてまた世界のものであることを示した。しかも、わたしの伝説の主——瀾滄江と怒江は、なんとこの「三江」の3分の2を占めるのだ。嬉しさのあまり、わたしはこれがあたかも自分への励ましと肯定のように感じた。2本の大河の探索は、もしかしたら本自体を超えた意義と価値をそなえているかもしれない。

　この本の調査研究、創作、出版のすべての過程で、わたしの心は感激に満たされていた。河北大学出版社と雲南省社会科学院が必要な資金を提供してくれ、多くの友人、雲南省大衆参加型流域管理研究推進センター（緑色流域）など関係機関が多大な助けと励ましをくれた。これらの物質的、精神的支えがなければ、わたしは少しも歩くことはできず、またこの本を世に問うこともできなかったと思う。ここに深い感謝を表したい！

解説

# わが愛する「雲の南の地」
## 私の取材ノートから

加藤千洋

　新聞社の中国特派員を1980年代半ばと90年代後半から2000年にかけての2度つとめた。取材拠点を置いた北京に駐在した時間は7年弱に及んだ。

　この間、政治首都に常時身を置いていては広大な大陸国家の実相はつかめないだろうと、時間をひねり出しては経済首都・上海はもちろんのこと、農村部や国境地域など、地方取材に出かけるよう心がけた。

　ただ、なにぶん中国は広すぎる。国土面積は日本の26倍。人口は優に10倍を超えるが、それだけでなく、多数派の漢族のほかにも55を数える多彩な少数民族が、なお独自性を維持しつつ日々の暮らしを紡ぎ出している。

　中国政府の区分で「一級行政区」とされるのは22の「省」、5つの「自治区」、そして4つの「直轄市」である。これら31の一級行政区のすべてに一応は足を踏み入れはしたが、それでも「中国をまるごとしっかり」と見聞したとはとても自信を持って言い切れない。わずか7年弱の駐在期間ではとても無理というものだ。

　2度目の北京勤務を終えて帰国したのが2000年6月。それからはや7年が過ぎたが、久しぶりに数十冊の取材ノートやメモ帳を取り出し、私の雲南取材の足跡を調べてみた。

　在勤期間は96年11月から00年6月まで3年7ヵ月。この間に何らかの記事を書く目的で雲南省を訪れたのは以下のようだった。

　　第1回目97年4月
　　第2回目98年3月

第3回目99年8月
第4回目00年4月

　こうしてみると1年に1度は雲南取材旅行を試みていたことになる。これは他の地域に比べても多いが、その理由はというと、きわめて分かりやすい。私が「雲の南の地」の風土人情をこよなく愛していたからにほかならない。

## 樹齢千年の茶樹の足元で………千年樹――。

　この中国人の茶に詳しい友人から聞いた雲南の山中にあるという野生の茶樹の大木は、きっと深い森の中に人知れず樹冠を広げる老木に違いないと長い間想像していた。

　2000年の春。そろそろ帰国も迫ったので何か最後に読者に楽しく読んでもらえるような連載をやろうと考え、思いついたのが「中国茶紀行」だった。茶所として有名な江蘇省や浙江省を回ってからウーロンやプーアルなど南方系の茶の特産地である福建省、さらに雲南省まで足を延ばそうと計画を立てた。雲南ではこの機会にぜひ千年樹を見学しようと考えたのはもちろんである。

　雲南省政府に問い合わせると、樹齢数百年から千年前後と推定される茶の老木は省内に何本か確認されており、プーアル茶の産地の思茅市を訪ねるなら、比較的近い瀾滄ラフ族自治県富東郷にも有名な樹があるから、それを見に行けばよいと教えられた。

　富東郷に属する山村の1つの邦葳村で念願の千年樹と対面を果たしたのだが、それは想像とはまったく違っていた。

　深い森の中でも、大きく樹冠を横に広げる形でもなかった。邦葳村は戸数650のうち400戸が茶の栽培で生計を立てるという山里だ。若い村長さんが先に立って案内してくれた。農家の豚小屋の裏や竹藪の中の小道をしばらく行くと、急に視界が開けた。

　と、目の前に突然、すくっと斜面に立つ千年樹が現れたのであ

る。樹齢数百年を経たことの証拠のように幹のあちこちにこぶが盛り上がる。枝には苔がこびりつく。持参した巻き尺で計ると幹回りの太さは22m。高さは17mあると村長が教えてくれた。

日本の低く丸く刈りそろえられた茶樹しか知らなかったので、孤高の人のように立つ姿はとても茶樹とは思えなかった。

若木と同じように葉を茂らせた千年樹は深い谷を隔てて標高2000mを超す山並みと対峙していた。ところがだ、向こうの山並みには樹林がほとんどない。赤土の露出する所も目立つ。1本の茶樹が千年の時を刻むことができた雲南の山奥にも、生態環境の劣化の影は着実に忍び寄っている。この時の取材では雲南の豊かな自然も厳しい局面に立たされていることを思い知らされたのである。

## 中国の
**ディープサウス**……….さて我が愛する雲南省が広大な中国大陸において、どのような地域だと理解すればよいだろうか。

手元にある『中国の歴史散歩』(山川出版社)の第4巻は雲南省の沿革を次のように紹介している――。

「中国の西南辺境にあって、北は西蔵(チベット)自治区・四川省と、東は貴州省・広西壮(チワン)族自治区と境を接し、南はヴェトナム・ラオス・ミャンマーの3国と国境を接する。簡称は『雲』または『滇』。省都は昆明市である」

これで雲南省がインドシナ半島に接続する中国大陸の西南角にあるという地理的位置が確認できる。ちょっと気になるのは「西南辺境」という記述だ。「辺境」とは中国では皇帝のいる中央から遠く離れた、中華文明の恩恵に浴さない土地という意味だ。平たく言えば中国西南部のどん詰まりの地、米国流の言い方では「中国のディープサウス」ということになるのだろうか。

さらに紹介はこう続く――。

「本省はおおむね西北が高く、東南が低い雲貴高原に位置し、地勢は複雑である。西北には高山を連ねる横断山脈が走り、西蔵

自治区との境界線上の梅里雪山は標高6740mに達する。高山の間に怒江（サルウィン川上流）、瀾滄江（メコン川上流）、金沙江（長江上流）などの大河をはさみ、大峡谷を構成する。とくに金沙江の石鼓下流の大峡谷は世界最大という」

　地理的特性を簡略かつ明快に記述していると思うが、この高山と大河が織りなすダイナミックな地勢こそ、まさに本書で黄光成氏が実地踏査に基づく詳細なリポートを行なった雲南省独特と言える自然景観なのである。

　さて90年代の2度目の北京特派員時代の1回目の雲南取材は、97年4月15日から8日間試みている。

　「4月の雲南」と聞いて、パッとあることを連想したとしたら、その人はかなりの「雲南通」と言えるかもしれない。

　そう、この季節、雲南省に住んでいる約25の少数民族のうち、比較的人口の多いタイ族がタイ暦の新年を祝う「水かけ祭り」を盛大に行なうのである。

　人々はまず仏教寺院に出かけ、1年の幸福を願って仏像に若水をかける。それからがにぎやかだ。青年男女が村々の中心に集まってきて歌や踊りを披露しあう。そのハイライトは相思相愛のカップルによる水のかけあいだが、まわりではやし立てる人々

も加わって、たちまち壮絶な水かけ合戦にとなる。

　タイ暦の新年は毎年変わるが、おおむね太陽暦の４月中頃である。今では地元政府が有力な観光資源として売り出しており、タイ族が多く住む南部の西双版納（シーサンパンナ）タイ族自治州の州都・景洪では、大がかりな観光行事に発展している。

　再び『中国の歴史散歩』の記述を引用すると──。

　「山間には『壩子（パーズ）』と呼ばれる小盆地が多く、農業が発達している。日本の稲作文化のルーツとして注目を集めている。気候も複雑で東の高原地区は冬暖かく夏涼しく、四季を通じて春のようであるが、西の渓谷地区は天候が絶えず変化し、熱帯・温帯・寒帯の気候が共存する」

　ここに言う「壩子」については黄氏も本書で何度か触れているが、その典型的なものを西双版納で見ることができる。というより、この西双版納という地名は、タイ語の発音に近い漢字を当てたもので、その由来はといえばタイ語の「シプソン（12）」と「パンナー（千枚田の領地）」を合わせたものなのである。この1000枚もの田を擁する平地とは、つまり「壩子」のことなのだ。

### 変貌著しい
**西双版納**..........本書の主人公とも言える瀾滄江と私が初めて対面したのも西双版納であった。それは80年代半ばの１度目の中国特派員だった時のことだった。

　北京に駐在する外国人記者の数はまだ少なかった。日本の主要メディアは今でこそ北京に４、５人の記者・カメラマンを駐在させているが、当時は１人か２人だった。

　外国人記者の国内移動には制限が残り、国境地域など敏感な地域へ勝手に取材に出かけることは困難だった。その代わりに我々の要求の多い地域に中国外務省報道局が団体での取材旅行をアレンジすることがあった。

　1985年４月の西双版納行きも、実はそうした中国外務省の「外

国人記者団体取材旅行」だった。約40人が参加。うち日本人記者は私を含め10人だった。

　以下は少々長いが私が新聞に書いた当時のリポートを引用したい。

　●雲南省西双版納（シーサンパンナ）＝加藤特派員
中国と、隣接するビルマ、ラオスとの間で、長い間中断していた人と物の交流が活発化し始めた。人の往来は1年間に2万数千人に達し、中国側の自由市場には辺境貿易ルートから流れ込む東南アジア製品が出回っている。記者（加藤特派員）はこのほど雲南省奥地を訪れ、今まであまり知られなかった南の辺境の往来の実態を見た。

雲南省最南部、西双版納タイ族自治州では、少数民族のタイ族の暦に基づく新年の祭り「水かけ祭り」が今月13日から3日間祝われた。州都・景洪からビルマ国境までわずか90km。州外事部門責任者が明らかにした所によると、今年の祭りにはビルマから仏教僧ら200人近い見物客が訪れたという。

同責任者によると、ビルマとの往来は1962年に始まったが、66年の文革以後ストップしていた。対外開放政策が始まった1979年に一部復活し、この1、2年で相当の規模に拡大したという。

ビルマ国境の主な出入り口は同省西部の瑞麗、畹町の2カ所で、ここの辺境管理局が辺境入境証を発行し、これが旅券、査証の代わりで手続きは至って簡単。入境証はプラスチック製で、黄色と青色の2種。黄色は相互の市場に商いに行く近在の農民用で、当日のみ有効。青色は親族訪問名義で発行し、4〜10日間の滞在が可能という。

また同責任者によると、中国とビルマ、ラオスの間にそれぞれ二国間協定があり、中国公民も同じ待遇で両国へ出

国できる。最近1年間の両国との往来は3万人近くに達した、という。往来の活発化は政策の変化のほか、伝統的な友好往来の歴史があることと、国境をはさんで同じ民族（タイ族など）が住んでいるためという。

人の往来に伴い物資の出入りも激しい。同省西部の徳宏タイ族・ジンポー族自治州では正月行事として、辺境貿易物資交流会も開かれた。景洪の自由市場ではタイで作られた日本製調味料や、タイ族の民族衣装の帽子、ビルマ製布地やおもちゃなどが売られていた。こうしたなかで中国に迷惑なのが、国境地帯が特産地のアヘンの流入。雲南省の朱奎・副省長は「わが国は栽培、売買、使用を厳禁し、隣国からの流入を阻止する措置をとっている。わずかに流入するものはほとんどが雲南を通過して香港に流れるものだ」と語った。しかし、省都昆明市の街頭に掲示された同市中級人民法院（裁判所）の判決書によると、アヘン売買などの前科のある男（54）が、同じ省内で入手したアヘン約4.7kgを、自宅で延べ420余人の客にひそかに吸引させていたとして死刑判決を受けていた。

こうした若干のマイナス面はあるものの、中国はビルマ、ラオスに対して開放政策をさらに進めようとしている。それには、ベトナムに対する牽制のねらいもあるようだ。

　

現在の雲南省、西双版納とはかなり状況が違っている。なにより前書き部分にあるように雲南省の少数民族地区は当時はまだ「今まであまり知られなかった南の辺境」だったのである。

現在の景洪には立派な空港が完成し東南アジアからの国際便も発着している。街の中心部には外国資本の立派なホテルが林立する。だが85年当時といえば、景洪までの道のりは難行苦行を強いられるものだった。

北京から大型機で昆明へ。そこで1泊。翌朝、今度は小型プロ

ペラ機で思茅という所まで飛ぶ。最近でこそプーアル茶の特産地として有名になったが、当時は赤茶けた大地に茶畑が点在する小さな町だった。

そこで我々は貸し切りバスに乗り込んだ。動き出すや、随行の外務省職員が厳かに宣告した。

「皆さん、これから4、5時間の長旅になります。南へ南へ下りますが、だんだん暑くなると思います。ただしバスには冷房がありません。どうかがんばってください」

200km弱の道程は確かに緩い下り坂が続いた。なんとなく東南アジアと呼ばれる方向へ徐々に傾いていく、という感じであった。

平原を走り抜け、くねくねと曲がった山道を下る。やがて森林地帯に入ると沿道にゴム園なども現れた。バスに揺られる我々はいつしか汗まみれ。いま思えば気温は36、7度はあったのだろう。景洪の宿舎に到着するや、我先にとシャワーを浴びて汗とほこりを洗い落としたものである。

改めて景洪の地理上の位置を地図で確かめるとカルカッタ、マンダレー、ハノイなどとほぼ同緯度だ。北回帰線は昆明と思茅の間で越えたので亜熱帯圏ということだろう。バナナやマンゴーが実り、カラフルな花が咲き競う。そしてなにより印象的だったのは女性たちの民族衣装にすばらしさだった。

「ここは中国に非ず」

それが初めての西双版納に足を踏み入れての第一感だった。そして景洪の街で私は瀾滄江と初の対面を果たしたのである。小型の貨物船が川岸に停泊するなど、すでに大河の趣があった。

州の熱帯作物研究所を見学してタイ族の家庭を訪問。それから瀾滄江の川縁に行き、水かけ祭りの重要な行事のロケット花火の打ち上げやペーロン舟の競争を見学。さらに瀾滄江の船遊びなど通り一遍の日程をこなした。

その時の取材メモ帳を探し出して確かめると、こんなことが書き付けてあった。

「景洪の並木はニッパ椰子だ。東南アジアの農村で屋根を葺く材料だ。ここは中国に非ず。街を貫流している瀾滄江は、すなわちメコン川上流である。この河谷は南北に通じ、文化が上り下りする絶好の通路となった。きのうの昆明での宴会のゲストの雲南省副省長が質問に答えてドラッグ（阿片）の流入について語っていたが、そんなものは今もスースー入ってくるのだろう。ここは中国と東南アジアの歴史的な物流の港なのだ」

## 馬のひづめが刻まれた古道……… 雲南の赤味を帯びた大地を貫く2本の「道」が刻まれている。

　1本は水の道。そう瀾滄江である。チベット自治区から雲南省西北の地に流れ込み、省西部を南北に貫き、景洪を経て隣国ラオスに流出する。

　もう1本は大地に刻まれた道だ。古来、雲南と四川・チベットの地とを結ぶ交易に使われた「茶馬古道」である。

　その昔、中国のすぐれた絹織物や物産がラクダの背で西方へ運ばれたシルクロードに対し、こちらのルートではチベット族が欲する茶葉と雲南の人々が必要とした高原の馬の交換が行なわれた。チベット高原では野菜が不足するため、バターと混ぜて飲む茶がビタミンCの貴重な補給源だった。

　「茶馬古道」は今でこそ「西南のシルクロード」などと呼ばれて注目されるようになったが、長い間、その存在が忘れられてきた。往時は重い荷を積んだ馬が通りやすいようにと要所要所の路面には石が敷き詰められていた。そんな石畳が残る思茅近くの農村を訪ねたのは千年樹と対面に雲南へ出かけた2000年4月のことだった。

　思茅では特産のプーアル茶の取材が目的だった。中心部から車で北へ1時間ほど走ると普洱（プーアル）に到る。ここがプーアル茶の本場だ（近年、知名度の高い「普洱」を市の名称にしたそうだ）。

　いにしえの「茶馬古道」の跡をまず見たのは磨黒村という、水

たまりでアヒルが餌を探し、畑で水牛が草をはむ純農村だった。

　道幅は広いところで2mほど。狭いところで1mほど。敷き詰められてたのは、いわゆるグリ石と呼ばれるもので、中央がやや出っ張った縦横5cmほどの大きさである。ところどころに明らかに馬の蹄の跡が深く刻み込まれているのが歴史を物語った。

　しばらくとぎれとぎれの山道をたどり、途中、車に乗り換えたりしながら行くと、小さな集落に出た。孔雀屏という村だった。そこで出会った40がらみの男に聞くと、漢族のほかにタイ族、ハニ族、イ族も雑居する数十戸の村だと言った。

　古い木造家屋が櫛比(しっぴ)する間を幅3mほどの石畳の古道が走る。「うちは昔は旅籠をやっていた。面白いものがあるから見に来いよ」という男について行くと、彼の自宅の前には馬に水を飲ませた石缶があった。門をくぐると広い土間が広がる。夜に馬を休ませた場所だという。

　「ほら、こんなものが残っていたんだ」と見せてくれたのはインドシナの地に植民地を領有していた時代にフランス政府が現地で発行した径3cmほどの銀貨だった。ほかに「1935年」という年号が刻まれた銅貨もあった。どうやら往時の交易の決済に使われたものらしい。

　以下、取材ノートには男から聞いた話の要点が書き留められている。

●この村の人々はほとんど茶馬交易に参加していた。
●歴史上、ずうっと続き、馬を使う商売は、幹線道路が開通した1950年代の半ばぐらいになくなった。
●普段は昆明まで往復1ヵ月の仕事。中にはチベットまで行ったことのある老人もいたが、つい先年までにすべて死んでしまった。だから古いことはあまり分からない。
●ラサとの往復は1年がかり？　分からない。
●交易隊のことを「馬幇」といい、1人の商人が通常は馬

を5頭ずつ管理し、大きな隊は馬が全部で数十頭もつながった。

● 昆明までは茶葉、塩、たばこの葉を運び、昆明からはせっけん、ローソク、布など日用品やハム、もちなどの食品を30㎝ほどの竹筒に入れ、それを馬の背の両側に振り分け荷物にしていくつも積んだ。

## 狭まる「孫悟空」の生息空間..........
今度は水の道、瀾滄江に話を戻そう。

本書の第3章「併流する三姉妹」で描き出されているように瀾滄江、怒江、金沙江の3本の大河が、わずか70数kmの幅で南北に平行して流れる地点がある。地図で確認すると、雲南省の西北部の高山地帯、すぐ隣はミャンマーという地域だ。

一番東側が長江上流の金沙江、真ん中にメコン川上流の瀾滄江、そして西側がミャンマーに入ればサルウィン川と呼び名が変わる怒江である。これらの川と川の間には標高4000mを超す山陵が走り、大河同士が交わることはけっしてない。こうした特異な地勢が古代からの諸民族の移住に複雑な要素をもたらしたのは黄光成氏が活写した通りだ。

私自身がこの3本の川の併流地域に足を踏み入れたのは1999年8月のこと。ある稀少動物の生態写真を撮影しようと、森にこもる人物に会いに行ったのである。

北京に「自然之友」という環境保護団体がある。ここで熱心に活動していた奚志農さん（当時35歳）は元は中国中央テレビ局（CCTV）カメラマンだったが、故郷雲南にUターンし、絶滅が危惧される金糸猴の生態観察と生息地の原生林保護に乗り出した。もらった名刺には「自然歴史写真師」とあった。奚さんは後に金糸猴が多数生息する陝西省の秦嶺山脈でも調査活動を続けたと聞く。

ところで、「自然之友」は歴史学者の梁従誡氏らが政府に働きかけて1994年に公認された中国最初のNGOである。現在も梁

氏を会長に幅広い活動を続けている。

　ちなみに共産党が事実上の一党独裁体制を敷く中国では、民間グループの動向には警戒的な目が向けられている。特に政治目的の団体や宗教組織は厳重に監視されている。その中で生態環境の破壊が各地で深刻な社会問題になるにつれ、環境保護を訴える民間の活動は比較的自由に展開できるようになった。

　さて奚さんが人もうらやむCCTVカメラマンという職をなげうってまで、その保護に取り組もうとした金糸猴とはどんな野生動物か。あの孫悟空のモデルになったとも言われる、金色にも茶色にも見える長い体毛を持つ大型のサルである。ジャイアントパンダと同じく中国政府の第一級保護動物に指定される。

　テントを担いで険しい山中を歩き回る奚さんの当時のフィールドは、迪慶チベット族自治州の金沙江と瀾滄江に挟まれた幅100km、長さ300kmの高山地帯だった。その中心が本書にも登場する白馬雪山一帯の自然保護区だ。

　実際に奚さんと会ったのは自治州の中心集落の徳欽でだった。真っ黒に日焼けした奚さんは馬の背に振り分け荷物を積んで山から下りてきた。そして自然保護区の深刻な状況を語ってくれた。

　金糸猴の「最後の楽園」とも言われる白馬雪山一帯には推定で12～13の群れで約600頭が生息するというが、その自然林が年々衰退しているという。政府がいくら伐採を禁じても、金になる木材切り出しに手を染める悪徳商人は尽きないし、ワイロをもらって目をつぶる悪徳役人もしかり。

　「自然保護区の外だからと伐採が進めば生態バランスはたちまち崩れ、破壊は周辺に及んでくる。最初は金糸猴の自然生態写真を撮るのに夢中だったが、森の監視も重要な任務だと思うようになった」

　そんな決意を語ってくれた奚さんに導かれて私は徳欽から瀾滄江に沿う道を上流へ、上流へと北上した。このルートは、おそらく本書で紹介されている米国籍オーストリア人の植物・人類学

者、ジョセフ・ロックが1920〜30年代に何度か探検隊を率いて通った道であろう。

　山道のはるか下を、くねくねと瀾滄江の褐色の水の帯が流れる。これぞV字谷という景観だ。目を天空に転ずれば夏だというのに稜線に雪を残した高山が連なる。

　途中、溜筒江村という小さな村を訪ねた。黄氏が書いているように、この村も昔は瀾滄江の急流を渡る手段は「溜索」という方法しか持たなかった。谷は鋭く深く切れ込み、流れはあまりにも速く、舟で渡ることは不可能だ。それで考え出されたのが1本の縄に頼り、滑るようにして渡るアクロバット的な方法だったのである。

　私が訪ねた時は幸いなことに、吊り橋ができていた。橋の敷き板の隙間からは激しく渦巻く流れが見える。おそるおそる渡った対岸の村で、素晴らしい山の幸に出会った。

　雲南マツタケだ。日本より少し早く7月、8月がシーズンなのだ。道ですれ違ったおばあちゃんの背負いかごをのぞくと、中には長さ10cm前後の見事なつぼみがぎっしり。

　痩せた傾斜地でトウモロコシやハダカムギしかできなかった貧しい山村に、予想外の富をもたらしたのが地元ではことさら注目することもなかった山の恵みであった。国の改革開放政策で日本や韓国の商社や業者が高値のマツタケを求めて、雲南の奥地まで買い付けに入り込むようになったのである。

## ASEANへのゲートウェー

.......... かつて北京からも、上海からもはるかに遠い雲南の地は、文化大革命の嵐が吹き荒れた60〜70年代には都市の若者が「農民に学べ」という毛沢東の指示で下放された所でもあった。しかし80年代に本格化し改革開放政策によって、特に90年代半ば以降は急速な変貌をとげる地域の1つとなった。

　それには国外、国内の2つの要因が絡んでいる。

　まず国外の要因だが、80年代までとぎれることなく続いてき

たインドシナ半島の戦乱が収まったことが大きい。カンボジア紛争で悪化したベトナムとの関係も改善した。ベトナム、ラオス、カンボジア、ミャンマーなども加盟した東南アジア諸国連合（ASEAN）との関係が緊密化。それによって雲南省は「南への対外開放の窓口」「ASEANへのゲートウエー」へと役割を転換した。

太平洋に注ぎ込むまでラオス、ミャンマー、タイ、カンボジア、ベトナムの5ヵ国を貫流する国際河川メコン（瀾滄江）は、中国とインドシナをつなぐ紐帯としてにわかに光を浴びる存在となったのである。

では国内の要因は何か。

それは江沢民政権が99年に打ち出した「西部大開発」である。改革開放政策の恩恵がとぼしく、格差のついた西部地域の発展を促そうと着手された国家プロジェクトである。

この「西部」と区分される地域には直轄市の重慶市のほか、雲南、四川、貴州、陝西、甘粛、青海の各省にチベット、寧夏回族、新疆ウイグルの3自治区が含まれる。

主としてインフラ整備に予算が重点的に配分されたが、その柱は

① 西部地域の天然ガスを東部に送る「西気東輸」、
② 南部の豊富な水資源を不足している北部へ運ぶ「南水北調」、
③ 西部でつくった電力を東部へ送る「西電東送」

という3大プロジェクトである。

中でも豊富な水力資源を擁する雲南省にとって最も影響するのは「西電東送」だった。こうして拍車がかかった電源開発と環境保全のせめぎあいは、本書で見る通りである。

中国政府は雲南省を、いったんは耕地に変えた土地を森林や草原に戻し、天然林を保護する生態保護地域に指定している。中国の成長が環境・エネルギー資源との調和を厳しく問われる段階に到ったいま、わが愛する「雲の南の地」の今後の変貌から目を離すわけには、ますますいかなくなってきた。

# 訳者あとがき

『瀾滄江・怒江伝』はもともと「大河の伝記」シリーズの1つとして2004年に中国で出版されたもので、その翌年には雲南省社会科学院の優秀作品賞に選ばれている。

「瀾滄江」「怒江」はそれぞれ東南アジアの大河、メコン河とサルウィン川上流の中国を流れる部分を指す川の名前だが、中国や東南アジアの大型ダムなどの環境社会問題に関心を抱く人々の間では近年、とみに有名になった川でもある。

本書では第7章で関連する内容に若干触れられているだけだが、瀾滄江は1990年代から、怒江は2003年頃から共に本流での連続ダム計画の是非を問う論争によって中国内外の注目を集めた。2004年には温家宝首相がこうした議論や環境への配慮から怒江の事業計画の見直しを命じたため、これらの川は近年の中国社会の環境保護に対する姿勢の変化や市民について論じる際にもしばしば言及されるようになった。

筆者の光黃成氏は雲南省社会科学院での民族文化研究の傍ら、かつてこうした論争の中で積極的に発言をしてきた中国のNGO、緑色流域の客員研究員も務めており、本書でもきわめてひかえめな表現ながらこの地域のさまざまな環境社会問題に対するメッセージを読み取ることができる。源流地域の草原をはじめ自然豊かなこの地域も黄砂の原因となる砂漠化の脅威をまぬがれておらず、資源に恵まれたこの地域はそれゆえ長年の開発を経験し、深刻な生態環境悪化のシグナルが各地で見られる。同時に、はるか昔からこの地域に暮らしてきた人々は、その伝統的な生活様式を守りながらも確実に変化してゆく。

勿論こうした話題や視点は本書の限られた一部の内容に過ぎず、読者の皆さんはさまざまな関心からこの本を手に取ることができると思う。源流域である青海省の高原からチベットを

通り抜け、2本の大河に沿って下りながら最後に国境を越えるまで、悠久の歴史と豊かな自然、民族文化を抱くこの地域の過去と現在を詳細に書き込んだ本書はこれまで類のないものである。日本との関わりで言えば、本書の主な舞台となった中国雲南省は照葉樹林文化論に見られるように日本文化のルーツとも呼ばれる地域であり、北部には日中合同登山隊が頂を目指した未踏峰の雪山が聳え、第2次世界大戦期には怒江畔の都市が日本軍による空爆や地上戦を経験している。麗江古城と三江併流という2つの世界遺産を抱える地域として、また近年、日本でも公開され人気を集めた映画の舞台としてますます多くの日本人観光客が訪れ、東部沿岸の大都市とは異なる中国の姿を目にしている。

　訳者は大学4年生の春に地域研究の授業で初めてこの瀾滄江と雲南省に触れ、その後、何度も現地を訪問する機会に恵まれた。本書は現在の所属である団体の初の中国駐在員となった2005年から仕事の合間に少しずつ翻訳を進めてきたものだ。本書には必ずしも所属する団体の見方や意見とは合致しない内容も含まれているが、長年この土地に暮らしてきた中国人研究者の観察と思考を通して、大河の下流にあたるメコン河流域国に比べて日本ではあまり知られてきたとは言えないこの地域をまるごと紹介する、という当初の目的はどうにか達成できたのではないかと思う。本書によってこの地域の環境問題、歴史、文化と人々に関心を持つ読者の方が1人でも増えてくれればたいへん嬉しく思う。

　翻訳にあたっては、中国語以外の地名や人名についてはできる限り少数民族言語の発音に近いものをカタカナ表記、漢字表記を（　）内に残したが、正確な発音が分からないものについては漢字表記の上、北京語の発音をルビにつけた。特にタイ語をはじめとする少数民族言語については訳者の力不足から不適切な発音表記が散見されるかも知れない。また原著で古語や修飾

語を多く使った表現等については読者の読みやすさを重視して、分かりにくいものについては適宜、割愛した。軍政表記が異なるビルマの地名については第10章では主に軍政表記により、それ以前のものについては通常使われる表記を採用した。ここに日本語版の文責が訳者にあることを明記しておく。

　日本での出版のための翻訳を快く了承し、3年がかりのやり取りに厭わず応えて下さった著者の黄光成氏と、河北大学出版社の任文京氏、訳者に原著を紹介してくれた楊雲楓氏をはじめ、昆明での仕事のスペースを貸して下さった「緑色流域」の皆さん、注釈や古語の解釈など多方面にわたり協力して下さった温波氏など、中国でお世話になった各氏にお礼を申し上げる。また訳文の日本語を見て下さった松本悟氏をはじめ、現地滞在の機会を提供してくれ、予想よりはるかに膨大な時間を割くことになった翻訳作業に理解を示してくれた「メコン・ウォッチ」の同僚たちには改めて感謝したい。第3章の翻訳を引き受け、さらにご自分の取材ノートから興味深い解説を書いて下さった朝日新聞社の加藤千洋氏、全章にわたり原文と訳文を丁寧に見比べ、多くの訳文について加筆・訂正をして下さったチュラロンコーン大学の川村暁雄氏、チベット語やケサル王伝について詳細なアドバイスを下さった大谷大学の三宅伸一郎氏のご協力なしにこの本は完成しなかった。また本書に素晴らしい装いを与えてくれたデザイナーの戸田ツトム氏、本書の出版を引き受け温かい励ましとともにサポートして下さっためこん社の桑原晨氏、貴重な助成金を下さった独立行政法人日本万国博覧会記念機構には心から感謝とお礼を申し上げる。最後に、日本を離れて暮らす私を常に気にかけてくれている両親と弟、祖母たちにもこの場を借りて感謝の気持ちを伝えたい。

2008年1月<br>
大澤香織

## 主要参考文献

陳茜,孔曉莎. 2000.『瀾滄江—湄公河流域基礎資料彙編』雲南科技出版社.
戴維斯.2000.『雲南:連結印度和揚子江的鎖鏈』雲南教育出版社.
段培東. 1991.『剣掃風烟』雲南人民出版社.
———. 1995.『怒水紅波』雲南教育出版社.
範穏. 2000.『人類的双面書架——高黎貢山解読』雲南人民出版社.
方国瑜.1987.『中国西南歴史地理考釈』中華書局.
———主編.1998-2001.『雲南史料刊』(13巻)雲南大学出版社.
方鉄,方慧.1997.『中国西南辺疆開発史』雲南人民出版社.
高立士.1999.『西双版納タイ族伝統灌漑与環保研究』雲南民族出版社.
耿徳銘. 1995.『哀牢文化研究』雲南人民出版社.
郭鑫銓.1994.『雲南名勝楹連大観』雲南大学出版社.
和匠宇,和鍈宇.2000.『孤独之旅』雲南教育出版社.
賀聖達.1996.『東南亜文化発展史』雲南人民出版社.
戸永康. 1988.『徐霞客在雲南』雲南人民出版社.
黄光成.1996.『優秀民族文化的継承和発展』雲南人民出版社.
———.1999.『大江跨境前的回眸』山東画報出版社.
———. 2002.『徳昂族文学簡史』雲南民族出版社.
黄桂枢. 1994.『中国普洱茶文化研究』南科技出版社.
藍勇. 1992『南方絲調之路』、重慶大学出版社.
李春龍主編. 1997.『雲南史料選編』雲南民族出版社.
李根源著,李希泌編校.1988.『新編曲石文録』.
李旭.1999.『遥遠的地平線』
劉祖武,成淇平. 1992.『漫湾風雲録』雲南民族出版社.
陸韌. 1997.『雲南対外交通史』雲南民族出版社.
馬麗華.1997.『走過西蔵』作家出版社.
———.2000.『十年蔵北』西蔵人民出版社.
馬樹洪. 1995.『東方多瑙河——瀾滄江.湄公河流域開発探究』雲南人民出版社.
馬曜.1983.『雲南簡史』雲南人民出版社.
木霽弘,王暁松等.1992.『滇蔵川大三角文化探秘』雲南大学出版社.
欧鵾渤.1998.『滇雲文化』遼寧教育出版社.
彭文位,馬有樊. 2001.『碧血千秋——騰冲国殤墓园資料彙編』雲南教育出版社.
銭傑林,楊選民. 1988.『話説瀾滄江』雲南民族出版社.
青海省地方志編纂委員会.2000.『青海省志、長江黄河瀾滄江源志』黄河水利出版社.
人民交通出版社編.1995.『雲南公路運輸史』人民交通出版社.
仁欽多吉,他.1999.『雪山聖地卡瓦格博』雲南民族出版社.
申旭.1994.『中国西南対外関係史研究』雲南美術出版社.
石安泰.1993.『西蔵史詩与説唱芸人的研究』西蔵人民出版社.
孫代興,呉宝璋. 1995.『雲南抗日戦争史』雲南大学出版社.

田方,林発棠,畢道霖.1989.『瀾滄江—小太陽』雲南人民出版社.

汪寧生.1980.『雲南考古』雲南人民出版社.

―――. 1985.『雲南滄源崖画的発現与研究』文物出版社.

呉永章. 1988.『中国土司制度淵源与発展史』四川民族出版社.

向柏松.1999.『中国水崇拝』上海三聯書店.

徐国瓊,王暁松澤.1999.『ケサル王伝姜嶺大戦』中国蔵学出版社.

徐継涛,司恩平.1994.『雲南近現代風雲人物録』雲南美術出版社.

徐冶,王清華,段鼎周.1987.『南方陸上ā調路』雲南民族出版社.

楊福泉,鄭暁雲. 1991.『火塘文化録』雲南人民出版社.

尹紹亭.1991.『一个充満争議的文化生態体系』雲南人民出版社.

尤中.1985.『中国西南民族史』雲南人民出版社.

尤中.1994.『雲南民族史』雲南大学出版社.

余嘉華.1997.『古滇文化思辨録』雲南教育出版社.

約瑟夫・洛克(ジョゼフ・ロック).1999.『中国西南古納西王国』雲南美術出版社.

雲南百科全書編纂委員会.1999.『雲南百科全書』中国大百科全書出版社.

雲南森林編写委員会.1986.『雲南森林』雲南科技出版社,中国林業出版社.

雲南省保山地区新聞中心,保山地区博物館.1999.『中国遠征軍滇西大戦』雲南美術出版社.

雲南省博物館.1991.『雲南人類起源与史前文化』.

雲南省地方志編纂委員会.1994.『雲南省志・電力工業志』雲南人民出版社.

―――.1998.『雲南省志・地理志』雲南人民出版社.

―――.1998.『雲南省志・水利志』雲南人民出版社.

雲南省社会科学院歴史研究所. 2001.『中国西南文化研究』.

雲南日報社新聞研究所.1984.『雲南――可愛的地方』雲南人民出版社.

張宝三.1999.『奇境雲南』雲南人民出版社.

張恵君. 2001.『三江行』雲南大学出版社.

張増祺.1990.『中国西南民族考古』雲南人民出版社.

趙萍,続文輝.2000.『簡明西蔵地方史』民族出版社.

周紅 訳.2001.『ダムの経済学』中国発展出版社

(原著 Patrick McCully Silenced Rivers – The Ecology and Politics of Large Dams,1996.邦題『沈黙の川』.1998.築地出版社)

子文選編.1999.『聆聴西蔵』雲南人民出版社.

中国科学院青蔵高原総合科学考察隊.1983.『西蔵地貌』科学出版社.

―――. 1983.『青蔵高原研究-横断山考察選集』雲南人民出版社.

朱恵栄.1985.『徐霞客游記校注』雲南人民出版社.

(古書)

『二十五史』上海古籍出版社. 1986.

『全唐史』上海古籍出版社. 1986.

この他にもまだ両江流域の各省区および地州市県の関連する史志年鑑、風俗志、文史史料、インターネット上の史料など、すべてを挙げきれないことをご理解頂きたい。

## 著者訳者略歴

**黄光成**（ホアン・コアンチュン）
雲南省社会科学院　民族文学研究所、文化保護興発展中心　研究員
中国民主同盟雲南省委員会常務委員
1954年生まれ。工場での見習い、大学教員、雑誌編集などを経て1996年より雲南省社会科学院研究員となり河川流域および民族文化の研究に従事する。研究とともにフィールドワーク、写真撮影を好む。単著に『大江跨境前的回眸』『優秀民族文化的継承和発展』『徳昂族文学簡史』『腰籮的情結』『老年的震蕩』、共著に『秀山碧水間的文化之光』『雲南民族民間芸術』（上下巻）『民族文化与現代化』など。このほか論文や若干の随筆も発表しており、また多くのテレビ放送向けドキュメンタリーを手がけている。

**大澤香織**（おおさわ　かおり）
1981年生まれ。東京外国語大学外国語学部卒業、イーストアングリア大学開発学修士修了。NPO法人メコン・ウォッチの職員として2005年より約2年中国雲南省に滞在。学生時代に日本とアジアの関係や環境問題に関心を抱く。現在は北京に在住し、中国のNGOと協力しながら海外投資事業と環境政策をテーマに活動を続ける。共著の英文ブックレットに瀾滄江の連続ダムを扱った"Lancang-Mekong : A River of Controversy"（国際河川ネットワーク他、2003年）など。

**加藤千洋**（かとう　ちひろ）
1947年生まれ。72年朝日新聞社入社。中国総局長、外報部長などを経て、2002年から現職。2004年からテレビ朝日系「報道ステーション」コメンテーター。99年度ボーン・上田記念国際記者賞を受賞。外報部長の時に企画した連載「テロリストの軌跡アタを追う」とそれにかかわる一連の報道で、2002年度新聞協会賞を受賞。テレビ朝日系列「報道ステーション」コメンテーター。朝日新聞編集委員。主な著書に『胡同の記憶 北京夢華録』（平凡社）『北京＆東京 報道をコラムで』（朝日新聞社）『加藤千洋の中国食紀行』（小学館）、共著・共訳書に『中国大陸をゆく』（岩波新書）『鄧小平 政治的伝記』（朝日新聞社）など。

**川村暁雄**（かわむら　あきお）
1962年生まれ。神戸大学国際協力研究科博士課程修了。学術博士。日本消費者連盟、グリーンピース・ジャパン、アジア・太平洋人権情報センター研究員などを経て、2000年より神戸女学院大学専任教員。中国の人民大学、中央民族学院に留学。現在、チュラロンコーン大学国際開発修士コース客員教員。主な著書に『グローバル民主主義の地平──アイデンティティと公共圏のポリティクス』（法律文化社、2005年）など。

## 瀾滄江怒江伝

初版第1刷発行 2008年5月30日

定価4500円＋税

| | |
|---|---|
| 著者 | 黄光成 |
| 訳者 | 大澤香織 |
| 解説 | 加藤千洋 |
| 造本 | 戸田ツトム |
| 発行者 | 桑原晨 |
| 発行 | 株式会社めこん |

〒113-0033　東京都文京区本郷3-7-1
電話 03-3815-1688
FAX 03-3815-1810
http://www.mekong-publishing.com

| | |
|---|---|
| レイアウト | 鈴木美里・小林剛 |
| 印刷・製本 | モリモト印刷株式会社 |

ISBN978-4-8396-0212-3 C0030 ¥4500E
0030-0802212-8347

**JPCA** 日本出版著作権協会
http://www.e-jpca.com/

本書は日本出版著作権協会（JPCA）が委託管理する著作物です。本書の無断複写などは著作権法上での例外を除き禁じられています。複写（コピー）・複製、その他著作物の利用については事前に日本出版著作権協会（電話03-3812-9424 e-mail:info@e-jpca.com）の許諾を得てください。

独立行政法人日本万国博覧会記念機構
EXPO'70　Commemorative Organization for The Japan World Exposition '70

## 雲南 最深部への旅
鎌澤久也

四川省成都から西昌、麗江、大理を経てビルマ国境に至るルートは、古来、西域につながる「西南シルクロード」として栄えた交易の道でした。この地域はまた、イ族、ペー族、ナシ族、タイ族などがそれぞれの伝統を守って生きる少数民族のパラダイスでもあります。
素晴らしい写真と地図、交通の便など、ひとりで歩くためのデータを揃えました。　　　　　定価1500円＋税

## 雲南・北ラオスの旅
樋口英夫

雲南省昆明から国境を越えて北ラオスのルアンパバーンに至るルートの完全ガイドです。このルートは、少数民族の珍しい風習、メコンの川下り、山岳トレッキングと、ちょっとハードですが野趣あふれた旅が満喫できます。日本ではまだあまりポピュラーではありませんが、欧米人には人気のルート。「くろうとの旅」第1弾です。　定価1500円＋税

## シーサンパンナと貴州の旅
鎌澤久也

タイ族とミャオ族の桃源郷、シーサンパンナ（西双版納）タイ族自治区と貴州省の素晴らしい自然、カラフルな民族衣装をまとった少数民族の生活と祭りをカラー写真で紹介します。もちろんひとりで歩けるよう、旅の情報・アクセス・地図などは完璧です。　　　　　　　　　　定価2200円＋税

## ミャンマー 東西南北・辺境の旅
伊藤京子

近年ようやく自由に旅行できるようになった「最後の楽園」ミャンマー。初めての本格的ガイドです。有名なマンダレーやインレー湖、バガンなどはもちろん、北部のミッチナー、東部のチャイントン、南部のモーラミャイン、ムドン、西部のガパリなど、ミャンマー全土の観光地を紹介。ミャンマーの本当の魅力を味わってください。　定価1500円＋税

## 7日でめぐるインドシナ半島の文化遺産
樋口英夫

ベトナム最後の皇帝の都「フエ」、チャンパ王国の聖地「ミソン」、江戸時代の日本を魅了した貿易港「ホイアン」、タイ族最初の王国「スコータイ」、メコン河畔の小さな古都「ルアンパバーン」、そして世界最大の神殿と遺跡群「アンコール」。この素晴らしい世界遺産をまとめて鑑賞しようという、ちょっと贅沢な旅の本です。　定価1500円＋税

## 東南アジアの遺跡を歩く
高杉等

「全東南アジア」の遺跡の完全ガイド。カンボジア、タイ、ラオス、ビルマ、インドネシアの遺跡220ヵ所をすべて網羅しました。有名遺跡はもちろん、あまり知られていないカオ・プラウィハーン、ベン・メリア、ワット・プーなどもすべて紹介。すべて写真つき。アクセスのしかた、地図、遺跡配置図、宿泊、注意点など情報満載。　定価2000円＋税